治理的微观、中观与宏观

——基于中国保险业的研究

郝　臣　李慧聪　崔光耀　著

南开大学出版社

天　津

图书在版编目(CIP)数据

治理的微观、中观与宏观：基于中国保险业的研究 /
郝臣，李慧聪，崔光耀著. —天津：南开大学出版社，
2017.6
ISBN 978-7-310-05383-4

Ⅰ.①治… Ⅱ.①郝… ②李… ③崔… Ⅲ.①保险业
－经济发展－研究－中国 Ⅳ.①F842

中国版本图书馆 CIP 数据核字(2017)第 111192 号

南开大学出版社出版发行
出版人:刘立松
地址:天津市南开区卫津路 94 号　　邮政编码:300071
营销部电话:(022)23508339　23500755
营销部传真:(022)23508542　　邮购部电话:(022)60266518

＊

三河市同力彩印有限公司印刷
全国各地新华书店经销

＊

2017 年 6 月第 1 版　　2017 年 6 月第 1 次印刷
240×170 毫米　16 开本　28.5 印张　509 千字
定价:88.00 元

如遇图书印装质量问题,请与本社营销部联系调换,电话:(022)23507125

我国保险公司治理十年建设

——穿越历史和现实的"变"与"不变"

推荐序

近些年来,"治理"一词成了社会上出现频率很高的热词,比如我们经常看到或听到"治理能力现代化""世界经济治理""全球治理"这样的说法。为什么不说"管理"?两者有何区别?以我的观察,大家说管理,一般是向下寻求解决方案,强调可控范围内的资源调配、流程设计、目标控制等内容。如果说治理,则更多是追本溯源,向上寻求解决方案,看重更大范围内的价值重构、利益分配、顶层设计这类解决思路。所以谈公司治理问题,就应当从根上说起。

公司,说到底是人与人交流、合作的产物。从工具价值的角度,公司也可以看成是一个传导控制系统。公司治理的核心,就是解决公司这个组织传导控制有效性的问题,即著名的"代理人问题"。公司靠什么驱动?从根本上讲是利益。当然你也可以说出"价值观""愿景""使命"这样"高大上"的词,但这不具有普遍性和代表性。实际上,这几个词也可以说是利益的另一种形式,是一种不用"钱"来表达的利益,或者说是更宏大、更抽象的利益。也因此,公司的参与者或者相关方都被称为"利益相关者"。利益相关者中,谁的利益多,谁的少?谁的利益重要,谁的不重要?谁来承担风险?谁该控制公司?对这些问题的回答,决定了公司的游戏规则。

公司治理理论已经给出了基于逻辑和实证的答案——谁享有的优先利益多、承担的风险少,谁的控制权就少;谁只享有剩余索取权,谁承担最终风险,谁就有最终控制权。按此原则,各国的法律体系都把公司的最终控制权配置给股东。有没有变通?当然有。依照部分国家的法律或者当事人之间的契约,可以做特殊安排,但非主流。公司许多利益的调整和问题的终结,往往最终都会转移到股权上说事。职工能不能成为私营企业的主人翁?《公司法》好像并不支持,实践中也不太容易玩得通。在知识型企业中,人力资源似乎比货币资本更重要,那就通过股权或期权来体现其价值。

总之，股权是公司控制权的决定性路径，是开公司这把锁的钥匙。股东行权需不需要有适当限制？答案当然是肯定的，《公司法》有一整套制度设计来解决这个问题。但所有的规制措施，都是以股东最终控制权配置为前提的，如果想以所谓"创始人利益""社会情怀""精英理想"等种种理由颠覆这一基本前提，则必然本末倒置，公司运营和社会运转都会陷入彻底的混乱。

公司是人玩的游戏，利益也是人的利益。因此说到底，公司治理始终面临也最终要解决的，是人性的问题。如何利用人性的欲望和自私，激发人性的追求和力量，控制人性的贪婪和阴暗，遏制人性的盲目和冲动，也许才是公司治理所要研究的终极命题。

在公司这个利益多元、价值交错的特定场域中，不管采取何种治理模式，这些基于人性的治理目标都会衍生出一些公认的规则和基本的要求，如利益绑定、权力监督、程序确定、专业判断、审慎决策、效率保护等。公司千差万别，社会发展变迁，这些东西却恒久不变。公司治理的核心理念不会改变——追根溯源都是基于人性的治理目标。

人性不变，但世道在变，人心在变。谈保险公司治理的发展趋势，需要建立在对保险业历史和现实深刻理解的基础上。近年来，随着新"国十条"的逐步落实，随着中国保监会"放开前端、管住后端"监管改革的持续推进，保险业的格局被完全打开，保险从偏安一隅的小角色，逐渐步入金融大舞台的中心地带，内涵和外延都发生了很大变化。有人说这是保险业发展的"大时代"，保险业处在这样一个新的"语义场"中，保险公司治理自然也有一些新问题值得关注。

第一，高度重视风险控制，特别是系统性风险控制。公司治理有两个向度：一个是激励发展，好比踩油门；一个是控制风险，好比踩刹车。金融业是高度负债经营行业，一定的杠杆率是其天然特征。换句话说就是，股东主要花别人的钱，赚了自己多赚，亏了自己少亏。因此，遏制冒险、控制风险应该成为保险公司治理关注的问题。

随着保险产品的创新和保险投资的开放，保险公司的负债端和资产端都发生了很大变化。保险在资产管理和资本市场的一系列作为，在一定程度上改善了我国经济的投融资结构，强化了机构投资者的力量，有利于经济的整体稳定。与此同时，保险在资产管理和投资领域的地位上升，资产和负债的高度联动也使得保险呈现出更强的金融性和社会性，改变了传统保险行业的整体风险属性，使其可能成为金融系统性风险参与者，或者受到系统性风险的深度影响。在这样的前提下，如果投资人或高管人员把保险经营当成发家致富的"一场游戏一场梦"，那注定是一种致命的诱惑、一场危险的游戏。从保险业特别是从现代保险业的角度谈公司治理，风险控制的有效性应当是其重中之重。

如何控制风险？当然靠治理的机制和规则。但如果仅仅依靠制度约束，公司运营的成本将会非常高，公司必须形成一种与保险经营特点相吻合、与制度规则相辅相成的公司治理文化，才能事半功倍。在这种文化的内涵中，应当包含如下要义：首先，保险虽是一种商业行为，但同时具有社会事业的特征，股东不能把保险当成提款机或者单纯的谋利工具；其次，从事保险的人，应当对风险有足够的认识，应当尽可能避免冒险的冲动或极端行为，从社会评价或社会伦理的角度看，谦抑性应当成为"保险家"受到尊重或享受社会地位的基本标准；再次，对规则的高度敬畏；最后，对客户利益的竭力守护。

当然，判断一个公司是否行为冒进或者是否风险淡漠，不能简单看发展速度、经营模式或资产规模。保险市场发展到今天，差异化发展的局面已经初步呈现，有的公司可能愿意精耕类别风险市场，有的公司擅长资产管理，有的公司可能希望打造或扩张产业链平台，有的公司经由资产规模、组织体系、客户数量、成长速度等寻求资本市场认可，有的公司经由利润、内含价值、资产质量等提升市值。从产业壮大需要和金融业发展趋势来看，条条大路通罗马，只要"姓保"，应当允许各种可能性的存在，鼓励多元化竞争。在多元化发展的格局下，对一个公司的风险的判断，不能仅凭经验和观感，或者采用单一标准。也正由于公司存在个性化的业务战略和管理模式，如何建立良好的公司治理机制，使其在风险控制中扮演更好的角色，更具有独立性和挑战性。

第二，公司治理的内涵在变化。保险公司组织结构的复杂化和管理模式的创新，使得公司的边界被打破，传统公司中层级清晰、结构封闭的决策场受到冲击。简单归纳，可以总结为四种变化：

一是上收。越来越多的保险公司成为控股集团，由业务单元构成的子公司虽名为公司，但实际只是一个执行机构，决策过程形式化，其实质性的重大决策权被上收到集团，出现决策主体和法律责任主体脱节的现象。当然也有反其道而行之的，将权力移入子公司，从而规避真正出资人和董事会的监督。

二是下沉。一些公司在生产管理链条中采取了类合伙制的管理方式，管理机制不再是单一的科层制结构，业务单元具有快速决策和行动的能力，同时也得到更大的授权。

三是外扩。越来越多的保险公司采取外包的方式组织生产，随着产业链的延伸，保险公司管理着更多的附属体和业务组织，公司治理的作用边界随之应做相应扩展。

四是内探。基于 IT（信息科技）系统的支持，许多公司采取集中管控的模式，总公司的管控可以直接穿透或探察到业务一线，而非传统的层层授权、层层上报模式，中间层的控制作用逐步弱化。

这些组织模式和管理模式的变化，同时也带来了公司内部风险地图的变化，风险的大小已经不完全按管理链条或层级高低正态分布。大家知道，搞垮巴林银行的，只是一个一般级别的操作员而已。因为组织模式和决策方式的创新，对于保险公司治理的改造和优化，不能仅仅停留在股东或董事会等概念化、表象化的层面，需要从集团治理、组织网络治理、产业链治理或生态治理的层面进行全方位和系统性的思考，需要深度融入公司运转体系和业务纵深的体制机制。换句话说，既要有大治理，也要有小治理、微治理。

第三，科技发展快，金融创新多，治理的辅助工具更多，利益输送的渠道也更隐秘。这给公司带来如下影响：一是在互联网、大数据等新技术的支持下，公司治理的工具、方法和技术手段得到提升，公司决策的支持体系得到加强，风险管理更便于与业务发展平行推进，这有利于改善公司治理的有效性；二是随着金融创新的增多，规避各种规则的方式也在不断被创设，关联交易花样翻新，不正当利益输送成为风险防控的新难题；三是更要求保险公司建立学习型、创新型的决策管理团队，紧跟科技发展步伐，对新技术、新模式、新市场等有高度敏感性，对公司的未来发展有战略思考能力。

第四，治理能力输出的问题。随着保险产业链的延伸和保险公司股权投资的日趋成熟，保险的辐射范围和影响日益扩大。保险在打开一扇宽阔大门的同时，也引来更多争议。万能险、险资举牌、境外收购等，成为热议话题。出现这种情形，说明外界对保险在社会经济中应当且可以扮演的角色还不了解，对保险在资本市场话语权加重这一新现象还有一个熟悉和接受的过程；同时，也说明保险对投资主体的治理贡献能力还得不到社会的认可。这一方面需要我们加强宣传沟通，充分释放善意，表达诚意；另一方面更需要保险公司加强治理能力建设，对所投资企业能形成正向的治理能力输出，改善和提升所投资企业的治理和业绩水平，这样才能取得信任，受到欢迎，最终对险资举牌等形成正面社会效应。

此外，保险公司面临的外部环境也在发生变化，更多的保险公司选择在资本市场上市，接受上市公司的治理监管约束。与此同时，随着国有企业改革的深化和党建工作的加强，国有保险公司的公司治理也呈现了一些新现象和特殊性。

新趋势下保险公司治理监管需要新想法——与"偿二代"监管相衔接，实施量化导向监管。保险公司是公司，不改变公司的属性，但从利益维系、资源投入和风险承担的角度看，与一般公司相比又有较大差异。各国都在不改变股东最终决策权的基础上，对保险公司股东权利施加一定的限制。游戏还是你来玩，但不能太任性，这就是金融监管得以发生的逻辑前提。各国普遍采用的资本充足率或偿付能力等财务监管手段，正是从股权入手的，要求股东捆绑更多利益，限制杠杆率，承担更多风险。

和其他监管手段相比，公司治理监管有所不同，其精髓是推动公司"强身健体"，在内部建立有效的监督制衡和激励约束机制，形成对风险的免疫能力，从而实现风险控制的目的。其基本逻辑是监管机构为公司参与各方制定底线规则，充当裁判，而不是直接参与游戏。换句话说，公司治理监管让公司吃的是补药。从作用方向来说，监管机构重点关注踩刹车那个向度的事情。至于怎么发动，怎么踩油门，股东的代理人自然会去动脑筋、想办法，因为他们有投资回报的驱动。

中国保监会保险公司治理监管体系建设始于 2006 年，迄今正好十个年头。十年来的实践使我们更深入地认识到，公司治理监管在保险监管体系中具有不可替代的重要作用。首先，公司治理监管的目标和手段比较符合我国国情和保险业发展的实际情况。我国保险市场的基本定位是新兴市场和发展中国家市场，具有法治环境和诚信体系建设不足、市场参与者不成熟、要素市场不发达等特点。如果照搬发达市场监管经验，仅仅强化资本充足率监管，很难解决我国保险市场的主要矛盾和问题。其次，加强公司治理监管对防范化解我国保险市场风险有很强的针对性。研究我国保险市场重大风险案例可以发现，没有一个案件是单纯的财务风险或业务风险，基本都是由公司治理引发的综合性风险。许多问题外在表现在市场行为、偿付能力或资金运用等方面，但其病根在公司治理，实质是公司治理风险，加强公司治理监管才能对症下药。最后，从"三支柱"监管体系的平衡性和完备性出发，公司治理监管迫切需要补足短板，迎头赶上。

加强保险公司治理体系建设，从着力方向看，我认为应主要关注股东、董事会和风险管理三个方面。一是股东层面，我们把保险公司股东分为财务类、战略类和控制类三大类。一方面，对财务类股东要放宽条件、降低门槛、减少限制，保证社会投资保险的热情，为保险发展注入强劲的资本动力；另一方面，对战略类和控制类股东要严格条件、加强审核、跟踪监督，让真正想做保险的人进入这个行业，确保"保险姓保"。二是董事会层面，推动建立更加专业、独立的董事会团队和更加规范的决策程序。三是风险管理层面，从机制和手段上，整合公司风险管理体系，在提高风控有效性的同时，降低公司的合规成本。从实施路径看，主要采取如下措施：

第一，增强公司治理监管制度的系统完备性和内在逻辑性。初步考虑，公司治理监管由三支柱构成。第一支柱是治理主体，包括股东和股东（大）会，董事和董事会，高管人员和特殊岗位，监事和监事会，国有公司还包括党的机构。第二支柱是治理机制，包括授权体系和决策机制，薪酬激励机制，风险管理、内控和合规管理机制，关联交易审查机制以及内审和问责机制。第三支柱是治理监督，包括透明度（对公众的信息披露、对客户的信息发布等）、举报机制和报告体系（内部报告和向监管机构的报告）等。从理论上建构起相对成熟和完备的监管模型，从制度上形成完整、统一且彼此相照应的规范体系。

第二，坚持原则导向、规则导向和个案救治相结合，实行分类对待、分类监管、分类处置。公司治理实践具有相当的复杂性和经验性，不宜采取"一刀切"的做法。按照"最佳实践"的理念，对于公司治理中大家都比较公认的原则性和规律性的东西，要明确导向、统一要求，但在实践过程中应当允许公司根据自身实际大胆创新、具体处理。监管机构可以考虑给予公司解释的机会，符合监管原则导向的，保持开放态度，不必强求一致。对于法律有明确规定，或者实践表明需要统一规则的，监管机构制定明确规则，保险公司必须严格执行，不打折扣。对于保险公司在公司治理中出现的明显问题，要及时采取适当方式进行干预，避免形成尾大不掉的局面。在实施干预过程中，要把握好市场主体自治和政府行政行为之间的界限，处理好错综复杂的矛盾和问题，避免出现政府越界或过度干预等问题。

第三，完善公司治理监管的手段和措施，形成监管合力。主要从两方面入手：一是定量的手段，与第二代偿付能力监管体系的第二支柱相衔接，对公司治理状况进行量化评估，并将评估结果转化为对公司资本的要求，实施量化导向监管。二是定性的手段，完善报告、审批、检查等现场和非现场监管手段，同时创新监管方式，强化关联交易审查，增强独立董事的独立性和职能作用，设立行业风险并购基金参与风险处置等。

以上内容是我在第三届北京保险国际论坛上发言时所讲的关于我国保险公司治理的一点粗浅认识和思考。在参加南开大学中国公司治理研究院举办的2016年中国公司治理指数研讨与发布会时，获悉郝臣博士大作《治理的微观、中观与宏观——基于中国保险业的研究》即将清稿，他邀请我为该书撰写一个推荐序。该书对保险公司治理的内涵进行了详细解读，同时提出了保险机构治理和保险业治理两个概念，实际上也就是我前面所讲的微治理、小治理和大治理问题，研究内容具有较高的理论价值和应用价值。2005年我和郝臣博士等课题组成员一起封闭研讨设计了我国第一套保险公司治理评价指标体系，自那之后，他一直坚持保险公司治理方面的理论研究，到目前已经取得丰硕成果。因此，我欣然接受邀请，便将第三届北京保险国际论坛上的一些观点进行整理，是为推荐序！

也愿郝臣博士能够在保险公司治理研究方面继续深耕,更好地服务于我国保险公司治理实践!

罗胜

2016 年 12 月 19 日

于北京

打开保险公司治理的黑箱

——我的保险公司治理研究历程

作者序

　　写一本书实际上很费精力，需要下很大的决心。为了表达清楚本书的研究目的，我首先对自己的研究领域和研究经历做一个简单的说明。我对保险公司治理问题的研究按照时间先后顺序大体上可以分为三个阶段，每个阶段进行的研究工作、关注的重点内容和采用的研究方法都不同。

　　第一阶段是初步研究阶段（2005—2010 年）。我最早的相关研究开始于 2005 年以协调人身份参与李维安教授主持的中国保监会软科学项目"中国保险公司治理评价研究"。课题组成员经过若干次调研和研讨，设计了我国首套完全针对保险公司的治理评价指标体系，该指标体系是保险监管机构《保险公司治理报告》中保险公司治理评价指标体系的雏形。2009 年我与李维安教授合作在《农村金融研究》杂志发表了论文《金融机构治理及一般框架研究》，分析了包括保险公司在内的金融机构治理的特殊性，构建了金融机构治理的一般框架体系。2010 年我同样以协调人身份参与了李维安教授主持的国家社科基金重大招标项目"完善国有控股金融机构公司治理研究"（项目号：10ZD&035），同时担任子课题"完善国有控股保险公司治理研究"的主持人，为后续的研究奠定了基础。

　　第二阶段是确立框架阶段（2011—2015 年）。2011 年我主持国家社科基金青年项目"保险公司治理的合规性与有效性及其对绩效影响的实证研究"（项目号：11CGL045），同时主持国家自然科学基金重点项目"我国集团企业跨国治理与评价研究"子课题"中国金融企业跨国治理研究"（项目号：71132001）；在项目的资助下，与李慧聪和罗胜两位博士在《保险研究》杂志 2011 年第 11 期发表了文章《保险公司治理研究：进展、框架与展望》，之后与张扬和李慧聪两位博士在该杂志 2012 年第 10 期发表了论文《国外保险公司治理研究：主题、逻辑与展望》；2014 年主持中央高校基本科研业务费专项资金资助项目"保险公司股东治理、风险承担与监管研究"（项目号：NKZXB1452）；2015年第二阶段的集大成研究成果《中国保险公司治理研究》由清华大学出版社出版，该著作梳理了我国保险公司治理的沿革和现状，构建了保险公司治理的研究逻辑脉络和框架，研究了保险公司治理领域的一些专题，在研究方法上主要以规范研究为主，主要回答了"什么是保险公司治理"的问题，偏重于基础性研究。

　　第三阶段是深入研究阶段（2016年至今）。2016年我在中国科学出版社出版了国内首本保险公司治理实证研究方面的著作《保险公司治理对绩效影响实证研究——基于公司治理评价视角》，该书构建了基于公司治理内容和治理层次的分股份制与有限制的我国保险公司治理评价指标体系，并利用该指标体系对我国保险公司治理状况进行了评价分析；同时该书从公司治理整体的视角，利用保险公司治理指数实证研究了保险公司治理对财务绩效、效率绩效和竞争力绩效的影响。该书主要从公司治理整体视角回答了保险公司治理是否能够影响保险公司绩效的问题，其核心是保险公司治理有效性问题，偏重于实证研究。《保险公司治理对绩效影响实证研究——基于公司治理评价视角》是对《中国保险公司治理研究》的深入，但还没有回答保险公司治理结构与机制是如何影响绩效的机理性问题，即保险公司治理与绩效之间的"黑箱"还没有打开。2016年我主持了国家社科基金年度项目"保险公司治理、投资效率与投保人利益保护研究"（项目号：16BGL055），主要是从投资效率视角来研究保险公司治理黑箱。

　　在保险公司治理研究中，实际上有一个基础的问题需要明确回答，即什么是保险公司治理，我在第一阶段的研究中没有给出准确的定义。在第二阶段的研究中，2015年我在与李维安教授合著的《公司治理手册》中首次给出了保险公司治理的定义，"所谓保险公司治理，是指对保险公司这一特殊行业企业的治理，也是金融机构治理的重要内容之一"。这是一个比较笼统的定义，也是保险公司治理的第一版定义。在第三阶段的研究中，2016年我在著作《保险公司治理对绩效影响实证研究——基于公司治理评价视角》中进一步界定了保险公司治理的含义，认为"所谓保险公司治理，是指对财产险、人身险、再保险和相互制保险公司这一特殊行业公司的治理，即'保险公司+治理'；而不是公司治理理论在保险公司上的简单运用，即'公司治理+保险公司'"，这是保险公司治理的第二版定义。随着对保险公司治理研究的深入，有必要进一步科学、准确地界定好保险公司治理的含义，这正是本书写作的初衷，即专门探讨保险公司治理的内涵与外延，本书给出了保险公司治理的第三版定义。此外，如果以2006年1月《关于规范保险公司治理结构的指导意见（试行）》的出台作为我国保险公司治理实践全面开展和保险公司治理监管支柱形成的标志，那么我国保险公司治理及其监管恰好走过十年，需要对保险公司治理的理论和实践进行阶段性总结，这也为本书写作提供了现实契机。

本书提出治理具有层次性，包括微观、中观和宏观三个层次。已有的治理研究主要聚焦于微观层面，即一个公司的治理问题，包括内部治理和外部治理。随着治理理念的普及，我们发现，不同类型公司的治理在目标、结构与机制等方面都存在一定的特殊性，需要分类加以研究，这就是本书所提出的中观层面的治理，即不同类型公司或组织的治理问题，比如保险经营机构治理和保险中介机构治理。保险经营机构包括保险公司、保险集团公司、相互保险组织、再保险公司、保险资产管理公司、外资保险公司代表处和自保公司等，保险中介机构包括代理机构、经纪机构和公估机构等。中观层面的治理主要是横向上的拓展，而纵向的延伸便是第三个层次的治理问题，即宏观层面治理。在宏观层面治理中，更多的利益相关者参与到治理中来，每一个利益相关者都是一个相对独立的治理子系统，有的处于上游，有的处于下游。这些利益相关者主要是政府部门或者非政府组织，他们参与治理的目标更加宏观，不再局限于系统中的某一个子系统，而是大系统的整体目标，结构与机制也显著不同于一般公司组织。

本书基于我国保险业，对治理的微观、中观与宏观内涵进行了界定，明确给出了保险公司治理的定义并对其进行了拓展，首次提出保险机构治理和保险业治理两个新概念；同时对我国微观层面的保险公司治理实践、中观层面的保险机构治理实践和宏观层面的保险业治理发展脉络进行了分析；最后对我国保险公司治理、保险机构治理和保险业治理方面合计147部政策法规从发布主体、发布时间、文件层次等方面进行了梳理。本书是我主持的国家社科基金年度项目"保险公司治理、投资效率与投保人利益保护研究"（项目号：16BGL055）的阶段性成果，感谢国家社科基金年度项目对本书出版的支持！

本书写作分工方面，由我负责大纲的整体设计，第一章引言、第二章保险公司治理的内涵与特殊性、第四章从保险公司治理到保险机构治理、第六章从保险机构治理到保险业治理和第八章总结由我撰写；第三章我国保险公司治理实践、第五章我国保险机构治理实践、第七章我国保险业治理实践由李慧聪和崔光耀撰写；孙佳琪参与了第三章、第五章和第七章相关政策法规的梳理和描述性统计工作；最后由我对全书进行了统稿。李慧聪博士毕业于南开大学中国公司治理研究院，我们一道研究保险公司治理问题，她在中国科学院大学博士后出站后留在北京工商大学商学院财务系从事保险公司治理方面的研究，目前正在主持北京市自然科学基金项目"北京市金融机构治理合规评价与有效性研究"（项目号：9164035）；崔光耀是我的研究生，也是我非常得力的科研助手；孙佳琪算是我的半个研究生。此外，课题组成员秦晓天、白丽荷、刘芯蕊、杨冬雪、吕美伦、贵思博、黄婕、王旭和秦一璇对书稿做了很多基础性工作。感谢他们对保险公司治理研究的执着和对书稿的贡献！

最后感谢南开大学出版社吴中亚编辑对书稿高效和严谨的审校，正是因为她的辛勤付出，才使得本书能够第一时间与大家见面！

郝臣

2016 年 12 月 25 日

于南开大学商学院大楼

目　录

第一章 引 言

本章首先介绍了我国保险市场概况,提出治理是我国保险业保持快速发展的内在动因之一;在此基础上,本章提出了本书的三个研究目的和三个方面的研究内容,同时给出了本书的研究思路和研究方法;最后对投保人、被保险人等几个基本概念进行了界定。

第一节 我国保险市场概貌

一、保险市场基本情况

2015 年中国保险业共实现保费收入 24277.3 亿元,同比增长 20%;保险深度为 3.59%;保险密度为 1766.1 元;赔款给付金额达 8673.5 亿元,同比增长 20.6%;保险公司总资产达 12.3 万亿元,较年初增长 21.3%。

二、财产保险市场情况

截至 2015 年末,全国共有财产保险公司 74 家,其中,中资 52 家,外资 22家;保费收入前 5 家公司市场份额共计 74.7%,与上年同期持平,详见表 1-1。

表 1-1 2015 年财产保险公司保费收入前 10 名

排名	公司名称	资本性质	保费(亿元)	市场份额(%)
1	中国人民财产保险股份有限公司	中资	2810.1	33.4
2	中国平安财产保险股份有限公司	中资	1636.4	19.4
3	中国太平洋财产保险股份有限公司	中资	944.4	11.2
4	中国人寿财产保险股份有限公司	中资	503.7	6.0
5	中华联合财产保险股份有限公司	中资	393.7	4.7
6	中国大地财产保险股份有限公司	中资	265.9	3.2
7	阳光财产保险股份有限公司	中资	258.2	3.1
8	中国出口信用保险公司	中资	164.9	2.0
9	太平财产保险有限公司	中资	156.1	1.9
10	天安财产保险股份有限公司	中资	128.9	1.5
合计			7262.2	86.2

资料来源:中国保险监督管理委员会.2016 中国保险市场年报[M]. 北京:中国金融出版社,2016.

2015 年我国财产保险市场具体情况如下：

第一，保费收入平稳增长。2015 年，财产保险公司实现保费收入 8421.7 亿元，同比增长 11.6%，增速较 2014 年同期下降了 4.8 个百分点。其中，车险保费收入 6198.9 亿元，同比增长 12.4%；非车险保费收入 2222.8 亿元，同比增长 9.5%。保费收入构成前 5 位的是车险、企财险、农业险、责任险和健康险，分别为 6198.9 亿元、386.2 亿元、374.9 亿元、302.1 亿元和 228.3 亿元，占全部保费收入的 88.9%。财产保险公司多数险种实现稳步增长，其中车险、责任险、农业险、家财险、意外险、健康险分别增长 12.4%、19.3%、15.1%、23.8%、16.2%、33.9%。

第二，行业资本实力大幅增强。2015 年，财产保险公司总资产合计 1.8 万亿元，同比增长 29.1%，高出保费增速 17.5 个百分点；净资产合计 4787.2 亿元，同比增长 24.7%，高出保费增速 13.1 个百分点。

第三，承保盈利同比回升。2015 年，财产保险公司实现承保利润 99.6 亿元，同比增长 133.7%。其中，车险实现扭亏为盈，承保利润为 38.5 亿元。受益于行业资金运用收益的大幅改善，财产险公司实现净利润 630.9 亿元，同比增长 21.2%。

第四，行业风险可控。2015 年底，各财产险公司偿付能力充足率均高于 100%，除 1 家财险公司外，其他所有财险公司偿付能力充足率均高于 150%，行业准备金较为充足，未出现系统性、区域性风险。

第五，保障水平持续提升。2015 年，财产险公司承担风险金额 941.8 万亿元，是同期名义 GDP（国内生产总值）总量的 14 倍，同比增长 23.6%；全年行业共支付赔款 4446.6 亿元，同比增长 12%。

三、人身保险市场情况

截至 2015 年末，全国共有 75 家人身保险公司，较 2014 年增加 2 家，其中，中资公司 47 家，外资公司 28 家。2015 年，保费收入前 5 家人身保险公司市场份额合计为 55.6%，较 2014 年降低 6.8 个百分点，市场集中度继续下降，详见表 1-2。

2015 年我国人身保险市场具体情况如下：

第一，保费指标全面回暖。2015 年人身保险市场保持快速增长，人身保险公司全年实现保费收入 15855.4 亿元，同比增长 25%，增速较 2014 年提高 6.8 个百分点。2015 年，人身保险公司新单保费收入 9314.7 亿元，同比增长 41.8%，占人身保险公司总保费的 58.7%。新单期缴保费收入 2468.7 亿元，同比增长 41.3%，占人身保险公司新单保费收入的 26.5%。

表 1-2 2015 年人身保险公司保费收入前 10 名

排名	公司名称	资本性质	保费（亿元）	市场份额（%）
1	中国人寿保险股份有限公司	中资	3639.7	23.0
2	中国平安人寿保险股份有限公司	中资	2084.5	13.1
3	新华人寿保险股份有限公司	中资	1118.6	7.1
4	中国太平洋人寿保险股份有限公司	中资	1085.9	6.8
5	中国人民人寿保险股份有限公司	中资	894.3	5.6
6	太平人寿保险有限公司	中资	799.2	5.0
7	生命人寿保险股份有限公司	中资	790.0	5.0
8	泰康人寿保险股份有限公司	中资	760.3	4.8
9	安邦人寿保险股份有限公司	中资	545.3	3.4
10	阳光人寿保险股份有限公司	中资	310.5	2.0
	合计		12028.2	75.9

资料来源：中国保险监督管理委员会. 2016 中国保险市场年报[M]. 北京：中国金融出版社，2016.

第二，产品结构稳步均衡化。人身保险费率市场化改革"三步走"基本收官，推进人身险产品结构稳步改善。2015 年，普通寿险保费收入 6728.1 亿元，同比增长 56.6%，占寿险业务的 50.8%；分红保险保费收入 6413.2 亿元，同比下降 1.5%，占比为 48.4%；投连险保费收入 4.2 亿元，同比下降 5.5%，占比 0.03%；万能险保费收入 95.9 亿元，同比增长 4.4%，占比为 0.7%。2015 年，人身保险公司健康险和意外险保费收入增长迅速：健康险保费收入达 2180.5 亿元，同比增长 54%；意外险保费收入 435.6 亿元，同比增长 17.5%。健康险和意外险占总保费的 16.5%，较 2014 年同期提高 2.4 个百分点。

第三，发展实力不断增强。截至 2015 年末，人身保险公司资产总额达 99440.6 亿元，较上年同期增长 20.5%；净资产 9245.8 亿元；实现利润总额 1743.2 亿元，同比增长 59.5%。2015 年末，人身保险公司偿付能力溢额合计 6741 亿元，同比增加 1665 亿元，增长 32.8%，资本缓冲垫进一步增厚。

第四，各渠道业务平稳发展。2015 年，个人代理渠道保费收入 7532.5 亿元，同比增长 22%，保费占比为 47.5%，较 2014 年降低 1.1 个百分点。银保渠道保费收入 6615.2 亿元，同比增长 33.7%，保费占比 41.7%，较 2014 年提高 2.7 个百分点。公司直销渠道保费收入 1337 亿元，同比增长 5.7%，保费占比为 8.4%，较 2014 年下降 1.6 个百分点。专业代理渠道保费收入 87.6 亿元，同比增长 17%。其他兼业代理渠道保费收入 198 亿元，同比增长 21.2%。保险经纪渠道保费收入 85.2 亿元，同比增长 35.6%。

第五，风险有效规范。2015 年，人身险市场运行总体平稳。虽然退保金增长较快，退保率偏高，但是得益于提前部署和规范处置，未引发系统性、区域性风险。截至 2015 年末，75 家人身险公司中，除两家公司偿付能力不足外，其余公司全部达标。现金流方面，2015 年人身险公司整体经营活动现金流入 2.2 万亿元，现金流出 1.4 万亿元，经营现金流状况总体稳定。

第二节　研究目的与内容

一、研究目的

（一）构建一套治理概念框架体系

已有的公司治理核心概念的研究主要是在同一研究主体上开展的，例如治理风险、治理成本、治理溢价、治理边界和治理绩效等。本书的研究对研究主体或者研究对象进行了拓展，进而构建了一套逻辑自洽的治理概念框架体系：基于我国保险业，提出微观层面的保险公司治理、中观层面的保险机构治理和宏观层面的保险业治理。三个核心概念相互联系，但又相互区别。保险业治理包括保险机构治理，而保险机构治理又包括保险公司治理。

（二）明确治理研究的思路与方向

在一般公司治理领域，研究主题逐渐细致和深入，方法已经进入到大样本的实证研究阶段；但对于保险公司治理领域来说，研究内容还主要局限于一些基础的问题，方法也是以规范研究为主。其中的一个重要原因是没有对保险公司治理这一最基本的核心概念进行科学和准确的界定，这同一般公司治理在早期研究发展过程中遇到的问题是一样的。为了避免这一问题影响研究领域的进展，本书对保险公司治理的概念进行了界定，同时基于这一概念提出保险机构治理和保险业治理的概念。针对一个行业及其组织的治理问题，治理特殊性、分类治理和分层治理是未来研究治理的思路和方向。

（三）为我国的治理实践提供指引

在我国保险业中，保险公司、保险机构和保险业三个层面的治理实践已经深入开展，在治理实践进展到一定水平时，需要总结经验和发挥理论对实践的指导作用。相对于其他学科，治理这个学科的应用性更加凸显，在对保险公司治理、保险机构治理和保险业治理等理论问题研究的基础上,提出能够健全和完善我国保险公司治理、保险机构治理和保险业治理的对策建议也是本书的研究目的之一。

二、研究内容

本书研究内容包括三大方面,如图 1-1 所示,具体来说包括保险公司治理、保险机构治理和保险业治理的内涵与特殊性。

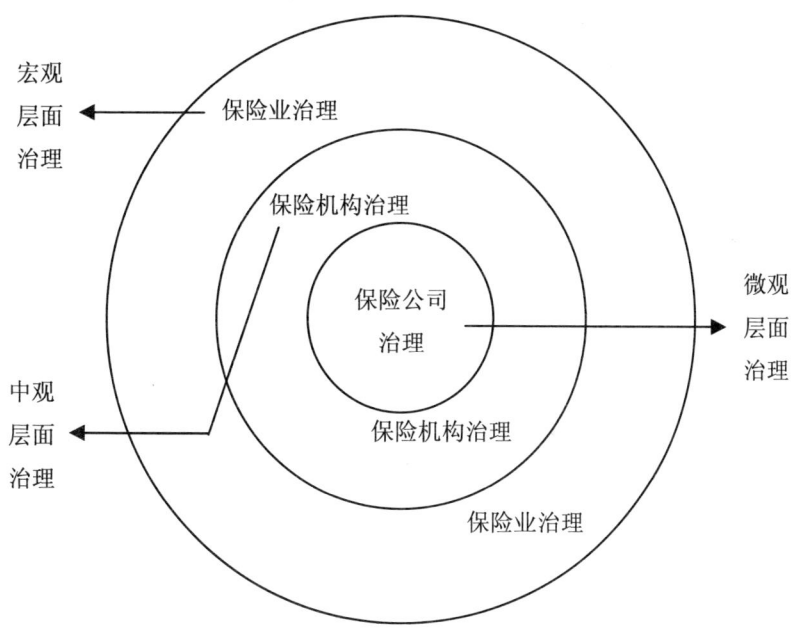

图 1-1　本书研究内容示意图

资料来源:作者整理。

(一)保险公司治理的内涵与特殊性

通过保险公司经营特殊性的分析,结合经典公司治理理论,本书给出保险公司治理的狭义和广义定义;同时分析保险公司治理目标、治理原则、治理结构与机制、治理风险、治理评价和治理监管等方面的特殊性;提出保险公司经营特殊性决定保险公司治理特殊性,而保险公司治理特殊性是保险公司治理研究的主线的观点。

（二）保险机构治理的内涵与特殊性

结合保险公司治理的概念，本书明确了保险机构治理的内涵；在划分保险机构具体类型的基础上，详细分析了包括保险集团公司、相互保险组织、再保险公司、保险资产管理公司、保险代理机构、保险经纪机构和保险公估机构等在内的具体类型保险机构的治理特殊性。

（三）保险业治理的内涵与特殊性

基于保险公司治理和保险机构治理概念，本书界定了保险业治理的内涵；分析了保险业治理的子系统和机制；从保险业治理目标、保险业治理结构和保险业治理机制等方面分析了保险业治理的具体特殊性。保险业治理涵盖了保险机构治理，也涵盖了保险公司治理，但保险业治理包括的内容不限于保险公司治理和保险机构治理。

第三节　研究思路与方法

一、研究思路

本书遵循着"提出问题—分析问题—解决问题"的经典思路进行研究，研究技术路线图如图 1-2 所示。

（一）提出问题

我国保险业从复业以来，取得了快速的发展（如本章第一节所示），其背后的动因值得我们关注和深入分析。已有的研究显示，制度是增长的重要驱动因素。而在所有的制度中，治理又是最重要的制度安排。所以说，治理是我国保险业快速增长的重要驱动因素。相关研究内容主要体现在本书的第一章引言中。

（二）分析问题

本书认为治理具有层次性，包括微观层面治理（即保险公司治理）、中观层面治理（即保险机构治理，治理在横向上的拓展）和宏观层面治理（即保险业治理，治理在纵向上的拓展）。本书运用规范研究方法对保险公司治理的内涵、保险机构治理的内涵和保险业治理的内涵进行了分析和界定，提出了保险公司治理的第三版定义，并指出保险公司治理更适合其广义的定义，同时也首次提出了保险机构治理和保险业治理。相关研究内容主要体现在本书的第二章保险公司治理的内涵与特殊性、第四章从保险公司治理到保险机构治理和第六章从保险机构治理到保险业治理中。

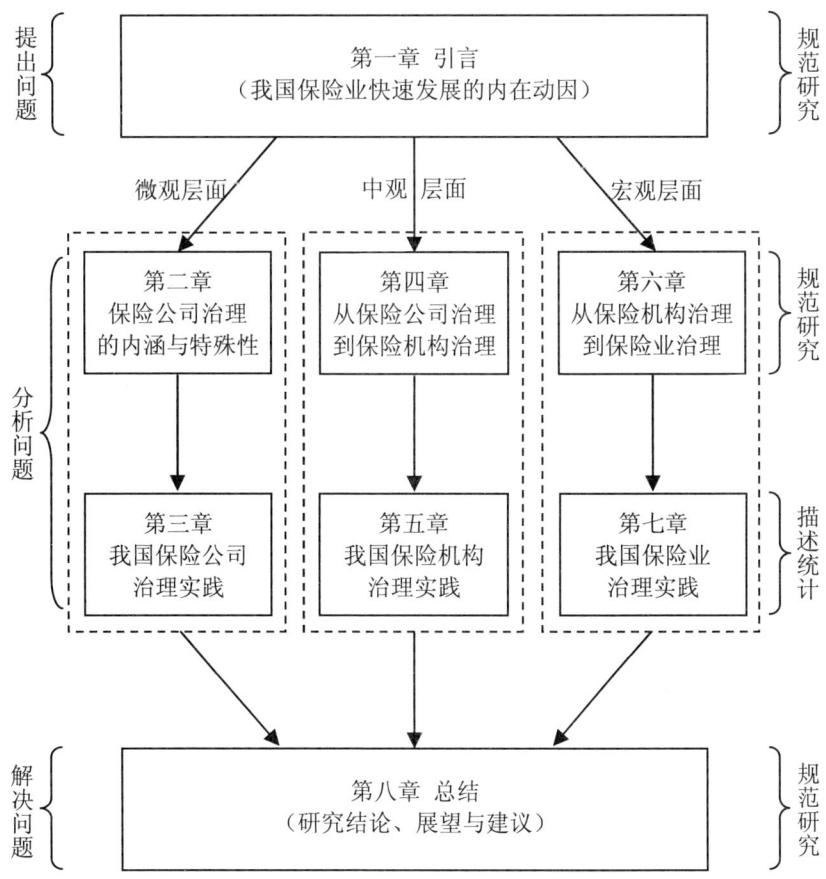

图 1-2　技术路线图

资料来源：作者整理。

在对核心概念界定清楚后，本书通过挖掘典型治理事件，按时间、内容等维度对我国保险公司治理实践、保险机构治理实践和保险业治理实践进行分析，以更好地刻画我国保险公司治理、保险机构治理和保险业治理的发展脉络；同时本书也对 1979—2016 年与我国保险公司治理、保险机构治理和保险业治理有关的共计 147 部政策法规（层次从法律、行政规章、部门规章、规范性文件到有关的政策文件等）进行了梳理和统计分析，从政策法规视角对我国保险公司治理、保险机构治理和保险业治理发展过程进行描绘。相关研究内容主要体现在本书的第三章我国保险公司治理实践、第五章我国保险机构治理实践和第七章我国保险业治理实践中。

（三）解决问题

本书最后一章为总结，首先从理论和实践两个方面给出全书的研究结论；其次在给出治理特殊性、分类治理和分层治理三个治理研究原则的基础上，对未来的研究从微观、中观和宏观三个层面进行展望；最后为提升我国保险业的治理能力提出了相应的对策建议，即为解决问题。

二、研究方法

研究内容往往会决定所采用的研究方法。本书主要采用了适合研究内容的规范研究和描述统计两种研究方法。

本书问题的提出，保险公司治理、保险机构治理和保险业治理核心概念的界定，保险公司治理、保险机构治理和保险业治理特殊性的分析，保险公司治理、保险机构治理和保险业治理发展脉络的刻画，提升我国保险业的治理水平的对策建议等方面，均采用规范研究方法。

本书通过对治理相关政策法规的描述统计来对我国保险公司治理、保险机构治理和保险业治理发展过程进行描绘，这一过程中采用了实证研究中比较基础的描述统计方法。

第四节　基本概念界定

一、保险人、投保人、被保险人和受益人

《中华人民共和国保险法》（以下简称《保险法》）在对保险人含义进行明确的基础上，也对投保人、被保险人和受益人这三个主体的含义进行了明确。保险人是指与投保人订立保险合同，并按照合同约定承担赔偿或者给付保险金责任的保险公司。投保人是指与保险人订立保险合同，并按照合同约定负有支付保险费义务的人。被保险人是指其财产或者人身受保险合同保障，享有保险金请求权的人；投保人可以为被保险人。受益人是指人身保险合同中由被保险人或者投保人指定的享有保险金请求权的人；投保人、被保险人可以为受益人。保险人、投保人、被保险人和受益人也是《保险法》中所提到的保险活动当事人。

投保人、被保险人和受益人三个主体中，投保人和被保险人在研究中会经常被混用。对投保人与被保险人的模糊认识与使用不当，源于现行有关保险法律和行政法规的不足以及现实的经济基础与理论研究的不力（游源芬，1994）。1982

年 7 月 1 日生效的《中华人民共和国经济合同法》中的两条保险立法（第二十五条与第四十六条）共使用"投保方"7 次、"被保险方"1 次，而该法翻译成英文版本时，把投保人与被保险人等同译成 insurant，这样一来，投保人与被保险人就无区别了，两者合二为一，违背了保险的基础理论与基本原理。1983 年 9 月 1 日颁布施行的《中华人民共和国财产保险合同条例》对"投保方"表述 39 次，"被保险方"一次也没用，只在第一次出现"投保方"时（第三条）在后面括号里注明"在保险单或保险凭证中称被保险人"，这必然会使人们产生误解，认为保险单或保险凭证上的被保险人就是投保人。

二、保单持有人和保险消费者

实际上，还有"保单持有人"和"保险消费者"这两个词也会经常用到。在法律法规文件中，2000 年 2 月颁布的《分红保险管理暂行办法》第三条对保单持有人做了界定，即"本法所称保单持有人，是指按照合同约定，享有保险合同利益及红利请求权的人"。2004 年 5 月通过的《关于外国财产保险分公司改建为独资财产保险公司有关问题的通知》中规定，"外国财产保险公司分公司改建为独资财产保险公司，不得损害改建前该分公司原保单持有人的合法权益"。2008 年 9 月施行的《保险保障基金管理办法》的第三条第二款中所称的保单持有人，"是指在保险公司被依法撤销或者依法实施破产的情形下，对保单利益依法享有请求权的保险合同当事人，包括投保人、被保险人或者受益人"。2015 年 12 月 3 日通过的《中国保监会关于保险业服务京津冀协同发展的指导意见》中指出，"建立京津冀保险合同纠纷异地调处机制，为跨区域流动保单持有人提供便利"。2015 年 12 月 14 日通过的《中国保险保障基金有限责任公司业务监管办法》中规定，"保障基金公司在开展风险监测工作中，发现保险公司经营管理中出现可能危及保单持有人和保险行业的重大风险时，应及时报保监会，并提出监管处置建议"。中国保监会每年出版的《中国保险市场年报》中指出，中国保监会的首要监管目标为保护保单持有人利益。投保人、被保险人、受益人一般可以统称为保单持有人（魏迎宁，2012）。保单持有人可以是投保人，可以是被保险人，也可以是受益人；但具体所指，要根据保单持有人行使的权利而定；在多数情况下，保单持有人的权利由投保人和被保险人行使（方国春，2014）。

我国保险监管机构认为，保险消费者应该包括投保人、被保险人和受益人三类人群（杨明生，2012）。2006 年《中国保险业发展"十一五"规划纲要》3 次提到"消费者"，1 次提到"保险消费者"，例如"只有正确处理加快发展与防范风险的关系，不断增强驾驭市场和防范风险的能力，才能及时消除风险隐患，保证保险业健康发展，保护广大保险消费者的根本利益"。而 2011 年《中国保险业发展"十二五"规划纲要》先后 14 次提到"消费者"，9 次提到"保险消费者"，例如"确立保险消费者利益为根本的行业理念，以解决销售误导、理赔难问题为切入点，建立健全统一的涵盖销售、承保、回访和理赔各个环节的服务标准"。尽管目前，大家普遍认同保险消费者这一提法，但没有对保险消费者的准确含义进行界定，直到 2013 年 6 月 5 日通过了《保险消费投诉处理管理办法》，其中第四十三条规定"本办法所称保险消费活动，是指购买中华人民共和国境内保险产品以及接受相关保险服务的行为。本办法所称保险消费者，包括投保人、被保险人和受益人"，明确给出了保险消费者的含义。

三、概念界定小结

本书认为投保人、被保险人和受益人实际上是法律术语，每个术语都有其严谨的内涵。因此，什么时候该用投保人，什么时候该用被保险人，要根据其所表述的具体内容而定；总之，要用得适得其所，两者不能混同等用（游源芬，1994）。但目前很多学者因为习惯问题更多地使用了"投保人"一词，当然这里面的投保人可能不是《保险法》中投保人的含义，实际上表达的是投保人或被保险人或受益人的含义，本书也因此使用了"投保人"这一习惯性术语。保单持有人是一个概括性的概念，而非法律术语，所以在不需要强调投保人、被保险人和受益人的明确区别或者不管何种情况下三类主体共同需要的时候，可以采用该术语。中国保监会在首要监管目标表述中就使用了这一术语，具体可以参见历年《中国保险市场年报》，这也是本书所使用的投保人要表达的含义。在今后的研究中，如果不是法律层面的内容，可以考虑导入"保单持有人"这一术语；而保险消费者则更多是站在客户关系或者营销视角使用的，尽管其包括的内容与保单持有人相同，但考虑问题的角度不同，因此与保单持有人的使用场合不同。

为更好地理解上述几个概念，本书认为可以从概念的英文翻译入手进行区别。保险人应该翻译为 insurer，投保人应该翻译为 insurance proposer 或 insurance applicant（而不是 insurant），被保险人应该翻译为 the insured，受益人应该翻译为 beneficiary，保险消费者应该翻译为 insurance consumer，保单持有人应该翻译为 policyholder。同时保险人、投保人、被保险人和受益人都是保险活动当事人，而保险活动当事人应该翻译为 the parties to insurance activities。从上述英文表述中，我们可以更明确地看到这几类概念的区别。

此外，出于严谨和为了尊重原有的表达方式，本书在引用相关政策法规或者学者观点时，涉及上述基本概念的，均采用原文所用表达方式。

第二章　保险公司治理的内涵与特殊性

本章首先对国内外公司治理的研究脉络进行了梳理，发现不同类型组织的治理问题日益受到关注，特别是作为金融机构重要组成的保险公司；之后，本章在已有研究的基础上给出了保险公司治理的狭义和广义内涵；最后，本章对保险公司经营特殊性进行了分析，给出了保险公司治理的特殊性分析框架，并从治理原则、治理结构与机制、治理风险、治理评价和治理监管方面进行了具体分析。

第一节　公司治理的研究脉络

一、国外公司治理的研究脉络

（一）公司治理作为一个科学问题的提出

公司治理问题实际上很早就存在了，是随着公司制组织形式的出现而产生的。如果以 1600 年东印度公司的设立为标志，那么公司治理问题已经有 400 多年的历史。1776 年 Adam Smith（亚当·斯密）在《国富论》（An Inquiry into the Nature and Causes of the Wealth of Nations）中对两权分离下股份公司及其董事行为的分析实际上已经触及公司治理问题。但学术界一般认为 1932 年 Berle（伯利）和 Means（米恩斯）的著作《现代公司与私有财产》（The Modern Corporation and Private Property）才是首次正式提出公司治理问题。特别值得一提的是，1937 年 Coase（科斯）《企业的性质》（The Nature of the Firm）一文的发表所带来的新制度经济学的兴起，也为后续公司治理问题的研究提供了扎实的理论基础。这是因为在新古典经济学中，企业是一个黑箱，只有生产要素的投入比例安排问题，制度因素并没有被考虑，企业只有生产属性，没有交易属性，Coase 正是因为这方面的贡献，1991 年获得了诺贝尔经济学奖。另一位公司治理领域的诺贝尔经济学奖得主 Williamson（威廉姆森）把 Coase 的交易成本（transaction cost）概念向前推进了一步，给出了影响交易成本大小的重要因素之一的资产专用性（asset specificity）的概念。基于这个核心概念，Williamson 在其 1975 年出版的巨著《市场与层级制：分析与反托拉斯含义》（Markets and Hierarchies：Analysis and Antitrust Implications）中提出"治理结构"，这个概念已经涵盖了"公司治理"。1984 年，他直接以"Corporate Governance"为题对公司治理进行了较系统的分析，指出公司治理的研究经过了漫长的沉寂，最近正在复兴，导致这种僵局出现的一个重要原因是缺乏一个公司治理经济的微观分析。从这个意义上来说，在实践上，公司治理是一个老话题，但在理论上还是一个新兴的领域。

　　不得不提的另一位较早对公司治理进行研究和界定的学者是英国 Corporate Governance：An International Review 杂志的创始主编 Tricker（特里科），在 1984 年出版的《公司治理》（Corporate Governance：Practices，Procedures，and Powers in British Companies and Their Boards of Directors）一书中，他认为公司治理包括董事和董事会的思维方式、理论和做法，涉及的是董事会和股东、高层管理部门、规制者与审计员，以及其他利益相关者的关系。因此，公司治理是对现代公司行使权力的过程。Tricker 把公司治理归纳为四种主要活动：战略制定（direction）、决策执行（executive action）、监督（supervision）和问责（accountability）。他还认为，公司治理（governance of a company）与公司管理（management of a company）是不同的概念。如果说管理是关于经营业务（running business）的话，那么，治理则是确保能够适当地经营（running properly）。公司不但需要管理（managing），同样需要治理（governing）。Cadbury（卡德伯利）把 Tricker 视为英国公司治理的"先驱"。Cochran（科克伦）和 Wartick（沃提克）在 1988 年出版的仅有 74 页的著作《公司治理：一个文献回顾》（Corporate Governance：A Review of the Literature）中认为，公司治理是一个总成（umbrella term），它涵盖了董事会、执行董事及非执行董事的概念（concepts）、理论（theories）与实践（practices）等多方面问题。公司治理要解决的核心问题是：谁从公司决策及高级管理阶层的行动中受益，谁应该从公司决策及高级管理阶层的行动中受益。如果二者不一致，就出现了公司治理问题。"毒丸计划"的创始人 Lipton（利普顿）在 1991 年提出公司治理是一种手段，而不是目的。一直到 1992 年的《卡德伯利报告》（Cadbury Report）出台后，"公司治理"一词才越来越多地被使用，对于公司治理的理解和界定也更加准确和规范。

（二）1992 年第一次公司治理浪潮之后的研究

　　从以上关于公司治理的讨论可以看出，在 1975 年到 1992 年这段时间，国外对于公司治理的研究处于起步阶段，1992 年第一次公司治理浪潮的发生加速了公司治理的理论研究。Tricker 在 Corporate Governance：An International Review 杂志 1993 年创刊号的主编寄语中指出，在 20 世纪 80 年代初，公司治理并不是一个严肃的学术话题，"公司治理"这个词语也很难在专业文献中发现，但最近十年来，公司治理成为严肃的研究问题，而且"公司治理"一词在文献中比较普及。Mitchell（米切尔）（1994）指出，目前还没有一个被广泛接受的公司治理定

义。同样，Maw（莫）、Lane（莱恩）、Craig-Cooper（克雷格·库珀）和 Alsbury
（阿尔思伯利）（1994）指出，公司治理虽然是已被接受的话题，但至今还没有清
楚的定义，其边界仍然模棱两可。这是因为：各个定义从不同侧面对其进行界定，
如治理结构的具体形式、公司治理制度的功能或依据公司治理所面对的基本问题
等，都不够全面、科学；这些定义中，"公司治理"与"公司治理结构"的使用
非常混乱。

　　Sheikh（谢赫）和 Chatterjee（查特叶）（1995）指出，公司治理就是关于在
公司事务的方向性（direction of a company affairs）上董事被信托义务和责任的一
种制度安排，这是以基于股东利益最大化的问责机制（accountability）为基础的。
Hart（哈特）（1995）提出，只要存在以下两个条件，公司治理问题就必然会在
一个组织中产生：第一个条件是代理问题，具体说是公司组织成员之间存在利益
冲突；第二个条件是交易费用之大使代理问题不可能通过合约解决。当出现代理
问题而合约不完全时，公司治理就至关重要了。并且他给出了五个公司治理问题：
代理合同的成本；个人股东数量太大，不能进行严密的（day-to-day）控制；大
股东问题；董事会的局限性；管理层追求自己的目标，以股东利益为代价。Monks
（蒙克斯）和 Minow（米诺）（1995）认为公司治理是决定公司发展方向和绩效
的各参与者之间的关系。Prowse（普劳斯）（1995）提出，公司治理是一个机构
中控制公司所有者、董事和管理者行为的规则、标准和组织。Blair（布莱尔）（1995）
指出，从狭义角度讲，公司治理是指有关董事会的功能、结构，股东的权利等方
面的制度安排；从广义角度讲，则是指有关公司控制权和剩余索取分配权的一整
套法律、文化和制度安排，这些安排决定了公司目标，谁在什么情况下实施控制，
如何控制，风险和收益如何在企业不同的成员之间分配等一系列问题。Mayer（迈
耶）（1997）指出，公司治理往往涉及委托代理问题，即作为委托人的股东，委
托作为代理人的经营者按照他们的利益来经营企业；所谓公司治理是使双方的利
益一致，并确保企业为投资者的利益而运行的方式。Shleifer（施莱弗）和 Vishny
（维什尼）（1997）认为，公司治理要处理的是公司的资本供给者（股东和债权人）
如何确保自己得到投资回报的途径问题，公司治理的中心问题是保证资本供给者
的利益。Sternberg（斯滕伯格）（1998）提出公司治理是确保公司活动、资产和
代理人能够按照股东既定目标开展的一种方式。

　　2000 年之后，国外公司治理研究发展到深入研究阶段，开始关注公司治理
要素有效性；研究对象深入到金融机构等具体类型组织，例如 Laeven（雷文）
和 Levine（莱文）（2009）关于银行治理问题的研究，Boubakri（博巴克里）（2011）
关于保险公司治理问题的研究，而关于保险公司治理方面的具体研究可以参考郝

臣、李慧聪和罗胜 2011 年发表的综述论文《保险公司治理研究：进展、框架与展望》以及张扬、郝臣和李慧聪 2012 年发表的综述论文《国外保险公司治理研究：主题、逻辑与展望》；研究方法上既有大样本的实证研究，也有基于典型案例的深入分析；研究成果发表在 The Journal of Finance、Journal of Financial Economics 和 Review of Financial Studies 等领域内顶尖期刊。公司治理成为财务领域最热门的研究问题。相关研究可以参考 Denis（丹尼斯）（2001），Denis 和 McConnell（麦康奈尔）（2003），Gillan（吉兰）（2006），Bebchuk（拜伯切克）、Cohen（科恩）和 Ferrell（费雷尔）（2009），郝臣（2009），李维安、邱艾超、牛建波和徐业坤（2010）等公司治理方面的文献综述。

二、国内公司治理的研究脉络

公司治理学科具有很强的应用性，因此为了准确把握我国公司治理研究脉络，首先对我国公司治理实践进行阶段性总结。

（一）我国公司治理实践的四个阶段

在国内，对公司治理问题的研究是伴随我国企业改革特别是国有企业改革而诞生的。企业改革的大前提往往是经济体制首先发生变化，1978 年之前我国实行的是计划经济体制，之后陆续进行了系列改革，最终确立了社会主义市场经济体制。伴随我国经济体制转型，公司治理也正在从行政型治理向经济型治理转型，这是我国公司治理改革的主线；治理转型过程中，我国公司治理也在经历着从"形似"到"神似"的升华过程。纵观这些年的实践，我们不难发现公司治理是我国企业改革的核心，我们可以将这三十余年的公司治理实践分为观念导入、结构构建、机制建立和有效性提高四个阶段。

第一阶段：公司治理观念导入阶段（1978—1992 年）。1978 年党的十一届三中全会以后，我国经济体制开始由计划经济向有计划的商品经济转变，国家逐步下放和扩大国营企业的自主权，在国营企业的经营管理上，由单一的政府直接管理转变为政府直接管理和企业适度自主经营相结合的"双轨制管理"。企业的称谓开始由"国营"逐步转变为"国有"。企业在完成指令性计划的同时，可以自主开发市场，经批准可以投资开办企业。1984 年开始，国有企业内部管理体制由党委领导下的厂长（经理）负责制逐步转变为厂长（经理）负责制，并于 1987 年进入全面实施阶段。1988 年正式颁布《中华人民共和国全民所有制工业企业法》（以下简称《全民所有制工业企业法》），确定了全民所有制企业的法人地位，结束了全民所有制企业法律地位不明确的历史。始于 1978 年的我国国有企业改革，在经过扩大企业经营自主权、利改税、实行承包经营责任制和转换企业经营

的狭义
公司治
利益相
公司形

模式

险公司

成本基础

在未来的

预期成本

的政策
的数量和
胁，对并

规。另一种是省、自治区人民政府所在地的市和经国务院批准的较大的市的人民代表大会及其常务委员会制定，报省、自治区人民代表大会常务委员会批准后施行的规范性文件。这些地方性法规在本市范围内有效，其效力低于宪法、法律、行政法规和本省、自治区的地方性法规。

规章包括部门规章和地方政府规章。部门规章是指国务院各部（局）、委员会在本部门的权限范围内制定，由部（局）长或者委员会主任签署发布的规范性文件。部门规章在全国范围内有效，其效力低于法律、行政法规和地方性法规。地方政府规章是指省、自治区、直辖市以及省、自治区人民政府所在地的市和经国务院批准的较大的市的人民政府制定，由省长、自治区主席、市长签署，以政府令发布实施的规范性文件。地方政府规章在本行政区域内有效，其效力低于法律、行政法规和地方性法规。省、自治区人民政府所在地的市和经国务院批准的较大的市的人民政府制定的规章效力，低于省、自治区人民政府制定的规章效力。

狭义的规范性文件是指除宪法、法律、法规、规章以外的具有普遍约束力的非立法性文件。我们通常所说的规范性文件是指狭义上的规范性文件，也称行政规范性文件，就是老百姓俗称的"红头文件"，是指各级人民政府及其工作部门在权限范围内，为实施法律、法规、规章和上级规范性文件按规定程序发布的在一定时间内相对稳定，规定公民、法人或其他组织的权利义务，具有普遍约束力的行政措施，包括规定、办法、细则、通知、通告、布告等。

（二）具体梳理过程说明

本书的政策法规收集整理均采用手工方式。政策法规原文主要来源于中央政府网（http://www.gov.cn/）、中国保监会网站（http://www.circ.gov.cn/）和北大法宝网站（http://www.pkulaw.cn/）。所有政策法规的发布主体、文件编号、发布时间、生效时间、文件层次、修订情况和治理意义基础信息均通过手工整理和校对。政策法规时间范围为1979年到2016年，涉及的层次有政策、法律、行政法规、部门规章和规范性文件。

二、保险公司治理政策法规总体情况

我国保险公司治理政策法规总共有89部，详见附录2。按照类别可以将其分为公司治理基础、内部治理、外部治理和特定背景下的文件四大类。其中，内部治理政策法规可以细分为股东治理、董事会治理、监事会治理、董监高、风险管理、合规管理、内部控制和内部审计8类；外部治理政策法规可以细分为并购机制、退出机制、信科治理、信息披露和外部监管 5 类，详见表 3-1。我国保险公司治理政策法规的发布主体共有 7 个，按照发布政策法规的数量排列依次为：中国保监会、中国人民保险公司、国务院、财政部、中国人民银行、中国证监会、中国保险行业协会，详见表 3-2。参考表 3-3，我国保险公司治理政策法规有行政法规、部门规章、部门规范性文件和行业规定 4 个文件层次。根据图 3-1，我国保险公司治理政策法规自 1982 年发布第一部以来，除了 1995 年高频率发布了 7 部以外，有 10 部在 1999—2001 年这三年发布，有 60 部集中在 2006—2016 年发布，其余年份平均每年发布 1 部保险公司治理政策法规。截至本书出版，我国 89 部保险公司治理政策法规中，除了 16 部特定背景下的文件以外，有 56 部现行有效，17 部已废止，详见表 3-4。此外，根据表 3-5 的统计，在我国所有保险公司治理政策法规中，有 80 部自颁布以来未曾修订，有 8 部修订过 1 次，只有 1 部修订过 4 次。

三、保险公司治理政策法规数据统计

（一）保险公司治理政策法规内容类型分析

将我国保险公司治理政策法规按照类别进行分类，可以分为四方面：公司治理基础政策法规、内部治理政策法规、外部治理政策法规以及特定背景政策法规。

其中，公司治理基础政策法规有 13 部，占总量的 14.61%。内部治理政策法规共有 39 部，占所有公司治理政策法规数量的 43.82%。其中董监高和股东治理方面的政策法规数量最多，分别为 13 部（占 14.61%）、10 部（占 11.24%），其次分别为董事会治理（4 部，占 4.49%）、合规管理（4 部，占 4.49%）、内部审计（3 部，占 3.37%）、风险管理（2 部，占 2.25%）、内部控制（2 部，占 2.25%）以及监事会治理（1 部，占 1.12%）。外部治理政策法规有 28 部，为总量的 31.46%。其中外部监管、信息披露、信科治理、退出机制和并购机制方面的政策法规分别有 15 部（占 16.86%）、9 部（占 10.11%）、2 部（占 2.25%）、1 部（占 1.12%）和 1 部（占 1.12%）。此外，其他主题政策法规共有 9 部，占保险公司治理政策法规的 10.11%。详见表 3-1。

表 3-1　我国保险公司治理政策法规分类

政策法规分类		数量（部）	比例（%）
公司治理基础		13	14.61
内部治理	股东治理	10	11.24
	董事会治理	4	4.49
	监事会治理	1	1.12
	董监高	13	14.61
	风险管理	2	2.25
	合规管理	4	4.49
	内部控制	2	2.25
	内部审计	3	3.37
外部治理	并购机制	1	1.12
	退出机制	1	1.12
	信科治理	2	2.25
	信息披露	9	10.11
	外部监管	15	16.86
其他主题		9	10.11
合计		89	100.00

资料来源：作者整理。

（二）保险公司治理政策法规发布主体分析

通过表 3-2 可知，我国保险公司治理政策法规共有 7 个发布主体。其中中国保监会发布了 67 部保险公司治理政策法规，占我国保险公司治理政策法规的 75.28%，是我国保险公司治理政策法规的第一大发布主体。中国人民保险公司作为第二大发布主体，共发布保险公司治理政策法规 13 部（占 14.61%）。之后分别为国务院（3 部，占 3.37%）、财政部（3 部，占 3.37%）、中国人民银行（1 部，占 1.12%）、中国证监会（1 部，占 1.12%）、中国保险行业协会（1 部，占 1.12%）。

表 3-2　我国保险公司治理政策法规发布主体统计

发布主体	数量（部）	比例（%）
国务院	3	3.37
财政部	3	3.37
中国人民银行	1	1.12
中国保监会	67	75.28
中国证监会	1	1.12
中国人民保险公司	13	14.61
中国保险行业协会	1	1.12
合计	89	100.00

资料来源：作者整理。

（三）保险公司治理政策法规文件层次分析

依照文件层次进行分类，我国保险公司治理政策法规可以分为行政法规、部门规章、部门规范性文件、行业规定四大类，其中主要是部门规范性文件，共有 58 部，占所有保险公司治理政策法规的 65.17%。部门规章与行业规定均有 14 部，分别占总政策法规的 15.73%。其余的 3 部为行政法规，占比是 3.37%。详见表 3-3。

表 3-3　我国保险公司治理政策法规文件层次统计

文件层次	数量（部）	比例（%）
行政法规	3	3.37
部门规章	14	15.73
部门规范性文件	58	65.17
行业规定	14	15.73
合计	89	100.00

资料来源：作者整理。

（四）保险公司治理政策法规发布年份分析

依据图 3-1，自 1982 年我国发布第一部保险公司治理政策法规以来，1983 年、1985 年、1990 年、1992 年、1993 年、1994 年相继各发布 1 部保险公司治理政策法规。而 1995 年我国共颁布保险公司治理政策法规 7 部，数量激增，这主要是由于 1995 年 6 月 30 日第八届全国人大常委会第十四次会议通过了《中华人民共和国保险法》（以下简称《保险法》），因而保险公司治理亟须随之调整，大量保险公司治理政策法规应运而生。1996 年和 1997 年又回归了每年 1 部政策法规的频率。1999—2001 年，我国保险公司治理政策法规发布数量相比之前两年有所上升，分别为 4 部、3 部、3 部。在接下来的三年期间，每年各颁布 1 部保险公司治理政策法规。自从 2006 年国务院颁布了推动和完善中国保险事业的《国务院关于保险业改革发展的若干意见》（简称"国十条"）之后，各年份保险公司治理政策法规发布数量明显增加。在 2006—2016 年，每年发布的政策法规数量分别为 5 部、7 部、7 部、4 部、6 部、3 部、4 部、6 部、6 部、8 部和 4 部。

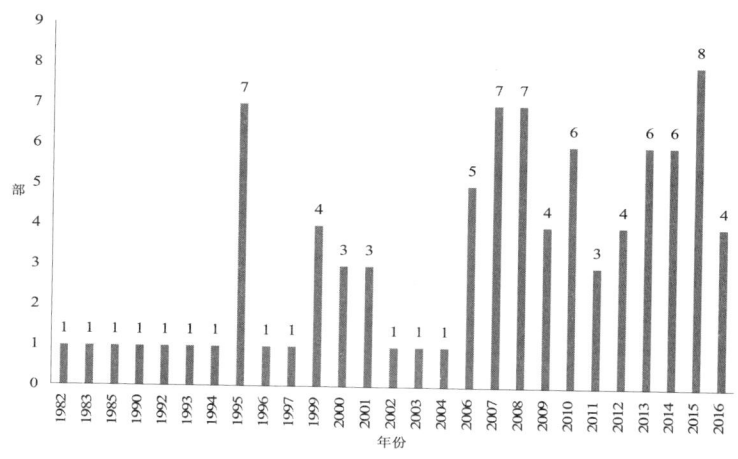

图 3-1　我国保险公司治理政策法规发布年份统计

资料来源：作者整理。

（五）保险公司治理政策法规效力情况分析

在我国所有的 89 部保险公司治理政策法规中，现行有效的法规共 56 部，约占总量的 62.92%；已有 17 部、约 19.10%的政策法规现已废止；其余 16 部为特定背景政策法规，占总量的 17.98%。详见表 3-4。

表 3-4　我国保险公司治理政策法规生效情况统计

效力情况	数量（部）	比例（%）
现行有效	56	62.92
已废止	17	19.10
特定背景	16	17.98
合计	89	100.00

资料来源：作者整理。

（六）保险公司治理政策法规修订情况分析

根据表 3-5 统计，我国所有的保险公司治理政策法规中，有 80 部（占 89.89%）自颁布以来未曾修订过；另有 8 部修订过 1 次，修订比例为 8.99%。此外，《保险公司管理规定》是唯一一部经历过 4 次修订的保险公司治理政策法规。

表 3-5　我国保险公司治理政策法规修订次数统计

修订次数	数量（部）	比例（%）
未修订	80	89.89
修订 1 次	8	8.99
修订 4 次	1	1.12
合计	89	100.00

资料来源：作者整理。

第四章　从保险公司治理到保险机构治理

本章在分析我国保险机构类型的基础上，基于公司治理和保险公司治理理论，提出了保险机构治理这一重要概念，并对其内涵进行了界定；同时对保险集团、相互保险组织、再保险公司、外资保险公司代表处、自保公司和保险中介机构等具体类型的保险机构治理的特殊性进行了分析。

第一节　保险机构治理的提出与内涵

一、我国保险机构构成

保险机构包括保险经营机构和保险中介机构。保险经营机构包括保险公司、保险集团公司、相互保险组织、再保险公司、保险资产管理公司、外资保险公司代表处、自保公司以及其他机构；保险中介机构包括保险代理机构、保险经纪机构和保险公估机构等。

（一）保险经营机构

我国财产保险公司包括中国人民财产保险股份有限公司、太平财产保险有限公司、中国大地财产保险股份有限公司、中国太平洋财产保险股份有限公司和中国平安财产保险股份有限公司等合计70家；其中，中资47家，外资23家，详见附表1-1。我国人身险保险公司包括中国人寿保险股份有限公司、中国太平洋人寿保险股份有限公司、中国平安人寿保险股份有限公司、新华人寿保险股份有限公司和泰康人寿保险股份有限公司等合计82家；其中，中资48家，外资34家，详见附表1-2。

我国保险集团控股公司合计11家，全部为中资控股公司，具体包括中国人民保险集团股份有限公司、中国平安保险（集团）股份有限公司、华泰保险集团股份有限公司、中国太平洋保险（集团）股份有限公司、中国人寿保险（集团）公司、安邦保险集团股份有限公司、中华联合保险控股股份有限公司、阳光保险集团股份有限公司、中国再保险（集团）股份有限公司、中国太平保险集团有限责任公司和富德保险控股股份有限公司，详见附表1-3。

我国保险资产管理公司合计21家；其中，中资20家，仅有1家为外资公司。具体包括中国人保资产管理股份有限公司、中国人寿资产管理有限公司、华泰资产管理有限公司、中再资产管理股份有限公司、平安资产管理有限责任公司、泰康资产管理有限责任公司、新华资产管理股份有限公司、太平洋资产管理有限责任公司、太平资产管理有限公司、安邦资产管理有限责任公司、生命保险资产管理有限公司、光大永明资产管理股份有限公司、合众资产管理股份有限公司、民生通惠资产管理有限公司、阳光资产管理股份有限公司、中英益利资产管理股份有限公司、中意资产管理有限责任公司（外资）、华安财保资产管理有限责任公司、长城财富资产管理股份有限公司、英大保险资产管理有限公司和华夏久盈资产管理有限责任公司，详见附表1-4。

我国再保险公司合计10家；其中，中资4家，外资6家。具体包括慕尼黑再保险公司北京分公司（外资）、瑞士再保险股份有限公司北京分公司（外资）、中国财产再保险股份有限公司、中国人寿再保险股份有限公司、德国通用再保险股份公司上海分公司（外资）、法国再保险公司北京分公司（外资）、汉诺威再保险股份公司上海分公司（外资）、太平再保险有限公司、RGA美国再保险公司上海分公司（外资）和前海再保险股份有限公司，详见附表1-5。

保险经营机构中还有外资保险公司代表处以及其他机构。外资保险公司代表处包括日本东京海上日动火灾保险株式会社驻中国总代表处、日本东京海上日动火灾保险株式会社广州代表处、美国国际集团北京代表处、瑞士苏黎世保险公司北京代表处、英国皇家太阳联合保险集团北京代表处等187家，详见附表1-6；其他机构包括慈溪市龙山镇伏龙农村保险互助社、慈溪市龙山农村保险互助联社、中石油专属财产保险股份有限公司、中国铁路财产保险自保有限公司和中远海运财产保险自保有限公司等，详见附表1-7。

（二）保险中介机构

保险中介机构，也称为保险中介人，一般可分为狭义保险中介机构和广义保险中介机构。狭义保险中介机构包括保险代理机构、保险经纪机构和保险公估机构；广义保险中介机构除了上述三种以外，还应该包括与保险中介服务有直接关系的单位和个人，如保险顾问、保险咨询事务所、法律事务所、审计事务所、会计事务所、保险中介行业协会、保险精算师事务所、保险中介资格考试机构和保险中介信用评估机构等。

本书主要采用狭义的定义，即保险中介机构主要指保险代理机构、保险经纪机构和保险公估机构。保险代理机构包括专业代理机构和兼业代理机构。专业代理机构即经中国保监会批准取得经营保险代理业务许可证，根据保险人的委托，向保险人收取佣金，在保险人授权的范围内专门代为办理保险业务的单位。兼业代理机构即在从事自身业务的同时，根据保险人的委托，向保险人收取佣金，在保险人授权的范围内代办保险业务的单位。兼业代理机构主要包括银行代理、行业代理和单位代理三种。经纪机构是基于投保人的利益，为投保人与保险人订立保险合同提供中介服务，并依法收取佣金的单位。公估机构是指接受保险当事人委托，专门从事保险标的的评估、勘验、鉴定、估损、理算等业务的单位。我国主要保险中介机构详见附表1-8、附表1-9和附表1-10。

二、保险机构治理内涵的界定

公司治理是指通过一套包括正式的或非正式的、内部的或外部的制度或机制来协调公司与所有相关者之间的利益关系，以保证公司决策的科学化，从而最终维护公司各方面利益的一种制度安排（李维安，2001；2005；2009）。按照公司治理和保险公司治理的内涵，实际上保险业中任何组织均存在治理问题。所谓保险机构治理（insurance institution governance）是保险经营机构治理和保险中介机构治理的总称。保险经营机构治理包括财产险和人身险公司治理、保险集团公司治理、相互保险组织治理、再保险公司治理、保险资产管理公司治理、外资保险公司代表处治理和自保公司治理等，保险中介机构治理包括保险代理机构治理、保险经纪机构治理和保险公估机构治理。具体如图4-1所示。

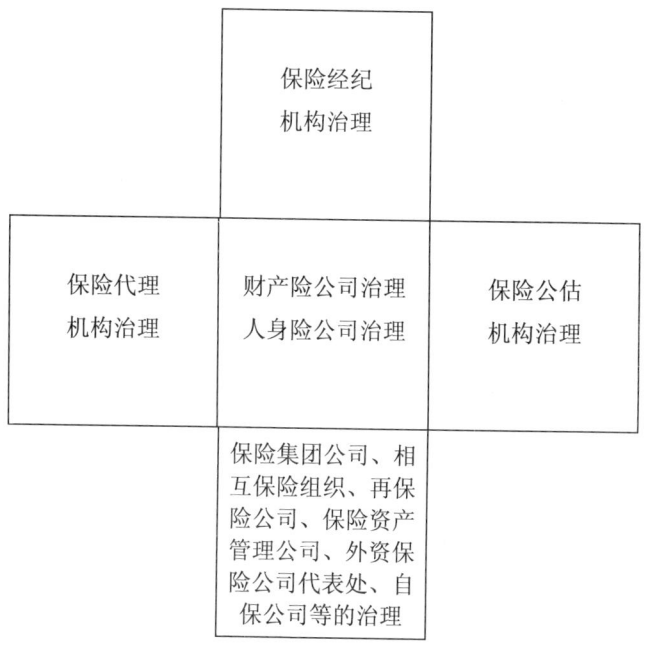

图4-1　保险机构治理框架示意图

资料来源：作者整理。

保险机构是以公司或非公司的形式经营保险及相关业务的经济主体,对于公司形式的保险机构来说必然具有公司的一般特征,一般治理原理也会在保险机构中发挥基础性作用,这一点不能否认。但不同类型的保险机构治理从目标、原则、结构与机制等方面均存在一定的特殊性,即使是不同业务的同类型机构在治理上也存在细微差异。保险机构治理特殊性同样是其治理的主线。

第二节　保险集团公司治理

一、保险集团公司治理问题的提出

随着我国保险业的发展,保险公司集团化经营态势越加凸显,出现了多家保险集团公司。保险集团公司是保险经营机构的重要组成之一。过去的理论和实践中,经常会出现将保险集团公司等同于保险集团控股公司的现象,但随着组织理论的发展和对组织认识与研究的深入,我们发现保险集团公司不等同于保险集团控股公司,保险集团公司的内涵更加广泛。如果将保险集团控股公司等同于保险集团公司,其结果往往是导致保险集团公司"集"而不"团",也正是因为如此,保险集团公司治理相对于保险集团控股公司来说,存在着一定的特殊性。

在保险集团公司已占据我国保险市场绝对主导地位的背景下,要研究我国保险业的公司治理,有必要进一步研究保险集团公司的治理。对于包括保险经营机构、保险中介机构等在内的任何非一般公司组织的治理研究实际上都是从其特殊性着手,这是这些组织治理的主线,否则没有必要专门对这些组织的治理问题开展研究。保险集团公司治理也是同样,需要对其治理特殊性展开分析,而治理目标特殊性又是治理特殊性分析的首要环节。

二、保险集团公司三个方面的委托代理问题

保险集团公司是由保险集团控股公司和子公司形成的一种中间型组织形式。这种中间组织的委托代理问题或治理问题主要有三个方面:第一,保险集团控股公司自身的治理问题,这与一般公司的治理问题并没有明显区别;第二,保险集团控股公司和子公司之间的委托代理问题,保险企业集团各子公司具有法律上的独立性,与集团控股公司之间存在信息不对称,因而母子公司之间容易产生基于股权关系的"代理问题";第三,子公司之间的委托代理问题,在子公司之间,各个公司独特的资源禀赋、各自对独立目标的追求但又属于同一保险集团公司的归属属性,使它们之间同时存在着信任和合作以及"搭便车"和"道德风险"等

问题。

三、保险集团公司治理目标的特殊性

这三类委托代理问题必然会带来保险集团公司的三类委托代理成本,保险集团公司治理的目标就是要通过各种制度安排来解决这些委托代理问题,降低集团公司的代理成本,促进集团公司决策制定的科学化,并最终保证集团公司整体利益,达到"1+1＞2"的效果。保险集团公司治理更加强调集团控股公司和子公司目标取向的一致性、关系的协调性、行为的协作性和效果的协同性,这与一般公司治理强调单体公司治理目标存在显著差异。

四、保险集团公司治理结构与机制的特殊性

保险集团公司治理目标的特殊性决定了保险公司治理结构与机制方面的特殊性。接下来以我国两家上市保险集团控股公司为例,分析其所形成的保险集团公司治理方面的具体特殊性。

(一)中国平安集团和中国太保集团简介

中国平安保险(集团)股份有限公司(以下简称中国平安)于1988年诞生于深圳蛇口,是中国第一家股份制保险企业。公司为香港联合交易所主板及上海证券交易所两地上市公司,股票代码分别为02318和601318。其旗下子公司包括平安寿险、平安产险、平安养老险、平安健康险、平安银行、平安信托、平安证券和平安大华基金等,涵盖金融业各个领域,已发展成为中国少数能为客户同时提供保险、银行及投资等全方位金融产品和服务的金融企业之一。中国平安集团组织架构详见图4-2。中国平安与其子公司组成了中国平安集团,中国平安集团是国内金融牌照最齐全、业务范围最广泛、控股关系最紧密的个人金融生活服务集团。

中国平安在2015年《福布斯》"全球上市公司2000强"中名列第32位;在美国《财富》杂志"全球领先企业500强"中名列第96位,并蝉联中国内地非国有企业第一。2003年2月14日,中国平安成为中国金融业综合化经营的试点企业。2004年6月24日,中国平安在香港地区整体上市,成为当年度香港最大宗的首次公开招股,壮大了公司的资本实力。2007年3月1日,中国平安在上海证券交易所挂牌上市,创下当时全球最大的保险公司IPO(首次公开发行)。2011年7月,中国平安成为深圳发展银行的控股股东。之后深发展吸收合并原平安银行,并更名为平安银行,建立起了全国性的银行业务布局。

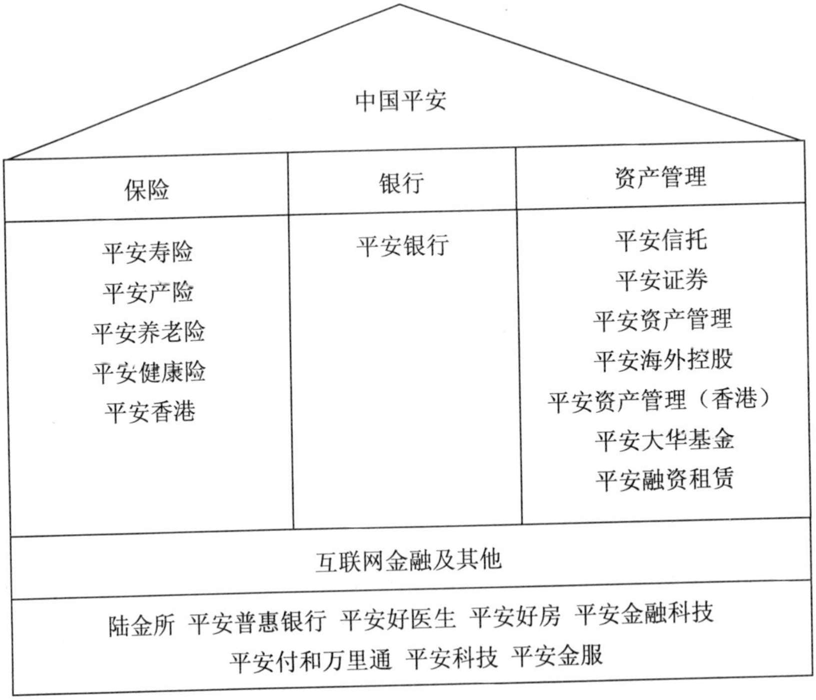

```
                          中国平安

    ┌──────────────┬──────────────┬──────────────┐
    │    保险      │    银行      │   资产管理   │
    ├──────────────┼──────────────┼──────────────┤
    │   平安寿险   │   平安银行   │   平安信托   │
    │   平安产险   │              │   平安证券   │
    │   平安养老险 │              │ 平安资产管理 │
    │   平安健康险 │              │ 平安海外控股 │
    │   平安香港   │              │平安资产管理（香港）│
    │              │              │ 平安大华基金 │
    │              │              │ 平安融资租赁 │
    ├──────────────┴──────────────┴──────────────┤
    │            互联网金融及其他                 │
    ├─────────────────────────────────────────────┤
    │ 陆金所 平安普惠银行 平安好医生 平安好房 平安金融科技│
    │      平安付和万里通 平安科技 平安金服         │
    └─────────────────────────────────────────────┘
```

图 4-2　中国平安集团组织架构图

资料来源：中国平安网站，http://www.pingan.com.

　　业务方面：第一，保险业务是该公司的核心业务之一。经过多年的发展，该公司由经营单一财产保险业务，逐步建立了以平安寿险、平安产险、平安养老险和平安健康险四大子公司为核心，向顾客提供全方位保险产品和服务的完整业务体系。第二，该公司通过平安银行经营银行业务。平安银行以"公司、零售、同业、投行"四轮驱动，突出"专业化，集约化，互联网金融，综合金融"四大特色，为客户提供供应链金融、投资银行、同业金融、小微金融、个人消费金融、信用卡、汽车融资、私人银行等全方位综合金融服务。第三，资产管理业务是该公司另一重要业务支柱。平安信托、平安证券、平安资产管理、平安海外控股、平安资产管理（香港）、平安大华基金和平安融资租赁共同构成该公司资产管理业务平台，致力于满足不同层次客户的投资产品和服务需求。

　　中国平安继续贯彻"科技引领金融"的理念，在"互联网+综合金融"的发展模式下，围绕广大用户的"衣、食、住、行、玩"需求，不断丰富金融、生活场景，加强互联网用户经营，提升用户体验，推动互联网用户及客户迁徙，最终实现"一个客户、一个账户、多项服务、多个产品"，让平安成为客户的"财富管家、健康顾问、生活助手"。

中国太平洋保险（集团）股份有限公司（以下简称中国太保）是在 1991 年 5 月 13 日成立的中国太平洋保险公司的基础上组建而成的保险集团公司，总部设在上海，实现了"A+H"股上市，股票代码分别为 601601 和 02601。中国太保组织结构如图 4-3 所示。中国太保以打造"在你身边的一流保险金融服务集团"为愿景，坚持"以客户需求为导向，专注保险主业，推动和实现可持续的价值增长"的经营理念，不断完善保险产业链全牌照布局。旗下拥有寿险、产险、资产管理、在线服务、养老保险、健康保险、农业保险等专业子公司，建立了覆盖全国的营销网络和多元化服务平台，提供全方位风险保障解决方案、投资理财和资产管理服务。中国太保与其子公司组成了中国太保集团。

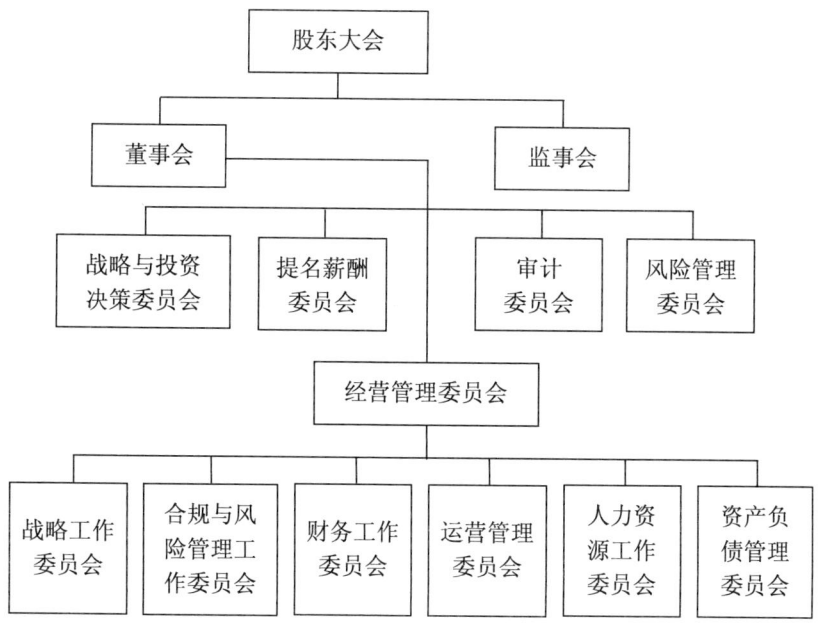

图 4-3　中国太保组织结构图

资料来源：中国太保网站，http://www.ecpic.com.cn/.

（二）纵向上：委托代理链条多层次化

保险集团公司治理已经突破了保险集团控股公司法人边界，涉及母子公司之间的委托代理问题,子公司往往还存在着子公司,因此,保险集团公司治理实际上不仅仅局限于保险集团控股公司和子公司两个层次,还有孙公司甚至更多层次的委托代理问题。以中国平安为例,平安期货有限公司、平安财智投资管理有限公司、平安磐海资本有限责任公司和中国平安证券(香港)有限公司是平安证券的子公司,深圳市平安创新资本投资有限公司和平安大华基金管理有限公司是平安信托的子公司,平安科技(深圳)有限公司、深圳平安综合金融服务有限公司(原深圳平安数据科技有限公司)、平安直通咨询有限公司、深圳万里通网络信息技术有限公司、平安好房(上海)电子商务有限公司和平安健康互联网股份有限公司是平安金融科技的子公司,平安付智能技术有限公司是平安金融科技的联营公司,陆金所控股有限公司是中国平安的联营公司,上海陆家嘴国际金融资产交易市场股份有限公司是陆金所控股的子公司。截至2015年12月31日,中国太保的财务报表已合并子公司有:中国太平洋财产保险股份有限公司、太平洋人寿保险股份有限公司、太平洋资产管理有限责任公司、中国太平洋保险(香港)有限公司、上海太保房地产有限公司、奉化市溪口花园酒店、长江养老保险股份有限公司、中国太保投资管理(香港)有限公司、City Island Developments Limited、Great Winwick Limited、伟域(香港)有限公司、Newscott Investments Limited、新域(香港)投资有限公司、上海新汇房产开发有限公司、上海和汇房产开发有限公司、太平洋保险在线服务科技有限公司、天津隆融置业有限公司、太平洋保险养老产业投资管理有限责任公司、太保安联健康保险股份有限公司和上海南山居徐虹养护院有限公司。因此,保险集团公司治理不仅包括保险集团控股公司的治理,还涉及集团内部母公司与子公司甚至孙公司之间的治理问题,这就导致委托代理链条的多层次化。

(三)横向上:集团内部沟通非正式化

同一层次子公司之间的沟通或者协调问题是保险集团公司治理特有的问题。在没有直接股权关系,而同受控股于一个控股公司的情况下,沟通更加复杂和困难,特别是当子公司数量比较多的时候。截至2015年底,中国平安财务报表主要已合并子公司有:中国平安人寿保险股份有限公司、中国平安财产保险股份有限公司、平安银行股份有限公司、平安信托有限责任公司、平安证券有限责任公司、平安养老保险股份有限公司、平安健康保险股份有限公司、中国平安保险海外(控股)有限公司、中国平安保险(香港)有限公司、平安国际融资租赁有限公司、中国平安资产管理(香港)有限公司、深圳市平安创新资本投资有限公司、平安不动产有限公司、平安科技(深圳)有限公司、平安健康互联网股份有限公司(原名:平安健康医疗互联网科技股份有限公司)、深圳平安综合金融服务有限公司（原名：平安数据科技（深圳）有限公司）、深圳万里通网络信息技术有限公司、深圳平安商用置业投资有限公司、平安期货有限公司、深圳市平安置业投资有限公司、平安直通咨询有限公司、上海平浦投资有限公司、安胜投资有限公司、深圳平安金融科技咨询有限公司、平安利顺国际货币经纪有限责任公司、平安好房（上海）电子商务有限公司、深圳平安大华汇通财富管理有限公司、平安大华基金管理有限公司、深圳平安金融中心建设发展有限公司、平安创展保险销售服务有限公司、达成国际有限公司、翠达投资有限公司、沈阳盛平投资管理有限公司、桐乡平安投资有限公司、平安商业保理有限公司、山西长晋高速公路有限责任公司、山西晋焦高速公路有限公司、平安财智投资管理有限公司、中国平安证券（香港）有限公司、平安财富理财管理有限公司、平安融资担保（天津）有限公司、深圳平安不动产工业物流有限公司、北京双融汇投资有限公司、成都平安置业投资有限公司、杭州平安养老产业股权投资合伙企业（有限合伙）、杭州平江投资有限公司、北京京信丽泽投资有限公司、安邦汇投有限公司、安邦汇理有限公司、青柠街有限公司、海逸有限公司、讯协有限公司、景扬有限公司、平安磐海资本有限责任公司、深圳平科信息咨询有限公司、北京京平尚地投资有限公司、广州市信平置业有限公司、上海家化（集团）有限公司、上海家化联合股份有限公司、上海泽安投资管理有限公司、上海平安汽车电子商务有限公司、上海葛洲坝阳明置业有限公司、上海金药投资管理有限公司、上海平欣资产管理有限公司、深圳前海征信中心股份有限公司、平安不动产资本有限公司、普惠有限公司、融熠有限公司、深圳前海普惠众筹交易股份有限公司、深圳平安创科投资管理有限公司、深圳联新投资管理有限公司和平安保险代理有限公司。因此，保险集团公司要更多地借助集团内部非正式沟通渠道做好数量众多的子公司之间的沟通与协调。

（四）中心上：集团控股公司制度安排复杂化

集团控股公司是整个集团公司的核心原点，处于中心位置，因此集团控股公司治理在集团公司治理中的地位和作用同样处于重要位置。正是因为集团公司治理的重要性，因此集团控股公司相对于一般单体公司来说，还具有一定的特殊性，主要体现为其治理结构与机制的复杂性。例如，中国太保集团控股公司在董事会下设立了董事会战略与投资决策委员会，其主要职责包括：对公司长期发展战略规划进行研究并提出意见和建议；审核公司的投资决策程序和授权机制以及保险资金运用的管理方式；对公司的重大投资或者计划、重大资本运作、资产经营项目进行研究并提出意见和建议等，详见图4-3。2015年，该公司战略与投资决策委员会共举行了5次会议，对公司利润分配、发展规划实施情况以及资本运作等事宜提出意见和建议。再如，在董事会下设立风险管理委员会，整体负责该公司风险管理活动，其主要职责包括：对风险管理的总体目标、基本政策和工作制度提出意见和建议；对重大决策的风险评估和重大风险的解决方案提出意见和建议；审核关联交易及重大关联交易；审核保险资金运用管理制度；对资产战略配置规划、年度投资计划和投资指引及相关调整方案提出意见和建议；对公司产品设计、销售和投资的协调机制以及运行状况提出意见和建议等。2015 年，风险管理委员会共举行 4 次会议，审核了公司风险评估报告、合规报告、偿付能力报告、年度投资指引、开展利率互换业务、风险资产五级分类报告、偿二代下风险偏好、日常关联交易以及关联交易执行情况等。经营管理委员会下设合规与风险管理工作委员会，首席风险官担任主任，由该公司和子公司高级管理层、主要营运部门的主管组成，负责风险管理方案拟订、工作协调和执行监督。由此可见，集团控股公司治理结构和机制相对一般公司更加复杂。

第三节　相互保险组织治理

一、相互保险组织的主要类型

相互保险组织或互助保险组织，也称为相互制保险组织、互助制保险组织、相互保险机构和互助保险机构等。相互保险组织主要有相互保险社、保险合作社、交互保险社和相互保险公司四种形式。其中，相互保险公司是最主要的形式。根据国际相互合作保险组织联盟（International Cooperative and Mutual Insurance Federation，缩写为 ICMIF）统计，2013 年全球相互保险保费收入达 1.23 万亿美元，占全球保险市场的 26.7%，覆盖 8.25 亿人，相互保险组织总资产超过 7.8 万亿美元。目前，日本生命人寿（Nippon Life Insurance Company）、美国大都会（National Union Life and Limb Insurance Company）等公司仍然是相互保险公司。

相互保险社，是最早出现的保险组织，是同一行业的人员为了应付灾害事故造成的经济损失而自愿结合起来的集体组织，至今仍在英、美国家广泛存在。相互保险社和相互保险公司的相同之处是保险机构为全体被保险人所共有，被保险人也是保险人之一。不同之处在于相互保险公司是法人组织，而相互保险社是非法人组织；相互保险社的业务仅限于某一团体内的所有成员，相互保险公司无此限制。

保险合作社，是由一些对某种风险具有同一保障要求的人自愿集股设立的保险组织。保险合作社以合作原则从事保险业务，一般以人身保险为主，是非营利机构。最早的合作保险组织是 1867 年英国的合作保险公司。迄今已有 30 多个国家和地区有保险合作社这种组织,其中以法国保险合作社数量最多。在美国、日本和新加坡,保险合作社均有一定的影响。保险合作社有由会员缴纳的股本,是一种长期的关系。

交互保险社,也叫互惠保险社,是指具有保险保障需求的若干个人或单位组织,作为社员相互约定交换保险的保险组织。目前交互保险社主要存在于美国西部,以经营火灾保险和个人汽车险为主。由被保险人即社员互相约定交换保险并约定其保险责任限额,在限额内可将保险责任比例分摊给各社员,同时接受各社员的保险责任。其具有如下特点:交互保险社不具有法人资格;无股本金和准备金;一般是委托具有法人资格的代理人代为经营。

二、我国相互保险组织的发展

我国自 1979 年恢复保险业务以来,保险公司的组织形式一直是股份制,2009年新修订的《保险法》明确了我国保险公司组织形式多元化的格局,股份有限公司、有限责任公司和相互保险公司三类保险公司共同存在和发展。

2005 年 1 月,以黑龙江垦区 14 年农业风险互助为基础的阳光农业相互保险公司,是经国务院同意、中国保监会批准和在国家工商总局注册的我国首家相互制保险公司。2011 年 9 月,我国首家农村保险互助社——浙江省慈溪市龙山镇伏龙农村保险互助社正式设立。2013 年 7 月,原有村级互助社试点模式被提升至镇一级,试点区域从慈溪市龙山镇西门外村扩展到慈溪市龙山镇金岙村等 8个村,同时在龙山镇专门设立了镇级农村保险互助联社。2016 年 6 月 22 日,中国保监会批准首批信美相互保险社、众惠财产相互保险社和汇友建工财产相互保险社三家相互保险社试点。

我国 2015 年出台的《相互保险组织监管试行办法》(以下简称《办法》)中指出,相互保险是指具有同质风险保障需求的单位或个人,通过订立合同成为会员,并缴纳保费形成互助基金,由该基金对合同约定的事故发生所造成的损失承担赔偿责任,或者当被保险人死亡、伤残、疾病或者达到合同约定的年龄、期限等条件时承担给付保险金责任的保险活动。

《办法》同时指出,相互保险组织是指,在平等自愿、民主管理的基础上,由全体会员持有并以互助合作方式为会员提供保险服务的组织。它包括一般相互保险组织,专业性、区域性相互保险组织等组织形式。一般相互保险组织相对于其他两类相互保险组织来说没有特殊限制,但其设立要求要严于其他两类相互保险组织,初始运营资金最低 1 亿元,一般发起会员最少 500 个。专业性相互保组织仅能针对特定风险开展专门业务,区域性相互保险组织仅能在地市级以下行政区划开展经营活动,两者的设立门槛都要低于一般相互保险组织。专业性相互保险组织和区域性保险组织的初始运营资金最低 1000 万元,一般发起会员最少100 个。涉农相互保险组织的初始运营资金最低 100 万元。

三、相互保险组织治理特殊性的总体分析

相互保险组织治理的特殊性分析同样需要从其治理目标开始,由于相互保险组织的经营目标是非营利性的,所以保险机构治理的目标一定是要保护好包括投保人在内的所有利益相关者的利益,而在所有利益相关者中,投保人是其核心利益相关者。投保人既是一般意义上的投保人,同时也是相互保险组织的股东。如果说在营利性质的一般保险公司中,对关于所有利益相关者的重要性排序还存在一定的疑惑或者怀疑,那么在相互保险组织中,投保人的重要性则是毋庸置疑的。

正是因为其治理目标的特殊性,相互保险组织的治理结构与机制安排上相对于一般公司和一般保险公司都存在一定的特殊性。例如,相互保险社和交互保险社都不具有法人资格,治理结构上不存在一般公司的"三会一层",即股东大会或股东会、董事会、监事会和经理层;治理机制上更多地体现为合同或者契约。即使是具有法人资格的相互保险组织,在具体的治理结构与机制上也不同于一般保险公司,而这种特殊安排主要还是服从于相互保险组织的治理目标。

四、相互保险公司治理特殊性的具体分析

很早就有学者关注相互制保险公司治理问题的研究,Spiller(1972)对比研究了股份制保险公司和相互制保险公司,认为二者之间的财务绩效差别来源于公司所有权的差异。该研究也被认为是目前对保险公司治理问题开展研究的标志性文献。相互制保险公司将公司所有者与公司客户或债权人合二为一,形成了有别于股份制公司的治理模式,具有化解利益冲突、降低道德风险、解决逆向选择、处理不完全合同等机制;互助是保单持有人参与公司治理的行动基础,分红是保单持有人参与公司治理的行动激励(方国春,2015)。接下来以相互保险公司作为分析对象,比较相互保险公司和一般公司在治理上的一些区别。

(一)最高权力机构是会员(代表)大会

根据《办法》的规定,相互保险组织应当设立会员(代表)大会,决定该组织重大事项。会员(代表)大会由全体会员(代表)组成,是相互保险组织的最高权力机构,原则上采取一人一票的表决方式。会员(代表)大会实际上与公司股东(大)会的职能基本相同,但在表决程序上存在重大区别:相互保险组织的

会员（代表）大会上，会员进行表决时每人拥有一票表决权，并不以出资份额决定表决权的大小；而一般情况下，在股东（大）会上进行表决时，股东的表决权大小是由投资份额多少或者比例所决定的，投资越多所代表的表决权也就越大。这种表决制度是由相互保险组织本身的性质所决定的，相互保险组织本身并不以营利为主要目的，而是为"具有同质风险保障需求的单位或个人"提供风险保障，由于每个会员缴纳的保险费形成了所有会员未来风险的保障金，所以每个会员必须具有相同的表决权，而不能以投入相互保险组织资本金额的大小来决定表决权的大小。

除此之外，相互保险组织的会员（代表）大会在表决制度上还有一个重要特点，即依据《办法》的规定，部分重大事项在表决时要求达到出席会议的会员或会员代表表决权总数的四分之三以上才可以通过；而无论是有限责任公司还是股份有限公司，根据《公司法》的规定，重大事项的表决仅需达到表决权总数的三分之二就可通过。这种表决制度也就保证了相互保险组织在经营过程中能够维持一定的稳定性，重大事项的表决须大部分会员都同意才能通过，大多数人的利益在一定程度上有了更好的保障。

（二）导入独立董（理）事制度

根据《办法》的规定，一般相互保险组织董（理）事、监事和高级管理人员任职资格管理按照《保险法》和中国保监会有关规定执行；专业性、区域性相互保险组织董（理）事、监事和高级管理人员任职资格标准可根据实际情况适度予以降低，但不得违反法律、法规、规章的禁止性要求。

与公司一样，相互保险组织应当设立董（理）事会、监事会以及其他的执行机构。唯一不同的是，一般相互保险组织依据《办法》的规定必须建立独立董（理）事制度，而普通的股份公司中只有上市公司才有此要求。独立董（理）事制度的建立，也是为了能够更好地监督相互保险组织的经营过程，保障会员的权利。

（三）资金运用上实行全托管制度

根据《办法》的规定，相互保险组织的业务范围、保险条款、保险费率以及其他业务规则都与一般的保险公司类似，只是在资金运用方面，保险监督管理机构对相互保险组织做了特殊要求。《办法》明确规定相互保险组织的资金应实行全托管制度。相互保险组织应在保证资金安全性的前提下，按照中国保监会有关规定进行资金运用。其中，专业性、区域性相互保险组织实行自行投资的，其资金运用限于下列形式：银行存款，国债及其他中国保监会认可的低风险固定收益类产品，经中国保监会批准的其他形式。专业性、区域性相互保险组织委托经中国保监会认可的专业投资机构进行投资的，不受上述形式限制。

第四节   其他保险经营机构治理

一、再保险公司治理

再保险也称分保或保险的保险，指保险人将自己所承担的保险责任，部分地转嫁给其他保险人承保的业务。再保险公司是指专门从事再保险业务、不直接向投保人签发保单的保险公司，就是保险公司的保险公司。在组织架构上，国际大型再保险公司大都采用了金融控股集团的发展模式，绝大多数的主营业务子公司被设为全资子公司，这些全资子公司的治理是集团治理的一个方面。在全资股权安排下，与一般保险公司治理相比要简单一些，因为作为治理基础的股权结构中只有一个股东，即通常所说的独资或全资。

二、保险资产管理公司治理

保险资产管理公司从事资产管理业务，代理客户进行投资运作以使客户的资金获得保值和增值，这是一种典型的委托代理关系。保险公司作为委托人和资产管理公司签订委托协议，同时制定投资指引，确立与作为代理人的资产管理公司的权利义务关系。资产管理公司治理结构和机制是否完善对于保证委托人的利益影响非常重大（苏媛，2009）。目前我国保险资产管理公司都是由保险母公司发起设立的，母公司拥有的股权超过 50%以上，占有绝对的控制地位，股份的流动性差，因此，在这样的股权结构安排下，如何使资产管理公司董事会、监事会和经理层有效运作是其治理的关键。

三、外资保险公司代表处治理

2015 年，外资保险公司实现保费收入 1164.2 亿元，同比增长 29.1%，占全国保费收入的 4.8%，占比较上年提高 0.3 个百分点。外资保险公司总资产达8344.5 亿元，较年初增加 1697.8 亿元，增长 25.5%，占比为 6.8%，同比上升 0.3个百分点。截至 2015 年底，共有 16 个国家和地区的保险公司在我国设立了 56家外资保险公司；外国保险机构在华设立代表处 141 家。外资保险公司代表处一般来说不具有法人资格，所以在治理上也具有非常明显的特殊性。外资保险公司代表处内部治理较为简单，不设"三会一层"；外部治理方面与一般保险公司治理类似，中国保监会对其机构设立、代表资格和变更、机构退出以及信息披露方面进行外部监管。

四、自保公司治理

自保公司是指由非保险公司中的大型集团公司等投资设立的保险机构,负责承包母公司、子公司或其关联公司的保险业务,是公司自留风险管理技术的一种形式。相比一般商业保险公司,专业自保公司可以通过对业务发展的深刻理解,提供个性化、覆盖广、承保能力强的保险产品,可以通过保险机制安排嵌入集团的全面风险管理体系,有助于提升集团整体风险管理水平。截至 2016 年 10 月,国内企业设立的自保公司共有 5 家,其中包括注册地在境内的中国石油天然气集团公司以及中国铁路总公司的自保公司,以及注册地在中国香港的中国海洋石油总公司、中国石油化工集团公司和中国广核集团有限公司的自保公司。自保公司在经营和治理上与一般保险公司也存在显著差异。目前我国的自保公司都是由大型集团公司设立的,占绝对控制地位,股权结构简单。例如,中石油专属财产保险股份有限公司是由中国石油天然气集团公司和中国石油天然气股份有限公司在中国境内发起设立的首家自保公司,其中,中国石油天然气集团公司持股 51%,中国石油天然气股份有限公司持股 49%;而中国铁路财产保险自保有限公司是由中国铁路总公司出资设立的自保公司,中国铁路总公司持股 100%。同时,由于自保公司主要面向集团内部开展业务,其所涉及的利益相关者也相对简单。

第五节 保险中介机构治理

一、我国保险中介机构与中介市场的发展

(一)保险中介机构与中介市场的发展历程

在我国,保险中介属新兴行业。1949—1988 年间,保险中介业务一直是由一家国有保险公司垄断经营。1988 年以后,保险公司数量逐渐增多,经营方式上采取集研发、销售、理赔、服务等业务于一身的模式。这种模式提高了保险公司的运营成本,降低了保险公司的盈利能力,阻碍了保险公司的发展。这就迫切要求保险专业中介机构的建立。自 1999 年我国第一家保险专业代理机构山东通泰保险代理公司(2004 年已退出市场)成立至今,保险专业中介机构数量激增。自 1999 年中国保监会批准江泰、东大和长城 3 家保险经纪公司筹建至今,我国保险经纪市场发展迅速,机构数量和功能作用都得到极大提升,业务规模得到极大扩展,已经成为保险市场中重要的组成部分。1990 年,保险理赔公估技术服务中心在内蒙古自治区正式成立,为日后保险公估机构的设立起到了良好的示范

效应。1994 年 2 月，深圳民太安保险公估有限公司经中国人民银行深圳特区分行批准正式注册成立，成为国内第一家专门从事保险公估及相关业务的正式保险公估机构。2002 年 1 月 1 日，《保险公估机构管理规定》正式颁布实施。自此，中国保险公估业的发展步入有法可依、快速发展的新轨道。2002 年，我国有保险公估机构 23 家；到 2003 年末，我国保险公估机构猛增到 120 家；到 2008 年，增加到 273 家。

综上，自 20 世纪 80 年代初以来，伴随着保险业的复业发展和改革开放进程，我国保险中介服务应运而生，从无到有、从单一到多元，经历了以保险代办点广泛铺开为标志的萌芽起步期（1992 年以前）、以保险营销体制引进推广为标志的快速成长期（1992—1999 年）、以保险专业中介准入发展为标志的制度突破期（1999—2004 年）、以资源型渠道崛起为标志的兼业代理渠道创新扩张期（2004—2009 年）、以防范化解风险为标志的转型期（2009 年至今）五个主要阶段，初步形成了数量众多、形态多样、功能互补、覆盖广泛的市场体系，成为保险市场不可或缺的重要组成部分（黄洪，2015）。

（二）保险中介机构与中介市场的发展现状

截至 2015 年末，全国共有保险专业中介结构 2503 家，同比减少 43 家，其中，保险中介集团 6 家，保险专业代理机构 1719 家，保险经纪机构 445 家，保险公估机构 333 家；全国保险专业中介机构注册资本 289.5 亿元，同比增长 10.7%。截至 2015 年末，全国共有兼业代理机构网点 21 万余家，其中，金融类近 18 万家，非金融类 3 万余家。截至 2015 年末，全国共有保险营销员 600 万人左右。

2015 年，全国保险公司通过中介渠道实现保费收入 19760.2 亿元，同比增长 22.4%；占 2015 年全国总保费收入的 81.4%，较 2014 年增长 1.6 个百分点。其中，实现财产险保费收入 5239.5 亿元，同比增长 11%，占 2015 年全国财产险保费收入的 62.2%；实现人身险保费收入 14520.7 亿元，同比增长 27.1%，占 2015 年全国人身险保费收入的 91.6%。

2015 年，全国保险专业中介渠道实现保费收入 1710.7 亿元，同比增长 16.2%；占 2015 年全国总保费收入的 7%，较 2014 年下降 0.3 个百分点。保险专业代理机构方面，该渠道实现保费收入 1151.7 亿元，同比增长 19%；占 2015 年全国总保费收入的 4.7%，较 2014 年下降 0.1 个百分点。其中，实现财产险保费收入 1064.1 亿元，同比增长 19.2%；实现人身险保费收入 87.6 亿元，同比增长 17%。实现主营业务收入 249.9 亿元，同比增长 35.2%。保险经纪机构方面，该渠道实现保费收入 559 亿元，同比增长 10.8%；占 2015 年全国总保费收入的 2.3%，较 2014 年下降 0.2 个百分点。其中，实现财产险保费收入 473.7 亿元，同比增长 7.2%；

实现人身险保费收入 85.3 亿元，同比增长 35.8%；实现业务收入 106.3 亿元，同比增长 13.2%。保险公估机构方面，该渠道实现业务收入 22.4 亿元，同比下降 0.9%。

2015 年，全国保险兼业代理渠道实现保费收入 8797.7 亿元，同比增长 25.5%；占 2015 年全国保费收入的 36.2%，较 2014 年增长 1.6 个百分点。其中，实现财产险保费收入 1982.6 亿元，同比增长 4.4%，占 2015 年全国财产险保费收入的 23.5%；实现人身险保费收入 6815.1 亿元，同比增长 33.4%，占 2015 年全国人身险保费收入的 43%。

2015 年，全国保险营销渠道实现保费收入 9251.8 亿元，同比增长 20.7%；占 2015 年全国总保费收入的 38.1%，较 2014 年增长 0.2 个百分点。其中，实现财产险保费收入 1719.1 亿元，同比增长 15.5%，占 2015 年全国财产险保费收入的 20.4%；实现人身险保费收入 7532.7 亿元，同比增长 22%，占 2015 年全国人身险保费收入的 47.5%。

二、保险中介机构与保险中介市场的作用

保险市场的三大主体包括保险公司、投保人和保险中介机构。保险市场存在着明显的信息不对称和不完全现象，造成了保险公司和投保人或者消费者之间的相互不信任，而保险产品的复杂性和长期性特点则对投保人的专业能力提出了很高的要求（Cummins 和 Doherty，2006；Eckardt，2007），大量的行政事务、讨价还价等都耗费了投保人和保险公司大量的时间和精力，增加了交易的成本，保险中介机构则能够通过降低交易成本来增加交易双方的价值（Benston 和 Smith，1976；Spulber，1999），因此便有了保险中介机构的存在。它能够降低保险公司和投保人之间的信息不对称程度，缓解二者之间的委托代理问题。所以，无论是从信息经济学角度来说，还是从制度经济学角度来说，保险中介机构都有其存在的必要性和重要性。保险中介机构是保险市场不可或缺的重要组成部分，是联系保险人与被保险人的桥梁和纽带。保险中介机构对于保险业的发展具有加速作用，保险市场的发展在很大程度上取决于保险中介机构的发展。庞大的保险市场需要由一定规模的中介市场来维系和推动。发达的保险中介机构是成熟的保险市场的重要标志（严万全，2012）。

经过 30 多年的发展，保险中介市场经历了各种困难和挑战，取得了突出的成绩，为保险业改革发展做出了历史性贡献，具体体现为如下五点（黄洪，2015）。一是完善了保险产业链。在我国保险产业链上游向下游输送产品、提供服务，以及产业链下游向上游提出需求、反馈信息等过程中，保险中介都发挥了不可替代

的价值交换作用，促进了保险产业链的完善和成熟。二是优化了保险资源配置效率。代理、经纪、公估等保险中介的迅速发展，形成了互为补充的中介运行机制，加快了保险公司与中间商之间的社会分工的进程，提高了保险经营集约化程度，更加有效地配置了保险资源，也降低了交易成本。三是提升了保险服务水平。经纪、公估较好地发挥了专业技术、风险管理等优势，营销员、兼业代理等较好地利用了数量众多、贴近服务等特点，为消费者提供了更加专业化、便利化、大众化的保险服务。四是促进了保险业改革发展。保险业的许多重大改革都与保险中介直接相关，如营销体制的引进、银邮渠道的开拓等，都促进了保险业的创新发展。五是普及了保险知识。从某种意义上讲，营销员是保险知识传播的宣传员、播种机，数百万保险从业人员直接接触消费者，已经成为传播保险知识理念、扩大保险社会影响的最直接、最有效的平台。

三、保险中介机构治理的特殊性分析

无论是将保险中介机构与一般公司和保险经营机构进行比较，还是在不同类型的中介机构之间进行比较，我们不难发现，它们在治理的各维度上都存在一定的区别，或者说，保险中介机构治理同样具有一定的特殊性。

（一）保险中介机构治理目标特殊性分析

保险中介机构作为保险公司和投保人之间的桥梁和纽带，最基本的作用是通过服务降低二者之间的信息不对称程度，但保险中介机构的介入实际上会带来新的信息不对称问题，即保险公司和中介机构之间以及中介机构和投保人之间的委托代理问题，由此会引起新的道德风险、逆向选择等利益冲突。所以，保险中介机构治理的目标不应仅仅局限于中介机构股东利益最大化，而且还要考虑上游保险公司和下游投保人的利益，要实现整个价值链条的利益最大化。

（二）保险中介机构内部治理弱化

保险中介机构是连接保险公司和广大投保人的桥梁和纽带，是保险业服务社会的窗口。但在中国保险业快速发展的同时，保险中介机构的违规现象也屡见不鲜（毛路和陈建民，2011）。其中一个重要原因是保险中介机构公司治理结构不完善（钱兵和陈功，2007；段文博、王庆南和王海旭，2008）。目前，我国保险中介机构组织形式上主要是有限责任公司，股东人数多在 5 人以内，详见表 4-1。许多专业的保险中介机构都是从其他非专业中介发展而来的，并没有一套完善的适合中介机构发展的公司治理结构与机制。比如，公司管理层缺乏专业保险知识，对保险行业经营了解很少，很难正确发挥决策作用；忽视人才的开发和培养，导致从业人员素质低下；中介机构内控能力薄弱，缺乏对公司人员的监控和约束。

再如，中介从业人员为一己私利损害被保险人的利益，进而损害公司利益。这些实际上都与保险中介机构自身情况或者经营特点息息相关。

表4-1 我国保险中介机构股东人数分布

股东数	样本数	比例（%）	股东数	样本数	比例（%）
1	397	18.87	14	5	0.24
2	807	38.36	17	4	0.19
3	438	20.82	15	1	0.05
4	194	9.22	18	2	0.10
5	93	4.42	19	3	0.14
6	51	2.42	20	3	0.14
7	29	1.38	23	3	0.14
8	19	0.90	24	1	0.05
9	19	0.90	25	4	0.19
10	11	0.52	27	2	0.10
11	9	0.43	31	1	0.05
12	2	0.10	38	2	0.10
13	4	0.19	合计	2104	100.00

资料来源：中国保险年鉴编委会.2015中国保险年鉴[M]. 北京：中国保险年鉴社，2015.

（三）保险中介机构进入和退出市场化程度高

保险专业中介是我国金融领域中市场化程度最高的行业，从建立制度之初，中国保监会就重视发挥市场机制对保险中介资源配置的作用，实行日常化审批，并及时将严重违法违规的保险中介机构从市场清除，不人为设定市场准入和退出数量限制，保持"进口"和"出口"畅通，初步建立起平稳有序的保险中介市场化准入和退出机制。退出市场化还体现在产品市场竞争这一外部治理机制方面。保险中介机构市场地位逐步提高，一些具有人才、专业优势和经营管理较好的保险中介机构逐渐在市场上站稳了脚跟，成为行业的领跑者，通过资源整合和机构扩张，规模逐渐壮大；而一些成立时间短、缺乏资金实力和经营特色的中介机构，在股东压力和市场竞争的双重挤压下，生存受到挑战直至退出市场（于殿江、柏士林和胡玉翠，2011）。

第五章　我国保险机构治理实践

在第四章界定保险机构治理内涵的基础上,本章一方面基于保险机构治理典型事件来刻画我国保险机构治理发展脉络;另一方面通过对保险机构治理政策法规的梳理和描述统计来描绘我国保险机构治理发展进程。

第一节　我国保险机构治理发展脉络

一、保险机构治理实践概述

保险机构可分为经营机构和中介机构两类,经营机构包括保险公司、再保险公司、保险集团公司、保险资产管理公司等机构以及新兴的相互保险组织,中介机构包括保险代理机构、保险经纪机构和保险公估机构。本章所讲的保险机构是除保险公司之外的其他保险机构。

在中国保监会成立之前,我国保险机构治理实践主要是对中介机构中的代理机构和经纪机构进行监管。例如,1992 年 11 月中国人民银行出台的《保险代理机构管理暂行办法》加强了对保险企业设立保险代理机构的管理,规范了保险代理机构的经营活动。1997 年 11 月中国人民银行发布《保险代理人管理规定(试行)》,从从业资格、执业管理、保险代理合同等方面对如何管理各种代理人做出了具体规定。1998 年 2 月中国人民银行发布《保险经纪人管理规定(试行)》,对保险经纪公司的相关内容进行了规定,规范了保险经纪人的行为。

中国保监会成立后,随着保险业的发展,我国保险机构治理实践逐渐丰富,中国保监会先后出台文件规范了再保险公司、保险资产管理公司、保险集团公司和相互保险组织等保险经营机构以及保险代理机构、保险经纪机构和保险公估机构等保险中介机构的治理。

二、保险经营机构治理实践

在经营机构方面,中国保监会 2002 年 9 月发布《再保险公司设立规定》,2004 年 4 月发布《保险资产管理公司管理暂行规定》,2010 年 3 月发布《保险集团公司管理办法(试行)》以及 2015 年 1 月发布《相互保险组织监管试行办法》,分别对再保险公司、保险资产管理公司、保险集团公司以及相互保险组织的设立、变更、从业资格、经营管理及监督管理进行了规范。

2002 年 9 月 17 日，中国保监会发布《再保险公司设立规定》。此前，根据我国保险法规规定，除人寿保险业务外，保险公司应将其承保的每笔保险业务的 20% 向中国再保险公司办理再保险，即法定分保。据测算，目前法定分保业务占再保险市场份额的 90% 左右。按我国入世承诺，法定分保业务将逐年下调 5%，入世后 4 年内，20% 的法定分保业务将完全取消，再保险市场将完全商业化。在此背景下，中国保监会发布《再保险公司设立规定》，明确了入世开放新格局下再保险公司设立的条件。

2004 年 4 月 25 日，中国保监会发布《保险资产管理公司管理暂行规定》（以下简称《规定》）。保险资金运用是保险市场联系资本市场和货币市场的重要环节，也是保险业发挥资金融通功能、支持国家经济建设的重要途径。面对日益盆满钵盈的保险资金，作为保险公司的一个业务部门的保险资金管理中心显然已力不从心，难当大任。因为内设投资部门的管理形式只适合于小规模的、单一品种的投资活动，并不能适应保险资金规模日益扩大、投资业务量和投资品种快速增长的需要。特别是今后还将可能进一步扩大投资领域，保险公司内设投资部门的架构，很难为保险公司投资业务的进一步发展提供人才及制度保证，在一定程度上限制了保险资金投资领域的拓宽。国外实践证明，设立专业化的保险资产管理公司可根据保险资金运用的实际需要，从市场研究、投资决策、业务操作、风险控制等诸方面对保险资金运用实行规范化管理和风险控制。设立专业化的保险资产管理公司，是保险公司适应投资规模迅速扩大、投资领域不断拓展的需要，从根本上说是我国保险资金运用长远发展的大计。2004 年全国保险工作会议提出，要推进资金运用管理体制改革，逐步把保险业务和资金运用业务彻底分离，允许有条件的公司成立保险资产管理公司。在此之前，经国务院批准，中国人保控股公司、中国人寿保险集团公司分别发起设立了保险资产管理公司。太平洋保险、新华人寿、华泰保险、中国再保险等相继提交了设立保险资产管理公司的申请。为保证保险资产管理公司规范健康发展，促进保险资金的专业化运作，确保保险资金运用的安全与有效，中国保监会经过广泛调研和多方协调，制定出台了《规定》。

2010 年 3 月 12 日，《保险集团公司管理办法（试行）》出台。当时我国保险业共有 8 家保险集团（控股）公司，其合并总资产、净资产和保费收入均占行业总规模的四分之三，对行业发展起着主导作用。加强保险集团公司监管，对于维护市场安全稳定运行、防范化解金融风险、保护被保险人利益都具有十分重要的意义。为了加强保险集团公司监管，防范保险集团经营风险，更好地促进保险主业发展，中国保监会发布了《保险集团公司管理办法（试行）》，对保险集团公司的准入条件、公司治理、资本管理、信息披露以及监督管理做出规定。

2015年1月23日,《相互保险组织监管试行办法》(以下简称《办法》)出台。相互保险是指有相同风险保障需求的投保人,在平等自愿、民主管理的基础上,以互相帮助、共担风险为目的,为自己办理保险的经济活动。相互保险发展历史悠久,起源早于股份制保险,目前在国际保险市场仍占据重要地位,尤其在高风险领域如农业、渔业和中低收入人群风险保障方面得到广泛应用。我国对相互保险进行了长期探索,随着市场经济的发展和人们风险防范需求的增加,各类社会主体发展相互保险的愿望愈发强烈,特别是互联网技术的发展使相互保险面临新的发展机遇。《国务院关于加快发展现代保险服务业的若干意见》明确提出"鼓励开展多种形式的互助合作保险"。为加强对相互保险组织的监督管理,促进相互保险规范健康发展,中国保监会在充分借鉴国际监管经验并结合我国保险市场实际的基础上,制定了《办法》,从总体原则、设立、会员、组织机构、业务规则和监督管理等方面明确了对相互保险组织的监管要求。

三、保险中介机构治理实践

中国保监会于2005年2月发布《保险中介机构法人治理指引(试行)》和《保险中介机构内部控制指引(试行)》,对中介机构法人治理和内部控制进行规范的引导。

《保险公估机构管理规定》于2002年1月1日起实施,《保险代理机构管理规定》和《保险经纪机构管理规定》于2005年1月1日起实施。这三部针对保险中介机构的管理规定对于建立保险中介市场体系、完善有序竞争的市场格局发挥了重要作用。而随着我国保险市场的快速发展,保险中介机构的经营理念、体制、机制、专业水平都发生了很大变化,保险市场也对保险中介行业提出了更高的要求。同时随着新《保险法》的实施,保险专业中介监管也需要及时梳理已有的法规,做好与新《保险法》的衔接工作。因此,2009年9月中国保监会颁布了新的《保险专业代理机构监管规定》《保险经纪机构监管规定》和《保险公估机构监管规定》。三个新的规章主要对市场准入、经营规则、市场退出、监督检查和法律责任等方面进行了修订,更加注重对被保险人利益的保护,监管重心转移到关注市场和风险,监管力度进一步强化,适当提高了市场准入标准,注重发挥市场对资源配置和整合的作用,以提高保险中介业的服务能力和竞争能力。

2015年9月17日,为进一步推进保险中介市场深化改革,促进保险中介市场有序健康发展,中国保监会发布《中国保监会关于深化保险中介市场改革的意见》。该意见中,明确了保险中介市场深化改革的指导思想和总体目标,确定了保险中介市场深化改革要遵循的三个基本原则，并要求各相关单位加强组织领导、加强内部协作、密切外部协调、加强宣传引导。

第二节 我国保险机构治理政策法规

一、保险机构治理政策法规梳理过程

本章政策法规范围的界定同本书的第三章内容，政策法规收集整理均采用手工方式。同样，文件原文主要来源于中央政府网（http://www.gov.cn/）、中国保监会网站（http://www.circ.gov.cn/）和北大法宝网站（http://www.pkulaw.cn/）。所有政策法规的发布主体、文件编号、发布时间、生效时间、文件层次、修订情况和治理意义基础信息均通过手工整理和校对。政策法规时间范围为 1979 年到 2016 年，涉及的层次有政策、法律、行政法规、部门规章和规范性文件。但保险机构治理有关的政策法规的数量在没有考虑保险公司治理的情况下为 27 部，如果将保险公司治理相关政策法规也纳入保险机构治理，那么保险机构治理政策法规总数为 116 部（27 部+89 部），详见附录 2。

二、保险机构治理政策法规总体情况

我国保险机构治理政策法规共计 27 部。可将其按照类别分为经营机构政策法规和中介机构政策法规两大类。其中，有关经营机构的政策法规可细分为有关保险集团、保险公司、保险资产管理公司的政策法规，有关保险集团、保险公司、保险资产管理公司、再保险公司的政策法规，有关保险公司和保险资产管理公司的政策法规，有关保险集团的政策法规，有关相互保险组织的政策法规，有关再保险公司的政策法规，有关保险资产管理公司的政策法规，以及有关外国保险机构的政策法规；有关中介机构的政策法规可以细分为有关代理机构的政策法规、有关经纪机构的政策法规、有关公估机构的政策法规、有关中介服务集团公司的政策法规和有关中介机构治理基础的政策法规，详见表 5-1。我国保险机构治理政策法规的发布主体共有 3 个，按照发布政策法规的数量排列，依次为：中国保监会、中国人民银行、中国保险行业协会。详见表 5-2。参考表 5-3，我国保险机构治理政策法规有部门规章和部门规范性文件 2 个文件层次。根据图 5-1，在 1992—2016 年，除了 2015 年集中发布了 8 部保险机构治理政策法规以外，各年度发布政策法规数量较为平均。根据表 5-4 统计，截至本书出版，我国保险机构治理政策法规现行有效的有 18 部，其余 9 部已废止。而在 27 部保险机构治理政

策法规中，有 21 部自发布以来未曾修订，有 6 部曾修订过 1 次，详见表 5-5。

三、保险机构治理政策法规数据统计

（一）保险机构治理政策法规内容类型分析

我国保险机构治理政策法规共有 27 部，其中有关经营机构的政策法规为 14 部，其余 13 部为有关中介机构的政策法规。在经营机构治理的政策法规中，有关保险集团、保险公司、保险资产管理公司治理的政策法规占比最大，为 22.22%，共计 6 部；其次为有关保险集团、保险公司、保险资产管理公司、再保险公司治理的政策法规，共 2 部，占比为 7.41%。其余 6 部分别是有关保险公司和保险资产管理公司、保险集团、相互保险组织、再保险公司、保险资产管理公司、外国保险机构治理的政策法规，每个方面各为 1 部，均占我国所有保险机构治理政策法规的 3.7%，详见表 5-1。

表 5-1　我国保险机构治理政策法规分类

	政策法规分类	数量（部）	比例（%）
经营机构	保险集团、保险公司、保险资产管理公司	6	22.22
	保险集团、保险公司、保险资产管理公司、再保险公司	2	7.41
	保险公司、保险资产管理公司	1	3.70
	保险集团	1	3.70
	相互保险组织	1	3.70
	再保险公司	1	3.70
	保险资产管理公司	1	3.70
	外国保险机构	1	3.70
中介机构	代理机构	5	18.52
	经纪机构	3	11.11
	公估机构	1	3.70
	中介服务集团公司	1	3.70
	中介机构治理基础	3	11.11
合计		27	100.00

资料来源：作者整理。

（二）保险机构治理政策法规发布主体分析

我国保险机构治理政策法规的发布主体由中国人民银行、中国保监会、中国保险行业协会构成。其中，中国保监会为主要发布主体，发布了我国 81.48%的保险机构治理政策法规，共 22 部。中国人民银行和中国保险行业协会分别发布了 4 部（占 14.81%）和 1 部（占 3.7%），详见表 5-2。

表 5-2　我国保险机构治理政策法规发布主体统计

发布主体	数量（部）	比例（%）
中国人民银行	4	14.81
中国保监会	22	81.48
中国保险行业协会	1	3.70
合计	27	100.00

资料来源：作者整理。

（三）保险机构治理政策法规文件层次分析

我国保险机构治理政策法规的文件层次共有两类，即部门规章和部门规范性文件。其中 12 部、大约 44.44%的保险机构治理政策法规为部门规章，其余的15 部为部门规范性文件，详见表 5-3。

表 5-3　我国保险机构治理政策法规文件层次统计

文件层次	数量（部）	比例（%）
部门规章	12	44.44
部门规范性文件	15	55.56
合计	27	100.00

资料来源：作者整理。

（四）保险机构治理政策法规发布年份分析

根据图 5-1，我们可以发现，除了 2015 年我国共发布了 8 部保险机构治理政策法规以外，在 1992—2016 年，各年度发布政策法规数量较为平均，分别为1992 年 1 部、1994 年 1 部、1997 年 1 部、1998 年 1 部、2001 年 2 部、2002 年1 部、2004 年 3 部、2005 年 2 部、2006 年 1 部、2009 年 3 部、2010 年 1 部、2011年 1 部和 2016 年 1 部。

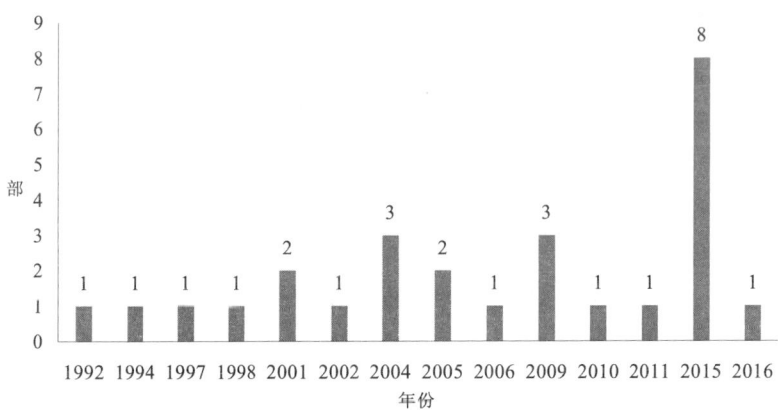

图 5-1   我国保险机构治理政策法规发布年份统计

资料来源：作者整理。

（五）保险机构治理政策法规效力情况分析

根据表 5-4 的统计，在我国所有的 27 部保险机构治理政策法规中，现行有效的政策法规有 18 部，占总数的 66.67%；其余 9 部，约 33.33%的政策法规现已废止。

表 5-4   我国保险机构治理政策法规生效情况统计

效力情况	数量（部）	比例（%）
现行有效	18	66.67
已废止	9	33.33
合计	27	100.00

资料来源：作者整理。

（六）保险机构治理政策法规修订情况分析

我国 27 部保险机构治理政策法规中，只有 6 部被修订过 1 次；其余 21 部，约 77.78%的政策法规自颁布实施以来未曾修订，详见表 5-5。

表 5-5   我国保险机构治理政策法规修订次数统计

修订次数	数量（部）	比例（%）
未修订	21	77.78
修订 1 次	6	22.22
合计	27	100.00

资料来源：作者整理。

第六章 从保险机构治理到保险业治理

在对保险公司治理和保险机构治理内涵界定的基础上，本章提出了我国保险业治理的问题，并用"1""2""3""4"来概括保险业治理之内涵；之后本章对保险业治理的顶层设计、保险监管和自律引导三大机制进行了重点分析；最后本章从治理目标、治理结构和治理机制三个方面分析了保险业治理的特殊性。

第一节 保险业治理的提出与内涵

一、我国保险业快速发展

近半个世纪以来，特别是改革开放后，我国经济一直保持着高速增长的态势。我国 GDP 总量 1956 年突破 1000 亿元，1982 年突破 5000 亿元，1986 年突破 1 万亿元，1995 年达到 60794 亿元，2001 年超过 10 万亿元，2006 年突破 20 万亿元，2008 年突破 30 万亿元。2010 年中国 GDP 总量达到 397983 亿元，首次成为世界第二大经济体；2012 年 GDP 突破 50 万亿元，达到 519322 亿元；2013 年 GDP 总量达到 568845 亿元；2014 年 GDP 总量达到 636463 亿元；2015 年 GDP 总量达到 676708 亿元；2016 年 GDP 总量达到 744127 亿元。2010 年至今稳居世界第二。说到这些年经济的快速发展，当然离不开金融提供的支持和配合，这也是世界范围的普遍经验和总结。"金融很重要，是现代经济的核心。金融搞好了，一着棋活，全盘皆活。"（邓小平，1991）

2010 年末，银行、证券、保险业金融机构总资产达到 101.36 万亿元，较 2005 年末累计增长 158%。其中，保险业金融机构总资产达到 5.05 万亿元，位居第二位，比 2005 年末增长 230%。2011 年末，银行、证券、保险业金融机构总资产达 120.87 万亿元，其中保险业金融机构总资产达 6.01 万亿元。2012 年末，保险业金融机构总资产为 7.35 万亿元，突破 7 万亿元。2013 年末，保险业金融机构总资产为 8.29 万亿元。2014 年末，保险业金融机构总资产为 10.16 万亿元，首次突破 10 万亿元。2015 年末，保险业金融机构总资产为 12.36 万亿元，较年初增长 21.65%。截至 2016 年 7 月底，保险业金融机构总资产 143259.37 亿元，较年初增长 15.91%，其中产险公司总资产 21759.23 亿元，寿险公司总资产 118486.91 亿元，再保险公司总资产 2805.85 亿元，资产管理公司总资产 368.20 亿元。截至

2016 年 10 月底，保险业金融机构总资产 148026.64 亿元，较年初增长 19.76%，其中产险公司总资产 22866.84 亿元，寿险公司总资产 122222.68 亿元，再保险公司总资产 2701.15 亿元，资产管理公司总资产 404.30 亿元。

从 1979 年决定恢复保险业，到目前的高速发展，中国保险业走过了"1980年复业—1996 年首次扩容—2004 年再次扩容—2005 年全面开放—2006 年'国十条'出台—2014 年新'国十条'出台"的历程。自国内保险正式恢复业务以来，中国保险业进入了全面恢复和快速发展的新时期。三十年的改革开放，中国保险业完成了经营体制改革、股份制改革及公司治理改革等一系列改革创新，从封闭走向全面对外开放（孙蓉和杨馥，2008）。这些年我国保险业快速发展和取得的成绩主要得益于宏观层面我国保险业治理所做的探索性和卓有成效的工作。时任中国保监会负责人（2016）用十八个字概括"十三五"期间我国保险业的发展任务，即服务国家战略、补齐发展短板和筑牢风险底线。我国保险业的改革发展及其取得的成绩体现了我国保险业的治理能力。

二、保险业治理的内涵与保险业治理子系统

（一）保险业治理的内涵

保险业通过契约形式将资金集中起来，用以补偿被保险人的经济利益。这个行业也存在治理的问题，即保险业治理，或者简称保险治理。

所谓保险业治理（insurance industry governance），就是指政府部门对保险行业未来发展的顶层设计即发展方针的制定，监管机构对保险业未来发展方针的落实和对保险机构的监管即发展规划的设计和相关监管制度的制定，包括行业协会在内的非政府组织对保险机构的自律引导即发挥非政府监管的作用；以及行业内包括监管机构、非政府组织、保险经营机构和保险中介机构等组织的治理结构构建与治理机制作用的发挥。保险业治理的目标是保证这些组织能够科学和有效地进行决策，最终使保险业在符合国家相关产业政策的前提下健康发展，进而服务经济和社会，参与国家治理。保险业治理含义如图 6-1 所示，保险业治理也包括了治理结构和治理机制两个方面的内容，治理结构体现为治理子系统，治理机制则体现为顶层设计、保险监管等。

上面给出了保险业治理的内涵界定，为了更好地理解其内容，本书用数字"1""2""3""4"来进一步刻画保险业治理，具体含义如下：

所谓"1"，是指保险业治理的一大目标。保险业治理的目标是保险业健康发展，也就是说，我国开展的各种类型的治理活动，建立的各种机制与机构，终极目标只有一个，即让我国保险业能够又好又快地发展。

所谓"2"，是指保险业治理的两大环境，即制度环境和产业环境。治理活动离不开制度环境，治理好了，制度环境反过来会得到改善；治理活动更离不开产业环境，产业环境中的市场集中度、市场的结构等都可能会对治理产生影响。

所谓"3"，是指保险业的三大治理机制，即顶层设计、保险监管和自律引导。其中顶层设计主要是由政府这一治理主体使用，保险监管主要是由保险监管机构来使用，而自律引导则主要是由中国保险行业协会、中国保险学会等非政府组织使用。

所谓"4"，是指保险业的四大治理子系统，主要包括保险监管机构治理子系统、非政府组织治理子系统、保险中介机构治理子系统和保险经营机构治理子系统。保险业治理包括了保险机构治理和保险公司治理。它们之间的区别详见表6-1。

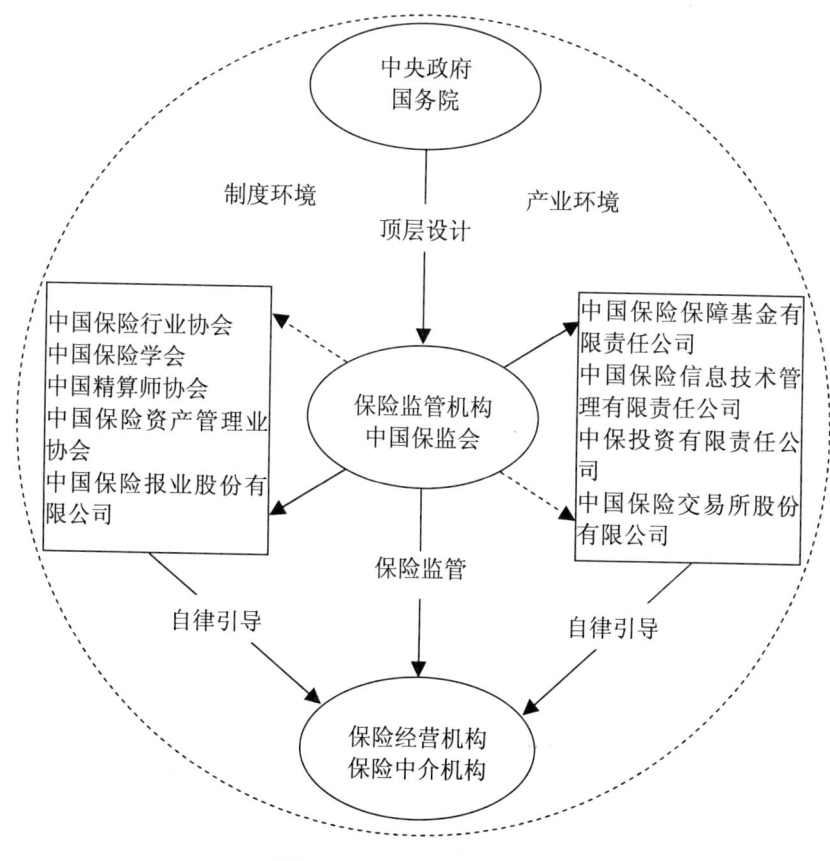

图6-1　保险业治理示意图

资料来源：作者整理。

表6-1　保险公司治理、保险机构治理与保险业治理的区别

比较内容	一般公司治理	保险公司治理	保险机构治理	保险业治理
治理层次	微观层面	微观层面	中观层面	宏观层面
治理主体	股东、债权人等	投保人、股东、监管机构等	股东、监管机构等	监管机构、行业协会等非政府组织
治理结构	三会一层	三会一层，但有特有高管和部门	中介机构治理结构简单，经营机构中每种类型都有一定特殊性	大系统与子系统的关系，子系统与子系统的关系
治理机制	决策机制、监督机制、激励和约束机制、产品市场竞争等	决策机制、监督机制、激励机制、约束机制和外部监管等	集团控股公司和分支机构存在控制和沟通等特殊治理机制	总体上有顶层设计、保险监管、自律引导；了系统内部有沟通机制、协调机制、决策机制、监督机制等
治理边界	法人边界之内，即公司内部	法人边界之内，即公司内部	超越法人边界，例如保险集团公司	边界虚化
治理目标	保护中小股东利益，只有在破产和解散情况下，债权人利益才被提到首位	基于利益相关者理论，治理目标是保护投保人和股东利益	除保险公司和相互保险组织之外，其他保险机构更多追求的是股东利益最大化	行业健康发展，服务经济和社会，参与国家治理
治理依据	公司章程和《公司法》《上市公司治理准则》《上市公司与投资者关系工作指引》《上市公司股东大会规则》《上市公司信息披露管理办法》《企业内部控制基本规范》等	公司章程和《保险公司股权管理办法》《保险公司董事会运作指引》《保险公司董事、监事和高级管理人员任职资格管理规定》《保险公司信息披露管理办法》等	各类保险机构章程和《再保险公司设立规定》《保险资产管理公司管理暂行规定》《保险集团公司管理办法（试行）》《外国保险机构驻华代表机构管理办法》等	《保险法》《中国保险监督管理委员会规章制定程序规定》《中国保险监督管理委员会派出机构监管职责规定》和《中国保险监督管理委员会政府信息公开办法》等

资料来源：作者整理。

（二）保险业治理子系统

保险业治理四大子系统中，因为保险经营机构和保险中介机构的治理问题在第二章、第三章、第四章和第五章已经做过分析，所以这里重点分析保险监管机构自身的治理和非政府组织中中国保险行业协会治理两个治理子系统内容。

1. 保险监管机构治理

所谓保险监管机构治理（insurance regulation institution governance）是指为了实现保险监管机构的监管目标而进行的各种制度安排，其中涉及监管机构的行政级别与职能、监管机构内部部门设置及其职权、监管机构的决策和监督机制等。监管机构是政府的重要职能部门之一，因此，保险监管机构治理在本质上是政府治理的范畴；政府治理的理念和原理同样适用于保险监管机构。

我国保险监管机构是中国保监会，全称中国保险监督管理委员会，成立于1998 年 11 月 18 日，是国务院直属事业单位，根据国务院授权履行行政管理职能，依照法律、法规统一监督管理全国保险市场，维护保险业的合法、稳健运行。其组织结构如图 6-2 所示。

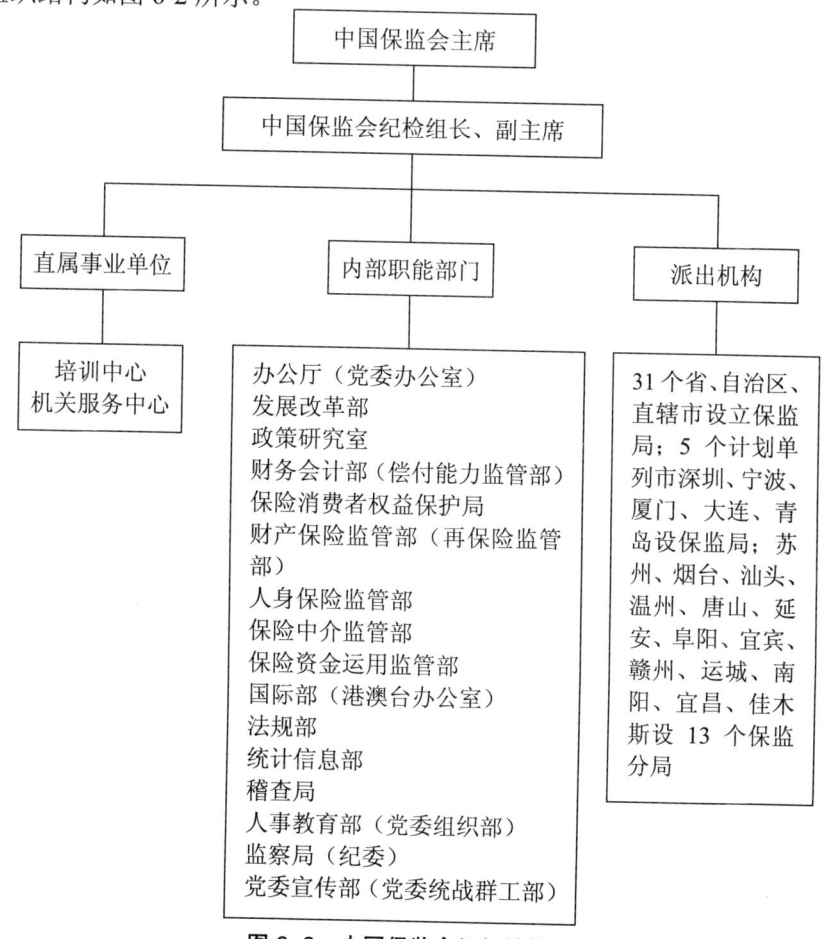

图 6-2　中国保监会组织结构图

资料来源：中国保监会网站，http://www.circ.gov.cn/.

2003 年，国务院决定将中国保监会由国务院直属副部级事业单位改为国务院直属正部级事业单位，并相应增加职能部门、派出机构和人员编制。中国保监会内设 16 个职能机构和 2 个事业单位，并在全国各省、自治区、直辖市、计划单列市设有 36 个保监局，在苏州、烟台、汕头、温州、唐山、延安、阜阳、宜宾、赣州、运城、南阳、宜昌、佳木斯设有 13 个保监分局。直属中国保监会的 36 个派出机构和 13 个保监分局，根据授权履行行政管理职能，依照国家有关法律、法规和方针、政策，统一监督管理辖区内的保险市场，维护当地保险市场的合法、稳健运行，引导和促进当地保险业持续、快速、协调、健康发展。

中国保监会主要行使十个方面的职能。第一，拟定保险业发展的方针政策，制定行业发展战略和规划；起草保险业监管的法律、法规；制定业内规章。第二，审批保险公司及其分支机构、保险集团公司、保险控股公司的设立；会同有关部门审批保险资产管理公司的设立；审批境外保险机构代表处的设立；审批保险代理公司、保险经纪公司、保险公估公司等保险中介机构及其分支机构的设立；审批境内保险机构和非保险机构在境外设立保险机构；审批保险机构的合并、分立、变更、解散，决定接管和指定接受；参与、组织保险公司的破产、清算。第三，审查、认定各类保险机构高级管理人员的任职资格；制定保险从业人员的基本资格标准。第四，审批关系社会公众利益的保险险种、依法实行强制保险的险种和新开发的人寿保险险种等的保险条款和保险费率，对其他保险险种的保险条款和保险费率实施备案管理。第五，依法监管保险公司的偿付能力和市场行为；负责保险保障基金的管理，监管保险保证金；根据法律和国家对保险资金的运用政策，制定有关规章制度，依法对保险公司的资金运用进行监管。第六，对政策性保险和强制保险进行业务监管；对专属自保、相互保险等组织形式和业务活动进行监管；归口管理保险行业协会、保险学会等行业社团组织。第七，依法对保险机构和保险从业人员的不正当竞争等违法、违规行为以及对非保险机构经营或变相经营保险业务进行调查、处罚。第八，依法对境内保险及非保险机构在境外设立的保险机构进行监管。第九，制定保险行业信息化标准；建立保险风险评价、预警和监控体系，跟踪分析、监测、预测保险市场运行状况，负责统一编制全国保险业的数据、报表，并按照国家有关规定予以发布。第十，承办国务院交办的其他事项。

2. 中国保险行业协会治理

行业自律既是行业自我规范、自我协调的重要机制，也是维护市场秩序、保护公平竞争、促进行业健康发展的重要手段（金坚强，2010）。所谓中国保险行业协会治理（insurance association governance），是指为了实现中国保险行业协会的组织目标而进行的各种制度安排。行业协会是常见的非政府组织类型，因此，中国保险行业协会治理本质上是非政府组织治理的范畴。

中国保险行业协会组织结构如图 6-3 所示。中国保险行业协会成立于 2001 年 2 月 23 日，是经中国保监会审查同意并在国家民政部登记注册的中国保险业

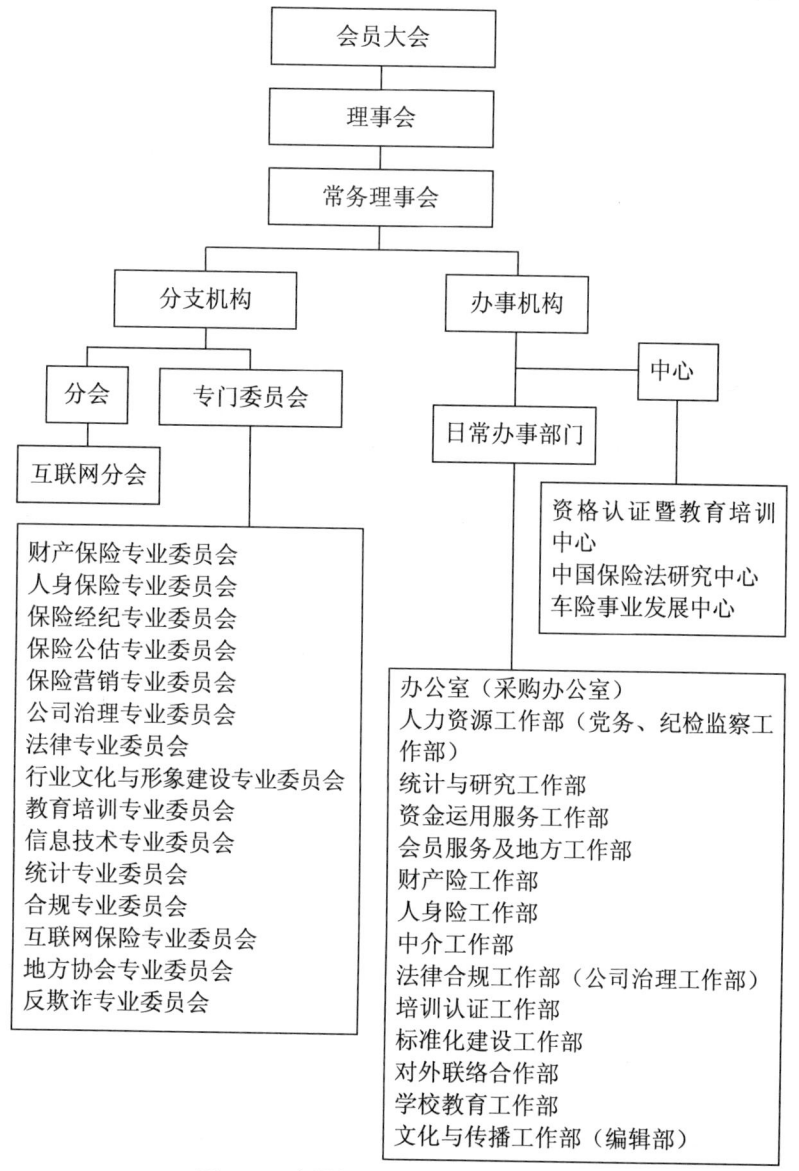

图 6-3　中国保险行业协会组织结构图

资料来源：中国保险行业协会网站，http://www.iachina.cn/.

的全国性自律组织，是自愿结成的非营利性社会团体法人。《中华人民共和国保险法》第一百八十二条规定，"保险公司应当加入保险行业协会。保险代理人、保险经纪人、保险公估机构可以加入保险行业协会"。

截至 2016 年 5 月 30 日，中国保险行业协会共有会员 365 家，具体包括集团（控股）公司 11 家，财产保险公司 74 家，人身保险公司 75 家，再保险公司 9 家，资产管理公司 13 家（其中保险公司 182 家，占全行业的 98.88%）；专业保险经纪公司 50 家，专业保险公估公司 30 家，专业保险代理公司 48 家（其中保险中介机构 128 家）；地方保险协会（含中介协会）43 家；保险相关机构 18 家。

中国保险行业协会的最高权力机构是会员大会，理事会是会员大会的执行机构。中国保险行业协会实行专职会长负责制，由专职会长负责协会日常工作，根据工作需要聘任秘书长和副秘书长等工作人员。中国保险行业协会通过每年度召开理事会的形式共同商讨协会的工作，下设财产保险专业委员会、人身保险专业委员会、保险经纪专业委员会、保险公估专业委员会、保险营销专业委员会、公司治理专业委员会、法律专业委员会、行业文化与形象建设专业委员会、教育培训专业委员会、信息技术专业委员会、统计专业委员会、合规专业委员会、互联网保险专业委员会、地方协会专业委员会、反欺诈专业委员会 15 个分支机构，各分支机构的日常工作由相应工作部承担。中国保险行业协会还通过定期召开全国协会系统会议，交流情况、协调工作。

目前，中国保险行业协会有 14 个常设办事机构：办公室（采购办公室）、人力资源工作部（党务、纪检监察工作部）、统计与研究工作部、资金运用服务工作部、会员服务及地方工作部、财产险工作部、人身险工作部、中介工作部、法律合规工作部（公司治理工作部）、培训认证工作部、标准化建设工作部、对外联络合作部、学校教育工作部、文化与传播工作部（编辑部）。

中国保险行业协会的宗旨是：遵守国家宪法、法律、法规和经济金融方针政策，遵守社会道德风尚，深入贯彻科学发展观，依据《中华人民共和国保险法》，配合保险监管机构督促会员自律，维护行业利益，促进行业发展，为会员提供服务，促进市场公开、公平、公正，全面提高保险业服务社会主义和谐社会的能力。

中国保险行业协会制定和发布了《中国保险行业协会自律性规则制定规程》，规范自律规则的制定、发布和管理，指导地方协会规范自律规则的制定，提升了自律规则的统一性和权威性，为自律工作的开展奠定了坚实的基础；制定和发布了《中国保险行业协会会员管理办法》，明确了会员的职责与义务，提出了会员违规行为处分办法，严格了实施处分的程序，加强了对会员公司的自律管理，提升了自律工作的针对性和有效性。

三、保险业治理与国家治理能力现代化

在服务国家治理体系和治理能力现代化的进程中，保险业要成为经济转型升级的重要动力，为提升国家经济治理水平服务；要成为改善民生保障的有力支撑，为提升国家社会治理水平服务；要成为转变政府职能的有效抓手，为提升政府治理水平服务。从这个意义上来说，保险业又是国家治理的重要手段或者机制，会对国民经济发展带来影响，即保险业参与到国家治理过程中。《中共中央关于全面深化改革若干重大问题的决定》中先后 17 次提到"保险"两字，例如"完善保险经济补偿机制，建立巨灾保险制度""建立存款保险制度，完善金融机构市场化退出机制""完善农业保险制度""稳步推进城镇基本公共服务常住人口全覆盖，把进城落户农民完全纳入城镇住房和社会保障体系，在农村参加的养老保险和医疗保险规范接入城镇社保体系""增强失业保险制度预防失业、促进就业功能""坚持社会统筹和个人账户相结合的基本养老保险制度，完善个人账户制度，健全多缴多得激励机制，确保参保人权益，实现基础养老金全国统筹，坚持精算平衡原则"等，这都说明了保险业治理的重要性。

第二节　保险业治理之顶层设计

我国保险业自 1980 年恢复以来，保费收入占世界份额逐年提高。过去 30 多年间，我国保险业基本保持了一个比世界范围保险业明显更快的增长速度。这样快速的发展，主要得益于国务院两次以"顶层设计"的形式对我国保险业的改革发展进行的全面部署。两次保险业顶层设计均将保险公司现代企业制度的建设和完善作为改革和发展的重要内容，而其中的核心是完善保险公司治理。

一、我国保险业发展的第一次顶层设计

（一）文件出台的背景

2006 年 6 月 15 日《国务院关于保险业改革发展的若干意见》（以下简称《意见》，也称保险业的"国十条"）出台。《意见》是自 1980 年我国恢复发展保险业以来，第一个以国务院名义发布的、专门针对保险业改革发展的指导文件。这一文件的出台，有着深刻的背景。党的十六大以来，我国国民经济较快发展，人民生活水平不断提高，综合国力显著增强，为保险业发展创造了良好的条件和环境。党中央、国务院高度重视保险业的发展。党的一系列重要文件多次提到保险业，国务院领导多次就保险业改革发展做出重要批示。为进一步提高社会对发展保险

业重要性的认识，明确保险业发展的方向，营造良好的发展环境，这次发布专门的指导文件。可以说，《意见》的出台，集中体现了党中央、国务院对保险业的关怀和重视。

（二）加快我国保险业改革发展的重要意义

经济越发展，社会越进步，保险越重要，但这一行业在国民经济和社会建设中如何定位，一直没有权威的表述。《意见》非常鲜明地回答了这个问题，明确指出保险具有经济补偿、资金融通和社会管理功能，是市场经济条件下风险管理的基本手段，是金融体系和社会保障体系的重要组成部分，在社会主义和谐社会建设中具有重要作用；保险是市场经济条件下社会管理的重要手段。加快我国保险业改革发展的重要意义，具体来说，包括如下四个方面：

第一，加快保险业改革发展有利于应对灾害事故风险，保障人民生命财产安全和经济稳定运行。我国每年因自然灾害和交通、生产等各类事故造成的人民生命财产损失巨大。由于受体制机制等因素制约，企业和家庭参加保险的比例过低，仅有少部分灾害事故损失能够通过保险获得补偿，既不利于及时恢复生产生活秩序，又增加了政府财政和事务负担。加快保险业改革发展，建立市场化的灾害、事故补偿机制，对完善灾害防范和救助体系、增强全社会抵御风险的能力和促进经济又快又好发展，具有不可替代的重要作用。

第二，加快保险业改革发展有利于完善社会保障体系，满足人民群众多层次的保障需求。我国正处在完善社会主义市场经济体制的关键时期，人口老龄化进程加快，人民生活水平提高，保障需求不断增强。加快保险业改革发展，鼓励和引导人民群众参加商业养老、健康等保险，对完善社会保障体系、提高全社会保障水平、扩大居民消费需求和实现社会稳定与和谐，具有重要的现实意义。

第三，加快保险业改革发展有利于优化金融资源配置，完善社会主义市场经济体制。我国金融体系发展不平衡，间接融资比例过高，影响了金融资源配置效率，不利于金融风险的分散和化解。21世纪头20年是我国加快发展的重要战略机遇期，金融在现代经济中的核心作用更为突出。加快保险业改革发展，发挥保险在金融资源配置中的重要作用，促进货币市场、资本市场和保险市场协调发展，对健全金融体系、完善社会主义市场经济体制，具有重要意义。

第四，加快保险业改革发展有利于社会管理和公共服务创新，提高政府行政效能。随着行政管理体制改革的深入，政府必须整合各种社会资源，充分运用市场机制和手段，不断改进社会管理和公共服务。加快保险业改革发展，积极引入保险机制参与社会管理，协调各种利益关系，有效化解社会矛盾和纠纷，推进公共服务创新，对完善社会化经济补偿机制、进一步转变政府职能和提高政府行政效能，具有重要的促进作用。

（三）加快我国保险业改革发展的指导思想、总体目标和主要任务

随着我国经济社会发展水平的提高和社会主义市场经济体制的不断完善，人民群众对保险的认识进一步加深，保险需求日益增强，保险的作用更加突出，发展的基础和条件日趋成熟，加快保险业改革发展成为促进社会主义和谐社会建设的必然要求。

加快保险业改革发展的指导思想是：以邓小平理论和"三个代表"重要思想为指导，坚持以人为本、全面协调可持续的科学发展观，立足改革发展稳定大局，着力解决保险业与经济社会发展和人民生活需求不相适应的矛盾，深化改革，加快发展，做大做强，发展中国特色的保险业，充分发挥保险的经济"助推器"和社会"稳定器"作用，为全面建设小康社会和构建社会主义和谐社会服务。

总体目标是：建设一个市场体系完善、服务领域广泛、经营诚信规范、偿付能力充足、综合竞争力较强，发展速度、质量和效益相统一的现代保险业。

围绕这一目标，主要任务是：拓宽保险服务领域，积极发展财产保险、人身保险、再保险和保险中介市场，健全保险市场体系；继续深化体制机制改革，完善公司治理结构，提升对外开放的质量和水平，增强国际竞争力和可持续发展能力；推进自主创新，调整优化结构，转变增长方式，不断提高服务水平；加强保险资金运用管理，提高资金运用水平，为国民经济建设提供资金支持；加强和改善监管，防范化解风险，切实保护被保险人合法权益；完善法规政策，宣传普及保险知识，加快建立保险信用体系，推动诚信建设，营造良好的发展环境。

（四）文件出台的重要意义

《意见》充分肯定了改革开放特别是党的十六大以来保险业发展取得的成绩，深刻分析了保险在构建社会主义和谐社会中的重要作用，进一步明确了当前和今后一个时期保险业改革发展的指导思想和主要任务，号召全社会特别是各级政府部门关心和重视保险业的发展，改善保险业的发展环境，同时对下一步保险业的改革发展提出了具体要求，是保险业发展史上的一个里程碑，是做好当前和今后一个时期保险工作的纲领性文件，具有重大的现实意义和深远的历史意义。具体的重要意义如下：

第一，明确了保险业在经济社会发展全局中的定位。《意见》指出，保险具有经济补偿、资金融通和社会管理功能，是市场经济条件下风险管理的基本手段，是金融体系和社会保障体系的重要组成部分，从理论和实践上解决了保险业在构建社会主义和谐社会和完善社会主义市场经济体制中的定位问题，将保险的功能和作用提升到一个新的高度。

第二，指明了中国特色保险业的发展方向。《意见》立足经济社会发展全局，全面分析了保险业发展面临的形势，指出保险业要坚持以人为本，为全面建设小康社会和构建社会主义和谐社会全局服务，从根本上对保险业为什么要发展、为谁发展、怎么发展和发展一个什么样的保险业等一系列重大问题做出了科学回答。

第三，开辟了中国特色保险业的发展道路。《意见》从我国处于社会主义初级阶段、仍是一个发展中国家的实际出发，要求保险业要紧紧围绕社会主义和谐社会建设的战略目标，为不同层次、不同职业、不同地区人民群众服务，积极发展社会和人民急需的农业保险、养老保险、健康保险和责任保险。

第四，提出了建设中国特色保险业的发展战略。《意见》立足国家"十一五"规划和中长期发展战略，着眼于保险业长远健康发展，提出要按照科学发展观的要求，深化改革，加快发展，努力建设市场体系完善、服务领域广泛、经营诚信规范、偿付能力充足、综合竞争力较强、发展速度质量和效益相统一的现代保险业，不断提高保险业为和谐社会服务的能力。

第五，明确了建设中国特色保险业的方针政策。《意见》针对保险业实际情况，从政策环境、法制环境、舆论环境等方面提出了促进保险业改革发展的一系列重大支持政策。

二、我国保险业发展的第二次顶层设计

（一）文件出台的背景

2014年8月10日国务院颁布《国务院关于加快发展现代保险服务业的若干意见》（以下简称《意见》，也称保险业的新"国十条"），这是8年之后再次对我国保险业改革发展做出的顶层设计。《意见》指出保险是现代经济的重要产业和风险管理的基本手段，是社会文明水平、经济发达程度、社会治理能力的重要标志。改革开放以来，我国保险业快速发展，服务领域不断拓宽，为促进经济社会发展和保障人民群众生产生活做出了重要贡献。

但总体上看，我国保险业仍处于发展的初级阶段，不能适应全面深化改革和经济社会发展的需要，与现代保险服务业的要求还有较大差距。加快发展现代保险服务业，对完善现代金融体系、带动扩大社会就业、促进经济提质增效升级、创新社会治理方式、保障社会稳定运行、提升社会安全感、提高人民群众生活质量具有重要意义。为深入贯彻党的十八大和十八届二中、三中全会精神，认真落实党中央和国务院决策部署，加快发展现代保险服务业，提出包括10个方面内容的32条意见。

（二）我国保险业发展的指导思想

我国保险业发展的指导思想是：以邓小平理论、"三个代表"重要思想、科学发展观为指导，立足于服务国家治理体系和治理能力现代化，把发展现代保险服务业放在经济社会工作整体布局中统筹考虑，以满足社会日益增长的多元化保险服务需求为出发点，以完善保险经济补偿机制、强化风险管理核心功能和提高保险资金配置效率为方向，改革创新、扩大开放、健全市场、优化环境、完善政策，建设有市场竞争力、富有创造力和充满活力的现代保险服务业，使现代保险服务业成为完善金融体系的支柱力量、改善民生保障的有力支撑、创新社会管理的有效机制、促进经济提质增效升级的高效引擎和转变政府职能的重要抓手。

（三）我国保险业发展的基本原则

一是坚持市场主导、政策引导。对商业化运作的保险业务，营造公平竞争的市场环境，使市场在资源配置中起决定性作用；对具有社会公益性、关系国计民生的保险业务，创造低成本的政策环境，给予必要的扶持；对服务经济提质增效升级具有积极作用但目前基础薄弱的保险业务，更好地发挥政府的引导作用。

二是坚持改革创新、扩大开放。全面深化保险业体制机制改革，提升对内对外开放水平，引进先进经营管理理念和技术，释放和激发行业持续发展与创新活力；增强保险产品、服务、管理和技术创新能力，促进市场主体差异化竞争、个性化服务。

三是坚持完善监管、防范风险。完善保险法制体系，加快推进保险监管现代化，维护保险消费者合法权益，规范市场秩序；处理好加快发展和防范风险的关系，守住不发生系统性区域性金融风险的底线。

（四）我国保险业发展的目标

我国保险业发展的目标是：到 2020 年，基本建成保障全面、功能完善、安全稳健、诚信规范，具有较强服务能力、创新能力和国际竞争力，与我国经济社会发展需求相适应的现代保险服务业，努力由保险大国向保险强国转变。保险成为政府、企业、居民风险管理和财富管理的基本手段，成为提高保障水平和保障质量的重要渠道，成为政府改进公共服务、加强社会管理的有效工具。保险深度（保费收入/国内生产总值）达到 5%，保险密度（保费收入/总人口）达到 3500 元/人。保险的社会"稳定器"和经济"助推器"作用得到有效发挥。

（五）我国保险业发展的政策措施

为了实现上述我国保险业发展的目标，《意见》提出了 9 个方面的政策措施，具体如下：

第一，构筑保险民生保障网，完善多层次社会保障体系。把商业保险建成社会保障体系的重要支柱，创新养老保险产品服务，发展多样化健康保险服务。

第二，发挥保险风险管理功能，完善社会治理体系。运用保险机制创新公共服务提供方式，发挥责任保险化解矛盾纠纷的功能作用。

第三，完善保险经济补偿机制，提高灾害救助参与度。将保险纳入灾害事故防范救助体系，建立巨灾保险制度。

第四，大力发展"三农"保险，创新支农惠农方式。积极发展农业保险，拓展"三农"保险的广度和深度。

第五，拓展保险服务功能，促进经济提质增效升级。充分发挥保险资金长期投资的独特优势，促进保险市场与货币市场、资本市场协调发展，推动保险服务经济结构调整，加大保险业支持企业"走出去"的力度。

第六，推进保险业改革开放，全面提升行业发展水平。深化保险行业改革，提升保险业对外开放水平，鼓励保险产品服务创新，加快发展再保险市场，充分发挥保险中介市场作用。

第七，加强和改进保险监管，防范化解风险。推进监管体系和监管能力现代化，加强保险消费者合法权益保护，守住不发生系统性区域性金融风险的底线。

第八，加强基础建设，优化保险业发展环境。全面推进保险业信用体系建设，加强保险业基础设施建设，提升全社会的保险意识，在全社会形成学保险、懂保险、用保险的氛围。

第九，完善现代保险服务业发展的支持政策。建立保险监管协调机制，鼓励政府通过多种方式购买保险服务，研究完善促进现代保险服务业加快发展的税收政策，适时开展个人税收递延型商业养老保险试点，加强对养老产业和健康服务业的用地保障，完善对农业保险的财政补贴政策。

（六）文件出台的重要意义

党的十八大特别是十八届三中全会以来，我国经济社会发展进入新的阶段，党中央国务院高度重视保险业在经济社会发展战略全局中的重要作用。国务院出台《意见》是站在历史和时代的高度，深刻把握治国理政和市场经济规律做出的重要部署。《意见》系统科学地回答了在新的历史时期为什么发展、怎样发展现代保险服务业等重大理论和实践问题，是未来一个时期中国保险业发展的纲领性文献。

第三节　保险业治理之保险监管

一、保险监管与保险监管体系

（一）严格和宽松的保险监管

保险监管是指国家对保险业的监督和管理，是保险监管机构依法对保险人、保险市场进行监督管理，以确保保险市场的规范运作和保险人的稳健经营，保护被保险人的根本利益，促进保险业健康发展的整个过程。

观察各国保险的监管制度不难发现，一些国家对保险实施较为严格的监管，一些国家的保险监管却较为宽松。一般认为，保险监管的宽松抑或严格是不同国家经济与人文及保险制度背景不同的必然结果。事实上，保险监管与采取何种保险监管理论为依据密切相关，而保险监管理论更受经济理论（例如保险监管的公众利益理论、捕捉或追逐理论和监管经济理论）或经济学派的影响（卓志，2001）。

除了理论因素之外，保险监管还受实践因素的影响。保险监管就是在与保险业发展的否定之否定过程中不断发展和完善的（冷煜，2009）。当保险监管跟不上行业发展需要，成为制约其进一步发展的因素时，就需要根据新条件修订或制定监管规则。从全球监管变迁看，自保险监管起源至今，全球监管已经历了放松监管和严格监管二者之间的几个周期的转换。每一次的转换都是由一些保险公司的连续破产或者发生波及所在国甚至全球保险市场的重大事件所直接诱发的。19世纪初，保险业崇尚价格自由，保险公司自主定价，恶性竞争，导致风险大量积累，由此引发全球保险监管进入严格管制阶段；20世纪中后期，由于长期以来的过度严格监管使保险公司效率低下，同时伴随着保险市场全球化和国际化趋势的日益演进，国际保险市场逐步形成，保险监管遇到了新的课题，监管难度大幅度增加，开始步入逐步放松市场行为监管并加强偿付能力监管的阶段；再到21世纪初期，美国安然事件的发生，再加上几乎其他所有出现问题的金融保险机构都被发现拥有糟糕的公司治理结构，再次引发了重新建立严格管制的要求。从各国监管的演进看，尽管不同国家的监管模式转变的具体时间各不相同，但基本上都遵循了全球监管变迁的规律，都根据本国保险市场发展的实际情况，在严格监管与放松监管间实现着转换；都从单一的市场行为监管，到市场行为与偿付能力监管并重，再到以偿付能力监管为主，最终又都认识到基于风险的动态偿付能力监管的重要性，遵循了全球保险监管模式发展的趋势，螺旋式发展、波浪性前进，随着保险业的创新与发展而不断健全和完善。

（二）一套完整保险监管体系的构成要素

监管的本质是公权力对市场的合理干预。从自由主义经济学的观点出发，政府规制市场的合法性主要基于两点：一是校正非公平性，二是抑制负外部性。监管作为一种行政行为，必然包括规则、执行、效果等要素。换句话说，一套完整的保险公司监管体系，应当包括一个事先公开的、为保险公司所普遍遵守的、以惩罚机制作为强制性保障的规则体系，其中主要是指保险公司监管的制度环境；一个有严格程序约束和权利保障的执行体系，其中涉及监管的行为或手段和部分监管的制度环境内容；一个科学严谨的效果评价和反馈体系，这也是一套完整监管体系不可或缺的部分，例如中国保监会开展的保险公司治理评价就是典型的评价机制之一。总体来说，一套完整的保险公司监管体系主要包括：监管的目标、监管的行为或手段、监管的内容、监管的原则、监管的效果评价与反馈和监管的制度环境六大核心内容。监管的目标决定了监管行为或手段以及监管的内容，而监管的行为或手段以及监管内容又会反过来影响监管目标的实现；监管行为或手段侧重点不同，或者说导向不同，又会产生监管方式的问题，常见的监管方式有市场型、行政型和法律引导型；监管内容侧重点不同就会带来监管的导向问题，是合规性导向还是有效性导向。

二、我国保险监管的机构

（一）中国保险会成立前的保险监管机构

保险监管制度是否完善、保险监管职能是否充分发挥及保险监管效果是否有效，在很大程度上取决于保险监管组织的完善程度，即保险监管主体或机构的建立和完善程度（刘宝璋，2005）。

中国保险监管始于计划经济体制下的政府管制。新中国成立后，中国人民银行既是经营实体，也承担了金融管理的部分职能，是保险业最初的主管机关。1952年，中国人民银行效仿苏联将保险交由财政部管理。国内保险停办期间，中国人民保险公司在行政上成为中国人民银行国外业务局的一个处。1984年中国人民保险公司从中国人民银行分离，后者开始专门行使中央银行职能，同时对保险业实施监管。1985年3月3日由国务院发布的《保险企业管理暂行条例》是我国第一部保险业管理方面的规范性法律文件，该条例于1985年4月1日开始生效，条例规定国家保险管理机关是中国人民银行。

之后，中国人民银行逐步建立和加强了监管保险业的内设机构。1995年颁布的《保险法》也明确规定中国人民银行是保险业的监管机关。1995年7月，中国人民银行成立保险司，专司对中资保险公司的监管。同时，中国人民银行加强了系统保险监管机构建设，要求在省级分行设立保险科，省以下分支行配备专职保险监管人员。

（二）中国保监会成立后的保险监管机构

为落实银行、证券、保险分业经营、分业管理的方针，更好地对保险业进行监督管理，国务院于 1998 年 11 月 18 日批准中国保监会成立，作为国务院直属事业单位，实质拥有独立和完整的行政管理权，依据《保险法》专司全国商业保险市场的监管职能。

2003 年，中国保监会从副部级单位升格为正部级单位，同时中国银行业监督管理委员会成立，形成了"一行三会（中国人民银行、中国证券监督管理委员会、中国银行业监督管理委员会和中国保险监督管理委员会）"的中国金融监管格局。

三、我国保险监管的目标

（一）部分国家、地区和组织的保险监管目标梳理

保险监管作为一种具有特定内容的政府规制行为，有其确定的目标。保险监管目标（regulation goal），是指一个国家或地区建立整个保险监管制度的动机，也即通过保险监管所要实现的目的，它是一切保险监管制度设计、方式采纳与手段选择的出发点（胡坚和高飞，2004）。

美国保险监督官协会（The National Association of Insurance Commissioners，缩写为 NAIC）指出保险监管的目标是保护公众利益，增强市场竞争，促进公平与公正地对待保险投保人，提高保险机构的可靠性、偿付能力和财务稳健性，支持和完善保险业的国家监管。英国审慎监管局（Prudential Regulation Authority，缩写为 PRA）指出保险监管的目标是促进所监管公司的安全与稳健，确保为保险投保人或潜在投保人提供适度的保护，促进有效竞争。德国联邦金融监管局（Federal Financial Supervisory Authority，缩写为 BaFin）指出保险监管的目标是充分保护投保人的利益，随时可以履行保险合同规定的义务，保证商业运作正常进行并符合法定规定。瑞士金融市场监督管理局（Swiss Financial Market Supervisory Authority，缩写为 FINMA）指出金融监管的目标是保护债权人、投资者和保险投保人的利益，确保金融市场的正常运作，保持瑞士金融中心的声誉和竞争力。日本金融监管厅（Financial Services Agency，缩写为 FSA）指出，鉴于保险行业的公共性，其保险监管的目的在于确保保险业务的健全性以及运营的合理性、保险销售的公正性，进而确保签订保险合同者的利益，也有益于国民生活的安定以及国民经济的健全发展。我国香港保险业监理处（Office of the

Commissioner of Insurance，缩写为 OCI）指出该处的使命是保障保单持有人的利益，以及促进保险业的整体稳定。IAIS 指出保险监管的目标是保持高效、公平、安全和稳定的保险市场，以保护投保人的利益。

（二）我国保险监管目标的梳理

1998 年 11 月 18 日，温家宝在出席中国保监会成立大会上的讲话中指出："中国保监会为国务院直属事业单位，是全国商业保险的主管机关，根据国务院授权履行行政管理职能，依照法律、法规统一监督管理保险市场。主要任务是：拟定有关商业保险的政策法规和行业规划；依法对保险企业的经营活动进行监督管理和业务指导，依法查处保险企业违法违规行为，保护被保险人的利益；维护保险市场秩序，培育和发展保险市场，完善保险市场体系，推进保险改革，促进保险企业公平竞争；建立保险业风险的评价与预警系统，防范和化解保险业风险，促进保险企业稳健经营与业务的健康发展。"

2001 年 10 月 11 日在中国人民大学举办的"中国的保险监管与精算实务国际研讨会"上，时任中国保监会副主席吴小平指出我国保险监管三大目标。第一个目标是维护被保险人的利益。在保险市场上，由于保险知识的专业性很强，保险合同也是由保险公司单方面制定的，保险费率等重要事项已经事先确定，被保险人因而处于弱势地位。同时，由于保险代理人实行的是佣金制，存在营销员误导投保人的问题，被保险人的利益也容易受到侵害。如果不加强监管，侵害被保险人利益的事层出不穷，就会使投保人或被保险人对市场失去信心，从而危及保险业的健康发展。因此，保险监管必须把维护被保险人的利益放在首位。第二个目标是维护公平竞争的市场秩序。我国的保险市场上，保险公司中既有国有独资的，也有股份制的，还有外资的。保险监管就是要充当球场裁判的角色，维护公平竞争的市场秩序。这里一要防止市场垄断，二要防止过度竞争，因为二者最终都将损害被保险人的利益。第三个目标是保护保险体系的安全与稳定。金融体系的安全与稳定不仅关系到一个国家的经济稳定，而且关系到一个国家的政治稳定。金融体系稳定，才能很好地保护被保险人的利益。这里包括两层含义：一是不能以损害被保险人利益、抑制竞争和效率为代价；二是不排除单个的保险机构因经营失败而自动或被强制退出市场。他透露，中国保监会正在研究保险机构市场退出的相关问题。

2010 年中国保监会系统招考录用计划机构介绍中，中国保监会监管目标为：保护保单持有人利益，促进保险业持续、快速、协调发展，防范和化解风险。

中国保监会出版的《中国保险市场年报》逐年表述了中国保监会的监管目标。其中，2005—2012 年《中国保险市场年报》将中国保监会监管目标表述为"保护保单持有人利益，促进保险业持续、快速、协调发展，防范和化解风险"，2013—2016 年《中国保险市场年报》将中国保监会监管目标表述为"保护保单持有人的利益，防范和化解风险，促进保险业持续健康发展"。

除此之外，相关法规文件中也给出了我国保险监管目标的不同表述方式，整理如表 6-2 所示。

表 6-2　相关法规文件关于我国保险监管目标的表述

编号	时间	出处	监管目标
1	1985 年 3 月 3 日	《保险企业管理暂行条例》	促进保险事业的发展，维护被保险方（在保险单或保险凭证中称被保险人）的利益，发挥保险的经济补偿作用，以利于社会主义现代化建设和人民生活的安定。
2	1992 年 11 月 7 日	《中华人民共和国海商法》	维护当事人各方的合法权益，促进海上运输和经济贸易的发展。
3	1995 年 6 月 30 日	《保险法》	保护保险活动当事人的合法权益，加强对保险业的监督管理，促进保险事业的健康发展。
4	1996 年 7 月 25 日	《保险管理暂行规定》	促进保险事业健康发展。
5	2000 年 1 月 3 日	《保险公司管理规定》	维护保险市场的正常秩序，保护被保险人的合法权益，促进保险事业健康发展。
6	2003 年 7 月 7 日	《中国保险监督管理委员会主要职责内设机构和人员编制规定》	维护保险业的合法、稳健运行。
7	2004 年 5 月 13 日	《保险公司管理规定》	维护保险市场的正常秩序，保护被保险人的合法权益，促进保险业健康发展。
8	2009 年 2 月 28 日	《保险法》	保护保险活动当事人的合法权益，加强对保险业的监督管理，维护社会经济秩序和社会公共利益，促进保险事业的健康发展。

资料来源：作者整理。

（三）我国保险监管目标的确定

保险监管的目标，有的国家在保险立法中予以明确规定，有的则体现在其监管制度中。设定明确的监管目标，是建立我国保险监管制度体系的基础，更是制定各项监管政策和措施的依据和出发点；实际工作中的经验和常识也告诉我们，做任何一件事情，明确的目标都是工作效率的保证；因此，不需要再论证我国保险监管制度体系建设是否需要有明确的监管目标，需要论证的是，我国保险监管的目标究竟是什么，但是这个问题却一直没有得到很好的解决（谢志刚和崔亚，2014）。

保护保险消费者的利益是保险业发展的基石，中国保险监管存在监管目标不明确、监管重点不突出、监管手段简单化等问题（王峰虎和张怀莲，2003）。当前保险业抵御化解风险的能力明显提高，但个别公司在经营中偏离"保险姓保"的发展理念，偏离保险保障的主业，存在潜在的风险隐患；对此监管机构将更加居安思危，把防风险放在更加突出的位置。谢志刚和崔亚（2014）认为保险业中的风险按照主体不同可分为：保险消费者的风险、保险公司的风险和保险行业的系统性风险。针对上述三类风险，保险监管的目标相应地设定为：提升社会公众的保险意识，保护消费者的合法权益；督促保险公司合规经营、审慎经营；完善行业治理，营造良好市场环境。要建立一套风险导向的保险监管制度体系，首先应该有风险导向的监管目标，而且监管目标应该直接针对保险业中的主要风险类别，即消费者的风险、保险公司的风险以及行业系统性风险。根据对风险后果的承担者和风险形成、传导路径的分析，上述三类风险互为因果关系，因此不宜将保护消费者的合法权益作为保险监管的唯一目标和终极目标，而应该将保险监管目标按照三个层次分别列示，并按照风险的形成和演变规律制定相应的监管措施，尤其是针对行业系统性风险实施行业治理，营造良好的市场环境（谢志刚和崔亚，2014）。

基于上述梳理和分析，本书认为，监管目标应具有多元性、层次性和简洁性三个特点。多元性是监管目标可以包括多方面内容，层次性是指这些内容逻辑上多层次递进，简洁性要求内容表述上力求简洁。因此，本书将我国保险监管目标表述为：保护保单持有人的合法权益，确保保险机构合规、审慎经营，促进保险业健康发展。

四、我国保险监管的方式

（一）主要的保险监管方式

公告监管，又称公示主义，是指保险机构定期将营业结果呈报监管机构，并予以公告。除此之外，国家很少对保险业进行其他干预。其优点是，通过自由经营，保险业在自由竞争的环境中得到充分发展；缺点是，一般公众对保险业的优劣评判标准不易掌握，对不正当竞争无能为力。这种方式最为宽松。英国主要采取这种监管方式。

规范监管,又称准则主义,是指由保险监管机构规定保险业经营的一定准则,要求保险业共同遵守的监管方式。这种监管方式与公告方式相比,虽对保险经营的重大事项,如最低资本额的要求、法定公布的主要内容等有明确规定,但保险机关的监管仅仅是在形式上加以审查,这就导致许多形式上合法,而实质上不合法的行为时有发生,难以管理。这种方式较上一种方式严格,但未触及保险业经营管埋的实体。荷兰和德国曾经采用这种方式,但目前大部分国家都不采用这种方式。

实体监管,又称批准主义,是指国家制定有完善的保险监管规则,国家保险监管机构具有较大的权威和权力。在创设保险组织时,必须经政府审批核准,发放许可证。经营开始后,在财务、业务等方面进行有效的监督和管理,在破产清算时仍予以监管,这就是所谓的"全程"监管方式。实体监管方式是在规范监管方式的基础上发展而来的。规范监管的基础是立法,实体监管的基础除了完备的法律体系外,还包括严格的执法和高素质的行政管理人员。这是当今大多数国家,如日本、美国、德国等都采用的监管方式。

(二)我国目前的保险监管方式

我国保险监管,一直采用实体监管方式。与公告监管和规范监管两种监管方式相比,实体监管回避了许多形式上的内容,追求更有效的监督管理,更为严格、具体和全面。

五、我国保险监管的手段

(一)主要的保险监管手段

保险监管手段是保险监管机关实施监管的工作方法的总称,是监管方式的具体体现。一般来说,国家不同,保险监管手段的使用及作用效果会略有侧重和差异。同时,同一国家内,不同监管手段在不同的经济、社会、文化时期所起的作用也是不同的。保险监管手段因保险监管方式不同而有差异,主要有行政手段(administrative means)、经济手段(economic means)和法律手段(legal means)。

行政手段就是指依靠国家和政府以及企业行政领导机构自上而下的行政隶属关系,采用指示、命令、规定等形式强制干预保险活动的方法。市场经济并不绝对排斥国家和政府的行政管理,有时还要凭借这些行政力为保险经济运行创造良好的外部环境和社会条件,及时纠正干扰保险市场正常秩序的不良倾向。但过分集中化、行政化管理,会阻碍保险业务的拓展和保险经营者的积极性发挥。要使保险市场真正充满生机和活力,就应使保险企业真正成为独立核算、自主经营、自负盈亏,具有自我发展、自我约束能力的企业,尽量减少和弱化行政干预手段。

经济手段就是根据客观经济规律的要求，国家通过运用财政、税收、信贷等各种经济杠杆，正确处理各种经济关系来管理保险业的方法。用经济手段管理保险市场，就要尊重经济运行规律，遵守等价交换原则，充分发挥市场、价格、竞争的作用，以达到效益最大化。

法律手段是指运用有关经济方面的法律和保险法律、规定、法令、条例等对保险业进行监督管理的方法。市场经济发展到今天，其对法治的呼唤也越来越强烈，因而法律手段逐渐受到各国保险监管机构的青睐。

（二）我国目前的保险监管手段

监管手段的选择往往需要考虑保险业发展的实际状况和所要解决的问题，在我国保险业发展初期，行政手段和经济手段是主要的监管手段，而随着我国保险业政策法规的完善，法律手段是最主要的监管手段，但是行政手段和经济手段也在使用，对于一些问题行政手段更加高效。

六、我国保险监管的途径

（一）主要的保险监管途径

保险监管的途径包括现场检查（on-site regulation）和非现场监管（off-site regulation）。现场检查需要监管人员到监管对象现场进行监管，包括常规检查和专项检查。非现场监管是指监管机构在采集、分析、处理寿险公司相关信息的基础上，监测、评估寿险公司风险状况，进行异动预警和分类监管的过程。

非现场监管与现场检查一样，都是保险监管的重要手段。非现场监管与现场检查是相辅相成的监管手段。与现场检查相比，非现场监管主要具有如下特点：

第一，全面综合。通过每年对各寿险公司的风险状况、风险管理能力进行综合分析、评价，能够全面了解每家寿险公司的整体风险状况。

第二，提前预警。通过对寿险公司的业务风险进行季度监测，能够提早预警寿险公司可能存在的风险。

第三，节省成本。非现场监管在采集寿险公司相关信息的基础上，尽可能地借助信息技术对风险进行监测、评价，并根据评价结果实施分类监管，能够最大限度地节省成本。

第四，非现场实施。现场检查需要进驻寿险公司，在公司经营现场实施检查；而非现场监管是对寿险公司相关信息的采集、分析和处理，基本在非现场实施。

（二）我国目前的保险监管途径

在保险业信息化水平比较低的阶段，现场检查是我国保险业监管的重要途径；随着我国保险业信息化水平的提高、大数据技术的应用和各种模型的开发，非现场监管的重要性日益凸显。两者相辅相成,非现场监管发现的问题可能需要到现场进行检查和确认,而现场检查的结果又会反过来指导非现场监管的开展。

七、我国保险监管的内容

(一)主要的保险监管内容

保险监管内容按照监管对象不同,可以分为保险经营机构和保险中介机构监管。其中,对保险经营机构的监管可以分为保险机构监管、保险经营监管和保险资金运用监管。保险机构监管包括,对保险机构准入和退出的监管(包括对保险机构设立、变更、整顿、接管、分立、合并、撤销以及破产清算等方面的监管)、对保险机构管理人员及专业人员的监管、对外资保险公司的监管。保险经营方监管包括经营范围的监管、偿付能力的监管、费率和条款的监管、再保险业务的监管、业务竞争监督管理、衍生工具监管和交易行为监管等。保险资金运用监管包括运用的渠道和比例的监管。对保险中介机构的监管包括资格监管、业务监管和财务监管。

此处探讨的保险监管内容主要是从监管主要内容或者核心内容视角来探讨更加宏观层面的保险监管内容。保险监管内容或者支柱包括市场行为(market conduct)、偿付能力(solvency)和公司治理(corporate governance)三个方面。市场行为监管实际就是市场交易行为监管。偿付能力监管的概念有广义和狭义之分:广义的偿付能力监管实际是指以确保公司最终能履行对客户的承诺和其他偿债义务为目的的监管,基本涵盖了整个监管体系;狭义的偿付能力监管主要指财务监管(financial regulatory),一般采用狭义概念。偿付能力监管的实质是资本充足率监管。西方国家一系列公司丑闻发生后,国际组织和政府机构对公司治理监管有了深入认识,相继发布了一系列指引文件或监管规则,如 OECD 发布的《保险公司治理指引》(Guidelines for Insurers' Governance)、IAIS 发布的《保险公司治理核心原则》(Insurance Core Principles on Corporate Governance)等,把公司治理纳入监管范畴,推动监管的深入。特别是 2006 年 IAIS 维也纳年会明确提出市场行为、偿付能力和公司治理三支柱的现代保险监管框架,使公司治理监管成为各国保险监管的一致行动。

(二)我国目前的保险监管内容

如果从中国人民银行退出经营领域专司央行职能,开始对保险市场进行管理起算,保险监管的历史可以按监管内容的不同分为三个阶段。

第一个阶段:市场行为监管独重阶段(1984—2003 年)。我国早期对保险公司的监管行为,大部分可以纳入市场行为监管的范畴,大体包括针对保险公司经营过程中以下环节行为的监管：市场准入环节，主要通过保险公司及其分支机构的牌照审查，确保保险公司取得合格的交易主体资格；交易达成环节，主要通过对保险产品和费率的审查以及交易过程中是否存在误导、是否存在不正当竞争等行为的控制，确保公平交易和公平竞争；服务履行环节，通过对后续经营过程的监管，确保保险公司按照合同约定提供合格的保险服务。从国际上看，部分国家对市场行为监管持放松的态度，除保险公司经营保险业务需取得许可之外，保险产品、交易达成等都不作为监管的重点。随着市场日益成熟，我国保险监管在这些环节上也有所放松。但从我国保险市场的发展阶段来看，市场行为监管在保险监管中将长期占有重要地位。这主要是基于以下理由：一是我国保护消费者的法律体系不完善，尤其是民事追责机制极不发达，经营者在单个市场交易中仍处于明显的强势地位；二是社会诚信体系不完善，经营过程中弄虚作假行为仍很严重，违规成本低，违规现象普遍；三是保险消费者的消费识别和理性选择能力弱。这些都决定了我国保险市场和发达国家保险市场有很大区别，因此市场行为监管在中国保险监管中将长期居于重要地位且具有很强的中国特色。

第二个阶段：市场行为和偿付能力监管并重阶段（2003—2006 年）。偿付能力监管最早是在 1995 年颁布的《保险法》中规定的。1996 年中国人民银行发布《保险管理暂行规定》，专门用一章的内容规定偿付能力监管，明确规定了偿付能力最低额度要求和实际偿付能力的确定规则。但在当时情况下，偿付能力监管并未实际开展。这主要有以下几个方面的原因：一是在计划经济体制下，国有企业并不是市场风险的最终承担者，国家对金融机构实际上提供了隐形的信用担保，金融机构一旦存在破产可能，国家也会采用财政注资或剥离坏账等方式对金融机构实施救助，偿付能力监管无实质意义；二是当时国家对国有保险公司的注资并未实际到账，没有资本金，无法计算偿付能力；三是国有保险公司占市场份额的垄断地位，如果对其他保险公司实施偿付能力监管而豁免最大的国有保险公司，有失公平；四是偿付能力监管规则是原则性的，实施细则极不完善。2003 年，中国保监会发布《保险公司偿付能力额度及监管指标管理规定》，标志着偿付能力监管正式启动。中国人保和中国人寿两家国有保险公司上市募集了大量资金，使资本金得以做实，也为偿付能力监管创造了条件。截至目前，偿付能力监管的制度体系已基本建成，对公司经营也发挥着越来越实质的约束作用。

第三个阶段：市场行为、偿付能力和公司治理三支柱的监管框架基本确立阶段（2006 年至今）。2006 年中国保监会发布《关于规范保险公司治理结构的指导意见》，标志着公司治理监管的确立，也标志着三支柱监管框架的确立。公司治理监管的形成，有多方面的背景因素使然。一是改革深入的需要。2003 年，国有公司改制并上市，但上市本身并不是目的，重点在于引入外部资本的约束，迫使国有公司接受国际资本市场规则的改造，从而克服国有体制的问题，真正成为自主经营、自负盈亏的市场化的公司。如何才能完成上市后时代的公司改革历程并且实现目标，答案就是公司治理。启动公司治理监管、进一步完善公司治理就成为继续深化公司体制改革的中心任务，也是最终实现改革目标的必由之路。二是改善监管的需要。对于市场秩序的建立，外部监管固然重要，但市场主体自身的约束力才是根本。治理不善的公司对风险缺乏本能的应对反应，对市场信号不敏感，利润机制对公司制导效应不强，导致公司失常、市场失灵。实践中，在监管机构多年查处的情况下，公司违规行为依然屡禁屡犯，甚至出现全行业所有公司都亏损的局面。因此，公司治理监管可以使公司成为正常利润导向、具备有效风险应对机制的公司，是提高监管效能的治本之策。三是顺应国际监管趋势的需要。我国正是在这样的背景下，开始了保险公司治理的实践历程，并使三支柱的模式成为我国保险监管的架构体系。"十三五"期间，我国保险监管体系方面，坚持机构监管与功能监管相统一，宏观审慎和微观审慎相统一，加快建设以风险为导向的监管制度，不断加强公司治理、偿付能力和市场行为的三支柱监管。

第四节　保险业治理之自律引导

一、我国保险行业协会与自律引导

党的十六届三中全会做出的《中共中央关于完善社会主义市场经济体制若干问题的决定》，明确了中国保险行业协会的地位和发展方向，要求"按照市场化原则规范和发展各类行业协会、商会等自律性组织"。2004年中国保监会出台《中国保监会关于加强保险行业协会建设的指导意见》（以下简称《意见》），随着我国市场经济体制的建立、完善和政府职能的转变，保险行业协会将发挥越来越重要的作用。《意见》提出，各单位要从贯彻党的十六届三中全会精神、落实全国保险工作会议精神的高度，进一步提高对加强保险行业协会建设紧迫性、重要性的认识，并采取切实措施，抓紧抓好，抓出成效。

《意见》要求各保监局要把推动、加强保险行业协会建设列入重要议事日程，加强领导，指定专人负责，保证各项工作落到实处。要对所辖保险行业协会的现状、存在问题等进行深入调查研究，并按照《意见》的有关要求，本着实事求是、循序渐进、因地制宜的原则，有针对性地制定加强保险行业协会建设的工作计划和目标措施，力争在2至3年内将各级保险行业协会建成组织体系完整、职能定位清晰、规章制度健全、有作为、有地位、有威望的行业自律组织。要把中国保险行业协会和省级保险行业协会作为建设的重点。已设立的省以下保险行业协会，要根据当地保险业和经济社会发展实际，发挥好服务职能；目前尚未设立的地方，暂不设立。

　　保险行业协会的建设，要以"三个代表"重要思想为指导，按照党的十六届三中全会《中共中央关于完善社会主义市场经济体制若干问题的决定》中提出的"要完善行政执法、行业自律、舆论监督、群众参与相结合的市场监管体系"精神，按照市场化、规范化原则，在法律法规和政策允许的范围内，以有利于促进保险业持续快速协调健康发展、有利于维护保险行业利益和市场秩序、有利于协会自身发展为目标，积极进行体制改革和制度创新，从而真正成为加强行业自律、维护公平竞争的监督体系，保险同业间交流、合作的平台，保险经营者与政府沟通的桥梁纽带，加强宣传、联结社会的窗口。

二、我国保险行业协会自律引导职能

　　行业协会是行业的协调人和代言人。自律、维权、服务、交流、宣传等是保险行业协会的职能所在。

（一）自律职能

　　自律职能主要体现为：督促会员依法合规经营（组织会员签订自律公约，制定自律规则，约束不正当竞争行为，维护公平有序的市场环境）；组织制定行业标准（受政府有关部门委托，依据有关法律法规和保险业发展情况，组织制定行业的质量标准、技术规范、服务标准和行规行约）；积极推进保险业信用体系建设（建立健全保险业诚信制度、保险机构及从业人员信用信息体系，探索建立行业信用评价体系）；开展会员自律管理（对于违反协会章程、自律公约、自律规则和管理制度，损害投保人和被保险人合法权益，参与不正当竞争等致使行业利益和行业形象受损的会员，可按章程、自律公约和自律规则的有关规定，实施自律性惩罚，涉嫌违法的可提请监管机构或其他执法部门予以处理）和其他与行业自律有关的事项。

（二）维权职能

　　维权职能主要体现为：参与决策论证（代表行业参与和同行业改革发展、行业利益相关的决策论证，提出相关建议）；维护行业合法权益（加强与监管机构、政府有关部门及其他行业的联络沟通，争取有利于行业发展的外部环境）；维护会员合法权益（当会员合法权益受损时，代表会员与有关方面协调沟通）；指导建立行业保险纠纷调解机制，加强保险消费者权益协调沟通机制的构建与维护；

接受和办理监管机构、政府有关部门委托办理的事项；其他与行业维权有关的事项。

（三）服务职能

服务职能主要体现为：主动开展调查研究，及时向监管机构和政府有关部门反映保险市场存在的风险与问题，并提出意见和建议；协调会员之间、会员与从业人员之间的关系，调解矛盾，营造健康和谐的行业氛围；协调会员与保险消费者、社会公众之间的关系，维护保险活动当事人的合法权益；构建行业教育培训体系，开展从业人员资格认证管理和培训工作；组织会员间的业务、数据、技术和经验交流，促进资源共享、共同发展；其他与行业服务有关的事项。

（四）交流职能

交流职能主要体现为：建立会员间信息通联工作机制，促进业内交流；经批准，依照相关规定创办信息刊物、开办网站；根据授权，汇总保险市场信息，提供行业数据服务，实现信息共享；加强与其他相关行业协会的沟通与协调，促进行业对外交流；搭建国际交流平台，积极参加国际保险组织，引导行业拓宽国际视野，拓展对外合作领域和空间；组织参加国际会议和有关活动，服务行业走出去，学习、借鉴国外先进技术和经验；其他与行业交流有关的事项。

（五）宣传职能

宣传职能主要体现为：整合宣传资源，制订宣传规划，组织开展行业性的宣传和咨询活动；组织落实"守信用、担风险、重服务、合规范"的保险行业核心价值理念，推动行业文化建设；关注保险业热点、焦点问题，正面引导舆论宣传；普及保险知识，利用多种载体开展保险公众宣传；经政府有关部门批准，表彰先进典型，树立行业正气，营造良好形象。

三、保险行业协会自律引导优势分析

保险行业协会自律引导具有政府监管无法比拟的优势（杨晶，2009），主要包括如下几个方面：

第一，降低监管成本，提高监管效率。首先从立法上看，国家机关立法周期长，需要遵守严格的立法程序，立法过程需耗费大量的人力、物力和财力；而且为了维护法律的权威性，其一旦生效，就不能随意修改和废止。相比之下，行业协会制定的行业规章可以随着保险市场变化而变化，规章的通过只需保险会员协商一致即可。其次从守法上看，保险行业协会会员参与规章的制定过程，充分表达了自己的利益需求，行业规章是全体会员共同一致的意思表示，这表明保险人自愿受规章的制约，规章较法律政策更容易被保险人接受。由此可见，行业规章更加贴近保险人，易于被遵守。最后从执法上看，当保险人违反行业规章时，保险行业协会的相关部门可以采取灵活多样的处罚措施，如开除会籍、联合抵制等，这些措施会使保险企业的名誉受损，在行业中无法立足。行业规章虽没有法律的强制力，但其对违反规约行为的打击毫不逊色于法律。

第二，以维护行业协会成员的共同利益，建立公平竞争行业秩序为宗旨。政府监管以维护社会公共利益为己任，由国家机关对保险人及保险市场进行宏观监督管理，在社会安全的基础上促进保险人盈利。行业自律是整个保险业的自我约束和管制，目标是为了防止各保险人之间的过度竞争，提高保险业整体经营管理水平和安全度。该目标是从行业利益及保险业发展的角度出发的。

第三，解决市场失灵和政府失灵的有效方法。保险行业协会是在市场竞争中出现的，独立于政府和企业之外的"第三极"力量。它不以个别企业利润最大化为目标，亦不受政府身份、目标多元化的影响，能够站在全行业的高度，以长远的眼光制定行业规则，解决业内问题，很大程度上解决了政府失灵和市场失灵的问题。在政府监管、市场机制无法涉猎或无法快速反应的一些领域，保险行业协会自律能发挥补漏的作用。

四、保险行业协会自律引导途径分析

我国保险行业协会自律的途径可分为三个层次（梁远航和齐琳琳，2009）：

第一层是保险行业协会成员签订自律协议，确定自律范围及规则。此过程是保险行业协会成员部分让渡其经济自主权及自决权的依据，同时也是保险行业协会自律的基础及前提。自律协议是保险行业协会实施自律的基础。现阶段，保险行业的自律协议形式多样，数量繁多。根据其是否针对具体保险市场进行划分，可分为一般性自律公约和特殊性自律公约；根据其自律内容不同，可分为自律行为公约与自律惩处公约。

第二层是围绕自律协议进行各种自律，实施具体自律措施。此过程是自律的实现。通常情况下，保险行业协会自律主要依靠保险企业成员对自律协议的自我遵守和执行；除此之外，还通过自律检查、自律协调、社会监督等方式开展自律。

第三层是根据自律情况采取救济措施，保证自律效果。在会员单位违反自律协议后，保险行业协会可采取自律处罚方式，如行业内部通报、罚款、扣收保证金、开除会籍等对其进行处理。

第五节　保险业治理的特殊性分析

一、保险业治理目标上的特殊性

（一）治理目标宏观化

两个"国十条"对保险业治理的目标进行了细致的描述。例如，2006年《国务院关于保险业改革发展的若干意见》指出保险具有经济补偿、资金融通和社会管理功能，是市场经济条件下风险管理的基本手段，是金融体系和社会保障体系的重要组成部分，在社会主义和谐社会建设中具有重要作用。加快保险业改革发展有利于应对灾害事故风险，保障人民生命财产安全和经济稳定运行；加快保险业改革发展有利于完善社会保障体系，满足人民群众多层次的保障需求；加快保险业改革发展有利于优化金融资源配置，完善社会主义市场经济体制；加快保险业改革发展有利于社会管理和公共服务创新，提高政府行政效能。保障人民生命财产安全和经济稳定运行、满足人民群众多层次的保障需求、完善社会主义市场经济体制和提高政府行政效能就是保险业治理目标在当时背景下的表述。

2014年《关于加快发展现代保险服务业的若干意见》指出加快发展现代保险服务业，对完善现代金融体系、带动扩大社会就业、促进经济提质增效升级、创新社会治理方式、保障社会稳定运行、提升社会安全感、提高人民群众生活质量具有重要意义。要坚持市场主导、政策引导，坚持改革创新、扩大开放，坚持完善监管、防范风险，使现代保险服务业成为健全金融体系的支柱力量、改善民生保障的有力支撑、创新社会管理的有效机制、促进经济提质增效升级和转变政府职能的重要抓手，使保险成为政府、企业、居民风险管理和财富管理的基本手段，成为提高保障水平和质量的重要渠道，成为政府改进公共服务、加强社会管理的有效工具。支柱力量、有力支撑、有效机制、重要抓手、基本手段、重要渠道和有效工具就是对目前我国保险业治理目标更深入的表述。

（二）涉及更多利益相关者

通过两个"国十条"对保险业重要意义的分析，我们可以看出，保险业治理不仅仅是保险机构各个主体自身问题，还涉及广大人民群众、市场经济的有效运转和政府职能的履行，从企业个体到市场，从市场到政府和人民群众，这些主体的利益保护就构成了保险业治理的重要目标。

二、保险业治理结构上的特殊性

（一）由多个具有法人地位的相对独立子系统构成

保险业治理大系统按照其中的治理主体不同可以分为若干个子系统，其中包括监管机构子系统、各个非政府组织子系统、中介机构子系统、经营机构子系统等。每个子系统一般来说都是一个独立的法人，相互之间的边界也比较清晰。对于经营机构和中介机构来说，法人边界就是各个主体权利的基本界限；而监管机构和非政府组织需要发挥其监管和引导职能，可以突破这一界限。这些子系统内部又具有同一般公司类似的各个治理职能子系统，例如激励系统、约束系统等。

（二）监管机构是所有子系统中的核心

在所有的保险业治理子系统中，监管机构子系统是最重要的或者说是核心。各个子系统职能和定位不同，因而所发挥的作用也不同。保险监管机构子系统职能能否有效发挥对于保险业治理目标能否顺利实现至关重要，在政府子系统明确保险业发展方针的基础上，保险业发展规划及其落实主要是由监管机构子系统来进行的，对经营机构和中介机构的具体监管工作也是由保险监管机构来负责的。

三、保险业治理机制上的特殊性

（一）三大治理机制运转方式指令化

保险业治理三大治理机制的有效运转不是依靠各个子系统之间的股权关系，因为它们之间也不像企业集团公司那样，相互之间存在控股与被控股关系；而是依靠包括行政命令、指示、规定、条例以及规章制度等在内的行政指令。保险业治理的顶层设计、保险监管和行业自律三大治理机制均依赖于行政指令来保证有效实施。行政指令具有及时性、效率高、范围广等特点，其作用的发挥主要是依赖于各个子系统的行政层级或者权威。当然，三大治理机制的有效运转也需要包括非行政指令但具有一定约束作用或者引导作用的行业公约等类似内容的辅助，既包括国内相关非政府组织推出的有关规定，也包括国际组织例如OECD和IAIS等发布的相关指引。

（二）人员任免、激励与约束行政化

在政府和非政府相关子系统中，也包括经营机构和中介机构中具有国有控股性质的子系统中，相关高管人员的激励、约束和任免机制方面都具有行政化的特点。他们本身都带有一定的行政级别，从部级、副部级、厅局级到处级等。他们的薪酬体系往往是参照公务员设置的，相对于一般的经营机构或中介机构的高管人员而言，他们的薪酬水平往往会比较低，而这种行政级别的晋升也是对相关主

体激励的重要组成部分，这不同于一般的公司。在相关人员约束方面，采用的也常是公务员体系办法，比如从德能勤绩廉等方面评价他们，不同于一般公司对董事和总经理的评价。对他们的任免也往往是行政性的，通过下发文件的形式进行任命。

（三）决策机制上是集体决策、集体负责制

在一般公司董事会决策中经常采用的是集体决策、个人负责制。我国《公司法》规定，董事应当对董事会的决议承担责任。董事会的决议违反法律、行政法规或者公司章程、股东大会决议，致使公司遭受严重损失的，参与决议的董事对公司负赔偿责任。但经证明在表决时曾表明异议并记载于会议记录的，该董事可以免除责任。因此，很多公司董事或者总经理购买了相关责任险。但对于保险业治理系统中的子系统来说，特别是非经营机构和非中介机构子系统，例如保险监管机构治理子系统，更多的重要决策需要经过集体讨论。但在决策责任的承担上，与一般的经营机构和中介机构不同，往往是集体承担。

第七章 我国保险业治理实践

为准确把握我国保险业治理的脉络和进程,本章同样对治理典型事件和政策法规进行了梳理和分析,进而为全面提高我国保险业治理水平奠定基础。

第一节 我国保险业治理发展脉络

一、我国保险业的恢复建立和初步发展

1979年4月,国务院批准《中国人民银行分行行长会议纪要》,做出了"逐步恢复国内保险业务"的重大决策,直到当年11月全国保险工作会议召开,停办了20多年的国内保险业务才就此恢复。

保险事业恢复后立即发挥出积极的作用,但当时我国保险事业的经营规模以及在国民经济中发挥的作用远远落后于我国经济迅速发展的需要,也远远落后于发达国家甚至一些发展中国家,因而国务院1984年发布了《关于加快发展我国保险事业的报告》,对我国保险事业的现状进行了分析,提出了六点具体的加速发展我国保险事业的意见,并根据工作中的实践,提出了需要采取的五项措施,进一步推动我国保险事业发展。这一时期,中国人民银行实际上扮演着保险业监管者的角色。为了维护被保险方和保险企业的合法权益,1988年3月,中国人民银行出台了《关于依法加强人民银行行使国家保险管理机关职责的通知》,要求各级人民银行履行国家保险管理机关的各项职责,加强对保险企业的管理。

1989年2月国务院发布了《国务院办公厅关于加强保险事业管理的通知》,在肯定保险事业快速发展的同时指出了现存的比较突出的问题,强调了中国人民保险公司在我国保险事业中的主渠道作用,突出了中国人民银行作为我国保险事业主管机关的地位,进一步规范了我国保险事业管理。

二、《保险法》的出台和修订

1995年6月30日,《保险法》出台。该法律集保险合同法与保险业法于一身,共8章151条,包括总则、保险合同、保险公司、保险经营规则、保险业的监督管理、保险代理人及保险经纪人、法律责任及附则等;彻底结束了我国保险业无法可依的局面,是我国保险法制建设史上的一个重要里程碑,掀开了中国保

险业发展新的一页，与《公司法》共同构成了我国保险公司治理的基础法律。

为履行加入世贸组织时的承诺，2002 年 10 月第九届全国人大常委会第三十次会议对《保险法》进行修订，对其中许多不符合入世承诺的条款如原《保险法》第九十三条规定的提取和结转责任准备金的比例、第一百零一条规定的办理再保险的比例等问题做了修改。此次修订的内容重在"保险业法"部分。

2009 年 2 月 28 日，第十一届全国人大常委会第七次会议对《保险法》进行第二次修订，此次修订的内容主要涉及"保险合同法"部分。在制度设计及规制完善上，加强对被保险人利益保护的立法精神贯穿始终，成为本次《保险法》修订的最大亮点。例如明确了保险双方当事人的权利与义务，有利于减少保险合同纠纷；规范了保险公司的经营行为，保护了被保险人的利益；进一步完善了保险基本制度、规则，为保险业拓宽了发展空间；加强了对保险公司偿付能力的监管，确保了保险公司稳健经营。

2014 年 8 月 31 日第十二届全国人大常委会第十次会议对《保险法》进行第三次修订，本次修订主要是为适应《公司法》修订而进行的。

2015 年 4 月 24 日第十二届全国人大常委会第十四次会议对《保险法》进行第四次修订，此次修订主要修改了有关行政审批、工商登记前置审批或者价格管理的有关内容，与"放开前端、管住后端"的监管思路相适应，在放松行政管制的同时加强后端管理。

三、中国保监会的成立及其自身的治理

1998 年 11 月，中国保险监督管理委员会在北京成立，保险业有了单独的监管机构。中国保监会在促进保险业发展的同时也加强了对作为监管机构自身的监管。1999 年 3 月，国务院发布《国务院办公厅关于印发中国保险监督管理委员会职能配置内设机构和人员编制规定的通知》，明确中国保监会是全国商业保险的主管部门，根据国务院授权履行行政管理职能，依照法律、法规统一监督管理全国保险市场，将原来由中国人民银行履行的保险监管职能交给中国保监会，并明确了中国保监会的内设机构和相关人员编制。之后，2003 年 7 月中国保监会发布《中国保险监督管理委员会主要职责内设机构和人员编制规定》，对中国保监会的职责、机构和人员编制进行更新和明确。

针对自身内部的治理，中国保监会 2010 年出台《中国保险监督管理委员会行政处罚程序规定》规范行政处罚的程序，2015 年出台《中国保险监督管理委员会政务信息工作办法》推进中国保监会政务信息工作。

中国保监会还针对自身派出机构出台一系列治理要求。2004 年发布的《中

国保监会派出机构管理部工作规则》以及 2016 年发布的《中国保险监督管理委员会派出机构监管职责规定》分别明确了派出机构管理部的职责和派出机构监管工作的职责，进一步明确了派出机构监管职责，加强和改善了派出机构对保险市场的监督管理，促进了保险业的健康有序发展。

四、我国保险业发展的两次顶层设计

（一）2006 年保险业的"国十条"

2006 年 6 月 15 日，《国务院关于保险业改革发展的若干意见》出台。改革开放特别是党的十六大以来，我国保险业改革取得了举世瞩目的成就。但由于保险业起步晚、基础薄弱、覆盖面不宽，因而功能和作用发挥不充分，与全面建设小康社会和构建社会主义和谐社会的要求不相适应，与建立完善的社会主义市场经济体制不相适应，与经济全球化、金融一体化和全面对外开放的新形势不相适应。为全面贯彻落实科学发展观，明确今后一个时期保险业改革发展的指导思想、目标任务和政策措施，加快保险业改革发展，促进社会主义和谐社会建设，该意见提出了十条具体意见。这是国务院首次对我国保险业发展进行的顶层设计。

（二）2014 年保险业的新"国十条"

2014 年 8 月 10 日，《国务院关于加快发展现代保险服务业的若干意见》出台。该意见明确了今后较长一段时期保险业发展的总体要求、重点任务和政策措施，提出到 2020 年，基本建成保障全面、功能完善、安全稳健、诚信规范，具有较强服务能力、创新能力和国际竞争力，与我国经济社会发展需求相适应的现代保险服务业，努力由保险大国向保险强国转变。这是继 2006 年国务院首次对我国保险业发展进行顶层设计之后的再一次宏观布局。

五、我国保险业的五年规划

从 2006 年起，中国保监会连续发布保险业发展的"五年规划纲要"，明确保险业的发展方向、预期目标和政策措施。

2006 年 9 月 21 日，中国保监会发布《中国保险业发展"十一五"规划纲要》（以下简称《规划纲要》）。《规划纲要》对我国"十五"期间我国保险业发展进行了回顾，并对"十一五"期间我国保险业发展做出规划。"十一五"时期保险业的发展总目标是：到 2010 年，基本建成一个业务规模较大、市场体系完善、服务领域广泛、经营诚信规范、偿付能力充足、综合竞争力较强，发展速度、质量和效益相统一，充满生机和活力的现代保险业。五个子目标包括业务发展目标、综合竞争力目标、功能作用目标、风险防范目标和环境建设目标。其中政策措施中第八条明确提出加强和改善保险监管，健全风险防范机制，要求坚持把防范风险作为保险业健康发展的生命线，按照依法监管、防范风险和保护被保险人利益的原则，进一步健全保险监管体系，完善监管制度，建立防范化解风险的长效机制。

2011 年 8 月 18 日，中国保监会发布《中国保险业发展"十二五"规划纲要》（以下简称《规划纲要》）。《规划纲要》是我国保险业 2011—2015 年科学发展的战略性和指导性规划。编制和实施《规划纲要》是保险业深入落实科学发展观的重大战略举措。其中第二十二条明确提出："深化保险公司治理改革。继续引入各类优质资本，适当放宽保险公司股权比例限制，加强保险公司控股股东和实际控制人管理，建立适合稳健发展和持续增资需求的合理的股权结构。进一步完善董事会制度，规范董事会运作，增强董事会的独立性，强化董事尽职监督。规范保险公司薪酬考核制度，建立稳健薪酬机制，将长期风险和合规指标纳入薪酬考核体系，强化董事会在保险公司薪酬管理中的作用。健全保险公司监督问责机制，强化独立董事和监事会的监督职能。增强经营管理层的执行力，强化总精算师、合规责任人和审计责任人等关键岗位职责。深化内部审计体制改革，完善保险公司内控管理，健全风险管控体系。推动保险机构不断优化组织体系，提高管理效率。加大对非上市保险机构的信息披露力度，加强社会公众监督。"

2016 年 8 月 23 日，中国保监会发布《中国保险业发展"十三五"规划纲要》（以下简称《规划纲要》）。党的十八大以来，我国经济社会发展进入新的阶段，党中央国务院高度重视保险业在经济社会发展战略全局中的重要作用。2014 年 8 月，国务院发布了保险业新"国十条"，标志着党中央国务院把发展现代保险服务业放在经济社会工作整体布局中统筹考虑，保险业成为我国经济社会发展总体布局中的重要一环。行业战略定位发生的根本性改变为制定规划提出了更高的战略要求。同时，保险业的发展基础有了根本性提升。经过"十一五"和"十二五"两个完整规划周期，保险业自身的发展水平有了明显提升，保险市场体系、业务结构更加优化完善，行业实力和经营效益明显提升，改革创新取得实质性突破。保险业具备了更强的内生发展活力，能够承担国家、经济社会及保险客户对行业的更高要求。这些变化使得保险业"十三五"规划应当着眼于提升保险业在国家治理体系和治理能力现代化中的地位和作用，稳步实现新"国十条"提出的"到2020 年基本建成现代保险服务业"发展目标。《规划纲要》的具体措施中第七章明确提出要加强监管，筑牢风险防范底线，具体来说要坚持机构监管与功能监管相统一，宏观审慎监管与微观审慎监管相统一，风险防范与消费者权益保护并重，完善公司治理、偿付能力和市场行为"三支柱"监管制度，建立全面风险管理体系，牢牢守住不发生系统性区域性风险底线。

第二节　我国保险业治理政策法规

一、保险业治理政策法规梳理过程

本章政策法规范围的界定同本书的第三章和第五章内容，政策法规收集整理均采用手工方式。同样，政策法规原文主要来源于中央政府网（http://www.gov.cn）、中国保监会网站（http://www.circ.gov.cn/）和北大法宝网站（http://www.pkulaw.cn/）。所有政策法规的发布主体、文件编号、发布时间、生效时间、文件层次、修订情况和治理意义基础信息均通过手工整理和校对。政策法规时间范围为1979—2016年，涉及的层次有政策、法律、行政法规、部门规章和规范性文件。保险业治理有关的政策法规的数量在没有考虑保险公司治理和保险机构治理的情况下为31部，如果将保险公司治理和保险机构治理也纳入保险业治理，那么保险业治理政策法规总数为147部（27部+89部+31部），详见附录2。本书附录3给出了我国比较重要的58部保险业治理政策法规原文。

二、保险业治理政策法规总体情况

我国保险业治理政策法规共计31部。其中按照类别可以将其分为法律、发展方针、发展规划、行业监管、行业协会和监管机构6类，详见表7-1。我国保险业治理政策法规的发布主体共有8个，分别为全国人民代表大会常务委员会，国务院，财政部，中国人民银行，中国保监会，中国人民保险公司，财政部、中国人民银行、中国工商银行、中国农业银行、中国银行、中国人民建设银行和中国人民保险公司联合，以及13家保险公司联合，详见表7-2。参考表7-3，我国保险业治理政策法规有法律、部门规章、国务院规范性文件、部门规范性文件、行业规定5个文件层次。根据图7-1统计，1979—2016年，除了1995年、1998年、2004年、2006年、2015年、2016年分别发布2部、2部、2部、3部、4部、3部保险业治理政策法规以外，其余年份发布保险业治理政策法规的数量较为平均。参考表7-4，截至本书完稿，除了14部特定背景下文件以外，我国保险业治理政策法规现行有效的为13部，有4部已废止。而在31部保险业治理政策法规中，有28部、约90.32%的政策法规未曾修订，有2部修订过2次，有1部修订过4次，详见表7-5。

三、保险业治理政策法规数据统计

（一）保险业治理政策法规内容类型分析

根据表 7-1，我国共有 31 部保险业治理政策法规，可以分为法律、发展方针、发展规划、行业监管、行业协会、监管机构六个方面。其中有 11 部（占 35.48%）的保险业治理政策法规是有关行业监管的，其次为 7 部（占 22.58%）有关监管机构的政策法规，6 部（占 19.35%）有关发展方针的政策法规，5 部（占 16.13%）有关发展规划的政策法规。此外，有关法律和行业协会的政策法律各 1 部，占比分别为 3.23%。

表 7-1　我国保险业治理政策法规分类

政策法规分类	数量（部）	比例（%）
法律	1	3.23
发展方针	6	19.35
发展规划	5	16.13
行业监管	11	35.48
行业协会	1	3.23
监管机构	7	22.58
合计	31	100.00

资料来源：作者整理。

（二）保险业治理政策法规发布主体分析

根据表 7-2，我国保险业治理政策法规的发布主体共有 8 类。其中中国保监会为主要发布主体，共发布 14 部保险业治理政策法规，占 45.16%。国务院发布了 25.81%，共计 8 部保险业治理政策法规，成为第二大发布主体。其次为中国人民银行，发布了 4 部，约占 12.9%。而其余 5 部分别由全国人民代表大会常务委员会，财政部，财政部、中国人民银行、中国工商银行、中国农业银行、中国银行、中国人民建设银行、中国人民保险公司联合，13 家保险公司联合以及中国人民保险公司发布，详见表 7-2。

表7-2　我国保险业治理政策法规发布主体统计

发布主体	数量（部）	比例（%）
全国人民代表大会常务委员会	1	3.23
国务院	8	25.81
财政部	1	3.23
财政部、中国人民银行、中国工商银行、中国农业银行、中国银行、中国人民建设银行、中国人民保险公司联合	1	3.23
中国人民银行	4	12.90
中国保监会	14	45.16
中国人民保险公司	1	3.23
13 家保险公司联合	1	3.23
合计	31	100.00

资料来源：作者整理。

（三）保险业治理政策法规文件层次分析

我国保险业治理政策法规依照文件层次可以分为五类，分别为法律、部门规章、国务院规范性文件、部门规范性文件以及行业规定。其中大约 48.39%，共计 15 部为部门规范性文件。其次，国务院规范性文件与部门规章各有 8 部（占 25.81%）和 5 部（占 16.13%）。而行业规定和法律则分别有 2 部（占 6.45%）和 1 部（占 3.23%），详见表7-3。1 部法律是指 1995 年我国出台的《保险法》，该法先后于 2002 年、2009 年、2014 年和 2015 年四次修订。2 部行业规定分别指 1993 年出台的《关于印发〈中国人民保险公司处理保险行业中一些问题的政策界限〉的通知》和 1997 年出台的《全国保险行业公约》。

表7-3　我国保险业治理政策法规文件层次统计

文件层次	数量（部）	比例（%）
法律	1	3.23
部门规章	5	16.13
国务院规范性文件	8	25.81
部门规范性文件	15	48.39
行业规定	2	6.45
合计	31	100.00

资料来源：作者整理。

（四）保险业治理政策法规发布年份分析

从图 7-1 所示的我国保险业治理政策法规发布年份统计来看，总体来说各年度发布数量较为平均，1979 年、1984 年、1988 年、1989 年、1991 年、1992 年、1993 年、1996 年、1997 年、1999 年、2003 年、2010 年、2011 年、2013 年和2014 年均各发布了 1 部保险业治理政策法规。1995 年、1998 年和 2004 年分别发布了 2 部。2006 年和 2016 年发布数量较多，各为 3 部。而 2015 年是发布保险业治理政策法规最多的年份，一年共计发布了 4 部。

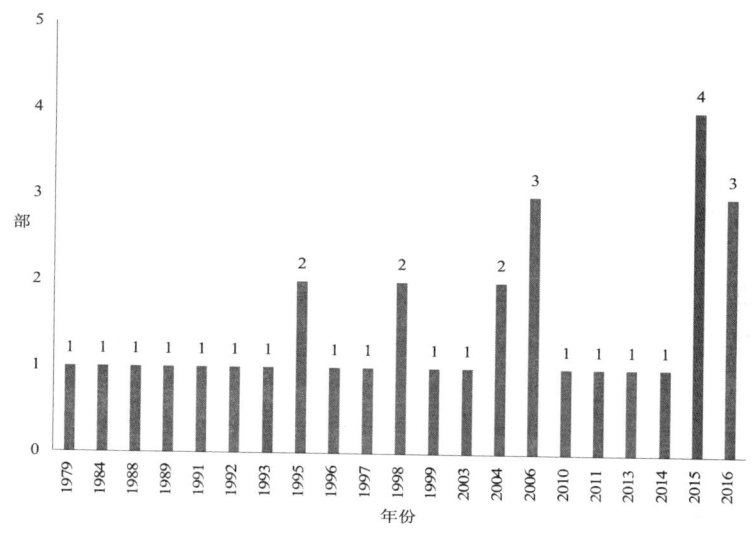

图 7-1　我国保险业治理政策法规发布年份统计

资料来源：作者整理。

（五）保险业治理政策法规效力情况分析

根据表 7-4，在我国所有保险业治理政策法规中，除了大约 45.16%，共计14 部特定背景下的文件以外，现行有效的政策法规为 13 部，约 41.94%；另有 4部现已废止，占比为 12.9%。

表 7-4   我国保险业治理政策法规生效情况统计

效力情况	数量（部）	比例（%）
现行有效	13	41.94
已废止	4	12.90
特定背景	14	45.16
合计	31	100.00

资料来源：作者整理。

（六）保险业治理政策法规修订情况分析

在我国 31 部保险业治理政策法规中，有 90.32%，共计 28 部政策法规自从颁布施行以来从未修订过；只有 3 部曾经被修订过。其中，修订过 2 次和 4 次的分别有 2 部和 1 部，占比分别为 6.45% 和 3.23%，详见表 7-5。

表 7-5   我国保险业治理政策法规修订次数统计

修订次数	数量（部）	比例（%）
未修订	28	90.32
修订 2 次	2	6.45
修订 4 次	1	3.23
合计	31	100.00

资料来源：作者整理。

第八章　总　结

本章首先从实践和理论两个方面对全书研究内容做出了总结；之后提出了治理研究应遵循治理特殊性、分类治理和分层治理三原则，并基于中国保险业从微观、中观和宏观层面对未来的治理研究进行了展望；最后给出了提升我国保险业治理能力的若干建议。

第一节　研究结论

一、我国保险业治理实践日益深入

我国保险业自 1980 年恢复以来，微观层面、中观层面和宏观层面的治理活动都一直在探索和实践中，而治理实践的日益深入也促进了我国保险业又好又快地发展。我国的保费收入占世界份额逐年提高，过去 30 多年间我国保险业基本保持了一个比世界范围保险业明显更快的增长速度。这样快速的发展，主要得益于国务院两次以"顶层设计"的形式对我国保险业的改革发展进行的全面部署，这是宏观层面的保险业治理。

两次保险业顶层设计均将保险公司现代企业制度建设和完善作为改革和发展的重要内容，而其中的核心是完善保险公司治理。我国保险公司治理发展经历了完全行政型治理阶段（政企合一的计划管理，1949—1959 年）、治理理念导入阶段（治理主体形成与改制，1980—2000 年）、治理主体股改与上市阶段（现代企业制度初步确立，2001—2005 年）、保险公司治理全面开展阶段（现代企业制度逐步建立，2006—2010 年）和保险公司治理深化发展阶段（现代企业制度日益完善，2011 年至今）五个阶段。随着国有保险公司股份制改革的推进和部分保险公司境内外成功上市，完善保险公司治理、转换经营机制已成为一项非常紧迫的任务。2006 年《关于规范保险公司治理结构的指导意见（试行）》的出台，标志着我国保险体制改革进入到了完善公司治理的纵深阶段，完善保险公司治理已经成为深化保险体制改革的中心工作。

2006 年 1 月颁布的《关于规范保险公司治理结构的指导意见（试行）》，是我国第一个专门针对保险公司治理监管的重要文件。该文件借鉴 IAIS 和 OECD 相关公司治理文件，并立足于我国保险公司实际情况，对我国保险公司治理做出了较为全面的规定。在指导意见中，中国保监会将"保护被保险人、投资人及其他利益相关者的合法权益，防范化解风险，促进我国保险业稳定持续健康快速发展"作为保险公司治理监管的终极目标。现阶段的目标是防范保险资金被非法挪用侵占，保护保险资产安全；解决公司治理层面的严重冲突，维护公司正常经营；推动保险公司建立健全内控体系，提升决策、执行和风险控制能力，同时防范董事和高管人员舞弊风险（袁力，2010）。2006 年 3 月召开的全国保险监管工作会议上，时任中国保监会主席吴定富指出，"目前我国现代保险监管体系已经初步形成，防范风险的五道防线正在逐步完善，初步建立起了市场行为监管、偿付能力监管和保险公司治理监管的现代保险监管'三支柱'框架"。

近年来，围绕治理监管支柱，我国保险监管机构相继出台了《保险公司控股股东管理办法》《中国保监会办公厅关于进一步做好保险公司公开信息披露工作的通知》《保险公司发展规划管理指引》《保险公司分支机构市场准入管理办法》《相互保险组织监管试行办法》《中国保监会关于进一步规范保险公司关联交易有关问题的通知》《保险机构董事、监事和高级管理人员培训管理办法》《中国保监会关于进一步规范报送〈保险公司治理报告〉的通知》《中国保监会关于加强保险公司筹建期治理机制有关问题的通知》《互联网保险业务监管暂行办法》《保险公司服务评价管理办法（试行）》《保险公司经营评价指标体系（试行）》等更加细致的与保险公司治理有关的制度文件。经过这些年的探索和实践，保险公司治理改革不断深入推进，公司治理监管效果初显（贾奔和臧明仪，2014）。

作为我国保险业的中观层面治理的保险机构治理起步相对较晚，2000 年以后陆续开始出台保险机构治理方面的政策法规；在近几年分类治理理念普及的背景下，包括相互保险组织、资产管理公司、再保险公司等在内的一些特殊类型的保险机构治理问题逐渐受到重视。

保险公司治理是我国保险业微观层面的治理，保险公司治理水平的提升一方面是保险公司自身发展的内在需求；另一方面，监管机构的监管也是重要的推动力量。保险监管是保险公司外部治理的一环，外部监管是保险公司治理特殊性的一个重要体现；特别是 2006 年之后，保险公司治理监管已经成为我国保险监管的三大支柱之一，监管机构出台了大量的政策文件，详见本书附录 2 相关内容。

总之，从我国保险业复业以来，保险业的宏观、中观和微观层面治理活动可以说是日益深入；而宏观、中观和微观层面治理的完善也为我国保险业又好又快地发展提供了保障。

二、治理实践迫切需要理论的指导

李维安（2005）在《公司治理学》中指出，公司治理学是一门新兴和交叉学科，同时也是一门应用学科。应用学科的特点决定了治理理论来自实践的同时，更要注意回到实践中，指导实践。在我国保险业的三个层面治理实践日益深入的背景下，关于保险业的微观治理层面的保险公司治理、保险业的中观治理层面的保险机构治理和保险业的宏观治理层面的保险业治理相关理论研究需要进一步深入和推进。

伴随 1932 年 Berle 和 Means 开启公司治理问题研究的大门，具体类型公司或组织的治理问题一直是一个重要的研究领域。正如郝臣（2015）在著作《中国保险公司治理研究》中所写，"公司治理作为一个重要问题提出以来，随着时间的推移和治理实践的发展，已经受到越来越多学者的关注和重视。公司治理问题由最初的一个孤零零的矿山，发展到目前已经吸引了无数采矿者。公司治理已经从单一的某一方面的问题研究转向知识体系研究，成为一个研究领域"。实际上，保险公司治理就是其中的一座"矿"，而且"储藏量还比较大"；随着学者和监管机构对保险公司治理的重视和研究程度的提高，这座"矿"已被初步"探明储量"。

保险公司治理的特殊性决定了保险公司治理并不是公司治理理论在保险领域的简单套用，而是一般公司治理理论与保险公司特殊性的有机统一（李维安和曹廷求，2005）。保险公司治理目前已经成为公司治理领域的一个重要分领域，也属于金融机构治理领域的重要内容。国内外对于保险公司治理相关问题已经展开了一定研究，国外保险公司治理研究已经深入到关注治理要素的有效性问题，国内保险公司治理研究总体上来说还处于起步阶段。为了促进保险公司治理研究的发展，首先应该明确的是什么是保险公司治理或者说解释清楚保险公司治理的内涵，这是这一领域最基本、最重要的概念，涉及这个领域研究内容和范围的确定。实际上，在一般公司治理理论研究起步阶段也遇到了同样问题，即科学准确地界定公司治理的内涵，从早期的结构说到后来的制度安排说。

基于上述背景，本书给出了保险公司治理的内涵，保险公司经营特殊性决定了保险公司治理在目标、原则、结构与机制等方面的特殊性。本书重点分析了保险公司治理目标的特殊性，同时对与保险公司治理相关的两个核心概念代理成本和治理绩效进行了剖析。保险集团公司、相互保险组织、再保险公司、保险资产管理公司、外资保险公司代表处、自保公司、保险中介机构等均存在治理问题，但相对于一般公司和保险公司来说，他们的治理均具有一定的特殊性。因此，本书在界定保险公司治理内涵基础上，提出了保险机构治理的概念，保险机构治理实际上涵盖了保险公司治理，范围更广，属于中观层面的治理问题；而保险业治理则是宏观层面的治理问题，在治理主体、机制、边界、目标和依据上，不同于一般公司治理和包括保险公司治理在内的保险机构治理。当然，保险机构治理属于保险业治理的范畴。需要说明的是，保险业治理与保险机构治理的关系并非像保险机构治理与保险公司治理那样是简单的包含与被包含关系，而是大系统与子系统之间的逻辑关系。

第二节　展望与建议

一、加强我国保险业治理研究：未来展望

对于治理的研究，本书认为应该坚持治理特殊性、分类治理和分层治理三条原则。第一，所谓治理特殊性原则是指研究任何组织的治理问题时一定要考虑该组织的治理特殊性。例如，研究对象是否是上市公司，是否是国有控股公司，是否处在法律环境不完善地区，是否属于特殊行业的公司等。对保险公司治理问题的关注实际上就是治理特殊性原则的一个非常好的体现。正如本书所述，保险公司治理的特殊性是保险公司治理研究的主线原则，如果以保险公司作为研究对象或者样本，而没有考虑保险公司治理上的特殊性，这样的研究仅仅是一般公司治理理论在保险行业的一个检验而已，并不能丰富保险公司治理理论和一般公司治理理论，或者说，这样做理论价值并不大。保险公司治理是"保险公司+治理"，而不是"公司治理+保险公司"。第二，所谓分类治理原则是指每一类组织都有自己的治理特殊性。例如，有很多类型的保险公司，实际上每类保险公司治理都有自己独特的地方。从组织形式上来看，有公司制和相互制，即使是公司制也还包括股份制和有限制两种，这些不同组织形式的保险公司的治理又存在显著的区别，在研究其公司治理问题时要考虑到治理的差异性；从业务类型角度看，有财产险和人身险保险公司，这两类保险公司治理上也存在细微的区别。第三，所谓分层治理原则是指一个组织的利益相关者都会参与治理。例如，针对保险公司，上游有监管机构和保险行业协会等非政府组织参与治理，这些机构的监管和引导是保险公司外部治理的重要一环；而下游中，投保人为了保护自身的利益也要参与到治理中来。

实际上，对于保险机构和保险业治理研究来说，上述三条原则同样适用。各类型保险机构治理都有自身的特殊性，这些特殊性是研究保险机构治理的主线；保险经营机构治理不同于保险中介机构治理，保险经营机构中，资产管理公司、

再保险公司、相互制保险机构、外资保险公司代理处等的治理也存在显著差异，保险代理机构、保险经纪机构和保险公估机构的治理同样存在一定的差异，这就是分类原则的一个体现；分层原则是指在研究保险机构治理的时候要考虑到上下游利益相关者对治理的参与，例如监管机构对其进行的监管。对于保险业治理来说，上述三个原则更加适用。保险业治理在治理目标、结构与机制等方面不同于保险公司治理和保险机构治理，更加具有特殊性；同时，保险业治理大系统中又存在不同类型的治理子系统，需要分类治理；各个子系统之间也并非简单的并排关系，往往存在着领导、监管、指引等关系，或者说他们之间具有一定的上下游关系，三个原则体现得淋漓尽致。

　　未来对保险业的微观、中观和宏观层面治理的研究，本书认为有三大主攻方向：第一，在微观层面，挖掘保险公司治理的特殊性。尽管我们目前已经注意到了保险公司治理在目标、结构与机制等方面的特殊性，但还需要结合保险公司经营上的特殊性解读治理特殊性的内在原因。第二，在中观层面，探究保险中介机构、再保险公司、相互制保险公司等机构治理的原理性问题。特别是保险中介机构的治理在实践上处于起步阶段，需要更多的理论予以指导。第三，在宏观层面，分析保险监管机构治理的机理。过去对于保险公司治理的研究主要是围绕自身展开，对于外部监管而言，最多是将其作为外部治理机制的一个环节；实际上，监管机构治理状况会影响到监管对象的治理状况，而对于监管机构自身的治理问题关注甚微。

二、提升我国保险业治理能力：若干建议

　　党的十八届三中全会首次提出"治理体系"和"治理能力"的概念，并将其作为全面深化改革的总目标；"管理"到"治理"一字之差，不仅是我们党在理论和实践上的重大创新，而且反映了党和政府从"管理"国家到"治理"国家思维上的跨越（李维安，2013）。保险业治理是国家治理体系的有机组成部分，为实现国家治理能力现代化目标提供基础。如果说，过去的这些年，我国的保险业实现了"产业从小到大、公司从少到多、产品从简到繁、经营从粗到细、监管从虚到实"的发展历程，那么，要真正奠定其在国民经济中的重要地位，显然不能满足于目前已经取得的业绩，而是需要上升到一个更高的层次，那就是：产业从"大"到"强"、公司从"多"到"优"、产品从"繁"到"好"、经营从"细"到"精"、监管从"实"到"准"（孙祁祥，2014）。保险业治理是实现上述五大转变的保障，保险业治理好了，能够为保险机构的发展把握好大方向和创造良好的外部环境；而作为保险业微观参与主体的保险机构治理好了，才能保证这些主体健

康运转；保险公司治理好了，公司决策更加科学，产品和经营上必然会做得更好，进而实现保险业的强大。

根据《保险法人机构公司治理评价办法（试行）》的规定，中国保监会2016年开展了首次保险法人机构公司治理综合评价工作，对127家中资保险法人机构公司治理水平和风险状况进行综合评判。从评价得分情况来看，127家保险法人机构2015年度公司治理评价平均得分85.8分，集团或控股公司得分最高，平均得分88.1分；产险公司得分最低，平均得分84.2分。127家公司中，优质类公司（大于等于90分）49家，占比38.6%；合格类公司（大于等于70分小于90分）72家，占比56.6%；重点关注类公司（大于等于60分小于70分）2家，占比1.6%；不合格类公司（小于60分）4家，占比3.2%。评价结果显示治理机制运行不到位是扣分的主要原因。保险公司治理监管经过十年的发展，目前全行业对完善公司治理结构的重视程度普遍提高，落实监管制度的主动性得到提升，公司治理逐渐从监管机构的外部要求内化为公司的自发要求。但公司治理从"形似"到"神至"，充分发挥治理机制有效性还有一定差距，如董事会专业委员会无实质运作、独立董事独立性缺失、专职内审人员不足、内审职能作用未有效发挥、薪酬管理不规范等问题仍然存在。为此，本书提出如下提升我国保险业治理能力的对策建议：

第一，树立正确的治理思维。思维是人用头脑进行逻辑推导的属性、能力和过程。在保险业治理实践中要遵循两个最基本的治理思维，即过程思维与和谐治理思维。治理不是一次性行为，建立治理结构与机制是一个过程，这个过程是伴随保险业发展整个过程的，没有一劳永逸的治理，这就要求保险业治理方面要做持续性的改进和优化。治理包含制衡，但制衡绝非治理的核心，治理的核心是要进行科学决策，让保险业更好地发展。因此在治理实践过程中，要避免出现不和谐的景象，这里的不和谐不是会议中提出了反对意见，而是因为种种原因而使得会议等治理机制无法运作，甚至对簿公堂。保险业治理的有效运作不能仅仅依靠《保险法》《公司法》等硬性规则，还需强调软性规则，讲究和谐治理。

第二，构建治理分类监管框架。保险公司因其经营的特殊性，其监管不同于一般公司。我国的保险监管从2006年起，就形成了市场行为、偿付能力和公司治理三支柱监管框架。在市场行为和偿付能力方面，我国已经建立了分类监管框架；在公司治理监管方面，经过十多年监管实践，我国的保险监管机构发挥了有效作用。但我国的保险监管机构面对的监管对象数量日益增加，监管对象业务类型（集团公司、资产管理公司、再保险公司、人身险公司、财产险公司、相互制保险公司、外资公司办事处和保险中介机构）、监管对象资本性质（外资控股、国有控股和民营控股)、监管对象组织形式(股份制、有限制和相互制)等方面都明显不同,而这些因素使得相关对象在治理上存在显著差异。因此要树立保险机构治理分类监管的思路,建立分类监管的框架,制定相关的治理指引,以更好地引导我国保险机构治理实践。

第三,探索监管机构自身治理。在已有的治理实践和理论研究中,监管机构多作为保险机构外部治理机制的供给者角色出现,研究其如何更好地发挥外部治理的作用。实际上,伴随我国保险业治理机构治理水平的提升,对于监管机构自身的治理能力也提出了更高的要求,即监管机构自身治理问题。保险监管机构治理是保险业治理大系统中的一个特别重要的子系统,治理机构与机制不同于一般公司治理,有其自身的治理规律与原理。目前中国保监会已经出台《中国保险监督管理委员会派出机构监管职责规定》《中国保险监督管理委员会政务信息工作办法》等与治理有关的文件,也很重视自身治理能力的建设。但如何完善其治理流程,进一步提高其治理效率,在没有更多治理案例或理论指导的情况下,需要探索出具有中国特色的监管机构治理体系和治理模式,以更好地实现其监管目标。针对保险监管机构内部横向配合、纵向联动不顺畅,监管资源共享不足,没有形成监管合力等问题还在一定程度上存在的现象,可以把 IT(信息科技)治理作为切入点,优化监管机构各部门的合作与沟通,避免信息孤岛的出现,最大限度地为监管机构决策层提供信息支撑。

第四,提升利益相关者认同度。时任中国保监会负责人(2012)在全国保险监管工作会议上提出,保险业声誉不佳、形象不好的问题比较突出,主要表现为"三个不认同":一是消费者不认同,二是从业人员不认同,三是社会不认同。这些问题正在不断地侵蚀保险业发展的诚信基础,严重损害保险业形象;如果不及时采取有效措施加以解决,很可能会引发信任危机,制约行业的可持续发展,这可能还不是一个一般的机构治理问题。针对上述现象,首先,要健全理赔机制,提升其偿付能力,同时应采取适当的宣传和销售方式,重视对消费者权益的保护,提升消费者对保险行业的认同度;其次,鉴于保险行业与其他金融行业的差异,应提高专业型人才和经验型人才的素质与待遇,同时继续深化保险公司营销体制改革,明确保险营销员身份定位,增强从业人员对行业的认同度;最后,保险机构在经营过程中要遵守合法合规的底线,不能为片面追求眼前利益而违法违规,以此来提高保险业的社会认同度。

第五,加强保险机构治理监管。我国的法律体系、职业经理人市场与公司控制权市场处于刚刚起步或待完善阶段,易造成治理系统失灵下的外部治理困境。要突破外部治理困境,需要进一步强化保险机构治理监管,其中,制度建设是关键。在当前和今后较长一段时期，最可能威胁中国保险业健康发展的风险主要有四种：公司治理风险、市场投资风险、公众信心风险和资本补给风险（孙祁祥和郑伟，2005）。公司治理风险是一项基础性风险，应通过长效的制度化、规范化的制度建设不断强化保险机构治理意识，提高整体的保险机构治理质量和降低治理风险。治理监管作为保险机构外部治理非常重要的一环，推动了保险机构治理水平的提升，但还需要进一步转变观念，强化投保人利益保护，推动治理监管重点由形式向内容转变，逐步形成第三方治理、机构自主治理、行业自律和政府监管"四位一体"的治理模式。

第六，健全治理评价机制。通过治理评价我们能够及时、准确地掌握保险机构的治理状况，发现保险机构治理存在的突出问题，进而加强相关方面的监管，从而第一时间规避保险机构治理风险。治理评价是一项系统工程，评价主体安排上可以考虑第三方。对于监管机构而言，尽管其在治理评价方面有较强的专业性，但由于人力有限，难以进行大规模、大样本的评价。在这方面，可以建立独立的第三方评价机制，诸如聘请学术研究机构等作为合作伙伴，要求其提供独立、客观、科学的评价结果，从而为有效监管提供支撑。建立评价机制本身并不是目的所在，真正的目的是要将其作为一种重要的监管手段，强化治理监管的有效性。可以考虑定期发布最佳治理保险机构名录，甚至发布最差治理保险机构名录，从声誉机制角度给保险机构施加压力，促使其完善公司治理。

第七，优化高管激励机制。金融危机爆发以来，金融机构高管薪酬制度改革呼声高涨，各国政府纷纷采取措施加强规范和监管。为切实加强对保险公司高管薪酬的监管，中国保监会于2012年12月发布《保险公司薪酬管理规范指引（试行）》（以下简称《指引》）。《指引》从薪酬结构、薪酬支付等多方面规范了保险业的薪酬情况。各保险机构在积极贯彻《指引》的同时，还应改进高管薪酬信息披露制度。随着投资人和投保人对保险业高管薪酬信息披露的要求日益提高，有必要进一步完善高管薪酬信息披露模式，保证市场的充分监督，促进薪酬设置的合理化。在机构内部，相关利益主体应该知晓具体薪酬数额等。外部监管方面，机构应向监管机构报告公司的薪酬政策、考核激励的具体内容，并说明理由。国有及国有控股保险机构应立足实际情况，结合党管干部的做法，加强对其负责人的薪酬管理。

第八，完善信息披露内容。经济型治理的一个典型特点就是中小股东和其他利益相关者的有效参与，而投保人和中小股东参与保险机构治理的一个前提就是要了解机构基本情况。为了实现这一目的，机构就必须及时、有效地进行相关信息的披露，从而帮助投保人、中小股东和其他利益相关者获得机构经营状况的信息。2010 年 5 月，中国保监会颁布《保险公司信息披露管理办法》；但从目前执行情况来看，信息披露规范性和有效性还不够理想，强制性信息披露方面的合规性有待提高。在这方面，保险机构可以参考上市公司的一些相关标准，至少实现信息披露的合规。同时引导保险机构自愿性披露，即除强制性披露信息之外，基于投保人关系、投资者关系、降低资本成本、提高对投资者的吸引力、提升股票价格、回避诉讼风险等动机公司主动披露信息的行为，这是保险机构信息披露未来的主要方向。

参考文献

[1] 阿道夫·伯利，加德纳·米恩斯. 现代公司与私有财产[M]. 北京：商务印书馆，2007.

[2] 贲奔，臧明仪. 保险公司治理监管的硬约束[J]. 中国金融，2014，（6）：56-58.

[3] 陈仕华，郑文全. 公司治理理论的最新进展：一个新的分析框架[J]. 管理世界，2010，（2）：156-166.

[4] 邓小平. 邓小平文选（第三卷）[M]. 北京：人民出版社，1993.

[5] 段文博，王庆南，王海旭. 我国保险中介机构存在的问题及对策分析[J]. 黑龙江金融，2008，（11）：86-88.

[6] 方国春. 保单持有人与公司治理研究——基于人身保险公司分析[J]. 保险研究，2014，（4）：51-62.

[7] 冯根福，赵健. 现代公司治理结构新分析——兼评国内外现代公司治理结构研究的新进展[J]. 中国工业经济，2002，（11）：75-83.

[8] 冯根福. 中国公司治理基本理论研究的回顾与反思[J]. 经济学家，2006，（3）：13-20.

[9] 郝臣，李慧聪，罗胜. 保险公司治理研究：进展、框架与展望[J]. 保险研究，2011，（11）：119-127.

[10] 郝臣，王旭，王励翔. 我国保险公司社会责任状况研究——基于保险公司社会责任报告的分析[J]. 保险研究，2015，（5）：92-100.

[11] 郝臣. 保险公司治理对绩效影响实证研究——基于公司治理评价视角[M]. 北京：科学出版社，2016.

[12] 郝臣. 公司治理的市场效应与溢价研究[M]. 北京：科学出版社，2016.

[13] 郝臣. 国外公司治理与公司绩效关系研究综述——1976 年—2006 年经典文献梳理[J]. 审计与经济研究，2009，（2）：107-112.

[14] 郝臣. 中国保险公司治理研究[M]. 北京：清华大学出版社，2015.

[15] 郝臣. 中国上市公司治理案例[M]. 北京：中国发展出版社，2009.

[16] 郝演苏. 服务和谐社会建设保险业需要解决的几个问题[J]. 中国金融，2007，（5）：45-47.

[17] 胡坚，高飞. 保险监管制度的国际比较及其对中国的借鉴[J]. 山西财经大学学报，2004，（2）：16-21.

[18] 黄洪. 全力推进保险中介市场改革[J]. 中国金融，2015，（24）：15-17.

[19] 江生忠. 保险企业组织形式研究[M]. 北京：中国财政经济出版社，2008.

[20] 江生忠. 论我国保险监管的几个问题[J]. 保险研究，1999，（3）：7-10.

[21] 金坚强. 行业自律是保险业健康发展的必然要求[J]. 中国金融，2010，（11）：31-32.

[22] 冷煜. 保险监管国际比较及发展趋势研究[J]. 保险研究，2009，（3）：88-94.

[23] 李慧聪，李维安，郝臣. 公司治理监管环境下合规对治理有效性的影响——基于中国保险业数据的实证研究[J]. 中国工业经济，2015，（8）：98-113.

[24] 李孔岳，罗必良. 公司治理结构的理论：一个综述[J]. 当代财经，2002，（8）：61-64.

[25] 李维安，曹廷求. 保险公司治理：理论模式与我国的改革[J]. 保险研究，2005，（4）：4-8.

[26] 李维安，郝臣. 公司治理手册[M]. 北京：清华大学出版社，2015.

[27] 李维安，郝臣. 金融机构治理及一般框架研究[J]. 农村金融研究，2009，（4）：4-13.

[28] 李维安，李慧聪，郝臣. 保险公司治理、偿付能力与利益相关者保护[J]. 中国软科学，2012，（8）：35-44.

[29] 李维安，邱艾超，牛建波，徐业坤. 公司治理研究的新进展：国际趋势与中国模式[J]. 南开管理评论，2010，（6）：13-24.

[30] 李维安，武立东. 公司治理教程[M]. 上海：上海人民出版社，2001.

[31] 李维安. 公司治理学（第二版）[M]. 北京：高等教育出版社，2009.

[32] 李维安. 公司治理学（第一版）[M]. 北京：高等教育出版社，2005.

[33] 李维安. 金融危机凸显金融机构治理风险[J]. 资本市场，2009，（3）：110-113.

[34] 李维安. 推进全面深化改革的关键：树立现代治理理念[N]. 光明日报，2013-11-29.

[35] 李维安. 中国のコーポレートガバナンス[M]. 東京：税務経理協会，1998.

[36] 李维安. 中国公司治理原则与国际比较[M]. 北京：中国财政经济出版社，2001.

[37] 李维安等. 公司治理[M]. 天津：南开大学出版社，2001.

[38] 梁远航，齐琳琳. 我国保险行业协会自律的反思与完善[J]. 财经科学，2009，（6）：40-46.

[39] 刘宝璋. 我国保险监管制度研究[D]. 山东大学，2005.

[40] 刘美玉. 基于利益相关者共同治理的保险公司治理研究[J]. 保险研究，2008，（9）：7-12.

[41] 刘素春. 保险公司治理的特殊性研究——基于利益相关者理论[J]. 保险研究，2010，（5）：84-89.

[42] 罗胜，邱艾超. 基于公司治理系统论的金融机构治理风险研究[J]. 保险研究，2008，（12）：57-62.

[43] 罗胜，张雁云. 保险公司董事会评价机制研究[J]. 保险研究，2011，（9）：109-113.

[44] 罗胜. 保险公司的薪酬监管[J]. 中国金融，2013，（6）：68-69.

[45] 罗胜. 保险公司治理评价与治理监管研究[D]. 南开大学，2012.

[46] 毛路，陈建民. 保险中介机构违规经营现象及对策分析[J]. 上海保险，2011，（3）：42-46.

[47] 钱兵，陈功. 论保险中介公司治理结构的完善[J]. 保险研究，2007，（3）：77-80.

[48] 钱颖一. 企业的治理结构改革和融资结构改革[J]. 经济研究，1995，（1）：20-29.

[49] 苏媛. 保险资产管理公司治理问题及改进建议[N]. 金融时报，2009-03-23.

[50] 孙祁祥，郑伟. 金融危机与保险监管[J]. 中国金融，2014，（1）：38-40.

[51] 孙祁祥，郑伟. 中国保险业的双重角色、制度责任与挑战[J]. 保险研究，2005，（7）：26-29.

[52] 孙祁祥，郑伟. 中国保险业发展报告[M]. 北京：北京大学出版社，2012.

[53] 孙祁祥，郑伟. 中国保险业发展报告[M]. 北京：北京大学出版社，2013.

[54] 孙祁祥，郑伟. 中国保险业发展报告[M]. 北京：北京大学出版社，2014.

[55] 孙祁祥，郑伟. 中国保险业发展报告[M]. 北京：北京大学出版社，2015.

[56] 孙祁祥. 保险业需要在反思中成长[J]. 中国金融，2014，（17）：25-28.

[57] 孙蓉，杨馥. 改革开放三十年：中国保险业的变迁与发展[J]. 保险研究，2008，（12）：7-15.

[58] 王峰虎，张怀莲. 论中国保险监管的目标及政策——兼论消费者保护问题[J]. 西藏大学学报（汉文版），2003，（1）：19-23.

[59] 魏迎宁. 关于保险消费者权益保护的法理思考[N]. 中国保险报，2012-12-11.

[60] 温家宝. 在出席中国保监会成立大会上的讲话[N]. 金融时报，1998-11-19.

[61] 吴定富. 改革开放三十周年保险业改革发展的回顾与展望[J]. 保险研究，

2008，（12）：3-6.

[62] 吴定富. 我国保险公司治理结构建设的理论与实践[J]. 中国保险，2006，（6）：8-11.

[63] 吴敬琏. 现代公司与企业改革[M]. 天津：天津人民出版社，1994.

[64] 吴敬琏等. 大中型企业改革：建立现代企业制度[M]. 天津：天津人民出版社，1993.

[65] 夏洪. 论保险公司治理机制的完善[J]. 保险研究，2001，（7）：3-5.

[66] 谢志刚，崔亚. 论保险监管制度体系的建设目标[J]. 保险研究，2014，（1）：12-20.

[67] 徐宁，徐向艺. 公司治理理论的演进趋势研究——基于经济学与法学的整合视角[J]. 经济与管理研究，2009，（12）：62-66.

[68] 严若森. 保险公司治理评价：指标体系构建与评分计算方法[J]. 保险研究，2010，（10）：44-53.

[69] 严万全. 保险中介机构的地位、作用与发展预测[J]. 上海保险，2012，（4）：37-39.

[70] 阎庆民. 我国银行业应建立"三位一体"监管体系[J]. 经济研究参考，2005，（87）：26-27.

[71] 杨馥. 中国保险公司治理监管制度研究[D]. 西南财经大学，2009.

[72] 杨晶. 保险行业协会自律监管法律问题研究[J]. 法制与社会，2009，（31）：87-88.

[73] 杨明生. 在保险消费者权益保护工作会议上的讲话[EB/OL]. 中国保监会网站，http://www.circ.gov.cn/web/site0/tab5212/info 195481. htm，2012-03-14.

[74] 杨瑞龙，周业安. 论利益相关者合作逻辑下的企业共同治理机制[J]. 中国工业经济，1998，（1）：38-45.

[75] 杨宗昌，赵红，刘悦. 公司治理模式发展趋势综述[J]. 当代经济科学，2004，（1）：81-85.

[76] 姚伟，黄卓，郭磊. 公司治理理论前沿综述[J]. 经济研究，2003，（5）：83-90.

[77] 游源芬. 投保人、要保人与被保险人关系之辨析[J]. 中国保险管理干部学院学报，1994，（4）：29-31.

[78] 于殿江，柏士林，胡玉翠. 我国专业保险中介机构核心竞争力研究[J]. 产业经济评论，2011，（3）：95-115.

[79] 袁力. 保险公司治理：风险与监管[J]. 中国金融，2010，（2）：13-15.

[80] 张维迎. 所有制、治理结构及委托——代理关系——兼评崔之元和周其仁的

一些观点[J]. 经济研究，1996，（9）：3-16.

[81] 张扬，郝臣，李慧聪，褚玉萍. 保险公司治理特殊性分析——三家上市保
      险公司的案例研究[J]. 管理案例研究与评论，2012，（4）：265-276.

[82] 张扬，郝臣，李慧聪. 国外保险公司治理研究：主题、逻辑与展望[J]. 保
      险研究，2012，（10）：86-94.

[83] 郑红亮，王凤彬. 中国公司治理结构改革研究：一个理论综述[J]. 管理世
      界，2000，（3）：119-125.

[84] 郑红亮. 公司治理理论与中国国有企业改革[J]. 经济研究，1998，（10）：
      20-27.

[85] 郑志刚. 对公司治理内涵的重新认识[J]. 金融研究，2010，（8）：184-198.

[86] 郑志刚. 法律外制度的公司治理角色———一个文献综述[J]. 管理世界，
      2007，（9）：136-147.

[87] 郑志刚. 公司治理机制理论研究文献综述[J]. 南开经济研究，2004，（5）：
      26-33.

[88] 中国保险监督管理委员会. 2012 中国保险市场年报[M]. 北京：中国金融出
      版社，2012.

[89] 中国保险监督管理委员会. 2013 中国保险市场年报[M]. 北京：中国金融出
      版社，2013.

[90] 中国保险监督管理委员会. 2014 中国保险市场年报[M]. 北京：中国金融出
      版社，2014.

[91] 中国保险监督管理委员会. 2015 中国保险市场年报[M]. 北京：中国金融出
      版社，2015.

[92] 中国保险监督管理委员会. 2016 中国保险市场年报[M]. 北京：中国金融出
      版社，2016.

[93] 中国保险监督管理委员会. 关于 2015 年度保险法人机构公司治理评价结
      果的通报 [EB/OL]. 中国保监会网站，http://www.circ.gov.cn/web/site0/
      tab5218/info40511 74.htm，2016-11-25.

[94] 卓志. 保险监管的政治经济理论及其启示[J]. 金融研究，2001，（5）：
      111-118.

[95] Andrei Shleifer, Robert W. Vishny. A Survey of Corporate Governance [J]. The
      Journal of Finance, 1997, 52(2): 737-783.

[96] Colin Mayer. Corporate Governance, Competition and Performance [J]. Journal
      of Law and Society, 1997, 24(1): 152-176.

[97] Daniel F. Spulber. Market Microstructure: Intermediaries and the Theory [M].
      Cambridge University Press, 1999.

[98] David Cummins, Neil Doherty. The Insurance Brokerage Industry
      Post‐October 2004 [J]. Risk Management & Insurance Review, 2006, 9(2):
      89-108.

[99] Diane K. Denis, John J. McConnell. International Corporate Governance [J].
      Journal of Financial and Quantitative Analysis, 2003, 38(1): 1-36.

[100] Diane K. Denis. Twenty-five Years of Corporate Governance Research… and
      Counting [J]. Review of Financial Economics, 2001, 10(3): 191-212.

[101] Elaine Sternberg. Corporate Governance: Accountability in the Marketplace
      [M]. London: Institute of Economic Affairs, 1998.

[102] Eugene F. Fama, Michael C. Jensen. Agency Problems and Residual Claims [J].
      Journal of Law and Economics, 1983, 26(2): 327-349.

[103] George J. Benston, Clifford W. Smith. A Transactions Cost Approach to the
      Theory of Financial Intermediation [J]. The Journal of Finance, 1976, 31(2):
      215-231.

[104] Lawrence E. Mitchell. Corporate Governance [M]. Farnham: Ashgate Publisher,
      1994.

[105] Lucian Bebchuk, Alma Cohen, Allen Ferrell. What Matters in Corporate
      Governance?[J]. Review of Financial Studies, 2009, 22(2): 783-827.

[106] Luc Laeven, Ross Levine. Bank Governance, Regulation and Risk Taking[J].
      Journal of Financial Economics, 2009, 93(2): 259-275.

[107] Margaret Blair. Ownership and Control: Rethinking Corporate Governance for
      the Twenty-first Century [M]. Washington,D.C.: Brookings Institution Press,
      1995.

[108] Martin Lipton, Steven A. Rosenblum. A New System of Corporate Governance:
      The Quinquennial Election of Directors [J]. The University of Chicago Law
      Review, 1991, 58(1): 187-253.

[109] Martina Eckardt. Insurance Intermediation: An Economic Analysis of The
      Information Services Market [M]. Berlin/Heidelberg: Physica, 2007.

[110] Michael C. Jensen, William H. Meckling. Theory of the Firm: Managerial
      Behavior, Agency Costs and Ownership Structure [J]. Journal of Financial
      Economics, 1976, 3(4): 305-360.

[111] Narjess Boubakri. Corporate Governance and Issues from the Insurance Industry[J]. Journal of Risk and Insurance, 2011, 78(3): 501-518.

[112] Nigel Graham Maw, Peter Lane, Michael Craig-Cooper, Alison Alsbury. Maw on Corporate Governance [M].Farnham: Ashgate Publisher, 1994.

[113] Oliver E. Williamson. Corporate Governance [J]. Yale Law Journal, 1984, 93(7): 1197-1230.

[114] Oliver E. Williamson. Markets and Hierarchies: Analysis and Antitrust Implications [M]. New York: Free Press, 1975.

[115] Oliver Hart. Corporate Governance: Some Theory and Implications [J].The Economic Journal, 1995, 105(5): 678-689.

[116] Philip L. Cochran, Steven L. Wartick. Corporate Governance: A Review of the Literature [M]. Morristown: Financial Executives Research Foundation, 1988.

[117] Richard Spiller. Ownership and Performance: Stock and Mutual Life Insurance Companies [J]. Journal of Risk and Insurance, 1972, 39(1): 17-25.

[118] Robert A. G. Monks, Nell Minow. Corporate Governance [M]. Hoboken, New Jersey: Blackwell Publishing Ltd., Cambridge, UK, 1995.

[119] Robert Ian Tricker. Corporate Governance: Practices, Procedures and Powers in British Companies and Their Boards of Directors [M]. Farnham: Gower Pub. Co., 1984.

[120] Ronald H. Coase. The Nature of the Firm [J]. Economica, 1937, 4(16): 386-405.

[121] Saleem Sheikh, SK Chatterjee. Corporate Governance and Corporate Control [M]. London: Cavendish Publishing, 1995.

[122] Stephen D. Prowse. Corporate Governance in an International Perspective: A Survey of Corporate Control Mechanisms among Large Firms in the U.S., U.K., Japan and Germany [J]. Financial Markets, Institutions and Instruments, 1995, 4(1): 1-63.

[123] Stuart L. Gillan. Recent Developments in Corporate Governance: An Overview [J]. Journal of Corporate Finance, 2006, 12(3): 381-402.

附录1：我国主要保险机构名录

附表 1-1 为我国财产险保险公司名录，合计 70 家；其中，中资 47 家，外资 23 家。表中列示了我国财产险保险公司的公司名称、设立时间、中资外资和公司简称的具体信息。

附表 1-1　我国财产险保险公司名录

公司名称	设立时间	中资外资	公司简称
天安财产保险股份有限公司	1994/12/28	中资	天安
史带财产保险股份有限公司	1995/01/03	外资	史带财产
永安财产保险股份有限公司	1996/09/13	中资	永安
华安财产保险股份有限公司	1996/12/03	中资	华安
安盛集团丰泰财产保险公司	1997/01/17	外资	丰泰
中国出口信用保险公司	2001/11/01	中资	出口信用
中国太平洋财产保险股份有限公司	2001/11/09	中资	太保财
太平财产保险有限公司	2001/12/20	中资	太平保险
中国平安财产保险股份有限公司	2002/12/24	中资	平安财
安联财产保险（中国）有限公司	2003/01/08	外资	安联
中国人民财产保险股份有限公司	2003/07/10	中资	人保股份
中国大地财产保险股份有限公司	2003/10/15	中资	大地财产
中银保险有限公司	2004/07/27	中资	中银保险
安信农业保险股份有限公司	2004/09/17	中资	安信农业
中航安盟财产保险有限公司	2004/09/22	外资	安盟
永诚财产保险股份有限公司	2004/09/27	中资	永诚
安华农业保险股份有限公司	2004/12/30	中资	安华农业
民安财产保险有限公司	2005/01/10	中资	民安
阳光农业相互保险公司	2005/01/11	中资	阳光农业
三星财产保险（中国）有限公司	2005/03/16	外资	三星
日本财产保险（中国）有限公司	2005/07/01	外资	日本财产
阳光财产保险股份有限公司	2005/07/28	中资	阳光财产
渤海财产保险股份有限公司	2005/09/28	中资	渤海

公司名称	设立时间	中资外资	公司简称
都邦财产保险股份有限公司	2005/10/19	中资	都邦
华农财产保险股份有限公司	2006/01/24	中资	华农
中华联合财产保险股份有限公司	2006/09/06	中资	中华联合
中国人寿财产保险股份有限公司	2006/12/30	中资	国寿财产
安诚财产保险股份有限公司	2006/12/31	中资	安诚
现代财产保险（中国）有限公司	2007/03/02	外资	现代财产
劳合社保险（中国）有限公司	2007/03/15	外资	劳合社
中意财产保险有限公司	2007/04/13	外资	中意财产
太阳联合保险（中国）有限公司	2007/07/23	外资	太阳联合
三井住友海上火灾保险（中国）有限公司	2007/07/23	外资	三井住友
利宝保险有限公司	2007/09/21	外资	利宝互助
美亚财产保险有限公司	2007/09/24	外资	美亚
丘博保险（中国）有限公司	2007/09/28	外资	丘博保险
长安责任保险股份有限公司	2007/09/29	中资	长安责任
国元农业保险股份有限公司	2008/01/18	中资	国元农业
鼎和财产保险股份有限公司	2008/05/22	中资	鼎和财产
东京海上日动火灾保险（中国）有限公司	2008/07/22	外资	东京海上
国泰财产保险有限责任公司	2008/08/28	外资	国泰财产
中煤财产保险股份有限公司	2008/10/13	中资	中煤财产
英大泰和财产保险股份有限公司	2008/11/04	中资	英大财产
爱和谊日生同和财产保险（中国）有限公司	2008/12/18	外资	爱和谊
紫金财产保险股份有限公司	2009/05/18	中资	紫金财产
日本兴亚财产保险（中国）有限责任公司	2009/06/16	外资	日本兴亚
浙商财产保险股份有限公司	2009/06/24	中资	浙商财产
信达财产保险股份有限公司	2009/08/18	中资	信达财产
乐爱金财产保险（中国）有限公司	2009/09/18	外资	乐爱金
富邦财产保险有限公司	2010/09/17	外资	富邦财险
信利保险（中国）有限公司	2010/12/13	外资	信利保险
泰山财产保险股份有限公司	2010/12/29	中资	泰山财险
锦泰财产保险股份有限公司	2011/01/28	中资	锦泰财产
众诚汽车保险股份有限公司	2011/06/02	中资	众诚保险

续表

公司名称	设立时间	中资外资	公司简称
华泰财产保险有限公司	2011/07/14	中资	华泰
长江财产保险股份有限公司	2011/11/17	中资	长江财产
诚泰财产保险股份有限公司	2011/12/30	中资	诚泰财产
安邦财产保险股份有限公司	2011/12/31	中资	安邦
富德财产保险股份有限公司	2012/04/11	中资	富德财产
鑫安汽车保险股份有限公司	2012/06/06	中资	鑫安汽车
北部湾财产保险股份有限公司	2013/01/14	中资	北部湾财产
苏黎世财产保险（中国）有限公司	2013/04/24	外资	苏黎世
众安在线财产保险股份有限公司	2013/09/29	中资	众安保险
安盛天平财产保险股份有限公司	2004/12/31	外资	安盛天平
华海财产保险股份有限公司	2014/12/04	中资	华海财产
燕赵财产保险股份有限公司	2014/12/15	中资	燕赵财产
恒邦财产保险股份有限公司	2014/12/29	中资	恒邦财产
合众财产保险股份有限公司	2015/01/30	中资	合众财险
中路财产保险股份有限公司	2015/03/30	中资	中路保险
中原农业保险股份有限公司	2015/05/08	中资	中原农险

资料来源：中国保监会网站，http://www.circ.gov.cn/.

　　附表1-2为我国人身险保险公司名录，合计82家；其中，中资48家，外资34家。表中列示了我国各人身险保险公司的公司名称、设立时间、中资外资和公司简称的具体信息。

附表1-2　我国人身险保险公司名录

公司名称	设立时间	中资外资	公司简称
友邦保险有限公司上海分公司	1992/09/29	外资	友邦上海
友邦保险有限公司广东分公司	1995/10/30	外资	友邦广东
泰康人寿保险股份有限公司	1996/08/22	中资	泰康
新华人寿保险股份有限公司	1996/09/28	中资	新华
中宏人寿保险有限公司	1996/11/08	外资	中宏人寿
建信人寿保险有限公司	1998/09/29	中资	建信人寿
中德安联人寿保险有限公司	1998/11/25	外资	中德安联

公司名称	设立时间	中资外资	公司简称
工银安盛人寿保险有限公司	1999/04/12	外资	工银安盛
友邦保险有限公司深圳分公司	1999/10/19	外资	友邦深圳
交银康联人寿保险有限公司	2000/07/27	外资	交银康联
信诚人寿保险有限公司	2000/09/18	外资	信诚
天安人寿保险股份有限公司	2000/11/15	中资	天安人寿
东方人寿保险股份有限公司	2001/11/01	中资	东方保险
中国太平洋人寿保险股份有限公司	2001/11/09	中资	太保寿
太平人寿保险有限公司	2001/12/05	中资	太平人寿
富德生命人寿保险股份有限公司	2001/12/28	中资	富德生命人寿
中意人寿保险有限公司	2002/01/31	外资	中意
光大永明人寿保险有限公司	2002/04/22	中资	光大永明
友邦保险有限公司北京分公司	2002/05/21	外资	友邦北京
友邦保险有限公司江苏分公司	2002/07/01	外资	友邦江苏
友邦保险有限公司江门支公司	2002/07/25	外资	友邦江门
友邦保险有限公司东莞支公司	2002/07/25	外资	友邦东莞
中国平安人寿保险股份有限公司	2002/10/28	中资	平安寿
北大方正人寿保险有限公司	2002/11/15	外资	北大方正人寿
中荷人寿保险有限公司	2002/11/19	外资	中荷人寿
中英人寿保险有限公司	2002/12/11	外资	中英人寿
海康人寿保险有限公司	2003/04/16	外资	海康人寿
中国人寿保险股份有限公司	2003/06/30	中资	国寿股份
民生人寿保险股份有限公司	2003/07/18	中资	民生人寿
招商信诺人寿保险有限公司	2003/07/25	外资	招商信诺
长生人寿保险有限公司	2003/09/23	外资	长生人寿
恒安标准人寿保险有限公司	2003/12/01	外资	恒安标准
瑞泰人寿保险有限公司	2003/12/08	外资	瑞泰人寿
中美联泰大都会人寿保险有限公司	2004/02/16	外资	中美联泰
平安养老保险股份有限公司	2004/12/01	中资	平安养老
太平养老保险股份有限公司	2004/12/20	中资	太平养老
陆家嘴国泰人寿保险有限责任公司	2004/12/29	外资	陆家嘴国泰
合众人寿保险股份有限公司	2005/01/26	中资	合众人寿
华泰人寿保险股份有限公司	2005/03/22	外资	华泰人寿
中国人民健康保险股份有限公司	2005/04/08	中资	人保健康

公司名称	设立时间	中资外资	公司简称
中航三星人寿保险有限公司	2005/05/18	外资	中航三星
平安健康保险股份有限公司	2005/06/13	外资	平安健康
长城人寿保险股份有限公司	2005/09/20	中资	长城
中国人民人寿保险股份有限公司	2005/11/10	中资	人保寿险
农银人寿保险股份有限公司	2005/12/19	中资	农银人寿
中法人寿保险有限责任公司	2005/12/23	外资	中法人寿
昆仑健康保险股份有限公司	2006/01/12	中资	昆仑健康
和谐健康保险股份有限公司	2006/01/12	中资	和谐健康
中新大东方人寿保险有限公司	2006/05/11	外资	中新大东方
正德人寿保险股份有限公司	2006/11/06	中资	正德人寿
华夏人寿保险股份有限公司	2006/12/30	中资	华夏人寿
中国人寿养老保险股份有限公司	2007/01/15	中资	国寿养老
信泰人寿保险股份有限公司	2007/04/29	中资	信泰
长江养老保险股份有限公司	2007/05/18	中资	长江养老
英大泰和人寿保险股份有限公司	2007/06/22	中资	英大人寿
泰康养老保险股份有限公司	2007/08/10	中资	泰康养老
国华人寿保险股份有限公司	2007/10/31	中资	国华
幸福人寿保险股份有限公司	2007/11/05	中资	幸福人寿
阳光人寿保险股份有限公司	2007/12/17	中资	阳光人寿
新光海航人寿保险有限责任公司	2008/09/03	外资	新光海航
君龙人寿保险有限公司	2008/11/10	外资	君龙人寿
百年人寿保险股份有限公司	2009/05/25	中资	百年人寿
汇丰人寿保险有限公司	2009/06/03	外资	汇丰人寿
中邮人寿保险股份有限公司	2009/08/04	中资	中邮人寿
中融人寿保险有限公司	2010/03/18	中资	中融人寿
安邦人寿保险股份有限公司	2010/06/12	中资	安邦人寿
利安人寿保险股份有限公司	2011/07/08	中资	利安人寿
华汇人寿保险股份有限公司	2011/12/19	中资	华汇人寿
前海人寿保险股份有限公司	2012/02/06	中资	前海人寿
东吴人寿保险股份有限公司	2012/05/04	中资	东吴人寿
弘康人寿保险股份有限公司	2012/07/02	中资	弘康人寿
珠江人寿保险股份有限公司	2012/08/16	中资	珠江人寿
吉祥人寿保险股份有限公司	2012/09/04	中资	吉祥人寿

公司名称	设立时间	中资外资	公司简称
复星保德信人寿保险有限公司	2012/09/13	外资	复星保德信
中韩人寿保险有限公司	2012/10/29	外资	中韩人寿
德华安顾人寿保险有限公司	2013/05/28	外资	德华安顾
安邦养老保险股份有限公司	2013/12/31	中资	安邦养老
太保安联健康保险股份有限公司	2014/12/04	中资	太保安联健康
渤海人寿保险股份有限公司	2014/12/15	中资	渤海人寿
国联人寿保险股份有限公司	2014/12/26	中资	国联人寿
上海人寿保险股份有限公司	2015/02/15	中资	上海人寿
招商局仁和人寿保险股份有限公司	2016/12/07	中资	招商局仁和

资料来源：中国保监会网站，http://www.circ.gov.cn/.

　　附表1-3为我国保险集团控股公司名录，合计11家，全为中资控股公司。表中列示了我国各保险集团控股公司的公司名称、设立时间、中资外资和机构类别的具体信息。

附表1-3　我国保险集团控股公司名录

公司名称	设立时间	中资外资	公司简称
中国人民保险集团股份有限公司	1949/10/20	中资	人保集团
中国平安保险（集团）股份有限公司	1988/03/21	中资	平安集团
华泰保险集团股份有限公司	1996/08/29	中资	华泰集团
中国太平洋保险（集团）股份有限公司	2000/04/21	中资	中国太保
中国人寿保险（集团）公司	2003/08/26	中资	人寿集团
安邦保险集团股份有限公司	2004/10/15	中资	安邦集团
中华联合保险控股股份有限公司	2006/06/05	中资	中华联合
阳光保险集团股份有限公司	2007/06/27	中资	阳光保险集团
中国再保险（集团）股份有限公司	2007/10/24	中资	中再集团
中国太平保险集团有限责任公司	2008/11/13	中资	中国太平
富德保险控股股份有限公司	2015/06/25	中资	富德产险

资料来源：中国保监会网站，http://www.circ.gov.cn/.

　　附表1-4为我国保险资产管理公司名录，合计21家；其中，中资20家，仅有1家为外资公司。表中列示了我国各保险资产管理公司的公司名称、设立时间、中资外资和公司简称的具体信息。

附表 1-4　我国保险资产管理公司名录

公司名称	设立时间	中资外资	公司简称
中国人保资产管理股份有限公司	2003/07/16	中资	人保资产
中国人寿资产管埋有限公司	2003/11/23	中资	国寿资产
华泰资产管理有限公司	2005/01/18	中资	华泰资产
中再资产管理股份有限公司	2005/02/18	中资	中再资产
平安资产管理有限责任公司	2005/05/27	中资	平安资产
泰康资产管理有限责任公司	2006/02/21	中资	泰康资产
新华资产管理股份有限公司	2006/06/06	中资	新华资产
太平洋资产管理有限责任公司	2006/06/09	中资	太平洋资产
太平资产管理有限公司	2006/09/01	中资	太平资产
安邦资产管理有限责任公司	2011/05/17	中资	安邦资产
生命保险资产管理有限公司	2011/07/12	中资	生命资产
光大永明资产管理股份有限公司	2012/02/21	中资	光大永明资产
合众资产管理股份有限公司	2012/03/08	中资	合众资产
民生通惠资产管理有限公司	2012/10/29	中资	民生通惠资产
阳光资产管理股份有限公司	2012/11/28	中资	阳光资产
中英益利资产管理股份有限公司	2013/04/03	中资	中英资产
中意资产管理有限责任公司	2013/05/03	外资	中意资产
华安财保资产管理有限责任公司	2013/08/29	中资	华安资产
长城财富资产管理股份有限公司	2015/03/10	中资	长城财富资产
英大保险资产管理有限公司	2015/03/27	中资	英大资产
华夏久盈资产管理有限责任公司	2015/04/10	中资	华夏久盈

资料来源：中国保监会网站，http://www.circ.gov.cn/.

附表 1-5 为我国再保险公司名录，合计 10 家；其中，中资 4 家，外资 6 家。表中列示了我国各再保险公司的公司名称、设立时间、中资外资和公司简称的具体信息。

附表 1-5　我国再保险公司名录

公司名称	设立时间	中资外资	公司简称
慕尼黑再保险公司北京分公司	2003/09/05	外资	慕尼黑再保险
瑞士再保险股份有限公司北京分公司	2003/09/27	外资	瑞士再保险
中国财产再保险股份有限公司	2003/12/15	中资	中再产险
中国人寿再保险股份有限公司	2003/12/16	中资	中再寿险
德国通用再保险股份公司上海分公司	2004/07/30	外资	德国再保险
法国再保险公司北京分公司	2008/02/03	外资	法国再保险
汉诺威再保险股份公司上海分公司	2008/05/15	外资	汉诺威再保险
太平再保险有限公司	2008/11/12	中资	太平再保险
RGA 美国再保险公司上海分公司	2014/09/11	外资	RGA 美国再保险
前海再保险股份有限公司	2016/12/07	中资	前海再保险

资料来源：中国保监会网站，http://www.circ.gov.cn/.

附表 1-6 为我国外资保险公司代表处名录，合计 187 家；2000 年之前设立的有 63 家，2000 年到 2010 年之间设立的有 116 家，2011 年之后设立的有 8 家。

附表 1-6　我国外资保险公司代表处名录

名称	设立时间	营业状态
日本东京海上日动火灾保险株式会社驻中国总代表处	1980/07/07	营业
美国国际集团北京代表处	1980/12/02	营业
美国大陆保险公司北京代表处	1980/12/19	营业
日本财产保险公司驻中国总代表处	1981/10/28	营业
日本爱和谊日生同和保险公司驻中国总代表处	2004/06/16	营业
日本生命保险公司北京代表处	1986/12/10	营业
第一生命保险公司北京代表处	1988/07/06	营业
日本住友生命保险公司北京代表处	1991/01/23	营业
英国皇家太阳联合保险集团北京代表处	1992/11/18	营业
中国香港亚洲保险有限公司深圳代表处	1993/06/08	营业
日本东京海上日动火灾保险株式会社广州代表处	1993/06/23	营业
瑞士苏黎世保险公司北京代表处	2004/08/16	营业

名称	设立时间	营业状态
三井住友海上火灾保险公司青岛代表处	2004/09/22	营业
韩国贸易保险公社北京代表处	1993/09/09	营业
日本东京海上日动火灾保险株式会社大连代表处	1993/12/23	营业
日本财产保险公司深圳代表处	1993/12/17	营业
三井住友海上火灾保险公司大连代表处	1993/11/13	营业
荷兰保险有限公司（II）北京代表处	1994/01/07	营业
安联保险上海代表处	1994/06/23	营业
英国保诚保险有限公司北京代表处	1994/01/25	营业
三井住友海上火灾保险公司深圳代表处	1994/02/02	营业
日本东京海上日动火灾保险株式会社深圳代表处	1994/02/25	营业
美国联邦保险股份有限公司北京代表处	2008/10/29	营业
英国皇家太阳联合保险集团大连代表处	1994/04/27	营业
法国安盛公司北京代表处	1994/09/10	营业
美国信安人寿保险公司北京代表处	1994/12/14	营业
三星火灾海上保险有限公司北京代表处	1995/05/31	营业
三星生命保险公司北京代表处	1995/04/17	营业
日本兴亚损害保险公司上海代表处	1995/02/05	营业
加拿大永明人寿保险公司北京代表处	1995/05/31	营业
富士火灾海上保险株式会社上海代表处	1995/04/24	营业
日本明治安田生命保险公司北京代表处	1995/05/22	营业
新加坡职总英康保险合作社北京代表处	1995/05/31	营业
美国纽约人寿国际公司广州代表处	1995/08/25	营业
法国安盟保险公司北京代表处	1994/08/04	营业
日本三井住友海上火灾保险公司天津代表处	1995/09/25	营业
日本东京海上日动火灾保险株式会社天津代表处	1996/02/28	营业
韩国乐爱金财产保险有限公司北京代表处	1996/05/20	营业
瑞士苏黎世保险公司上海代表处	1996/07/01	营业
忠利保险有限公司北京代表处	1996/07/26	营业
日本东京海上日动火灾保险株式会社南京代表处	1996/11/27	营业
瑞士再保险股份有限公司上海代表处	1996/12/02	营业
中国香港闽信保险有限公司福州代表处	1997/03/05	营业

名称	设立时间	营业状态
安保集团北京代表处	1997/07/04	营业
汉诺威再保险股份公司上海代表处	1997/11/10	营业
忠利保险有限公司上海代表处	1997/08/19	营业
汇丰保险顾问集团有限公司北京代表处	1997/08/12	营业
澳大利亚昆士兰保险集团股份有限公司广州代表处	1997/07/10	营业
新加坡再保险有限公司上海代表处	1997/07/10	营业
美国纽约人寿企业有限公司北京代表处	1997/09/16	营业
现代海上火灾保险有限公司北京代表处	1997/08/19	营业
慕尼黑再保险公司上海代表处	1997/09/10	营业
法国安盛保险公司大连代表处	1997/10/05	营业
韩国大韩生命保险有限公司北京代表处	2003/08/22	营业
大韩再保险公司北京代表处	1997/10/30	营业
麦理伦国际集团有限公司上海代表处	1997/10/20	营业
日本东京海上日动火灾保险株式会社成都代表处	1997/11/04	营业
大西洋再保险公司上海代表处	1997/11/10	营业
全球人寿保险国际公司北京代表处	1998/02/27	营业
法国国家人寿保险公司北京代表处	1998/02/20	营业
三井住友海上火灾保险公司驻中国总代表处	2001/12/21	营业
加拿大人寿保险公司北京代表处	1998/04/15	营业
美国保德信保险公司北京代办处	1998/09/17	营业
三井住友海上火灾保险公司成都代表处	1998/07/07	营业
菲律宾中华保险公司厦门代表处	1998/09/24	营业
日本财产保险公司重庆代表处	1998/11/16	营业
DKV 德国健康保险股份公司深圳代表处	1998/11/27	营业
中国太平保险集团（香港）有限公司	2009/08/05	营业
法国再保险公司北京代表处	2000/03/27	营业
新世界保险服务有限公司北京代表处	2000/05/26	营业
美国大陆保险公司上海代表处	2000/04/10	营业
美国万通保险亚洲有限公司上海代表处	2000/07/31	营业
劳合社北京代表处	2000/12/18	营业
中国太平保险控股有限公司上海代表处	2001/02/21	营业

续表

名称	设立时间	营业状态
恒生保险有限公司深圳代表处	2001/02/01	营业
富邦产物保险股份有限公司北京代表处	2001/02/02	营业
国泰人寿保险股份有限公司北京代表处	2001/02/02	营业
新光人寿保险股份有限公司北京代表处	2001/02/02	营业
ACE 美国北美洲保险公司北京代表处	2001/04/29	营业
美国国际集团成都代表处	2001/05/24	营业
德国通用再保险北京代表处	2001/06/15	营业
其士保险有限公司北京代表处	2001/09/13	营业
明台产物保险股份有限公司上海代表处	2001/12/17	营业
美国霍顿保险经纪有限公司	2001/11/26	营业
新鸿基保险顾问有限公司上海代表处	2002/08/05	营业
美国北美洲保险公司上海代表处	2003/08/27	营业
富邦产物保险股份有限公司上海代表处	2003/01/08	营业
国泰人寿保险股份有限公司成都代表处	2002/12/04	营业
中国台湾人寿保险股份有限公司北京代表处	2003/01/09	营业
富邦人寿保险股份有限公司北京代表处	2003/01/09	营业
乐爱金财产保险有限公司上海代表处	2003/04/10	营业
荷兰富通保险国际股份有限公司驻中国总代表处	2008/08/06	营业
日本东京海上日动火灾保险株式会社苏州代表处	2003/04/01	营业
三井住友海上火灾保险公司苏州代表处	2003/03/31	营业
三星火灾海上保险公司青岛代表处	2003/05/26	营业
第一美国产权保险公司北京代表处	2003/04/30	营业
日本兴亚损害保险公司深圳代表处	2003/04/30	营业
中银集团人寿保险有限公司北京代表处	2003/04/28	营业
汇丰人寿保险（国际）有限公司上海代表处	2003/05/08	营业
汇丰人寿保险（国际）有限公司广州代表处	2003/03/25	营业
中国香港蓝十字（亚太）保险有限公司上海代表处	2003/07/16	营业
法国巴黎人寿保险有限公司上海代表处	2003/06/18	营业
汇丰人寿保险（国际）有限公司北京代表处	2003/05/23	营业
汇丰保险（亚洲）有限公司上海代表处	2003/05/19	营业
汇丰保险（亚洲）有限公司北京代表处	2003/05/23	营业

名称	设立时间	营业状态
汇丰保险（亚洲）有限公司广州代表处	2003/04/16	营业
高诚保险经纪人有限公司福州代表处	2003/05/19	营业
法国科法斯信用保险公司北京代表处	2003/07/14	营业
日本兴亚损害保险公司驻中国总代表处	2003/10/20	营业
中国香港美历国际有限公司广州代表处	2003/09/08	营业
日本财产保险公司苏州代表处	2004/01/06	营业
教保生命保险株式会社北京代表处	2004/01/29	营业
日本财产保险公司广州代表处	2003/12/26	营业
英国耆卫公共有限公司北京代表处	2004/04/14	营业
日本爱和谊保险公司上海代表处	2004/06/02	营业
日本爱和谊日生同和保险公司广州代表处	1995/08/25	营业
日生同和损害保险公司上海代表处	2004/07/29	营业
日本兴亚损害保险公司苏州代表处	2004/07/30	营业
日本兴亚损害保险公司青岛代表处	2004/07/29	营业
日本兴亚损害保险公司大连代表处	2004/08/03	营业
日本三井住友海上火灾保险公司杭州代表处	2004/09/13	营业
日本东京海上日动火灾保险株式会社杭州代表处	2004/09/17	营业
韩国贸易保险公社上海代表处	2004/10/11	营业
RGA 美国再保险公司北京代表处	2005/01/21	营业
日本第一生命保险公司上海代表处	2005/01/18	营业
中国台湾新光人寿保险股份有限公司上海代表处	2005/01/20	营业
中国台湾新光产物保险股份有限公司苏州代表处	2005/03/24	营业
日本永松保险公估公司上海代表处	2005/02/07	营业
美国在线健康保险代理公司厦门代表处	2005/06/09	营业
法国巴黎财产保险有限公司北京代表处	2005/07/01	营业
美国展维住房抵押贷款保险公司北京代表处	2005/07/08	营业
西班牙曼福保险集团北京代表处	2010/08/24	营业
中国人寿保险股份有限公司（台湾）北京代表处	2005/07/27	营业
澳大利亚保险集团有限公司上海代表处	2005/11/01	营业
美国佳达再保险经纪有限公司北京代表处	2005/11/03	营业
开曼群岛信利集团公司北京代表处	2005/10/23	营业

名称	设立时间	营业状态
中国香港中国国际再保险有限公司北京代表处	2005/12/22	营业
MIC 汽车保险公司上海代表处	2006/04/21	营业
美国联合保险公司北京代表处	2006/05/09	营业
中国台湾产物保险股份有限公司上海代表处	2006/08/01	营业
中国台湾新安东京海上产物保险股份有限公司上海代表处	2006/08/01	营业
法国再保险全球人寿公司北京代表处	2006/06/07	营业
加拿大皇家银行人寿保险公司北京代表处	2006/08/24	营业
英国保柏金融公众有限公司北京代表处	2006/08/08	营业
韩国东部火灾海上保险公司北京代表处	2006/07/07	营业
大新人寿保险有限公司深圳代表处	2006/10/25	营业
英国库柏盖伊有限公司上海代表处	2006/12/06	营业
新加坡大东方人寿保险有限公司北京代表处	2007/01/15	营业
法国兴业保险股份有限公司北京代表处	2007/02/06	营业
美国柏柯莱保险集团公司北京代表处	2007/06/27	营业
中国台湾华南产物保险股份有限公司深圳代表处	2007/07/11	营业
南非和德保险有限公司北京代表处	2007/07/16	营业
中国台湾兆丰产物保险股份有限公司上海代表处	2007/11/28	营业
美国盛博保险有限公司上海代表处	2007/10/15	营业
美国安森保险有限公司北京代表处	2007/08/15	营业
德国安顾保险集团股份公司北京代表处	2007/10/08	营业
美国史带公司北京代表处	2007/08/30	营业
百慕大博纳再保险有限责任公司北京代表处	2007/12/06	营业
美国法特瑞互助保险公司北京代表处	2007/12/19	营业
英国奔福有限公司中国总代表处	2003/04/10	营业
德国欧洲旅行保险公司北京代表处	2008/04/23	营业
韩国兴国生命保险株式会社北京代表处	2008/04/25	营业
美国安泰人寿保险公司上海代表处	2008/06/12	营业
韩国首尔保证保险株式会社北京代表处	2008/04/16	营业
荷兰富通保险国际股份有限公司北京代表处	2008/07/25	营业
韩国现代海上火灾保险株式会社上海代表处	2009/02/11	营业
德国安顾保险集团股份公司济南代表处	2009/07/03	营业
法国圣汇安保险经纪股份有限公司上海代表处	2009/07/03	营业
法国安盟甘寿险公司北京代表处	2009/01/20	营业

名称	设立时间	营业状态
卢森堡瑞再国际财产保险有限公司上海代表处	2010/04/26	营业
美国恒诺公司北京代表处	2010/04/26	营业
维朋公司北京代表处	2010/05/19	营业
日本索尼人寿保险股份有限公司北京代表处	2008/08/27	营业
英国利安杰集团上海代表处	2010/12/28	营业
荷兰富杰保险国际股份有限公司上海代表处	2003/04/10	营业
美国万凯公司北京代表处	2011/03/29	营业
美国国际金融保险公司北京代表处	2008/10/15	营业
突尼斯伊盛再保险公司北京代表处	2008/09/22	营业
德国汉萨美安相互医疗保险公司上海代表处	2009/04/01	营业
英国利安杰集团北京代表处	2012/09/19	营业
香港友邦保险控股有限公司北京代表处	2013/02/21	营业
台湾台银人寿保险股份有限公司北京代表处	2012/01/10	营业
中国太平保险控股有限公司深圳办事处	2014/05/20	营业
中国太平保险控股有限公司北京办事处	2014/05/20	营业
香港友邦保险控股有限公司上海代表处	2014/05/20	营业
安联保险集团北京代表处	1994/01/15	营业
百慕大凯林集团有限公司北京代表处	2015/05/25	营业

资料来源：中国保监会网站，http://www.circ.gov.cn/.

附表 1-7 列示了我国其他保险经营机构名录，包括慈溪市龙山镇伏龙农村保险互助社、慈溪市龙山农村保险互助联社、中石油专属财产保险股份有限公司、中国铁路财产保险自保有限公司和中远海运财产保险自保有限公司。

附表 1-7　我国其他保险经营机构名录

公司名称	设立时间	中资外资	公司简称
慈溪市龙山镇伏龙农村保险互助社	2011/09/05	中资	伏龙社
慈溪市龙山农村保险互助联社	2013/07/09	中资	龙山所互助社
中石油专属财产保险股份有限公司	2013/12/24	中资	中石油专属保险
中国铁路财产保险自保有限公司	2015/07/01	中资	中铁自保公司
中远海运财产保险自保有限公司	2016/12/05	中资	中远海运自保

资料来源：中国保监会网站，http://www.circ.gov.cn/.

附表 1-8 列示了我国主要保险代理机构名录。附录选取了资产规模排名前 20 名的保险代理机构，同时给出了成立时间、注册资本和资产。

附表 1-8　我国主要保险代理机构名录

保险代理机构名称	成立时间	注册资本（万元）	资产（万元）
平安保险代理有限公司宁波分公司	2012/11	50	572.20
平安保险代理有限公司	2012/07	50	531.46
河北盛安汽车保险销售有限公司	2002/04	50	404.39
大童保险销售服务有限公司	2008/09	50	241.24
内蒙古海森保险代理有限责任公司	2011/01	2	228.33
泛华时代保险销售服务有限公司	2004/11	50	164.02
泰源保险代理有限公司	2007/03	50	148.34
长安保险销售有限公司	2013/03	100	138.83
阳光一家家庭综合保险销售服务有限公司	2011/01	100	127.56
苏宁保险销售有限公司	2014/01	120	123.62
世捷开元保险代理有限公司	2011/01	50	120.29
中升（大连）汽车保险销售服务有限公司	2013/03	50	108.41
阳光之音保险销售服务有限公司	2011/12	100	101.84
泛华联兴保险销售股份公司	2010/12	64	98.31
紫金保险销售有限公司	2011/03	50	95.60
圣源祥保险代理有限公司	2003/04	50	93.40
新一站保险代理有限公司	2010/12	100	92.85
广州辉信保险代理有限公司	2008/06	50	85.36
华康保险代理有限公司	2008/06	50	84.77
中美国际保险销售服务有限责任公司	2014/01	100	81.72

资料来源：中国保险年鉴编委会. 2015 中国保险年鉴[M]. 北京：中国保险年鉴社，2015.

附表 1-9 列示了我国主要保险经纪机构名录。附录选取了资产规模排名前 20 名的保险经纪机构，同时给出了成立时间、注册资本和资产。

附表 1-9　我国主要保险经纪机构名录

保险经纪机构名称	成立时间	注册资本（万元）	资产（万元）
英大长安保险经纪集团有限公司	2001/05	229	1362.13
北京联合保险经纪有限公司	2001/08	100	769.24
江泰保险经纪股份有限公司	2000/06	138	498.52
昆仑保险经纪股份有限公司	2003/09	100	479.00
达信（北京）保险经纪有限公司	1993/12	50	404.88
中怡保险经纪有限责任公司	2003/01	50	402.28
韦莱保险经纪有限公司	2004/08	30	402.25
标准（北京）保险经纪有限公司	2006/01	280	383.47
江泰保险经纪股份有限公司兰州分公司	2004/02	138	303.62
华信保险经纪有限公司	2003/09	100	260.91
国电保险经纪（北京）有限公司	2007/03	100	254.92
华泰保险经纪有限公司	1993/03	50	211.73
诚合保险经纪有限公司	2009/07	110	200.45
中盛国际保险经纪有限责任公司	2005/05	171	189.63
深圳美臣泰平保险经纪有限公司	2003/09	50	161.82
五洲（北京）保险经纪有限公司	2003/08	20	160.00
航联保险经纪有限公司	2004/08	50	153.86
佳达保险经纪（北京）有限公司	2010/11	10	147.41
中电投保险经纪有限公司	2007/12	50	145.40
泛华博成保险经纪有限公司	2004/12	100	142.71

资料来源：中国保险年鉴编委会. 2015 中国保险年鉴[M]. 北京：中国保险年鉴社，2015.

附表 1-10 列示了我国主要保险公估机构名录。附录选取了资产规模排名前 20 名的保险公估机构，同时给出了成立时间、注册资本和资产。

附表 1-10　我国主要保险公估机构名录

保险公估机构名称	成立时间	注册资本（万元）	资产（万元）
四川润森保险公估有限公司	2011/06	2	305.20
民太安保险公估集团股份有限公司	1994/02	100	236.59
泛华保险公估有限公司	2003/06	100	177.64

续表

保险公估机构名称	成立时间	注册资本（万元）	资产（万元）
民太安财产保险公估有限公司	2005/12	88	158.82
北京邦业保险公估有限公司	2007/04	100	100.59
湖南衡泰保险公估有限公司	2003/09	10	55.23
前海保险公估有限公司	2014/02	50	48.04
深圳市同益保险公估有限公司	2003/12	50	37.80
安徽中衡保险公估有限公司	2008/03	10	36.42
根宁翰保险公估（中国）有限公司	2004/02	4	32.00
北京华泰保险公估有限公司	2006/12	5	23.85
竞胜保险公估有限公司	2003/09	5	22.95
北京君恒保险公估有限责任公司	2004/04	20	21.91
鼎信农业保险公估（北京）有限公司	2006/08	22	19.32
深圳市联胜保险公估有限公司	2006/03	2	19.12
深圳俊通保险公估有限公司	2007/03	10	15.86
北京安恒信保险公估有限公司	2006/01	10	15.47
深圳市智信达保险公估有限公司	2007/04	10	14.68
北京中达信保险公估有限公司	2004/03	4	13.07
北京中咨保险公估有限公司	2005/12	2	12.32

资料来源：中国保险年鉴编委会. 2015 中国保险年鉴[M]. 北京：中国保险年鉴社，2015.

附录 2：我国保险业治理政策法规文件目录（1979—2016）

编号	文件名	发布主体	文件编号	文件层次	一级分类	二级分类	发布时间
1	《中国人民保险公司章程》	中国人民保险公司	无	行业规定	保险公司治理	公司治理基础	1982/12/27
2	《中华人民共和国财产保险合同条例》	国务院	无	行政法规	保险公司治理	公司治理基础	1983/09/01
3	《保险企业管理暂行条例》	国务院	无	行政法规	保险公司治理	公司治理基础	1985/03/03
4	《国营金融、保险企业成本管理办法》	财政部	财商字（1990）第 500 号	部门规章	保险公司治理	外部监管	1990/12/28
5	《上海外资保险机构暂行管理办法》	中国人民银行	银发（1992）221 号	部门规章	保险公司治理	公司治理基础	1992/09/11
6	《中国人民保险公司全资附属（或合资）企业财务管理的若干规定（试行）》	中国人民保险公司	保发（1993）95 号	行业规定	保险公司治理	其他主题	1993/03/06
7	《经营目标责任制管理暂行办法》	中国人民保险公司	保发（1994）56 号	行业规定	保险公司治理	公司治理基础	1994/03/24
8	《中国人民保险公司全资直属企业暂行管理办法》	中国人民保险公司	保发（1995）6 号	行业规定	保险公司治理	其他主题	1995/01/17
9	《中国人民保险公司附属企业管理审计方案》	中国人民保险公司	保发（1995）48 号	行业规定	保险公司治理	其他主题	1995/03/23
10	《中国人民保险公司系统工资管理暂行办法》	中国人民保险公司	保发（1995）51 号	行业规定	保险公司治理	其他主题	1995/03/29

续表

编号	文件名	发布主体	文件编号	文件层次	一级分类	二级分类	发布时间
11	《中国人民保险（集团）公司海外机构管理暂行规定》	中国人民保险公司	保发（1995）198号	行业规定	保险公司治理	其他主题	1995/12/01
12	《中国人民保险（集团）公司外派干部管理暂行规定》	中国人民保险公司	保发（1995）198号	行业规定	保险公司治理	其他主题	1995/12/01
13	《中国人民保险（集团）公司海外机构经营目标责任制考核暂行办法》	中国人民保险公司	保发（1995）198号	行业规定	保险公司治理	其他主题	1995/12/01
14	《中国人民保险（集团）公司海外机构财务管理暂行规定》	中国人民保险公司	保发（1995）198号	行业规定	保险公司治理	其他主题	1995/12/01
15	《关于外商投资金融保险企业制定内部财务管理制度的指导意见》	财政部	财政部财工字（1996）第25号	部门规范性文件	保险公司治理	外部监管	1996/01/31
16	《财政部关于保险公司保障基金有关财务管理的通知》	财政部	财商字（1997）194号	部门规范性文件	保险公司治理	外部监管	1997/05/05
17	《保险机构高级管理人员任职资格管理暂行规定》	中国保监会	保监发（1999）10号	部门规范性文件	保险公司治理	董监高	1999/01/11
18	《中国人民保险公司对各级公司领导干部的监督管理的规定》	中国人民保险公司	人保发（1999）56号	行业规定	保险公司治理	其他主题	1999/04/27

续表

编号	文件名	发布主体	文件编号	文件层次	一级分类	二级分类	发布时间
19	《保险公司内部控制制度建设指导原则》	中国保监会	保监发〔1999〕131 号	部门规章	保险公司治理	内部控制	1999/08/05
20	《向保险公司投资入股暂行规定》	中国保监会	保监发〔1999〕270 号	部门规范性文件	保险公司治理	股东治理	1999/12/24
21	《保险公司管理规定》	中国保监会	中国保监会 2009 年第 1 号	部门规章	保险公司治理	公司治理基础	2000/01/13
22	《中国人民保险公司内部审计工作规范的暂行规定》	中国人民保险公司	人保发〔2000〕36 号	行业规定	保险公司治理	内部审计	2000/02/16
23	《中国人民保险公司经理经济责任审计暂行规定》	中国人民保险公司	人保发〔2000〕39 号	行业规定	保险公司治理	内部审计	2000/02/17
24	《中国保险监督管理委员会关于规范中资保险公司吸收外资参股有关事项的通知》	中国保监会	保监发〔2001〕126 号	部门规范性文件	保险公司治理	股东治理	2001/06/09
25	《中华人民共和国外资保险公司管理条例》	国务院	国务院令第 636 号	行政法规	保险公司治理	公司治理基础	2001/12/12
26	《中国保险监督管理委员会关于加强对保险公司设立分支机构管理的通知》	中国保监会	保监发〔2001〕199 号	部门规范性文件	保险公司治理	公司治理基础	2001/12/14
27	《保险公司高级管理人员任职资格管理规定》	中国保监会	中国保监会令 2002 年第 2 号	部门规章	保险公司治理	董监高	2002/03/01

续表

编号	文件名	发布主体	文件编号	文件层次	一级分类	二级分类	发布时间
28	《国有保险公司监事会检查报告报送程序规定》	中国保监会	保监发〔2003〕113号	部门规范性文件	保险公司治理	监事会治理	2003/08/19
29	《关于外国财产保险分公司改建为独资财产保险公司有关问题的通知》	中国保监会	保监发〔2004〕45号	部门规范性文件	保险公司治理	公司治理基础	2004/05/10
30	《关于规范保险公司治理结构的指导意见（试行）》	中国保监会	保监发〔2006〕2号	部门规范性文件	保险公司治理	公司治理基础	2006/01/05
31	《关于定期报送保险公司基本资料和数据的通知》	中国保监会	保监厅发〔2006〕3号	部门规范性文件	保险公司治理	信息披露	2006/01/25
32	《中国保险监督管理委员会办公厅关于保险监管机构列席保险公司股东（大）会、董事会会议有关事项的通知》	中国保监会	保监厅发〔2006〕5号	部门规范性文件	保险公司治理	外部监管	2006/02/07
33	《保险公司董事和高级管理人员任职资格管理规定》	中国保监会	中国保监会令2006年第4号	部门规章	保险公司治理	董监高	2006/07/12
34	《保险公司设立境外保险类机构管理办法》	中国保监会	中国保监会令2015年第3号	部门规章	保险公司治理	公司治理基础	2006/07/31
35	《保险公司独立董事管理暂行办法》	中国保监会	保监发〔2007〕22号	部门规范性文件	保险公司治理	董事会治理	2007/04/06
36	《保险公司风险管理指引（试行）》	中国保监会	保监发〔2007〕23号	部门规范性文件	保险公司治理	风险管理	2007/04/06

续表

编号	文件名	发布主体	文件编号	文件层次	一级分类	二级分类	发布时间
37	《保险公司关联交易管理暂行办法》	中国保监会	保监发（2007）24号	部门规范性文件	保险公司治理	股东治理	2007/04/06
38	《保险公司内部审计指引（试行）》	中国保监会	保监发（2007）26号	部门规范性文件	保险公司治理	内部审计	2007/04/09
39	《公开发行证券的公司信息披露编报规则第4号——保险公司信息披露特别规定》	中国证监会	证监公司字（2007）139号	部门规范性文件	保险公司治理	信息披露	2007/08/28
40	《保险公司合规管理指引》	中国保监会	保监发（2007）91号	部门规范性文件	保险公司治理	合规管理	2007/09/07
41	《保险公司总精算师管理办法》	中国保监会	中国保监会令2007年第3号	部门规章	保险公司治理	董监高	2007/09/28
42	《保险公司董事、监事及高级管理人员培训管理暂行办法》	中国保监会	保监发（2008）27号	部门规范性文件	保险公司治理	董监高	2008/04/15
43	《关于〈保险公司合规管理指引〉具体适用有关事宜的通知》	中国保监会	保监发（2008）29号	部门规范性文件	保险公司治理	合规管理	2008/04/18
44	《保险公司董事会运作指引》	中国保监会	保监发（2008）58号	部门规范性文件	保险公司治理	董事会治理	2008/07/08

续表

编号	文件名	发布主体	文件编号	文件层次	一级分类	二级分类	发布时间
45	《关于规范保险公司章程的意见》	中国保监会	保监发〔2008〕57号	部门规范性文件	保险公司治理	公司治理基础	2008/07/08
46	《关于保险公司高级管理人员2008年薪酬发放等有关事宜的通知》	中国保监会	保监发〔2008〕112号	部门规范性文件	保险公司治理	董监高	2008/12/05
47	《保险公司财务负责人任职资格管理规定》	中国保监会	中国保监会令2008年第4号	部门规章	保险公司治理	董监高	2008/12/11
48	《关于报送保险公司分类监管信息的通知》	中国保监会	保监发〔2008〕113号	部门规范性文件	保险公司治理	信息披露	2008/12/15
49	《关于开展保险公司财务业务数据真实性自查工作的通知》	中国保监会	保监发〔2009〕9号	部门规范性文件	保险公司治理	外部监管	2009/01/22
50	《关于2009年保险公司合规工作要求的通知》	中国保监会	保监发〔2009〕16号	部门规范性文件	保险公司治理	合规管理	2009/02/13
51	《关于实施〈保险公司财务负责人任职资格管理规定〉有关事项的通知》	中国保监会	保监发〔2009〕23号	部门规范性文件	保险公司治理	董监高	2009/02/27
52	《保险公司信息化工作管理指引》（试行）》	中国保监会	保监发〔2009〕133号	部门规范性文件	保险公司治理	信科治理	2009/12/29

续表

编号	文件名	发布主体	文件编号	文件层次	一级分类	二级分类	发布时间
53	《保险公司董事、监事和高级管理人员任职资格管理规定》	中国保监会	中国保监会令 2014 年第 1 号	部门规章	保险公司治理	董监高	2010/01/08
54	《保险公司股权管理办法》	中国保监会	中国保监会令 2014 年第 4 号	部门规章	保险公司治理	股东治理	2010/05/04
55	《保险公司信息披露管理办法》	中国保监会	中国保监会令 2010 年第 7 号	部门规章	保险公司治理	信息披露	2010/05/12
56	《保险资金投资股权暂行办法》	中国保监会	保监发〔2010〕79 号	部门规范性文件	保险公司治理	外部监管	2010/07/31
57	《保险公司内部控制基本准则》	中国保监会	保监发〔2010〕69 号	部门规范性文件	保险公司治理	内部控制	2010/08/10
58	《保险公司董事及高级管理人员审计管理办法》	中国保监会	保监发〔2010〕78 号	部门规范性文件	保险公司治理	董监高	2010/09/02
59	《保险公司资本保证金管理办法》	中国保监会	保监发〔2015〕37 号	部门规范性文件	保险公司治理	外部监管	2011/07/07
60	《保险公司保险业务转让管理暂行办法》	中国保监会	中国保监会令 2011 年第 1 号	部门规章	保险公司治理	退出机制	2011/08/26
61	《保险公司信息系统安全管理指引（试行）》	中国保监会	保监发〔2011〕68 号	部门规范性文件	保险公司治理	信科治理	2011/11/16

续表

编号	文件名	发布主体	文件编号	文件层次	一级分类	二级分类	发布时间
62	《保险公司薪酬管理规范指引》（试行）	中国保监会	保监发〔2012〕63号	部门规范性文件	保险公司治理	董监高	2012/07/19
63	《保险公司控股股东管理办法》	中国保监会	中国保监会令2012年第1号	部门规章	保险公司治理	股东治理	2012/07/25
64	《关于贯彻实施〈保险公司董事及高级管理人员审计管理办法〉有关事项的通知》	中国保监会	保监发〔2012〕102号	部门规范性文件	保险公司治理	董监高	2012/11/02
65	《关于贯彻实施〈保险公司薪酬管理规范指引〉（试行）有关事项的通知》	中国保监会	保监发〔2012〕101号	部门规范性文件	保险公司治理	董监高	2012/11/02
66	《中国保监会办公厅关于进一步做好保险公司公开信息披露工作的通知》	中国保监会	保监厅发〔2013〕15号	部门规范性文件	保险公司治理	信息披露	2013/03/08
67	《保险公司发展规划管理指引》	中国保监会	保监发〔2013〕18号	部门规范性文件	保险公司治理	董事会治理	2013/03/12
68	《关于部分保险公司纳入分类监管实施范围的通知》	中国保监会	保监厅发〔2013〕29号	部门规范性文件	保险公司治理	外部监管	2013/04/11
69	《中国保监会关于规范有限合伙式股权投资企业投资入股保险公司有关问题的通知》	中国保监会	保监发〔2013〕36号	部门规范性文件	保险公司治理	股东治理	2013/04/17

续表

编号	文件名	发布主体	文件编号	文件层次	一级分类	二级分类	发布时间
70	《保险公司业务范围分级管理办法》	中国保监会	保监发（2013）41号	部门规范性文件	保险公司治理	外部监管	2013/05/02
71	《人身保险公司服务评价管理办法》	中国保监会	保监发（2013）73号	部门规范性文件	保险公司治理	外部监管	2013/09/02
72	《保险公司声誉风险管理指引》	中国保监会	保监发（2014）15号	部门规范性文件	保险公司治理	风险管理	2014/02/19
73	《中国保监会关于外资保险公司与关联企业从事再保险交易有关问题的通知》	中国保监会	保监发（2014）19号	部门规范性文件	保险公司治理	股东治理	2014/03/05
74	《保险公司收购合并管理办法》	中国保监会	保监发（2014）26号	部门规范性文件	保险公司治理	并购机制	2014/03/21
75	《保险公司资金运用信息披露准则第1号：关联交易》	中国保监会	保监发（2014）44号	部门规范性文件	保险公司治理	股东治理	2014/05/19
76	《保险公司所属非保险子公司管理暂行办法》	中国保监会	保监发（2014）78号	部门规范性文件	保险公司治理	股东治理	2014/09/28
77	《中国保监会关于保险公司投资信托产品风险有关情况的通报》	中国保监会	保监资金（2014）186号	部门规范性文件	保险公司治理	外部监管	2014/09/29

续表

编号	文件名	发布主体	文件编号	文件层次	一级分类	二级分类	发布时间
78	《中国保监会关于 2014 年保险公司投诉处理考评情况的通报》	中国保监会	保监消保〔2015〕27 号	部门规范性文件	保险公司治理	外部监管	2015/03/27
79	《中国保监会关于进一步规范保险公司关联交易有关问题的通知》	中国保监会	保监发〔2015〕36 号	部门规范性文件	保险公司治理	股东治理	2015/04/01
80	《保险公司资金运用信息披露准则第 2 号：风险责任人》	中国保监会	保监发〔2015〕42 号	部门规范性文件	保险公司治理	信息披露	2015/04/10
81	《保险公司董事会提案管理指南》	中国保险行业协会	无	行业规定	保险公司治理	董事会治理	2015/06/03
82	《中国保监会关于加强保险公司筹建期治理机制有关问题的通知》	中国保监会	保监发〔2015〕61 号	部门规范性文件	保险公司治理	公司治理基础	2015/07/01
83	《保险公司服务评价管理办法（试行）》	中国保监会	保监发〔2015〕75 号	部门规范性文件	保险公司治理	外部监管	2015/07/31
84	《保险公司经营评价指标体系（试行）》	中国保监会	保监发〔2015〕80 号	部门规范性文件	保险公司治理	外部监管	2015/08/07
85	《保险公司资金运用信息披露准则第 3 号：举牌上市公司股票》	中国保监会	保监发〔2015〕121 号	部门规范性文件	保险公司治理	信息披露	2015/12/23

续表

编号	文件名	发布主体	文件编号	文件层次	一级分类	二级分类	发布时间
86	《保险公司资金运用信息披露准则第4号：大额未上市股权和大额不动产投资》	中国保监会	保监发〔2016〕36号	部门规范性文件	保险公司治理	信息披露	2016/05/04
87	《中国保监会关于进一步加强保险公司合规管理工作有关问题的通知》	中国保监会	保监发〔2016〕38号	部门规范性文件	保险公司治理	合规管理	2016/05/06
88	《中国保监会关于进一步加强保险公司关联交易信息披露工作有关问题的通知》	中国保监会	保监发〔2016〕52号	部门规范性文件	保险公司治理	信息披露	2016/05/06
89	《中国保监会关于保险公司在全国中小企业股份转让系统挂牌有关事项的通知》	中国保监会	保监发〔2016〕71号	部门规范性文件	保险公司治理	外部监管	2016/08/10
90	《保险代理机构管理暂行办法》	中国人民银行	银发〔1992〕258号	部门规章	保险机构治理	中介机构	1992/11/02
91	《中国人民银行关于保险代理机构有关问题的通知》	中国人民银行	银发〔1994〕129号	部门规范性文件	保险机构治理	中介机构	1994/05/26
92	《保险代理人管理规定（试行）》	中国人民银行	银发〔1997〕513号	部门规章	保险机构治理	中介机构	1997/11/30
93	《保险经纪人管理规定（试行）》	中国人民银行	银发〔1998〕61号	部门规章	保险机构治理	中介机构	1998/02/24

续表

编号	文件名	发布主体	文件编号	文件层次	一级分类	二级分类	发布时间
94	《保险代理机构管理规定》	中国保监会	中国保监会令 2004 年第 14 号	部门规章	保险机构治理	中介机构	2001/11/16
95	《保险经纪公司管理规定》	中国保监会	中国保监会令 2001 年第 5 号	部门规章	保险机构治理	中介机构	2001/11/16
96	《再保险公司设立规定》	中国保监会	中国保监会令 2002 年第 4 号	部门规章	保险机构治理	经营机构	2002/09/17
97	《外国保险机构驻华代表机构管理办法》	中国保监会	中国保监会令 2006 年第 5 号	部门规章	保险机构治理	经营机构	2004/01/15
98	《保险资产管理公司管理暂行规定》	中国保监会	中国保监会令 2004 年第 2 号	部门规章	保险机构治理	经营机构	2004/04/21
99	《保险机构投资者股票投资管理暂行办法》	中国保监会	中国保监会令 2004 年第 12 号	部门规章	保险机构治理	经营机构	2004/10/24
100	《保险中介机构法人治理指引（试行）》	中国保监会	保监发（2005）21 号	部门规范性文件	保险机构治理	中介机构	2005/02/28
101	《保险中介机构内部控制指引（试行）》	中国保监会	保监发（2005）21 号	部门规范性文件	保险机构治理	中介机构	2005/02/28
102	《关于保险机构投资商业银行股权的通知》	中国保监会	保监发（2006）98 号	部门规范性文件	保险机构治理	经营机构	2006/10/16
103	《保险专业代理机构监管规定》	中国保监会	中国保监会令 2013 年第 7 号	部门规章	保险机构治理	中介机构	2009/09/25

续表

编号	文件名	发布主体	文件编号	文件层次	一级分类	二级分类	发布时间
104	《保险公估机构监管规定》	中国保监会	中国保监会令 2013 年第 10 号	部门规章	保险机构治理	中介机构	2009/09/25
105	《保险经纪机构监管规定》	中国保监会	中国保监会令 2013 年第 6 号	部门规章	保险机构治理	中介机构	2009/09/25
106	《保险集团公司管理办法（试行）》	中国保监会	保监发〔2010〕29 号	部门规范性文件	保险机构治理	经营机构	2010/03/12
107	《保险中介服务集团公司监管办法（试行）》	中国保监会	保监发〔2011〕54 号	部门规范性文件	保险机构治理	中介机构	2011/09/22
108	《相互保险组织监管试行办法》	中国保监会	保监发〔2015〕11 号	部门规范性文件	保险机构治理	经营机构	2015/01/23
109	《中国保监会关于调整保险资金境外投资有关政策的通知》	中国保监会	保监发〔2015〕33 号	部门规范性文件	保险机构治理	经营机构	2015/03/27
110	《保险机构董事、监事和高级管理人员培训管理办法》	中国保监会	保监发〔2015〕43 号	部门规范性文件	保险机构治理	经营机构	2015/04/10
111	《中国保监会关于进一步规范报送〈保险公司治理报告〉的通知》	中国保监会	保监发改〔2015〕95 号	部门规范性文件	保险机构治理	经营机构	2015/06/01

续表

编号	文件名	发布主体	文件编号	文件层次	一级分类	二级分类	发布时间
112	《中国保监会关于保险机构开展员工持股计划有关事项的通知》	中国保监会	保监发〔2015〕56号	部门规范性文件	保险机构治理	经营机构	2015/06/18
113	《中国保监会关于深化保险中介市场改革的意见》	中国保监会	保监发〔2015〕91号	部门规范性文件	保险机构治理	中介机构	2015/09/17
114	《保险法人机构公司治理评价办法（试行）》	中国保监会	保监发〔2015〕112号	部门规范性文件	保险机构治理	经营机构	2015/12/07
115	《保险机构内部审计工作规范》	中国保监会	保监发〔2015〕113号	部门规范性文件	保险机构治理	经营机构	2015/12/07
116	《保险机构董事、监事和高级管理人员任职资格考试管理暂行办法》	中国保监会	保监发〔2016〕6号	部门规范性文件	保险机构治理	经营机构	2016/01/18
117	《中国人民银行全国分行行长会议纪要》	国务院	无	国务院规范性文件	保险业治理	发展方针	1979/02/28
118	《关于加快发展我国保险事业的报告》	国务院	无	国务院规范性文件	保险业治理	发展方针	1984/11/03
119	《中国人民银行关于依法加强人民银行行使国家保险监理机关职责的通知》	中国人民银行	银发〔1988〕74号	部门规范性文件	保险业治理	监管部门	1988/03/26

续表

编号	文件名	发布主体	文件编号	文件层次	一级分类	二级分类	发布时间
120	《国务院办公厅关于加强保险事业管理的通知》	国务院	国办发〔1989〕11号	国务院规范性文件	保险业治理	发展方针	1989/02/16
121	《中国人民银行关于对保险业务和机构进一步清理整顿和加强管理的通知》	中国人民银行	银发〔1991〕92号	部门规范性文件	保险业治理	行业监管	1991/04/13
122	《关于重申银行、保险企业财务管理和收入分配集中于中央财政的通知》	财政部、中国人民银行、中国工商银行、中国农业银行、中国银行、中国人民建设银行、中国人民保险公司	财商字〔1992〕第360号	部门规范性文件	保险业治理	行业监管	1992/10/05
123	《关于印发〈中国人民保险公司关于处理保险行业中一些问题的政策界限〉的通知》	中国人民保险公司	保发〔1993〕37号	行业规定	保险业治理	行业监管	1993/02/22
124	《中华人民共和国保险法》	全国人大常委会	中华人民共和国主席令2015年第26号	法律	保险业治理	法律	1995/06/30
125	《中国人民银行关于改革中国人民保险公司机构体制的通知》	中国人民银行	银发〔1995〕301号	部门规范性文件	保险业治理	发展规划	1995/11/06
126	《保险管理暂行规定》	中国人民银行	无	部门规章	保险业治理	行业监管	1996/07/25

续表

编号	文件名	发布主体	文件编号	文件层次	一级分类	二级分类	发布时间
127	《全国保险行业公约》	13 家签约保险公司	无	行业规定	保险业治理	行业协会	1997/09/09
128	《国务院关于撤销中国人民保险（集团）公司实施方案的批复》	国务院	国函（1998）85 号	国务院规范性文件	保险业治理	发展方针	1998/10/07
129	《财政部会计司〈保险公司会计制度〉问题解答》	财政部	财会字（1998）60 号	部门规范性文件	保险业治理	行业监管	1998/12/28
130	《国务院办公厅关于印发中国保险监督管理委员会职能配置内设机构和人员编制规定的通知》	国务院	国办发（1999）21 号	国务院规范性文件	保险业治理	监管部门	1999/03/04
131	《中国保险监督管理委员会主要职责内设机构和人员编制规定》	国务院	国办发（2003）61 号	国务院规范性文件	保险业治理	监管部门	2003/07/07
132	《中国保监会派出机构管理部工作规则》	中国保监会	保监厅发（2004）13 号	部门规范性文件	保险业治理	监管部门	2004/02/06
133	《国务院关于保险业改革发展的若干意见》	国务院	国发（2006）23 号	国务院规范性文件	保险业治理	发展方针	2006/06/15
134	《非保险机构投资境外保险类企业管理办法》	中国保监会	中国保监会令 2006 年第 6 号	部门规章	保险业治理	行业监管	2006/07/31

编号	文件名	发布主体	文件编号	文件层次	一级分类	二级分类	发布时间
135	《中国保险业发展"十一五"规划纲要》	中国保监会	保监发〔2006〕97号	部门规范性文件	保险业治理	发展规划	2006/09/21
136	《中国保险监督管理委员会行政处罚程序规定》	中国保监会	中国保监会令2015年第2号	部门规章	保险业治理	监管部门	2010/04/27
137	《中国保险业发展"十二五"规划纲要》	中国保监会	保监发〔2011〕47号	部门规范性文件	保险业治理	发展规划	2011/08/08
138	《保险消费投诉处理管理办法》	中国保监会	中国保监会令2013年第8号	部门规章	保险业治理	行业监管	2013/07/01
139	《国务院关于加快发展现代保险服务业的若干意见》	国务院	国发〔2014〕29号	国务院规范性文件	保险业治理	发展方针	2014/08/10
140	《中国保监会关于保险业服务京津冀协同发展的指导意见》	中国保监会	保监发〔2015〕106号	部门规范性文件	保险业治理	发展规划	2015/12/03
141	《中国保险保障基金有限责任公司业务监管办法》	中国保监会	保监厅发〔2015〕79号	部门规范性文件	保险业治理	行业监管	2015/12/14
142	《中国保监会关于保险业履行社会责任的指导意见》	中国保监会	保监发〔2015〕123号	部门规范性文件	保险业治理	行业监管	2015/12/24
143	《中国保险监督管理委员会政务信息工作办法》	中国保监会	保监发〔2015〕128号	部门规范性文件	保险业治理	监管部门	2015/12/29

续表

编号	文件名	发布主体	文件编号	文件层次	一级分类	二级分类	发布时间
144	《中国保险监督管理委员会派出机构监管职责规定》	中国保监会	中国保监会令 2004 年第 7 号	部门规章	保险业治理	监管部门	2004/06/30
145	《中国保监会关于全面推进保险法治建设的指导意见》	中国保监会	保监发〔2016〕7 号	部门规范性文件	保险业治理	行业监管	2016/01/18
146	《中国保监会关于正式实施中国风险导向的偿付能力体系有关事项的通知》	中国保监会	无	部门规范性文件	保险业治理	行业监管	2016/01/25
147	《中国保险业发展"十三五"规划纲要》	中国保监会	保监发〔2016〕74 号	部门规范性文件	保险业治理	发展规划	2016/08/23

资料来源：作者整理。

注：本表中的文件编号是指最后一次修订后的文件首次发布时的编号；发布时间是指该文件首次发布时的时间。

附录 3：我国重要保险业治理政策法规原文

《中国人民银行全国分行行长会议纪要》

【发布主体】国务院
【文件编号】无
【文件层次】国务院规范性文件
【首次发布】1979 年 2 月 28 日
【首次生效】1979 年 2 月 28 日
【修订情况】特定背景下的公司治理政策法规文件
【治理意义】正式提出恢复我国保险业

　　一九七九年二月五日至二十八日，中国人民银行在北京召开了全国分行行长会议。会议学习了中央工作会议和党的十一届三中全会文件，研究了银行工作的着重点转移到社会主义现代化建设上来的问题。会议期间，国务院领导同志听取了汇报，并作了指示。

　　与会同志一致认为，要把银行工作的着重点迅速转移到社会主义现代化建设上来，必须对银行的作用有足够的认识。列宁说过，银行是绝妙的机关，没有大银行，社会主义是不能实现的。人民银行既是国家的金融管理机关，又是办理信用业务的经济组织。它是掌管货币发行的机关，全国资金活动的枢纽，连结国民经济的纽带。许多事情通过银行来办，可以比用行政方法做得更灵活、更有效，更有利于按经济办法管理经济。随着经济的发展和生产专业化，银行的作用会愈来愈显著。这就要求广大银行职工，继续肃清林彪、"四人帮"的流毒影响，解放思想，正确地利用价值规律，发挥信贷、利息等经济杠杆的作用；在工作上，从习惯于按"长官意志"、单纯行政方法办事，转变为用经济方法管理经济；在管理上，从吃大锅饭、不讲经济效果的管理方法，转变为实行现代化的企业管理，更好地发挥银行在实现四个现代化中的作用。会议提出了以下意见和措施。

　　一、坚持按经济规律办事，加强银行对各项经济活动的促进和监督。银行要立足于国民经济的全局，按照国家计划的要求，运用银行的经济手段，加强信贷监督，促进企业提高管理水平。银行要同各部门、各企业单位密切合作，共同完成国家计划规定的各项任务；要发挥"寒暑表"作用，及时反映经济活动中出现的情况和问题，揭露矛盾，促进解决，保证国民经济有计划、按比例、高速度地发展。

二、努力吸收存款，为四个现代化筹集资金。要进一步加强城乡的现金管理，把各部门、各单位暂时闲置的资金集中于银行。要适当提高储蓄存款利率，增加储蓄种类，增设储蓄机构，提高服务质量，大力发展城乡储蓄。要增设我在国外的银行机构，扩大同各国银行的业务往来，有计划地组织外汇资金，支援引进先进技术设备。积极支持有关部门运用外汇资金扩大出口生产，增加外汇来源。要认真落实侨汇政策，协助有关部门，搞好侨汇物资供应，发展旅游事业，增加侨汇收入和其他非贸易外汇收入。

三、管好用好支农资金，大力支援农业。恢复中国农业银行是加快农业发展的一项重要措施，各地要配备得力干部，尽快建立和健全各级农行机构。农业银行要把国家的各种支农资金统一管理起来，合理安排，监督使用，检查效果，定期向党委报告，切实防止浪费和挪用支农资金的现象。农业银行要帮助社队管理资金，培养财会人员，加强财务管理，实现增产增收；要帮助国营农业发展生产，改善经营管理，扭亏增盈。

农村信用社既是集体金融组织，又是银行的基层机构。发展农村金融事业，必须加强信用社工作。信用社的资金纳入国家信贷计划，信用社干部的管理和待遇同银行干部一致起来。

农业银行和信用社要在不断增加存款的基础上，大力支持农林牧副渔业全面发展，重点用于支持商品性生产。贷款是有偿有息的，不准用于非生产性的开支。上级单位不得强迫社队向银行和信用社借款，办群众不愿意办的事情，买群众不愿意买的物资。由于违反上述规定，造成贷款不能归还的，要追究经济责任。

四、改进流动资金管理办法，发挥信贷的经济杠杆作用。国营企业的流动资金，过去由财政、银行分别供应，现在改由人民银行统一管理，准备逐步实行全额信贷。实行全额信贷时，先要清产核资，把企业的自有资金转作银行信贷基金。以后每年需要增加的定额流动资金，要列入国家财政预算支出，流动资金在国家预算总支出中的比例不得少于百分之七至八，由财政拨给银行，由银行对企业发放贷款。定额内的部分，按月息三厘计收利息；超定额的部分，按贷款期限长短，实行差别利率，半年以内的为四厘二，半年至一年的为五厘一（对工业企业收购和储备农副产品的贷款，期限在一年以内的按四厘二计息），超过一年的为八厘四。各省、市、自治区先选择基本完成清产核资的部分企业或地区，进行试点，在总结经验的基础上，统一制定办法，有步骤地实行。没有实行全额信贷的企业，超定额贷款要按上述差别利率计收利息，以促进企业处理积压物资。

为了促进企业提高管理水平，今后银行对企业的贷款要实行区别对待，择优扶植，做到有所鼓励，有所限制。对完成国家计划好、执行合同好、经营管理好、信用好的企业，按比较优惠的条件优先贷款。对于经营管理混乱、不按国家计划和经济合同办事的企业，对于生产和收购不适用、不适销的商品以及物资积压又不积极处理的企业，对于发生计划外亏损的企业，银行首先要协助它们提出改进的计划和措施，限期实现。如果到期没有改进，银行有权管紧贷款，直至停止发放新贷款和扣收已占用的贷款。对国家决定关停的企业，银行停止发放贷款，并积极帮助企业处理物资和财产，收回旧贷款。银行要在国家计划基础上，逐步实行根据企业经济合同发放贷款的办法。要加强结算管理，严格按照经济合同办理结算，对违反结算纪律的，要实行经济制裁。

为了解决国家计划照顾不到的一些实际问题，银行对全民所有制企业可以有条件有限度地发放一些中短期设备贷款，用于国家投资不足的小水电、小火电建设，用于企业添置个别设备。除小水电贷款另有规定外，这种贷款的条件是：确有质量合格的、适用的物资和设备，以及相应的动力供应；产品有销路、项目见效快、收益大；还款期限不超过三年；投产后所增加的收入先归还贷款，并由上级主管部门负责担保，签订贷款合同。这项贷款的指标由总行下达，单独管理，周转使用，不得超过。

五、加强外汇的统一管理，搞好外汇计划平衡。外汇贷款应用于引进新技术、先进设备和国内短缺的原材料；用于生产创汇多、周转快的轻纺工业等产品。不能用于进口消费品，不能用来弥补外贸逆差和解决财政困难。银行要参与使用外汇贷款计划的安排，参加引进项目的对外谈判，不能先签订引进项目的合同，再找银行出面组织资金。使用外汇贷款的单位，必须有归还外汇的计划和可靠保证。吸收外国银行存款，向外国银行借款，用银行名义对外担保等，统一由中国银行总行归口办理。外汇贷款利率由中国银行根据组织资金的利率确定。中国银行的外汇利润收入，留作扩大业务活动的基金。在国家银行的管理下，允许在华外商银行和侨商银行在当地举办短期外汇贷款业务。

六、开展保险业务，为国家积累资金，为国家和集体财产提供经济补偿。今后对引进的成套设备、补偿贸易的财产等，都要办理保险。凡需赔偿外汇的保险业务，其保险费，改收外币。保险公司所得的利润，不再上缴财政，留作国家发展保险事业的基金。为了使企业和社队发生意外损失时能及时得到补偿，而又不影响财政支出，要根据为生产服务、为群众服务和自愿的原则，通过试点，逐步恢复国内保险。在重要口岸和各省、市、自治区分行所在地要根据保险业务发展的需要，逐步设立保险分公司，受保险总公司和人民银行分行的双重领导，业务上以保险总公司领导为主。

七、稳定货币、稳定物价是进行大规模经济建设的必要条件，也是中央历来的方针。要稳定货币，必须确保货币发行权集中于中央。为此，重申以下规定：

信用要集中于银行，各部门、各单位不得自立名目办理存款和贷款，不得互相借贷。

要维护银行管理贷款的自主权。银行发放贷款必须坚持有计划、有物资保证、按期归还的原则。任何单位和个人不得违反国家规定，强令银行、信用社发放贷款。

要坚持统一的金融政策。贷款的减免权、利率的制定权属于中央，各地区、各部门不得擅自决定。

要坚持财政资金和信贷资金分口管理的原则。无偿的归财政，有偿的归银行。流动资金不得挪用于基本建设和财政性开支。

要严格现金管理，加强工资基金督监，有计划地控制货币投放，大力组织货币回笼。

八、改革信贷计划管理体制，银行内部实行严格的经济核算。现在各级银行吸收的存款统归总行，需要贷款向总行要，这种办法不利于调动各级银行的积极性，不利于加速信贷资金周转，合理地节约地使用信贷资金。今后信贷计划管理体制，拟改为在坚持银行业务集中统一的前提下，实行"统一计划，分级管理，存贷挂钩，差额控制"的办法。总行根据国家批准的信贷计划，核定各省、市、自治区分行信贷收支的差额；各分行在完成存款计划和不突破差额的条件下，能多吸收存款的，信贷资金周转得快的，就可以多贷款。这个办法今年先在少数地区试点，总结经验，明年实行。

人民银行省、市、自治区分行以下各级银行和各专业银行、专业公司，都要核定自有资金，确定考核指标，按照规定提取企业基金，实行企业管理。各级银行之间的资金往来，都要计收利息。上述实行企业管理的单位，其职工一律按企业待遇。

九、改变银行干部管理体制，加强干部培养训练。要提高银行工作水平，关键在于建立一支熟悉党的方针政策和银行业务的干部队伍。银行系统的干部，要实行银行与地方双重领导，以银行为主的管理体制。各级银行和信用社的干部要稳定下来。各级银行都要制定培养、教育干部的规划，下大力量办好金融院校和银行中等专业学校，加强在职干部的教育和轮训，有计划地、尽快地培养出一批懂得经济工作和精通银行业务的内行和专家。银行干部要实行技术考核和技术职称制度，鼓励他们钻研业务技术，提高工作水平。要有计划地派人出国考察和学习，大力加强对国际国内金融情况和经济情况的研究工作，总结三十年来正反两方面的经验，以适应今后国民经济发展的需要。

十、依靠各级党委和革命委员会的领导，充分发挥银行的作用。银行工作政策性强，涉及面广，在实现四个现代化中担负着重要的任务。各级银行都要主动向党政领导部门反映情况，汇报工作，并在党委领导下，认真执行党的方针、政策，加强对职工的思想政治教育，切实解决职工生活和工作中的实际困难，搞好领导班子和干部队伍建设，保证各项任务的顺利实现。

金融战线的广大职工要认真贯彻党的十一届三中全会精神，解放思想，开动机器，刻苦学习，努力工作，深入实际，勇于创新，为加快实现四个现代化，作出新的贡献。

《关于加快发展我国保险事业的报告》

【发布主体】国务院
【文件编号】无
【文件层次】国务院规范性文件
【首次发布】1984 年 11 月 3 日
【首次生效】1984 年 11 月 3 日
【修订情况】特定背景下的公司治理政策法规文件
【治理意义】为加快发展我国保险事业提出建议和相关措施

根据国务院第三十二次常务会议的决定，现就有关加快发展我国保险事业的几个问题报告如下：

一、我国保险事业的现状

1980 年，经国务院批准，我国恢复了中断 20 年之久的国内保险业务。在人少任务重、机构不健全、办公设施不足的条件下，各级保险公司克服种种困难，努力恢复办理各项国内保险业务，积极发展国外保险业务。4 年来，共收入保险费 34 亿元（其中包括国外业务的保险费 4.5 亿美元，折合人民币 9 亿元）；处理各种赔款案件 30 多万起，支付赔款 13 亿元；除去费用开支 3 亿元，上交税利近 4 亿元，尚余 14 亿元作为保险的各种准备金。通过保险，使 30 万户受灾的企业和城乡居民及时恢复生产，重建家园，对稳定生产、安定人民生活起到了积极作用；对我国对外贸易中的经济损失给予补偿，节约和吸收了外汇资金。

但我国的保险事业目前刚刚起步，无论是经营规模还是在国民经济中的作用，既远远落后于我国经济迅速发展的需要，也远远落后于发达国家以至一些发展中国家。1982 年全世界（不包括苏联和东欧国家）的保险费收入为 4660 亿美元，相当于这些国家和地区同一年国民总产值的 5.26%，人均交付保险费为 146 美元，其中保险费收入在 1 亿美元以上的有 54 个国家和地区。以我国同一年保险费收入折合 5.13 亿美元计算，居世界第 34 位，仅占全世界保险费收入的 0.13%，占我国社会总产值的 0.12%，人均交付保险费仅为 0.6 美元。

我国保险事业之所以发展缓慢，除了主要由于我们长期实行吃"大锅饭"的办法以外，同我国经济不发达、生产力较低和人们没有保险习惯也有很大关系。目前，我国经济体制改革正向纵深发展，不论企业还是城乡居民，对保险都提出了新的要求。农村"两户一体"（专业户、重点户、经济联合体）发展后，为保证承包责任的兑现，普遍要求保险为其提供服务；城乡推广和应用新技术、新工艺，要求保险为其"壮胆"。特别是随着城市经济体制的改革，企业实行责、权、利相结合的责任制，独立核算，自负盈亏，更提出开办责任保险、保证保险的新要求。城镇集体企业也要求保险为它们分忧，把职工的退休养老工作社会化，以便集中力量抓好生产。由此可见，社会上对保险的要求日益增长，而且领域很广，发展保险的潜力很大，加快发展我国保险事业势在必行。

二、加速发展我国保险事业的意见

保险工作的指导思想是：遵照党和国家的方针、政策，进一步解放思想，改革管理体制，扩大服务领域，提高经济效益，加速资金积累，建立保险经济补偿制度，为"四化"建设服务。对于如何加速发展我国的保险事业，我们有以下意见：

（一）大力发展农村保险业务。为适应农民富裕起来以后对安全保障的需要，支持农民科学种田，促进农村商品生产，农村保险业务将成为发展我国保险事业的重点之一。除继续广泛开展乡镇企业、"两户一体"和农民家庭的财产保险以外，要在总结以往试办经验的基础上，逐步扩大办理养殖业保险。至于种植业保险，由于情况比较复杂，需要不断摸索经验，因地制宜地逐步扩大试办范围。在农村保险机构不够普遍和工作人员不足的情况下，有些地区出现了农民自办的农村保险合作社，这是自助性质的组织，国家保险公司应当在业务上积极给以支持、指导和监督。

（二）实施城镇集体企业职工的法定养老保险，使城镇集体企业职工的退休养老工作社会化。目前我们正同各有关部门进行调查研究，草拟办法，争取明年正式实行。对于城镇个体户和农村"两户一体"的养老保险，我们也正在制定办法，准备逐步办理。随着城乡人民生活水平的提高，各种人身保险，如带有长期储蓄性质的简易人身保险、一年为期的团体人身意外伤害保险等，也有很大发展潜力，应当积极地、有步骤地在全国城乡推广。

（三）实施机动车辆（包括拖拉机）第三者责任和船舶的法定保险，以保障交通事故中受害人的经济利益，同时也有助于解决车船肇事后的赔偿纠纷。许多国家对机动车船都实行第三者责任的法定保险，并把它作为一项社会公益措施。我国广东、山东、青海、宁夏等地经当地政府批准，先后办理了这种保险。国务院国发〔1984〕27 号文件，对农民个人或联户购置的机动车船和拖拉机，也作出了必须参加第三者责任保险的规定。为了便于执法和统一管理，有必要对公、私车船等交通工具（包括外国人的车辆）全面实行第三者责任法定保险。我们将抓紧草拟有关的法定保险条例，经批准后早日发布执行。

1959 年停办国内保险时交由交通、铁道和民航等部门办理的各种旅客意外伤害保险，拟仍由保险公司接办。50 年代颁布的《旅客意外伤害强制保险条例》，应由保险公司会同各有关部门抓紧修订，重新报批实行。根据目前的情况，原规定每人 1500 元的赔偿金额应予提高，以切实保障旅客的经济利益。

（四）广泛开展水、陆、空货物运输保险业务。根据国际惯例，拟实行保险与负责运输相结合的补偿制度，即由于承运人责任所造成的损失，由承运人在限额以内按照实际损失负责赔偿；超过限额的部分和不属于承运人责任的损失，由保险公司按照实际损失在保险金额范围内给予补偿。这样，既能切实保障托运人的利益，又能减少运输过程中的赔偿纠纷。

（五）进一步办好国营企业的财产保险。长期以来，企业财产因为自然灾害和意外事故发生的损失，一般由财政核销，这种办法不利于及时恢复生产。鉴于城市经济体制的改革是朝着自负盈亏、独立核算的方向发展，而且《国营企业成本管理条例》已经明确规定保险费应当列入成本，我们认为，所有国营企业必须对国家财产的安全负责，都应当积极参加保险。那种依靠国家财政核销损失的办法，应作必要的修改。这样做，对于消除吃"大锅饭"的弊端、改善和提高企业的经营管理、稳定财政收支，都是大有裨益的。

（六）适应对外开放的需要，扩大国外保险业务。保险是我国对外贸易和对外经济技术合作中不可缺少的环节。保险公司经营的各项国外保险业务，近年来有了很大发展。随着对外开放政策的深入贯彻执行，特别是在加快经济特区的建设和进一步开放 14 个沿海城市以后，各方面对国外保险的需要日益增加。我们建议，在经济特区和对外开放城市，应重申《中外合资经营企业法》的规定，"合营企业的各项保险，应向中国的保险公司投保"，以维护我国的经济权益，并为中外客户提供充分的经济保障。希望各级外事和对外经贸部门负责指导并监督国外保险工作，允许保险公司参加重大项目的对外谈判等活动。

三、需要采取的几项措施

根据我们工作中的实践，要加快发展我国的保险事业，需要采取以下措施：

（一）大力宣传保险在经济体制改革中的作用。保险是商品经济的产物，商品生产越发展，对保险的需求就越迫切。过去我国的保险事业落后，人民群众对保险比较生疏。现在，随着我国经济建设的发展和城乡人民生活水平的提高，特别是当前我国经济体制正在进行改革，有必要把保险提到议事日程来抓。因此，各级政府、经济界和新闻界要在宣传上给以大力支持和帮助，使保险的重要作用为越来越多的人所了解。

（二）改革保险管理体制。保险是经济管理的一种好办法，但作为经营保险业务的保险公司，本身却存在着吃"大锅饭"的状况。目前全国保险系统仍然实行统收统支、统一核算，总公司统一交税，这不利于发挥各级地方政府和保险公司的积极性。因此，我们建议，保险系统原则上应当实行总公司和省、自治区、直辖市分公司两级核算，对外开放城市和有条件的地区可以实行三级核算，自负盈亏，分级管理。各分公司承保的业务，除自留一部分本身能够承担的责任外，其余的用分保的办法，将责任转给总公司。总公司、分公司收入的保险费，扣除赔款、赔款准备金、费用开支和各自应缴纳的税金后，余下的归它们自己运用（具体办法商有关部门另定）。如遇到特大自然灾害，总公司、分公司收入的保险费不足以应付赔款时，由各级财政给予支持。另外，要逐步改革那些束缚保险业务发展的规章、制度和办法，改变总公司集中过多、统得太死的做法。为了调动各分公司开展业务的积极性，保险公司的利润留成办法，应当根据经营保险的特点研究改进。

（三）合理减轻保险公司的税收负担。保险不同于其他行业，它的职能作用是积累保险准备金，建立国家的经济补偿制度，同时也担负着为国家积累建设资金的任务。因此，衡量保险公司的经营成果和经济效益，就不能以每年获得多少利润作为唯一标志，更应当看到通过保险的经济补偿作用，对于发展生产和安定人民生活所带来的社会利益，如遇到特大自然灾害和意外事故，不仅当年的保险费收入不足以应付赔款支出，而且要动用多年积累起来的保险准备金。考虑到保险的特点和目前国家财政的困难，应与财政部商量，55%的所得税和 5%的营业税维持不变，20%的调节税减为 15%，以充实保险总准备金，用于应付较大自然灾害的赔款支出。

　　（四）充实保险业务人员。现在保险公司每年业务收入是 50 年代的 6 倍多，而保险职工的总数还不到 50 年代的 1/2（50 年代 5.1 万人，现在 2 万多人）。由于国内保险停办了 20 年，现在保险职工青黄不接的问题十分严重，如不赶紧增加保险职工，将给今后保险事业的大发展带来极大的困难。经与劳动人事部研究，明后两年中保险公司增加 4 万人的招工指标。希望教育部把保险专业作为急需"抢救"的学科，在每个大区安排 1 至 2 所大专院校，开办保险专业，培训保险人才。

　　（五）给保险公司增加必要的开办费。今年保险公司从中国人民银行分设出来，是一个新建立的机构，办公用品和职工宿舍严重不足。特别是大力发展农村保险，全面开办机动车船第三者责任法定保险、法定养老保险以后，保险机构将要普设到县和大的市、镇，城市街道也要增设机构，用房不足的矛盾将更加突出。经征得财政部同意，从 1985 年至 1988 年，解决开办费 2 亿元。这笔费用不需要国家财政拨款，拟从保险利润中核销，由国家计委增加专项基建指标。随着城乡保险业务的发展，业务用车也必须相应增添，请国家物资局给以照顾，以适应防灾、检验和处理赔案的需要。

　　现在，保险已经成为我国国民经济活动中不可缺少的一个组成部分，受到各级党政部门的重视和关注。几年来，保险事业获得比预期快得多的发展，最关键的一条是党中央、国务院和各级党政领导的重视和推动，以及各有关部门的支持和配合。我们希望各级政府进一步加强对保险工作的领导，以促进我国的保险事业向广度和深度发展。

《保险企业管理暂行条例》

【发布主体】国务院

【文件编号】无

【文件层次】行政法规

【首次发布】1985 年 3 月 3 日

【首次生效】1985 年 4 月 1 日

【修订情况】已废止

【治理意义】是新中国成立后第一部关于保险企业管理的法律文件

第一章　总则

第一条　为了加强国家对保险企业的管理，促进保险事业的发展，维护被保险方（在保险单或保险凭证中称被保险人）的利益，发挥保险的经济补偿作用，以利于社会主义现代化建设和人民生活的安定，特制定本条例。

第二条　本条例适用于经营各种保险业务的企业。

第三条　凡在中华人民共和国境内的国家、集体和个人的财产如需保险，应向中国境内的保险企业投保。

第四条　国家保险管理机关是中国人民银行。

国家保险管理机关的职责是：拟定保险事业的方针、政策，批准保险企业的设立，指导、监督保险企业的业务活动，审定基本保险条款和保险费率，检查保险企业的会计账册和报表单据，并对保险企业在经营业务中违反国家法律、法规、政策，或者损害被保险方的合法利益的行为，给予经济制裁，直至责令其停业。

第五条　国家鼓励保险企业发展农村业务，为农民提供保险服务。保险企业应支持农民在自愿的基础上集股设立农村互助保险合作社，其业务范围和管理办法另行制定。

第二章　保险企业的设立

第六条　设立保险企业，经营保险业务，必须得到国家保险管理机关的批准并向工商行政管理机关申请营业执照。无营业执照擅自经营保险业务的，由国家保险管理机关会同工商行政管理机关予以查处。

申请设立保险企业应向国家保险管理机关提交下列文件：

（一）企业章程（必须订明：企业名称、经营业务种类、资金来源、组织机构）；

（二）收足资本金额的证明；

（三）企业领导人名单。

第七条　保险企业章程、资本金额及领导人的变更须经国家保险管理机关批准。

第八条　保险企业必须具备的资本金额为：

（一）经营人身保险业务的保险企业，其实收现金资本不得少于人民币二千万元；

（二）经营人身保险业务以外的各种保险业务的保险企业，其实收现金资本不得少于人民币三千万元；

（三）同时经营本条（一）、（二）两项保险业务的企业，其实收现金资本不得少于人民币五千万元。

第九条   保险企业应当将其现金资本的 20%交存保证金。此项保证金存入国家保险管理机关指定的银行，未经国家保险管理机关批准，不得提取。

第十条   同时经营人身保险业务和其他保险业务的保险企业，其人身保险业务应当单独核算。

第三章   中国人民保险公司

第十一条   中国人民保险公司是在全国经营保险、再保险业务的国营企业。中国人民保险公司从事下列业务活动：

（一）经营各类保险与再保险业务；

（二）向其他保险企业提供咨询服务；

（三）根据国家授权，代表国家参加有关保险业务的国际活动；

（四）国家授权经营的其他业务。

第十二条   除法律、法规另有规定或经国务院批准者外，下列业务只能由中国人民保险公司经营：

（一）法定保险；

（二）各种外币保险业务；

（三）国营、外资、中外合资、中外合作企业的各种保险业务，但地方国营保险企业可以经营该地区的地方国营企业的各种保险业务；

（四）国际再保险业务。

第四章   偿付能力和保险准备金

第十三条   经营长期人身保险以外的各种保险业务的保险企业，应具有的最低偿付能力是实际资产减去实际负债的差额不低于国家保险管理机关规定的金额。不足时，应当增加资本，补足差额。

第十四条   经营长期人身保险的保险企业，应具有的最低偿付能力是长期人身保险准备金不得少于全部有效保险给付义务的总和。不足时，应增加资本，补足差额。

第十五条   为了保障被保险方的利益，保险企业必须留足下列准备金：

（一）未到期责任准备金

经营人身保险以外的各种保险业务的保险企业，应当从当年自留保险费中提存未到期责任准备金，其提存和结转的总数应相当于当年自留保险费的 50%。

（二）人身保险准备金

经营人身保险业务的保险企业，应当按照有效的长期人身保险单的全部净值加上一年及一年以内的人身保险业务当年自留保险费的 50%，提存准备金。

长期人身保险单项下的净值（系指保险企业对被保险方应负的责任总额），必须由国家保险管理机关指定的会计师审定。

（三）总准备金

中国人民保险公司和其他国营保险公司每年在交纳各项税款并扣除规定的提留后，全部盈余留存总准备金。

其他非国营保险企业的留存数额，由国家保险管理机关另定。

第十六条　本条例第十五条规定的人身保险准备金与其他保险业务的准备金应分别留存，不得相互挪用。

第十七条　国家保险管理机关可以规定保险企业各项保险准备金的运用方法，保险企业应当遵守国家保险管理机关的有关规定。

第五章　再保险

第十八条　按本条例第六条规定设立的保险企业必须至少将其经营的全部保险业务的 30% 向中国人民保险公司办理再保险。

第十九条　经营人身保险以外的各种保险业务的保险企业对每一危险单位的自负责任，除保险管理机关特别批准者外，不得超过实收资本加总准备金（或公积金）的总额 10%。超过这个限额的部分，必须向中国人民保险公司办理再保险。

第二十条　除国家保险管理机关特别指定的保险企业外，任何保险企业均不得向国外保险公司或经营保险的人分出或者接受再保险业务。

第六章　附则

第二十一条　本条例中下列用语的含义是：

（一）人身保险：指保险企业在被保险方人身伤亡、疾病、养老或保险期满时向被保险方或其受益人给付保险金的保险。

（二）人身保险以外的各种保险业务：指财产保险、农业保险、责任保险、保证保险、信用保险等业务。

（三）再保险：指保险企业将其所承担的保险责任一部或者全部分给其他保险企业承担的保险业务。

（四）危险单位：指保险标的发生一次灾害事故可能造成的损失范围。这是保险企业确定其能够承担最高保险责任的计算基础。

第二十二条 本条例第十八条、第二十条适用于船东相互保险组织。

第二十三条 本条例不适用于社会保险。

第二十四条 本条例自一九八五年四月一日生效。

《国务院办公厅关于加强保险事业管理的通知》

【发布主体】国务院

【文件编号】国办发〔1989〕11 号

【文件层次】国务院规范性文件

【首次发布】1989 年 2 月 16 日

【首次生效】1989 年 2 月 16 日

【修订情况】特定背景下的公司治理政策法规文件

【治理意义】肯定了中国人民保险公司在我国保险事业中的主渠道作用

几年来，我国保险事业有了较快发展，在支持经济体制改革、促进国民经济发展、稳定人民生活等方面，起着越来越重要的作用。但也出现了一些问题，主要是有些地方的党政机关、事业单位和人民团体办保险，政企不分，利用行政权力，强迫企事业单位和人民群众参加保险；有些部门开办保险业务，忽视积累保险基金，把保险费用于生产周转或基本建设，当保户遭受经济损失时不能及时补偿；有的单位不经保险管理机关批准擅自成立保险机构，自己"办保险"，把应当税前列支的保险费自提自留，挪作他用，或作为奖金发给职工；还有的单位为了兜揽涉外保险业务，采取压低保险费率、加大折扣等手段进行"竞争"，减少了国家的保险外汇收入。这些问题如不及时解决，必将妨碍保险事业的健康发展。根据治理经济环境、整顿经济秩序的要求，经国务院批准，现就加强保险事业的管理作如下通知：

一、中国人民保险公司是在全国经营各种保险、再保险业务的国家保险公司，是国家指定的办理法定保险、外币保险、国营和"三资"企业保险以及国际再保险的机构，担负着自然灾害和意外事故经济损失的补偿责任，为完善社会保障制度提供服务，并已成为国家财政后备的必要补充。它在国内普遍设有机构，拥有一批专业技术人员，积累了不少经验。各级人民政府应当大力支持中国人民保险公司的工作，发挥其在我国保险事业中的主渠道作用。中国人民保险公司应积极开拓服务领域，加强经营管理，提高服务质量。

二、在中国人民保险公司力量确实达不到的地区，可根据需要建立少数保险企业作为补充，并要严格按照国务院发布的《保险企业管理暂行条例》的规定，向中国人民银行申请批准。经批准成立的保险企业，要成为真正的经济实体，自主经营，独立核算，自负盈亏，照章纳税。向中国人民保险公司办理再保险，至少要占经营的全部保险业务的 30%。

三、除法律、法规另有规定或经国务院特批者外，涉外保险和国际再保险只能由中国人民保险公司经营，其他部门一律不得办理。

四、农村合作保险中的种植业、养殖业、农房和劳动力意外伤害四个险种，均属一般商业保险，应按国家有关规定，报经中国人民银行批准。未经批准，任何部门和单位不得擅自开办农村合作保险业务或成立农村救灾合作保险机构。

五、为了兼顾中央和地方的利益，目前实行的中国人民保险公司国内保险业务营业税收入归地方财政，所得税、调节税由中央财政和地方财政"五五"分成的办法不变。

六、中国人民银行是我国保险事业的主管机关。各级人民银行要严格执行《保险企业管理暂行条例》，切实加强对保险企业的管理。所有保险机构应由中国人民银行审批，凡未经其批准成立的保险机构，一律无效。各级党政机关、事业单位和人民团体，无权批准和建立保险机构，开办保险业务。对不按规定建立的保险机构，要按照 1988 年 10 月 3 日《中共中央、国务院关于清理整顿公司的决定》，认真进行清理整顿，坚决撤并。经过批准可以保留的，必须限期与党政机关、事业单位和人民团体等彻底脱钩。清理整顿保险机构的工作，要在各级人民银行领导下进行，于今年上半年基本结束。

《上海外资保险机构暂行管理办法》

【发布主体】中国人民银行
【文件编号】银发〔1995〕165 号
【文件层次】部门规章
【首次发布】1992 年 9 月 11 日
【首次生效】1992 年 9 月 11 日
【修订情况】根据 1995 年 6 月 5 日中国人民银行发布的银发〔1995〕165 号通知修改，已废止

【治理意义】加强对外资保险机构的管理

第一章　总则

第一条　为适应上海市对外开放和经济发展的需要,加强对外资保险机构的管理,制定本办法。

第二条　本办法所称外资保险机构,是指依照本办法,经批准设立并营业的下列机构:

(一)在中国境外(以下简称境外)注册的保险公司在上海市设立的分公司(以下简称外资保险分公司);

(二)在境外注册的保险公司与在中国境内注册的保险公司或经中国人民银行批准的其他金融机构在上海市合资经营的保险公司(以下简称合资保险公司)。

第三条　外资保险机构必须遵守中华人民共和国法律、法规,其正当业务活动和合法权益受中华人民共和国法律保护。

第四条　中国人民银行是外资保险机构的主管机关。中国人民银行授权其上海市分行对外资保险机构进行日常管理。

第二章　设立与登记

第五条　申请设立外资保险机构的外国保险公司应具备下列基本条件:

(一)经营保险业务三十年以上;

(二)提出申请前一年年末的资产总额在五十亿美元以上;

(三)在中国境内设立代表机构两年以上。

第六条　设立外资保险分公司,应当由其总公司向中国人民银行提出申请,并提交下列证件、资料:

(一)由申请机构法定代表签署的申请书,其内容包括:拟设分公司的名称、总公司拨给的保证金额、申请经营的业务种类等;

(二)最近三年的年报或资产负债情况及有关证明文件;

(三)所在国家或地区主管当局核发给总公司的营业执照(副本);

(四)中国人民银行要求提供的其他证件、资料。

第七条　设立合资保险公司,应当由合资各方共同向中国人民银行提出申请,并提交下列证件、资料:

(一)由合资各方授权代表共同签署的申请书,其内容包括:拟设合资保险公司的名称、合资各方名称、注册资本和实收资本额,合资各方出资比例,申请经营的业务种类等；

（二）合资各方共同编制的可行性研究报告，包括所经营的险种、合同基本条款、费率计算方式等；

（三）由合资各方授权代表草签的合资经营合同以及拟设机构的章程草案；

（四）合资各方最近三年的年报或资产负债情况及有关证明文件；

（五）所在国或地区有关主管当局核发给合资各方的营业执照 （副本）；

（六）中国人民银行要求提交的其他证件、资料。

第八条　第六、七条所列证件、资料，除年报外，凡用外文书写的，均需附中文译本。

第九条　中国人民银行在接到申请材料后的三个月内作出是否受理其申请的决定，若受理其申请，则发给申请机构正式申请表；未接到正式申请表的，设立申请自动失效。

第十条　申请机构应在接到正式申请表后的三个月内，将填好的申请表连同下列文件，一并提交中国人民银行审批：

（一）拟设机构主要负责人名单和简历；

（二）对拟任该机构主要负责人的授权书；

（三）设立外资保险分公司的，其总公司对该分公司承担税务、债务的责任保证书；

（四）中国人民银行要求提交的其他资料。

第十一条　外资保险机构应当在接到中国人民银行批准文件后的一个月内办理验资和工商登记手续，然后向国家外汇管理局申领《经营外汇业务许可证》。

第十二条　已经批准的外资保险机构自接到中国人民银行批准书之日起十二个月内未营业者，原批准文件自动失效。

第十三条　外资保险机构有下列情况之一的，须经中国人民银行批准：

（一）投资股本的调整、转让；

（二）变更机构名称或营业场所；

（三）更换主要管理人员；

（四）其他重要变更事项。

第三章　资本金和业务范围

第十四条　合资保险公司的最低注册资本为：

（一）经营人身保险业务的，不得低于二千万美元；

（二）经营非人身保险业务的，不得低于二千万美元；

（三）同时经营人身保险和非人身保险业务的，不得低于四千万美元。

合资保险公司的实收资本不得低于注册资本的 50%。

第十五条　合资保险公司须每年从其税后利润中提取 25%的资金用于补充其资本金，直至其实收资本加储备金的总额达到其注册资本的 2 倍。

第十六条　合资保险公司应当将其实收资本的 20%向中国人民银行上海分行缴存保证金。

外资保险分公司同时经营人身保险和非人身保险业务的，应由其总公司向中国人民银行上海市分行缴存 800 万美元保证金；经营其中一项业务的，缴存 400 万美元保证金。

此保证金计付利息。

第十七条　根据申请,中国人民银行批准外资保险机构经营除法定保险以外的下列业务的部分或全部：

（一）境外企业的各项保险、境内外商投资企业的企业财产保险和与其有关的责任保险；

（二）外国人和境内个人缴费的人身保险业务；

（三）上述两项业务的再保险业务；

（四）经批准的其他业务。

第四章　业务管理

第十八条　外资保险机构的保险费率、其他业务费率及各种合同条款，应按中国人民银行的有关规定制定。

第十九条　外资保险机构须提存下列准备金：

（一）经营人身保险业务的外资保险机构，应当按照有效的长期人身保险单的全部净值加上一年及一年以内的人身保险业务当年自留保费的 50%，提存人身保险准备金。

长期人身保险单的全部净值,必须由中国人民银行上海市分行认可的精算师审定。

（二）经营非人身保险业务的外资保险机构，应当从当年自留保费中提存未到期责任准备金，其提存和结转总数应相当于当年自留保费的 50%。

（三）同时经营人身保险和非人身保险业务的外资保险机构，应按照本条第（一）、（二）款的要求，分别提存准备金。

（四）外资保险机构每年在交纳各项税款并扣除规定的提留以后，按全部盈余的 10%留存总准备金。

（五）中国人民银行规定提取的其他准备金。

第二十条　同时经营人身保险和非人身保险业务的外资保险机构,应当对其两项业务实行分别核算。

第二十一条　外资保险机构须按下列规定办理再保险:

（一）外资保险机构须将其承保的全部业务的30%向中国人民保险公司办理再保险;

（二）外资保险机构经营非人身保险业务,对其每一危险单位的自负责任,不得超过其净资产的10%。超过限额的部分,须向其他保险机构办理再保险。

第二十二条　外资保险机构应具有下列最低偿付能力:

（一）外资保险机构经营人身保险业务时,其长期人身保险准备金不得少于全部有效保险给付义务的总和;

（二）外资保险机构经营非人身保险业务时,其实际资产减去实际负债的差额不得低于中国人民银行规定的金额。

外资保险机构的最低偿付能力不足时,应当增加资本,补足差额。

第二十三条　外资保险机构进行理赔时,应由中国人民银行上海市分行指定的公估行进行查勘、估损、核赔工作。

第二十四条　外资保险机构需签订委托代理协议时,须报经中国人民银行上海市分行核准。

第二十五条　外资保险机构依法纳税后的利润,应当按照规定提取职工奖励基金、福利基金和企业发展基金。

第二十六条　外资保险机构的税后利润,按有关规定提取各项基金并提存总准备金后,可以汇出。

第二十七条　外资保险机构的高层管理人员不得兼任其他经济组织的职务。

第二十八条　外资保险机构应聘用经中国人民银行上海市分行认可的精算师和中国注册会计师。

第二十九条　外资保险机构须按规定向中国人民银行上海市分行报送财务和业务报表。

第三十条　中国人民银行及其上海分行可随时派员检查外资保险机构业务和财务状况。

第五章　投资

第三十一条　外资保险机构的资本、未分配盈余、各项准备金及其他资产,可用于境内的下列投资。投资应以人民币和外币两种原币形式进行。

（一）中国的金融机构的存款。

（二）购买政府债券。

（三）购买金融债券。

（四）购买企业债券，不得超过可投资总额的 10%。

（五）境内外汇委托放款，该放款应有抵押品或金融机构的担保。对每一单位的放款，不得超过可投资总额的 5%，所有放款的总和不得超过可投资总额的 30%。

（六）股权投资，不得超过可投资总额的 15%。

（七）经批准的其他投资。

本条所述可投资总额，是指以人民币或外币持有的资本、未分配盈余、各项准备金及其他资产的总额。

第六章   清理与解散

第三十二条   外资保险机构因发生经营困难无法偿付其债务时，中国人民银行可采取下列措施：

（一）限制其经营范围或新签合同金额；

（二）责令其补充或增加资本金；

（三）派员监理；

（四）限期清理；

（五）责令其解散。

在依据本条款规定实行监理、限期清理或解散时，监理人员和清算人由中国人民银行指派。

第三十三条   在限期清理的期限内，外资保险机构已恢复偿付能力，需要复业时，须向中国人民银行提出申请。

第三十四条   外资保险机构自行终止业务活动，须在终止前三十天内，以书面形式向中国人民银行提出申请，并附有对未到期保险责任的处理办法，经批准后予以解散，进行清算。

第三十五条   自行终止业务活动和依法被解散的外资保险机构，其解散和清算事项须按中华人民共和国有关法律、法规办理。

第七章   罚则

第三十六条   违反本办法第二章规定，擅自设立外资保险机构的，中国人民银行有权责令其停业，没收其非法所得，处以五万元以上、十万元以下人民币等值外汇的罚款。

第三十七条　外资保险机构违反本办法第三章规定，超越批准业务范围从事经营的，中国人民银行及其上海市分行有权责令其停止所超越部分的经营活动，依法没收其超越部分的非法所得，并处以三万元以上、五万元以下人民币等值外汇的罚款。

第三十八条　外资保险机构违反本办法第四、五章规定，中国人民银行及其上海市分行有权责令其采取纠正措施，并根据情节处以一万元以上、五万元以下人民币等值外汇的罚款。

第三十九条　外资保险机构违反本办法第四章规定，未按期报送报表或者抗拒监督检查的，中国人民银行及其上海市分行可视情节给予警告、通报或者处以五千元以上、一万元以下人民币等值外汇的罚款。

第四十条　外资保险机构违反本办法，情节严重者，中国人民银行可责令其停业直至撤销机构。

外资保险机构违反其他法律、法规的，由有关主管机关依法予以处罚。

第四十一条　外资保险机构对有关处罚决定不服的，可以依照有关法律、法规的规定向中国人民银行申请复议。

第八章　附则

第四十二条　本办法对香港、澳门、台湾地区注册的保险公司，比照适用。

第四十三条　本办法由中国人民银行负责解释。中国人民银行可根据本办法制定实施细则或具体规定。

第四十四条　本办法自发布之日起施行。

《经营目标责任制管理暂行办法》

【发布主体】中国人民保险公司
【文件编号】保发〔1994〕56 号
【文件层次】行业规定
【首次发布】1994 年 3 月 24 日
【首次生效】1994 年 1 月 1 日
【修订情况】特定背景下的公司治理政策法规文件
【治理意义】明确经营目标责任制的相关问题

一、为了深化内部改革，转换经营机制，增强分公司的自我约束能力，加强总公司宏观管理，充分调动分公司自主经营、自我发展的积极性，特制定本办法。

二、经营目标责任制的考核采取"指标分解、综合考核、奖惩挂钩"的办法。责任目标完成情况是考核分公司经营成果及干部政绩的重要依据。

三、经营目标责任制的考核对象为各省、自治区、直辖市分公司，计划单列市分公司（以下简称分公司）。考核指标的确定，以总公司与分公司签订的《经营目标责任状》中数字为准。目标考核依据为财会部门年终决算报表及其附表、计划部门业务统计报表以及有关部门的考核口径。

四、经营目标责任制考核内容：

（一）保费收入；

（二）利润；

（三）费用率；

（四）新增固定资产购建规模（含在建工程）；

（五）资金运用综合收益率；

（六）上缴资金；

（七）精神文明建设。

保费收入包括国内产险、寿险、涉外、信用险业务的收入（含代办及合办的业务收入）；利润包括国内、涉外、信用险业务利润（国内利润成数分保后）；费用率计算口径为：费用率＝[营业费用－固定资产折旧费－提取三项准备（坏账、投资风险及贷款呆账准备）]÷保费收入（财务口径）×100%；资金运用综合收益率为营业收入（资金运用部门）加投资收益之和与各项借入资金平均余额的比再乘以100%；固定资产购建规模以固定资产原值与在建工程之和为考核计算基础，公式为：新增固定资产购建规模＝本年末固定资产原值＋本年末在建工程余额－上年末固定资产原值－上年末在建工程余额；上缴资金指每次应上缴总公司的资金及时、足额解缴。

精神文明建设，主要考核分公司领导班子建设、职工教育培训、廉政建设以及思想政治工作的情况。一是分公司领导班子建设。分公司领导班子团结和谐，具有求实和创新精神，能够带领群众完成各项任务；令行禁止，坚决执行上级的各项决定；坚持民主集中制，具有健全的民主生活制度；为人表率，保持清正廉洁。二是职工教育培训。抓好《邓小平文选》第三卷和社会主义市场经济理论及基本知识的学习，重视职工理想、人生观、价值观的教育和职业道德教育，做到忠诚服务、笃守信誉；高度重视职工培训，有符合实际的培训计划。三是反腐倡廉。认真贯彻落实中纪委三次全会精神，有切实可行的反腐倡廉措施，处以上干部廉洁自律，要做到有安排、有检查；严格控制大案要案的发生，各类违法违纪案件的发案率要有一定比例的下降，行业不正之风要有明显好转。四是思想政治工作要与业务一道去做，有专人负责，做到有布置、有检查、有创新、有落实。

五、经营目标责任指标考核办法。

1994 年是推行经营目标责任制的第一年。为了加强指标的严肃性及考核力度，更好地体现激励机制原则，具体奖惩办法为：

全面完成七项指标的分公司（其中：保费收入达到或超过去年同口径 15%），总公司奖励奖金 30 万元、公益金 40 万元、营业费用 300 万元。没有全面完成计划指标的分公司，总公司不给予奖励，并根据未完成项目分别扣罚奖金，其中：利润指标未完成扣 8 万元，保费收入指标未完成（指下达指标数字）扣 6 万元，固定资产购建规模突破下达指标扣 4 万元，其他指标未完成均各扣罚 3 万元。奖惩结果在次年决算编制后兑现。

六、总公司对目标执行结果的考评实行以精神鼓励为主，物质鼓励为辅，精神鼓励与物质鼓励相结合的原则；各分公司应定期对目标执行情况进行分析、检查。由于大灾及重大意外事故影响目标执行结果，年终随决算报表附有关报告予以说明，经总公司确认后不予扣罚。

七、本办法自 1994 年 1 月 1 日起执行。

《中国人民保险公司全资直属企业暂行管理办法》

【发布主体】中国人民保险公司
【文件编号】保发〔1995〕6 号
【文件层次】行业规定
【首次发布】1995 年 1 月 17 日
【首次生效】1995 年 2 月 1 日
【修订情况】特定背景下的公司治理政策法规文件
【治理意义】促进全资直属企业加强经营管理

第一章　总则

第一条　根据国家有关企业管理的政策法规，中国人民保险公司（以下简称总公司）制定全资直属企业（以下简称企业）暂行管理办法（以下简称本办法）。

第二条　制定本办法的目的在于促进企业加强经营管理，增强经营活力，提高经济效益；保证总公司及企业的一切合法权益。

第三条　本办法适用于总公司独资兴办的金融、工贸、服务等各类企业。

第二章　企业

第四条　企业是具有法人资格的经济实体，拥有由总公司投资形成的法人财产权，并以自己的名义和全部资产为依托进行经济和民事活动。

第五条　企业依法自主经营、自我约束、自我发展、自负盈亏、照章纳税。

第六条　企业本部的经营管理机构，由企业根据实际需要及精简效能的原则自主决定。

第七条　总经理为企业的法定代表人。其主要职责如下：

一、全面领导、负责企业的生产经营。

二、承担总公司投入企业资产的保值增值责任。

三、贯彻执行总公司有关决议、决定。

四、拟订本办法规定的需由总公司审定事项的方案。

第八条　企业的法定代表人非经总公司批准，不得兼任另一企业的法定代表人。

第九条　企业法定代表人离任需经总公司指定的审计部门审计。

第十条　企业对职工实行聘任制（或合同制）。企业、职工双方应签订劳动合同，企业应切实维护职工的合法权益并有权依照国家政策法规、企业章程和劳动合同的约定，辞退或开除不合格的职工。

第十一条　总公司的职工到企业工作或从企业回总公司，必须经过总公司人事部门的批准。从企业回总公司的，其职务（级）由人事部门考核并按规定报批后重新确定。

第十二条　企业应制定人员编制方案及工资总额预算方案并报总公司批准。工资总额增长幅度不得高于企业经济效益增长幅度；职工工资人均增长幅度不得高于企业劳动生产率的提高幅度。

第十三条　企业执行行业财务制度和会计制度，核算方式为独立核算。

第十四条　企业必须使用法定的会计账册。除法定会计账册外，不得另立会计账册。

第十五条　企业必须以自己的名义在所在地银行开立账户，办理往来账款结算、现金收付等业务，不得以任何名目私立小金库，公款私存。

第十六条　企业应当在每一会计年度终了时做财务会计活动报告。财务会计报告在经注册会计师或注册审计师审查、验证、签字后向总公司财会部、企业主管部门报送。财务会计报告主要包括资产负债表、损益表、财务状况变动表、财务情况说明书、利润分配表以及相关的附属明细表。

第十七条　企业不得以总公司名义在中国人民保险公司系统内筹集资金，若以自己名义筹集，必须经总公司批准。在系统外借款须按国家有关规定办理。

第十八条　企业的净资产属总公司所有，企业不得以任何方式转移、隐匿，否则，总公司有权对企业法定代表人追究行政、经济、法律责任，并追回全部转移、隐匿资产。

第三章　总公司

第十九条　总公司是企业的唯一投资人，以所有者身份对企业享有权利，承担义务。

第二十条　总公司以投入企业的资本金为限承担企业债务。在企业经营期间不得抽走资本金，不得无偿占用企业的资产。

第二十一条　总公司根据《国有企业财产监督管理条例》对向企业投资所形成的国有资产进行监督管理，同时对企业行使下列管理职权：

一、审议批准企业的设立、合并、分立、合资、破产、解散、歇业方案及代表机构、分支机构设立方案。

二、审议批准企业章程，决定企业章程的修改。

三、决定企业总经理、副总经理的任免、工资及在外企业的兼职，确认由企业总经理提名的人事部门、财务部门负责人的任职资格。

四、审议批准企业的经营方针、投资计划。

五、审议批准企业的年度财务预算方案、决算方案、利润分配方案和亏损弥补方案。

六、审议批准企业的增资或减资方案。

七、审议批准企业的人员编制方案及工资总额的预算方案。

八、决定企业人员的临时出境、长期外派。

第二十二条　总公司对企业实行经营目标责任制。主要目标及计算公式为：

一、资本金利润率：

$$\frac{利润总额}{实收资本}\times100\%$$

二、资本增值率：

$$\frac{资产净额-实收资本}{实收资本}\times100\%$$

（资产净额＝资产总计-负债合计）

总公司可根据管理需要增加其他考核指标。

第二十三条　总公司通过与企业签订经营责任书的方式对企业实施目标管理。

第二十四条　资金运用管理部门是总公司对企业实施管理权的职能部门。

第二十五条　总公司向企业派出监事会。监事会代表总公司对企业的生产经营情况、财务情况进行监督。监事会委员由总公司任命，监事会委员不得兼任企业的任何其他职务，不得领取企业的任何报酬，其职权如下：

一、检查企业财务。

二、对企业主要领导人执行职责时违反法律、行政法规或企业章程的行为进行监督。

三、当企业主要负责人的行为损害投资人的利益时，要求企业主要负责人加以纠正。

四、提议总公司召开有关企业重大事宜的会议。

第二十六条　监事会、资金运用管理部门在履行对企业的监督管理职责时，企业必须积极配合，按要求提供有关文件、资料、情况。

第二十七条　监事会、资金运用管理部门应根据总公司的规定、决定、企业章程对企业进行各项管理和监督，不得随意干涉企业的经营自主权，监督、管理事项涉及总公司其他部门时，应商其他部门。

第二十八条　监事会、资金运用管理部门在对企业进行监管活动中，必须为企业保守商业秘密，不得对外泄露。

第四章　附则

第二十九条　本办法自 1995 年 2 月 1 日起执行。

第三十条　本办法由总公司负责解释和修改。

第三十一条　总公司工会用福利基金所办企业不适用本办法。

《中国人民银行关于改革中国人民保险公司机构体制的通知》

【发布主体】中国人民银行

【文件编号】银发〔1995〕301 号
【文件层次】部门规范性文件
【首次发布】1995 年 11 月 6 日
【首次生效】1995 年 11 月 6 日
【修订情况】现行有效
【治理意义】理顺保险机构体制，实行产、寿险分业经营

中国人民保险公司、人民银行各省、自治区、直辖市、计划单列市分行：

我行《关于中国人民保险公司机构体制改革方案的报告》业经国务院批准。现根据《国务院批复通知》要求，将修改后的《中国人民保险公司机构体制改革方案》（以下简称《方案》）印发给你们，并就落实《方案》的有关问题通知如下：

一、中国人民保险公司（以下简称人保公司）根据《方案》提出实施意见，经中国人民银行审查同意后执行。

二、《方案》中关于把 17 家地方寿险公司并入中国人民保险集团公司寿险子公司和取消人保公司国内业务所得税中央与地方"五五分成"的做法是理顺保险机构体制和税收体制的需要。它对于加快保险市场建设，促进保险事业健康发展，具有十分重要的意义。因此，请各地区、各有关部门积极支持，密切配合。

三、在《方案》实施过程中，有何具体问题请及时报告中国人民银行总行。

附一：国务院批复通知国办通〔1995〕31 号（略）

附二：中国人民保险公司机构体制改革方案

中国人民保险公司机构体制改革方案

为理顺保险机制体制，实行产、寿险分业经营，促进保险事业健康发展，现根据《中华人民共和国公司法》和《中华人民共和国保险法》，制定中国人民保险公司机构体制改革方案。

一、中国人民保险公司机构改革的基本框架

中国人民保险公司改为中国人民保险（集团）公司（简称"中保集团"）。中保集团为国有独资公司，直接对国务院负责。中国人民银行负责对中保集团的领导、监督和管理，财政部负责其财务管理。中保集团下设子公司，中保集团及其子公司均为企业法人。中保集团公司以控股公司的身份对其专业子公司投资并实施领导、监督和管理。中保集团公司和专业子公司所属省以下分公司仍维持原人保公司的行政级别不变，但新设立的专业子公司的总公司不再套用行政级别。中保集团的基本框架是：

（一）集团公司

中保集团公司不设分支机构，不经营具体业务。

1. 主要职责是：

（1）研究制定集团的发展战略、长期规划、年度计划、重大方针政策和业务法规，承担保险市场调研工作；对各专业子公司的经营活动进行监督。

（2）负责提出整个集团的机构设置、人员编制和领导干部职数的方案；根据国家的有关规定制定集团系统的劳动工资和分配政策；负责子公司领导班子及所属部门正职、省级分公司领导班子和计划单列市分公司正职的考核、任免和管理。

（3）负责制定集团的财务预算方案、决算方案和利润分配方案，增加或减少资本金方案；负责整个集团公司资产和资金的管理，以保证国有资产的保值增值。

（4）负责集团的对外交往和合作，包括出国（境）审批，拟定境内外保险机构的设立，研究国际市场的开发等。

2. 组织领导。集团公司设董事会、监事会、总经理室。

董事会设董事长 1 人，副董事长、董事若干人。

总经理室设总经理 1 人（董事长兼任），副总经理 5 人，纪检组长、总会计师、总稽核师各 1 人。5 位副总裁中，4 位分别兼任产险公司、寿险公司、再保险公司和海外机构的董事长、总经理。

监事会的设立由中保集团章程确定。

3. 内部机构。集团公司设办公室、财务部、资金管理部、国际部、人事部、电脑部、稽核审计部、纪检监察部、机关党委和系统工会 10 个部门。各部门的职责由集团公司研究确定。

（二）专业子公司

1. 中保财产保险有限责任公司。该公司系中保集团控股的子公司，专门经营各类财产险业务。

2. 中保人寿保险有限责任公司。该公司系中保集团控股的子公司，专门经营长期寿险和短期人身险业务。

3. 中保再保险有限责任公司。该公司系中保集团控股的子公司，经营系统内部的再保险业务以及集团对外的分出分入业务，并代行国家法定再保险职能。

4. 现有海外保险机构仍作为独立的实体直属中保集团，继续经营海外保险业务。

5. 现有的非保险经济实体仍作为中保集团的子公司，继续经营原来所做的业务。

6. 中保财险、寿险、再保险三个子公司均设立董事会和监事会，但对条件不成熟的可以暂缓设立。

二、中保集团产、寿、再子公司分设的原则

（一）组建方式。中保财产保险有限责任公司在人保公司现有财产险业务和人员的基础上组建；中保人寿保险有限责任公司在人保公司和 17 家地方寿险公司现有的人身险业务和人员的基础上组建；中保再保险有限责任公司在人保公司再保险业务部的基础上组建。条件成熟后，将此 3 家子公司过渡为股份有限公司。

（二）财务处理。根据寿险、产险分别经营的原则，在清产核资的基础上将新老业务彻底分开；固定资产也要在账面上划清，具体使用问题由集团公司负责协调解决。

（三）税制解缴。各子公司通过集团公司统一向中央财政纳税，中保集团负责税后利润分配和向中央财政编报决算表。

（四）分支机构设置。把现有的中国人民保险公司省级分公司一分为二，分别隶属中保产、寿险两个子公司，取消现有的省级分公司；地（市）以下公司体制根据寿险业务量大小而定，寿险业务量小的地区暂不分设，由所在地产险公司代理寿险业务，今后视业务发展酌情而定。中保再保险有限责任公司不设分支机构。

（五）注册资本。人保公司改为中保集团后，不再经营具体业务，其注册资本为 30 亿元。

中保财产保险有限责任公司注册资本为人民币 20 亿元，其中，中保集团投资 11 亿元，企业投资 9 亿元。

中保人寿保险有限责任公司注册资本为人民币 15 亿元，其中，中保集团投资 8 亿元，企业投资 7 亿元。

中保再保险有限责任公司注册资本为 20 亿元，其中，中保集团投资 11 亿元，国有企业投资 9 亿元。

（六）兼并地方寿险公司。取消现有的 17 家带有地方色彩的寿险公司法人地位，实行股权上收、人员收编，作为寿险子公司的分支机构。对不愿意股权上划的股东，允许其退股；对不愿接受归编的人员，允许其自找出路。

三、关于法定再保险问题

在国家再保险公司成立之前，法定再保险业务暂由中保集团再保险子公司经办，但国家法定再保险业务必须实行单独列账，单独核算。

四、关于税收问题

统一税赋是保险业务公平竞争的必要前提。目前，人保公司的所得税率为 55%，股份制保险公司为 33%，外资保险公司为 15%。人保公司改革后，其所得

税率降为 33%。根据财政部、国家税务总局财税字〔1994〕027 号文,关于从
1994 年 1 月 1 日起"八五"后两年内中国人民保险公司所得税率为 55%的规定,
在"八五"时期因税率降低造成的中央财政减收部分可通过中保集团税后利润交
纳。

　　另外,取消人保公司现行的国内业务所得税中央与地方"五五分成"的做法。

《全国保险行业公约》

【发布主体】13 家签约保险公司
【文件编号】无
【文件层次】行业规定
【首次发布】1997 年 9 月 9 日
【首次生效】1997 年 10 月 1 日
【修订情况】特定背景下的公司治理政策法规文件
【治理意义】维护保险市场秩序,规范保险行为,保护保险活动当事人的正当权
益

　　为全面遵守和执行国家颁布的各项保险法律法规、维护保险市场秩序、规范
保险行为、保护保险活动当事人的正当权益,经全国各保险公司总经理共同协商,
特制定本公约。
　　一、各签约公司应当严格遵守国家有关法律法规,依法经营,自觉接受中国
人民银行的监督管理,重合同、守信誉,竭诚为广大投保人、被保险人提供热情、
周到、翔实的服务,认真履行保险责任,规范保险行为,维护我国保险业信誉,
稳定良好的保险市场秩序,促进我国保险事业的持续、稳定、健康发展。
　　二、各签约公司应当加强联系、相互支持、友好协商、团结合作。在宣传及
展业过程中杜绝不尊重甚至诋毁其他保险公司的行为。
　　三、各签约公司严格按照中国人民银行批准的业务范围和地域经营保险业
务,并遵守各签约公司间共同达成的业务协议、约定,不得用不正当手段争抢业
务。对某些特殊业务可采用联合共保的方式,避免有损行业形象的事件发生。一
旦共保协议成立,共保各方均不得单方面改变承保条件,以确保保险当事人的共
同利益。
　　四、各签约公司要遵循公平竞争原则,反对不正当竞争。严格执行经中国人

民银行批准的条款、费率，不得采取无赔款退费方式变相降低保险费。对于安全无赔款续保优惠，必须做到保险期满、确无赔款，在次年续保时其保险费可在中国人民银行规定的比例内给予优惠。

五、各签约公司在与保险代理人签订保险代理协议时，都应当按照中国人民银行的规定办理，严格执行有关代理人手续费标准的规定，并对保险代理人实行登记造册，建立手续费签收制度，不得以扣除手续费以后的保险费入账。

各签约公司不得接受未经中国人民银行总行批准营业的中、外保险经纪人的境内直接业务。

六、各签约公司应当严格执行《保险法》中关于"优先在中国境内的保险公司办理再保险"的规定。分出公司有分保需求时，首先应分给中国境内的保险公司、再保险公司；只有当中国境内的公司拒绝接受，或接受条件明显差于国外公司时，才可以分到国外。中国境内的分保接受人，如需安排转分保，也应优先分给中国境内的保险公司、再保险公司；只有当中国境内的公司拒绝接受，或接受条件明显差于国外公司时，才能转分到国外。

本公约自一九九七年十月一日起实施。

签约公司：

中保财产保险有限公司　孙希岳

中保人寿保险有限公司　何界生

中国太平洋保险公司　李子千

中国平安保险公司　马明哲

华泰财产保险股份有限公司　王梓木

新华人寿保险股份有限公司　孙兵

泰康人寿保险股份有限公司　陈东升

天安保险股份有限公司　陈剖建

大众保险股份有限公司　郭伟中

新疆兵团保险公司　梁国财

华安财产保险股份有限公司　胡新民

永安财产保险股份有限公司　陈凤玺

中保再保险有限公司　戴凤举

《国务院关于撤销中国人民保险（集团）公司实施方案的批复》

【发布主体】国务院
【文件编号】国函〔1998〕85 号
【文件层次】国务院规范性文件
【首次发布】1998 年 10 月 7 日
【首次生效】1998 年 10 月 7 日
【修订情况】特定背景下的公司治理政策法规文件
【治理意义】机构分立增加了保险市场主体数量

中国人民保险（集团）公司：

国务院批准《撤销中国人民保险（集团）公司实施方案》，由你公司会同有关部门组织实施。

附：撤销中国人民保险（集团）公司实施方案

国务院

一九九八年十月七日

撤销中国人民保险（集团）公司实施方案

中国人民保险（集团）公司

（一九九八年八月二十六日）

为加强对保险业的监管，促进我国保险业的健康发展，根据国务院第 13 次总理办公会议精神，现就撤销中国人民保险（集团）公司（以下简称：中保集团）提出以下实施方案。

一、机构设置

中保集团撤销后，原中保财产保险有限公司、中保人寿保险有限公司和中保再保险有限公司变为一级法人。中保集团原有的管理职能分别移交给上述 3 家公司。原中保财产保险有限公司继承中国人民保险公司的品牌，更名为中国人民保险公司（以下简称：产险公司）；原中保人寿保险有限公司更名为中国人寿保险公司（以下简称：寿险公司）；原中保再保险有限公司更名为中国再保险公司（以下简称：再保险公司）。国家保险监管机构负责对这 3 家公司的业务进行监管。

上述 3 家公司要坚持职能转换、机构精简、运转高效的原则，并按以下要求设置内部机构：一是完善党的领导体制，加强党的建设和系统的干部管理；二是强化纪检监察和稽核审计职能，健全内部控制制度和制约机制；三是保持原有业务管理部门的相对稳定，根据实际需要进行适当调整。

中保集团现有的正式职工，除一部分选调到国家保险监管机构外，其余人员根据工作需要和本人条件，分别充实到上述 3 家公司。

一、中保集团境内资产的处置

截至 1998 年 6 月底，中保集团总资产 148 亿元，总负债 7 亿元，所有者权益 141 亿元，扣除对 3 家子公司和海外机构的投资 70 亿元，可纳入处置的账面净资产约为 71 亿元。具体处置如下：

（一）从中保集团现有办公楼、办公设备中划出固定资产 0.5 亿元，暂不进行分配，留归即将成立的国家保险监管机构使用。待国务院明确国家保险监管机构经费来源及使用方式后，再根据有关规定作相应处理。

（二）职工宿舍、奖励福利基金以及非经营性机构占用的固定资产共 2.3 亿元，随人员、机构划转。

（三）其余资产 67.9 亿元，包括中保集团对子公司债权 31.3 亿元、对 5 家经济实体的股权及债权 19.6 亿元、银行存款和国债 17 亿元，分别划分给再保险公司 2.4 亿元、产险公司 39.3 亿元、寿险公司 26.2 亿元。

根据业务性质和实际需要，中保集团原附属经济实体分别划归 3 家公司管理。将万春园有限公司和中保电子有限公司划归产险公司；将中保信托投资公司、北京中保大厦有限公司划归寿险公司；将中国安泰经济发展公司、华泰保险咨询公司、中国保险管理干部学院、中国保险报社划归再保险公司。上述机构的资产和人员随机构一并划转。

三、海外机构的管理

为了增强海外机构的整体实力和竞争能力，确保海外国有资产的安全和保值增值，这次改革应注意保持海外机构的稳定性和连续性，以避免产生不利影响。在现行香港中国保险（集团）有限公司管理体制的基础上，将中保集团所属的其他海外经营性机构全部划归香港中国保险（集团）有限公司管理；在业务上接受国家保险监管机构的监管。同时，对现有海外机构进行全面清理整顿，在此基础上撤并亏损公司，实行资产重组，增强竞争能力，切实防范风险。

将中保集团驻伦敦、东京、纽约、汉堡代表处或联络处的牌照分别划归产险公司、寿险公司和再保险公司，作为 3 家公司的对外窗口。

四、党的建设和干部管理

产险公司、寿险公司、再保险公司和香港中国保险（集团）有限公司党的建设和干部管理等问题，由中保集团提出意见，按规定报请党中央审批。

《保险公司管理规定》

【发布主体】中国保险监督管理委员会
【文件编号】中国保险监督管理委员会令 2009 年第 1 号
【文件层次】部门规章
【首次发布】2000 年 1 月 13 日
【首次生效】2000 年 3 月 1 日
【修订情况】2002 年 3 月 15 日第一次修订；2004 年 5 月 13 日第二次修订；2009
年 9 月 25 日第三次修订；根据 2015 年 10 月 19 日《中国保险监督管理委员会关
于修改〈保险公司设立境外保险类机构管理办法〉等八部规章的决定》进行第四
次修订
【治理意义】全面规范保险公司及其分支机构的基础性规章

第一章　总则

第一条　为了加强对保险公司的监督管理，维护保险市场的正常秩序，保护
被保险人合法权益，促进保险业健康发展，根据《中华人民共和国保险法》（以
下简称《保险法》）、《中华人民共和国公司法》（以下简称《公司法》）等法律、
行政法规，制定本规定。

第二条　中国保险监督管理委员会（以下简称中国保监会）根据法律和国务
院授权，对保险公司实行统一监督管理。

中国保监会的派出机构在中国保监会授权范围内依法履行监管职责。

第三条　本规定所称保险公司，是指经保险监督管理机构批准设立，并依法
登记注册的商业保险公司。

本规定所称保险公司分支机构，是指经保险监督管理机构批准，保险公司依
法设立的分公司、中心支公司、支公司、营业部、营销服务部以及各类专属机构。
专属机构的设立和管理，由中国保监会另行规定。

本规定所称保险机构，是指保险公司及其分支机构。

第四条　本规定所称分公司，是指保险公司依法设立的以分公司命名的分支
机构。

本规定所称省级分公司，是指保险公司根据中国保监会的监管要求，在各省、
自治区、直辖市内负责许可申请、报告提交等相关事宜的分公司。保险公司在住

所地以外的各省、自治区、直辖市已经设立分公司的，应当指定其中一家分公司作为省级分公司。

保险公司在计划单列市设立分支机构的，应当指定一家分支机构，根据中国保监会的监管要求，在计划单列市负责许可申请、报告提交等相关事宜。

省级分公司设在计划单列市的，由省级分公司同时负责前两款规定的事宜。

第五条　保险业务由依照《保险法》设立的保险公司以及法律、行政法规规定的其他保险组织经营，其他单位和个人不得经营或者变相经营保险业务。

第二章　法人机构设立

第六条　设立保险公司，应当遵循下列原则：

（一）符合法律、行政法规；

（二）有利于保险业的公平竞争和健康发展。

第七条　设立保险公司，应当向中国保监会提出筹建申请，并符合下列条件：

（一）有符合法律、行政法规和中国保监会规定条件的投资人，股权结构合理；

（二）有符合《保险法》和《公司法》规定的章程草案；

（三）投资人承诺出资或者认购股份，拟注册资本不低于人民币 2 亿元，且必须为实缴货币资本；

（四）具有明确的发展规划、经营策略、组织机构框架、风险控制体系；

（五）拟任董事长、总经理应当符合中国保监会规定的任职资格条件；

（六）有投资人认可的筹备组负责人；

（七）中国保监会规定的其他条件。

中国保监会根据保险公司业务范围、经营规模，可以调整保险公司注册资本的最低限额，但不得低于人民币 2 亿元。

第八条　申请筹建保险公司的，申请人应当提交下列材料一式三份：

（一）设立申请书，申请书应当载明拟设立保险公司的名称、拟注册资本和业务范围等；

（二）设立保险公司可行性研究报告，包括发展规划、经营策略、组织机构框架和风险控制体系等；

（三）筹建方案；

（四）保险公司章程草案；

（五）中国保监会规定投资人应当提交的有关材料；

（六）筹备组负责人、拟任董事长、总经理名单及本人认可证明；

（七）中国保监会规定的其他材料。

第九条 中国保监会应当对筹建保险公司的申请进行审查，自受理申请之日起 6 个月内作出批准或者不批准筹建的决定，并书面通知申请人。决定不批准的，应当书面说明理由。

第十条 中国保监会在对筹建保险公司的申请进行审查期间，应当对投资人进行风险提示。

中国保监会应当听取拟任董事长、总经理对拟设保险公司在经营管理和业务发展等方面的工作思路。

第十一条 经中国保监会批准筹建保险公司的，申请人应当自收到批准筹建通知之日起 1 年内完成筹建工作。筹建期间届满未完成筹建工作的，原批准筹建决定自动失效。

筹建机构在筹建期间不得从事保险经营活动。筹建期间不得变更主要投资人。

第十二条 筹建工作完成后，符合下列条件的，申请人可以向中国保监会提出开业申请：

（一）股东符合法律、行政法规和中国保监会的有关规定；

（二）有符合《保险法》和《公司法》规定的章程；

（三）注册资本最低限额为人民币 2 亿元，且必须为实缴货币资本；

（四）有符合中国保监会规定任职资格条件的董事、监事和高级管理人员；

（五）有健全的组织机构；

（六）建立了完善的业务、财务、合规、风险控制、资产管理、反洗钱等制度；

（七）有具体的业务发展计划和按照资产负债匹配等原则制定的中长期资产配置计划；

（八）具有合法的营业场所，安全、消防设施符合要求，营业场所、办公设备等与业务发展规划相适应，信息化建设符合中国保监会要求；

（九）法律、行政法规和中国保监会规定的其他条件。

第十三条 申请人提出开业申请，应当提交下列材料一式三份：

（一）开业申请书；

（二）创立大会决议，没有创立大会决议的，应当提交全体股东同意申请开业的文件或者决议；

（三）公司章程；

（四）股东名称及其所持股份或者出资的比例，资信良好的验资机构出具的验资证明，资本金入账原始凭证复印件；

（五）中国保监会规定股东应当提交的有关材料；

（六）拟任该公司董事、监事、高级管理人员的简历以及相关证明材料；

（七）公司部门设置以及人员基本构成；

（八）营业场所所有权或者使用权的证明文件；

（九）按照拟设地的规定提交有关消防证明；

（十）拟经营保险险种的计划书、3 年经营规划、再保险计划、中长期资产配置计划，以及业务、财务、合规、风险控制、资产管理、反洗钱等主要制度；

（十一）信息化建设情况报告；

（十二）公司名称预先核准通知；

（十三）中国保监会规定提交的其他材料。

第十四条　中国保监会应当审查开业申请，进行开业验收，并自受理开业申请之日起 60 日内作出批准或者不批准开业的决定。验收合格决定批准开业的，颁发经营保险业务许可证；验收不合格决定不批准开业的，应当书面通知申请人并说明理由。

经批准开业的保险公司，应当持批准文件以及经营保险业务许可证，向工商行政管理部门办理登记注册手续，领取营业执照后方可营业。

第三章　分支机构设立

第十五条　保险公司可以根据业务发展需要申请设立分支机构。

保险公司分支机构的层级依次为分公司、中心支公司、支公司、营业部或者营销服务部。保险公司可以不逐级设立分支机构，但其在住所地以外的各省、自治区、直辖市开展业务，应当首先设立分公司。

保险公司可以不按照前款规定的层级逐级管理下级分支机构；营业部、营销服务部不得再管理其他任何分支机构。

第十六条　保险公司以 2 亿元人民币的最低资本金额设立的，在其住所地以外的每一省、自治区、直辖市首次申请设立分公司，应当增加不少于人民币 2 千万元的注册资本。

申请设立分公司，保险公司的注册资本达到前款规定的增资后额度的，可以不再增加相应的注册资本。

保险公司注册资本达到人民币 5 亿元，在偿付能力充足的情况下，设立分公司不需要增加注册资本。

第十七条　设立省级分公司，由保险公司总公司提出申请；设立其他分支机构，由保险公司总公司提出申请，或者由省级分公司持总公司批准文件提出申请。

在计划单列市申请设立分支机构，还可以由保险公司根据本规定第四条第三款指定的分支机构持总公司批准文件提出申请。

第十八条　设立分支机构，应当提出设立申请，并符合下列条件：

（一）上一年度偿付能力充足，提交申请前连续 2 个季度偿付能力均为充足；

（二）保险公司具备良好的公司治理结构，内控健全；

（三）申请人具备完善的分支机构管理制度；

（四）对拟设立分支机构的可行性已进行充分论证；

（五）在住所地以外的省、自治区、直辖市申请设立省级分公司以外其他分支机构的，该省级分公司已经开业；

（六）申请人最近 2 年内无受金融监管机构重大行政处罚的记录，不存在因涉嫌重大违法行为正在受到中国保监会立案调查的情形；

（七）申请设立省级分公司以外其他分支机构，在拟设地所在的省、自治区、直辖市内，省级分公司最近 2 年内无受金融监管机构重大行政处罚的记录，已设立的其他分支机构最近 6 个月内无受重大保险行政处罚的记录；

（八）有申请人认可的筹建负责人；

（九）中国保监会规定的其他条件。

第十九条　设立分支机构，申请人应当提交下列材料一式三份：

（一）设立申请书；

（二）申请前连续 2 个季度的偿付能力报告和上一年度经审计的偿付能力报告；

（三）保险公司上一年度公司治理结构报告以及申请人内控制度；

（四）分支机构设立的可行性论证报告，包括拟设机构 3 年业务发展规划和市场分析，设立分支机构与公司风险管理状况和内控状况相适应的说明；

（五）申请人分支机构管理制度；

（六）申请人作出的其最近 2 年无受金融监管机构重大行政处罚的声明；

（七）申请设立省级分公司以外其他分支机构的，提交省级分公司最近 2 年无受金融监管机构重大行政处罚的声明；

（八）拟设机构筹建负责人的简历以及相关证明材料；

（九）中国保监会规定提交的其他材料。

第二十条　中国保监会应当自收到完整申请材料之日起 30 日内对设立申请进行书面审查，对不符合本规定第十八条的，作出不予批准决定，并书面说明理由；对符合本规定第十八条的，向申请人发出筹建通知。

第二十一条　申请人应当自收到筹建通知之日起 6 个月内完成分支机构的筹建工作。筹建期间不计算在行政许可的期限内。

筹建期间届满未完成筹建工作的，应当根据本规定重新提出设立申请。

筹建机构在筹建期间不得从事任何保险经营活动。

第二十二条　筹建工作完成后，筹建机构具备下列条件的，申请人可以向中国保监会提交开业验收报告：

（一）具有合法的营业场所，安全、消防设施符合要求；

（二）建立了必要的组织机构和完善的业务、财务、风险控制、资产管理、反洗钱等管理制度；

（三）建立了与经营管理活动相适应的信息系统；

（四）具有符合任职条件的拟任高级管理人员或者主要负责人；

（五）对员工进行了上岗培训；

（六）筹建期间未开办保险业务；

（七）中国保监会规定的其他条件。

第二十三条　申请人提交的开业验收报告应当附下列材料一式三份：

（一）筹建工作完成情况报告；

（二）拟任高级管理人员或者主要负责人简历及有关证明；

（三）拟设机构营业场所所有权或者使用权证明；

（四）计算机设备配置、应用系统及网络建设情况报告；

（五）业务、财务、风险控制、资产管理、反洗钱等制度；

（六）机构设置和从业人员情况报告，包括员工上岗培训情况报告等；

（七）按照拟设地规定提交有关消防证明，无需进行消防验收或者备案的，提交申请人作出的已采取必要措施确保消防安全的书面承诺；

（八）中国保监会规定提交的其他材料。

第二十四条　中国保监会应当自收到完整的开业验收报告之日起 30 日内，进行开业验收，并作出批准或者不予批准的决定。验收合格批准设立的，颁发分支机构经营保险业务许可证；验收不合格不予批准设立的，应当书面通知申请人并说明理由。

第二十五条　经批准设立的保险公司分支机构，应当持批准文件以及分支机构经营保险业务许可证，向工商行政管理部门办理登记注册手续，领取营业执照后方可营业。

第四章　机构变更、解散与撤销

第二十六条　保险机构有下列情形之一的，应当经中国保监会批准：

（一）保险公司变更名称；

（二）变更注册资本；

（三）扩大业务范围；

（四）变更营业场所；

（五）保险公司分立或者合并；

（六）修改保险公司章程；

（七）变更出资额占有限责任公司资本总额 5%以上的股东，或者变更持有股份有限公司股份 5%以上的股东；

（八）中国保监会规定的其他情形。

第二十七条　保险机构有下列情形之一，应当自该情形发生之日起 15 日内，向中国保监会报告：

（一）变更出资额不超过有限责任公司资本总额 5%的股东，或者变更持有股份有限公司股份不超过 5%的股东，上市公司的股东变更除外；

（二）保险公司的股东变更名称，上市公司的股东除外；

（三）保险公司分支机构变更名称；

（四）中国保监会规定的其他情形。

第二十八条　保险公司依法解散的，应当经中国保监会批准，并报送下列材料一式三份：

（一）解散申请书；

（二）股东大会或者股东会决议；

（三）清算组织及其负责人情况和相关证明材料；

（四）清算程序；

（五）债权债务安排方案；

（六）资产分配计划和资产处分方案；

（七）中国保监会规定提交的其他材料。

第二十九条　保险公司依法解散的，应当成立清算组，清算工作由中国保监会监督指导。

保险公司依法被撤销的，由中国保监会及时组织股东、有关部门以及相关专业人员成立清算组。

第三十条　清算组应当自成立之日起 10 日内通知债权人，并于 60 日内在中国保监会指定的报纸上至少公告 3 次。

清算组应当委托资信良好的会计师事务所、律师事务所，对公司债权债务和资产进行评估。

第三十一条　保险公司撤销分支机构，应当经中国保监会批准。分支机构经营保险业务许可证自被批准撤销之日起自动失效，并应当于被批准撤销之日起 15 日内缴回。

保险公司合并、撤销分支机构的，应当进行公告，并书面通知有关投保人、被保险人或者受益人，对交付保险费、领取保险金等事宜应当充分告知。

第三十二条　保险公司依法解散或者被撤销的，其资产处分应当采取公开拍卖、协议转让或者中国保监会认可的其他方式。

第三十三条　保险公司依法解散或者被撤销的，在保险合同责任清算完毕之前，公司股东不得分配公司资产，或者从公司取得任何利益。

第三十四条　保险公司有《中华人民共和国企业破产法》第二条规定情形的，依法申请重整、和解或者破产清算。

第五章　分支机构管理

第三十五条　保险公司应当加强对分支机构的管理，督促分支机构依法合规经营，确保上级机构对管理的下级分支机构能够实施有效管控。

第三十六条　保险公司总公司应当根据本规定和发展需要制定分支机构管理制度，其省级分公司应当根据总公司的规定和当地实际情况，制定本省、自治区、直辖市分支机构管理制度。

保险公司在计划单列市设立分支机构的，应当由省级分公司或者保险公司根据本规定第四条第三款指定的分支机构制定当地分支机构管理制度。

第三十七条　分支机构管理制度至少应当包括下列内容：

（一）各级分支机构职能；

（二）各级分支机构人员、场所、设备等方面的配备要求；

（三）分支机构设立、撤销的内部决策制度；

（四）上级机构对下级分支机构的管控职责和措施。

第三十八条　保险公司分支机构应当配备必要数量的工作人员，分支机构高级管理人员或者主要负责人应当是与保险公司订立劳动合同的正式员工。

第三十九条　保险公司分支机构在经营存续期间，应当具有规范和稳定的营业场所，配备必要的办公设备。

第四十条　保险公司分支机构应当将经营保险业务许可证原件放置于营业

场所显著位置，以备查验。

第六章   保险经营

第四十一条   保险公司的分支机构不得跨省、自治区、直辖市经营保险业务，本规定第四十二条规定的情形和中国保监会另有规定的除外。

第四十二条   保险机构参与共保、经营大型商业保险或者统括保单业务，以及通过互联网、电话营销等方式跨省、自治区、直辖市承保业务，应当符合中国保监会的有关规定。

第四十三条   保险机构应当公平、合理拟订保险条款和保险费率，不得损害投保人、被保险人和受益人的合法权益。

第四十四条   保险机构的业务宣传资料应当客观、完整、真实，并应当载有保险机构的名称和地址。

第四十五条   保险机构应当按照中国保监会的规定披露有关信息。

保险机构不得利用广告或者其他宣传方式，对其保险条款内容和服务质量等做引人误解的宣传。

第四十六条   保险机构对保险合同中有关免除保险公司责任、退保、费用扣除、现金价值和犹豫期等事项，应当依照《保险法》和中国保监会的规定向投保人作出提示。

第四十七条   保险机构开展业务，应当遵循公平竞争的原则，不得从事不正当竞争。

第四十八条   保险机构不得将其保险条款、保险费率与其他保险公司的类似保险条款、保险费率或者金融机构的存款利率等进行片面比较。

第四十九条   保险机构不得以捏造、散布虚假事实等方式损害其他保险机构的信誉。

保险机构不得利用政府及其所属部门、垄断性企业或者组织，排挤、阻碍其他保险机构开展保险业务。

第五十条   保险机构不得劝说或者诱导投保人解除与其他保险机构的保险合同。

第五十一条   保险机构不得给予或者承诺给予投保人、被保险人、受益人保险合同约定以外的保险费回扣或者其他利益。

第五十二条   除再保险公司以外，保险机构应当按照规定设立客户服务部门或者咨询投诉部门，并向社会公开咨询投诉电话。

保险机构对保险投诉应当认真处理，并将处理意见及时告知投诉人。

第五十三条 保险机构应当建立保险代理人的登记管理制度,加强对保险代理人的培训和管理,不得唆使、诱导保险代理人进行违背诚信义务的活动。

第五十四条 保险机构不得委托未取得合法资格的机构或者个人从事保险销售活动,不得向未取得合法资格的机构或者个人支付佣金或者其他利益。

第五十五条 保险公司应当建立健全公司治理结构,加强内部管理,建立严格的内部控制制度。

第五十六条 保险公司应当建立控制和管理关联交易的有关制度。保险公司的重大关联交易应当按照规定及时向中国保监会报告。

第五十七条 保险机构任命董事、监事、高级管理人员,应当在任命前向中国保监会申请核准上述人员的任职资格。

保险机构董事、监事、高级管理人员的任职资格管理,按照《保险法》和中国保监会有关规定执行。

第五十八条 保险机构应当依照《保险法》和中国保监会的有关规定管理、使用经营保险业务许可证。

第七章 监督管理

第五十九条 中国保监会对保险机构的监督管理,采取现场监管与非现场监管相结合的方式。

第六十条 保险机构有下列情形之一的,中国保监会可以将其列为重点监管对象:

(一)严重违法;

(二)偿付能力不足;

(三)财务状况异常;

(四)中国保监会认为需要重点监管的其他情形。

第六十一条 中国保监会对保险机构的现场检查包括但不限于下列事项:

(一)机构设立、变更是否依法经批准或者向中国保监会报告;

(二)董事、监事、高级管理人员任职资格是否依法经核准;

(三)行政许可的申报材料是否真实;

(四)资本金、各项准备金是否真实、充足;

(五)公司治理和内控制度建设是否符合中国保监会的规定;

(六)偿付能力是否充足;

(七)资金运用是否合法;

(八)业务经营和财务情况是否合法,报告、报表、文件、资料是否及时、完整、真实；

（九）是否按规定对使用的保险条款和保险费率报经审批或者备案；

（十）与保险中介的业务往来是否合法；

（十一）信息化建设工作是否符合规定；

（十二）需要事后报告的其他事项是否按照规定报告；

（十三）中国保监会依法检查的其他事项。

第六十二条　中国保监会对保险机构进行现场检查，保险机构应当予以配合，并按中国保监会的要求提供有关文件、材料。

第六十三条　中国保监会工作人员依法实施现场检查；检查人员不得少于 2 人，并应当出示有关证件和检查通知书。

中国保监会可以在现场检查中，委托会计师事务所等中介服务机构提供相关专业服务；委托上述中介服务机构提供专业服务的，应当签订书面委托协议。

第六十四条　保险机构出现频繁撤销分支机构、频繁变更分支机构营业场所等情形，可能或者已经对保险公司经营造成不利影响的，中国保监会有权根据监管需要采取下列措施：

（一）要求保险机构在指定时间内完善分支机构管理的相关制度；

（二）询问保险机构负责人、其他相关人员，了解变更、撤销的有关情况；

（三）要求保险机构提供其内部对变更、撤销行为进行决策的相关文件和资料；

（四）出示重大风险提示函，或者对有关人员进行监管谈话；

（五）依法采取的其他措施。

保险机构应当按照中国保监会的要求进行整改，并及时将整改情况书面报告中国保监会。

第六十五条　中国保监会有权根据监管需要，要求保险机构进行报告或者提供专项资料。

第六十六条　保险机构应当按照规定及时向中国保监会报送营业报告、精算报告、财务会计报告、偿付能力报告、合规报告等报告、报表、文件和资料。

保险机构向中国保监会提交的各类报告、报表、文件和资料，应当真实、完整、准确。

第六十七条　保险公司的股东大会、股东会、董事会的重大决议，应当在决议作出后 30 日内向中国保监会报告，中国保监会另有规定的除外。

第六十八条　中国保监会有权根据监管需要，对保险机构董事、监事、高级管理人员进行监管谈话，要求其就保险业务经营、风险控制、内部管理等有关重大事项作出说明。

第六十九条　保险机构或者其从业人员违反本规定，由中国保监会依照法律、行政法规进行处罚；法律、行政法规没有规定的，由中国保监会责令改正，给予警告，对有违法所得的处以违法所得1倍以上3倍以下罚款，但最高不得超过3万元，对没有违法所得的处以1万元以下罚款；涉嫌犯罪的，依法移交司法机关追究其刑事责任。

第八章　附则

第七十条　外资独资保险公司、中外合资保险公司分支机构设立适用本规定；中国保监会之前作出的有关规定与本规定不一致的，以本规定为准。

对外资独资保险公司、中外合资保险公司的其他管理，适用本规定，法律、行政法规和中国保监会另有规定的除外。

第七十一条　除本规定第四十二条和第七十二条第一款规定的情形外，外国保险公司分公司只能在其住所地的省、自治区、直辖市行政辖区内开展业务。

对外国保险公司分公司的其他管理，参照本规定对保险公司总公司的有关规定执行，法律、行政法规和中国保监会另有规定的除外。

第七十二条　再保险公司，包括外国再保险公司分公司，可以直接在全国开展再保险业务。

再保险公司适用本规定，法律、行政法规和中国保监会另有规定的除外。

第七十三条　政策性保险公司、相互制保险公司参照适用本规定，国家另有规定的除外。

第七十四条　保险公司在境外设立子公司、分支机构，应当经中国保监会批准；其设立条件和管理，由中国保监会另行规定。

境内非保险机构在境外设立保险机构，应当经中国保监会批准。

第七十五条　保险公司应当按照《保险法》的规定，加入保险行业协会。

第七十六条　本规定施行前已经设立的分支机构，无需按照本规定的设立条件重新申请设立审批，但应当符合本规定对分支机构的日常管理要求。不符合规定的，应当自本规定施行之日起2年内进行整改，在高级管理人员或者主要负责人资质、场所规范、许可证使用、分支机构管理等方面达到本规定的相关要求。

第七十七条　保险机构依照本规定报送的各项报告、报表、文件和资料，应当用中文书写。原件为外文的，应当附中文译本；中文与外文意思不一致的，以中文为准。

第七十八条　本规定中的日是指工作日，不含法定节假日；本规定中的以上、以下，包括本数。

第七十九条 本规定由中国保监会负责解释。

第八十条 本规定自 2009 年 10 月 1 日起施行。中国保监会 2004 年 5 月 13 日发布的《保险公司管理规定》（保监会令〔2004〕3 号）同时废止。

《中华人民共和国外资保险公司管理条例》

【发布主体】国务院
【文件编号】国务院令第 636 号
【文件层次】行政法规
【首次发布】2001 年 12 月 12 日
【首次生效】2002 年 2 月 1 日
【修订情况】根据 2013 年 5 月 30 日《国务院关于修改〈中华人民共和国外资保险公司管理条例〉的决定》修订
【治理意义】规范外资保险公司行为的基本制度

第一章 总则

第一条 为了适应对外开放和经济发展的需要，加强和完善对外资保险公司的监督管理，促进保险业的健康发展，制定本条例。

第二条 本条例所称外资保险公司，是指依照中华人民共和国有关法律、行政法规的规定，经批准在中国境内设立和营业的下列保险公司：

（一）外国保险公司同中国的公司、企业在中国境内合资经营的保险公司（以下简称合资保险公司）；

（二）外国保险公司在中国境内投资经营的外国资本保险公司（以下简称独资保险公司）；

（三）外国保险公司在中国境内的分公司（以下简称外国保险公司分公司）。

第三条 外资保险公司必须遵守中国法律、法规，不得损害中国的社会公共利益。

外资保险公司的正当业务活动和合法权益受中国法律保护。

第四条 中国保险监督管理委员会（以下简称中国保监会）负责对外资保险公司实施监督管理。中国保监会的派出机构根据中国保监会的授权，对本辖区的外资保险公司进行日常监督管理。

第二章　设立与登记

第五条　设立外资保险公司，应当经中国保监会批准。

设立外资保险公司的地区，由中国保监会按照有关规定确定。

第六条　设立经营人身保险业务的外资保险公司和经营财产保险业务的外资保险公司，其设立形式、外资比例由中国保监会按照有关规定确定。

第七条　合资保险公司、独资保险公司的注册资本最低限额为 2 亿元人民币或者等值的自由兑换货币；其注册资本最低限额必须为实缴货币资本。

外国保险公司分公司应当由其总公司无偿拨给不少于 2 亿元人民币或者等值的自由兑换货币的营运资金。

中国保监会根据外资保险公司业务范围、经营规模，可以提高前两款规定的外资保险公司注册资本或者营运资金的最低限额。

第八条　申请设立外资保险公司的外国保险公司，应当具备下列条件：

（一）经营保险业务 30 年以上；

（二）在中国境内已经设立代表机构 2 年以上；

（三）提出设立申请前 1 年年末总资产不少于 50 亿美元；

（四）所在国家或者地区有完善的保险监管制度，并且该外国保险公司已经受到所在国家或者地区有关主管当局的有效监管；

（五）符合所在国家或者地区偿付能力标准；

（六）所在国家或者地区有关主管当局同意其申请；

（七）中国保监会规定的其他审慎性条件。

第九条　设立外资保险公司，申请人应当向中国保监会提出书面申请，并提交下列资料：

（一）申请人法定代表人签署的申请书，其中设立合资保险公司的，申请书由合资各方法定代表人共同签署；

（二）外国申请人所在国家或者地区有关主管当局核发的营业执照（副本）、对其符合偿付能力标准的证明及对其申请的意见书；

（三）外国申请人的公司章程、最近 3 年的年报；

（四）设立合资保险公司的，中国申请人的有关资料；

（五）拟设公司的可行性研究报告及筹建方案；

（六）拟设公司的筹建负责人员名单、简历和任职资格证明；

（七）中国保监会规定提供的其他资料。

第十条　中国保监会应当对设立外资保险公司的申请进行初步审查，自收到完整的申请文件之日起 6 个月内作出受理或者不受理的决定。决定受理的，发给正式申请表；决定不受理的，应当书面通知申请人并说明理由。

第十一条　申请人应当自接到正式申请表之日起 1 年内完成筹建工作；在规定的期限内未完成筹建工作，有正当理由的，经中国保监会批准，可以延长 3 个月。在延长期内仍未完成筹建工作的，中国保监会作出的受理决定自动失效。筹建工作完成后，申请人应当将填写好的申请表连同下列文件报中国保监会审批：

（一）筹建报告；

（二）拟设公司的章程；

（三）拟设公司的出资人及其出资额；

（四）法定验资机构出具的验资证明；

（五）对拟任该公司主要负责人的授权书；

（六）拟设公司的高级管理人员名单、简历和任职资格证明；

（七）拟设公司未来 3 年的经营规划和分保方案；

（八）拟在中国境内开办保险险种的保险条款、保险费率及责任准备金的计算说明书；

（九）拟设公司的营业场所和与业务有关的其他设施的资料；

（十）设立外国保险公司分公司的，其总公司对该分公司承担税务、债务的责任担保书；

（十一）设立合资保险公司的，其合资经营合同；

（十二）中国保监会规定提供的其他文件。

第十二条　中国保监会应当自收到设立外资保险公司完整的正式申请文件之日起 60 日内，作出批准或者不批准的决定。决定批准的，颁发经营保险业务许可证；决定不批准的，应当书面通知申请人并说明理由。

经批准设立外资保险公司的，申请人凭经营保险业务许可证向工商行政管理机关办理登记，领取营业执照。

第十三条　外资保险公司成立后，应当按照其注册资本或者营运资金总额的 20%提取保证金，存入中国保监会指定的银行；保证金除外资保险公司清算时用于清偿债务外，不得动用。

第十四条　外资保险公司在中国境内设立分支机构，由中国保监会按照有关规定审核批准。

第三章　业务范围

第十五条　外资保险公司按照中国保监会核定的业务范围,可以全部或者部分依法经营下列种类的保险业务:

（一）财产保险业务,包括财产损失保险、责任保险、信用保险等保险业务;

（二）人身保险业务,包括人寿保险、健康保险、意外伤害保险等保险业务。

外资保险公司经中国保监会按照有关规定核定,可以在核定的范围内经营大型商业风险保险业务、统括保单保险业务。

第十六条　同一外资保险公司不得同时兼营财产保险业务和人身保险业务。

第十七条　外资保险公司可以依法经营本条例第十五条规定的保险业务的下列再保险业务:

（一）分出保险;

（二）分入保险。

第十八条　外资保险公司的具体业务范围、业务地域范围和服务对象范围,由中国保监会按照有关规定核定。外资保险公司只能在核定的范围内从事保险业务活动。

第四章　监督管理

第十九条　中国保监会有权检查外资保险公司的业务状况、财务状况及资金运用状况,有权要求外资保险公司在规定的期限内提供有关文件、资料和书面报告,有权对违法违规行为依法进行处罚、处理。

外资保险公司应当接受中国保监会依法进行的监督检查,如实提供有关文件、资料和书面报告,不得拒绝、阻碍、隐瞒。

第二十条　除经中国保监会批准外,外资保险公司不得与其关联企业从事下列交易活动:

（一）再保险的分出或者分入业务;

（二）资产买卖或者其他交易。

前款所称关联企业,是指与外资保险公司有下列关系之一的企业:

（一）在股份、出资方面存在控制关系;

（二）在股份、出资方面同为第三人所控制;

（三）在利益上具有其他相关联的关系。

第二十一条　外国保险公司分公司应当于每一会计年度终了后 3 个月内,将该分公司及其总公司上一年度的财务会计报告报送中国保监会,并予公布。

第二十二条　外国保险公司分公司的总公司有下列情形之一的,该分公司应当自各该情形发生之日起 10 日内,将有关情况向中国保监会提交书面报告:

（一）变更名称、主要负责人或者注册地;

（二）变更资本金;

（三）变更持有资本总额或者股份总额 10%以上的股东;

（四）调整业务范围;

（五）受到所在国家或者地区有关主管当局处罚;

（六）发生重大亏损;

（七）分立、合并、解散、依法被撤销或者被宣告破产;

（八）中国保监会规定的其他情形。

第二十三条　外国保险公司分公司的总公司解散、依法被撤销或者被宣告破产的,中国保监会应当停止该分公司开展新业务。

第二十四条　外资保险公司经营外汇保险业务的,应当遵守国家有关外汇管理的规定。

除经国家外汇管理机关批准外,外资保险公司在中国境内经营保险业务的,应当以人民币计价结算。

第二十五条　本条例规定向中国保监会提交、报送文件、资料和书面报告的,应当提供中文本。

第五章　终止与清算

第二十六条　外资保险公司因分立、合并或者公司章程规定的解散事由出现,经中国保监会批准后解散。外资保险公司解散的,应当依法成立清算组,进行清算。

经营人寿保险业务的外资保险公司,除分立、合并外,不得解散。

第二十七条　外资保险公司违反法律、行政法规,被中国保监会吊销经营保险业务许可证的,依法撤销,由中国保监会依法及时组织成立清算组进行清算。

第二十八条　外资保险公司因解散、依法被撤销而清算的,应当自清算组成立之日起 60 日内在报纸上至少公告 3 次。公告内容应当经中国保监会核准。

第二十九条　外资保险公司不能支付到期债务,经中国保监会同意,由人民法院依法宣告破产。外资保险公司被宣告破产的,由人民法院组织中国保监会等有关部门和有关人员成立清算组,进行清算。

第三十条　外资保险公司解散、依法被撤销或者被宣告破产的,未清偿债务前,不得将其财产转移至中国境外。

第六章　法律责任

第三十一条　违反本条例规定，擅自设立外资保险公司或者非法从事保险业务活动的，由中国保监会予以取缔；依照刑法关于擅自设立金融机构罪、非法经营罪或者其他罪的规定，依法追究刑事责任；尚不够刑事处罚的，由中国保监会没收违法所得，并处违法所得 1 倍以上 5 倍以下的罚款，没有违法所得或者违法所得不足 20 万元的，处 20 万元以上 100 万元以下的罚款。

第三十二条　外资保险公司违反本条例规定，超出核定的业务范围、业务地域范围或者服务对象范围从事保险业务活动的，依照刑法关于非法经营罪或者其他罪的规定，依法追究刑事责任；尚不够刑事处罚的，由中国保监会责令改正，责令退还收取的保险费，没收违法所得，并处违法所得 1 倍以上 5 倍以下的罚款，没有违法所得或者违法所得不足 10 万元的，处 10 万元以上 50 万元以下的罚款；逾期不改正或者造成严重后果的，责令限期停业或者吊销经营保险业务许可证。

第三十三条　外资保险公司违反本条例规定，有下列行为之一的，由中国保监会责令改正，处 5 万元以上 30 万元以下的罚款；情节严重的，可以责令停止接受新业务或者吊销经营保险业务许可证：

（一）未按照规定提存保证金或者违反规定动用保证金的；

（二）违反规定与其关联企业从事交易活动的；

（三）未按照规定补足注册资本或者营运资金的。

第三十四条　外资保险公司违反本条例规定，有下列行为之一的，由中国保监会责令限期改正；逾期不改正的，处 1 万元以上 10 万元以下的罚款：

（一）未按照规定提交、报送有关文件、资料和书面报告的；

（二）未按照规定公告的。

第三十五条　外资保险公司违反本条例规定，有下列行为之一的，由中国保监会处 10 万元以上 50 万元以下的罚款：

（一）提供虚假的文件、资料和书面报告的；

（二）拒绝或者阻碍依法监督检查的。

第三十六条　外资保险公司违反本条例规定，将其财产转移至中国境外的，由中国保监会责令转回转移的财产，处转移财产金额 20%以上等值以下的罚款。

第三十七条　外资保险公司违反中国有关法律、行政法规和本条例规定的，中国保监会可以取消该外资保险公司高级管理人员一定期限直至终身在中国的任职资格。

第七章　附则

第三十八条　对外资保险公司的管理，本条例未作规定的，适用《中华人民共和国保险法》和其他有关法律、行政法规和国家其他有关规定。

第三十九条　香港特别行政区、澳门特别行政区和台湾地区的保险公司在内地设立和营业的保险公司，比照适用本条例。

第四十条　本条例自 2002 年 2 月 1 日起施行。

《中国保险监督管理委员会关于加强对保险公司设立分支机构管理的通知》

【发布主体】中国保险监督管理委员会
【文件编号】保监发〔2001〕199 号
【文件层次】部门规范性文件
【首次发布】2001 年 12 月 14 日
【首次生效】2001 年 12 月 14 日
【修订情况】已废止
【治理意义】加强对保险公司设立分支机构的管理

中国太平洋财产保险股份有限公司、中国太平洋人寿保险股份有限公司、华泰财产保险股份有限公司、泰康人寿保险股份有限公司、新华人寿保险股份有限公司、天安保险股份有限公司、大众保险股份有限公司、新疆兵团财产保险公司、华安财产保险股份有限公司、永安财产保险股份有限公司：

为了适应保险业发展的需要，我会于近期批准部分保险公司可在一些省会城市和中心城市设立分支机构。为了切实加强对这项工作的管理，现通知如下：

一、各公司在机构筹建中必须严格按照经济核算有效益，业务发展有需要，管理水平相适应的原则，有计划、有步骤地进行筹建。筹建分支机构必须从实际出发，量力而行，加强领导，时间服从质量，决不允许盲目铺设机构。

二、设立分支机构，必须具备以下条件：

（一）符合《保险公司管理规定》第十三条对资本金的要求；

（二）具有保监会规定任职资格的分支机构高级管理人员；

（三）公司内控制度健全，对拟设分支机构具有相应的管控能力；

（四）具备符合规定的计算机管理系统；

（五）总公司偿付能力必须符合规定要求。

三、拟订立的分公司由保监会审核验收；中心支公司由保监会授权当地保监办审核验收并报保监会备案。保监会将严格执行验收标准，对不符合条件的，不予批准开业；对盲目铺设机构的，将依法取消筹建资格。

特此通知

中国保险监督管理委员会

《再保险公司设立规定》

【发布主体】中国保险监督管理委员会
【文件编号】中国保险监督管理委员会令 2002 年第 4 号
【文件层次】部门规章
【首次发布】2002 年 9 月 17 日
【首次生效】2002 年 9 月 17 日
【修订情况】现行有效
【治理意义】规范再保险公司设立行为的基本制度

第一条　为促进再保险市场的发展，规范再保险公司的设立，根据《中华人民共和国保险法》和《中华人民共和国外资保险公司管理条例》，制定本规定。

第二条　本规定所称的再保险公司是指经中国保险监督管理委员会（以下简称中国保监会）批准设立，依法登记注册专门经营再保险业务的公司。

第三条　设立再保险公司应经中国保监会批准。依据业务经营范围，再保险公司可以分为人寿再保险公司、非人寿再保险公司和综合再保险公司。

第四条　经中国保监会批准，再保险公司可以经营以下全部或部分业务：

（一）人寿再保险业务

1. 中国境内的再保险业务；

2. 中国境内的转分保业务；

3. 国际再保险业务。

（二）非人寿再保险业务

1. 中国境内的再保险业务；

2. 中国境内的转分保业务；

3. 国际再保险业务。

（三）同时经营上述（一）、（二）两项的全部或部分业务

第五条　人寿再保险公司和非人寿再保险公司的实收货币资本金应不低于2亿元人民币或等值的可自由兑换货币；综合再保险公司的实收货币资本金应不低于3亿元人民币或等值的可自由兑换货币。外国保险公司的出资应当为可自由兑换货币。

第六条　再保险公司应当聘用经中国保监会认可的精算专业人员。

第七条　投资再保险公司的中资股东应符合中国保监会《向保险公司投资入股暂行规定》，其持股比例和股权变更，应遵守中国保监会的有关规定。

投资中外合资、外资独资再保险公司的外国保险公司，应符合中国加入世界贸易组织的有关承诺。

第八条　外国再保险公司在中国境内设立的分公司，其营运资金标准和设立要求，适用本规定。

第九条　香港特别行政区、澳门特别行政区和台湾地区的再保险公司在内地设立的分公司，比照本规定。

第十条　本规定自发布之日起实施。

《国有保险公司监事会检查报告报送程序规定》

【发布主体】中国保险监督管理委员会

【文件编号】保监发〔2003〕113 号

【文件层次】部门规范性文件

【首次发布】2003 年 8 月 19 日

【首次生效】2003 年 8 月 19 日

【修订情况】已废止

【治理意义】规范国务院派驻国有保险公司监事会检查报告报送程序

为规范国务院派驻国有保险公司监事会检查报告报送程序，根据国务院有关规定，制定本规定。

一、检查报告种类

（一）年度检查报告。主要是对国有保险公司上一年度执行国家有关法律法规情况、财务状况及其主要负责人的经营行为所作检查的报告，包括对其主要负

责人的评价。

（二）专项检查报告。主要是对国有保险公司重大问题和有关违法违纪问题进行专项检查的报告。

二、检查报告报送程序

（一）国有保险公司监事会应及时向保监会报送检查报告。检查报告应由监事会主席签署，篇幅较长的，应附"内容提要"。

（二）保监会严格按照国家行政机关公文处理办法，对检查报告进行审核后，作为请示件上报国务院。

三、贯彻落实国务院领导同志批示有关程序

（一）对国务院领导同志在监事会检查报告上的批示，保监会办公厅及时印送或以其他方式通知相关保险公司及其监事会。

（二）国有保险公司要将贯彻落实国务院领导同志批示精神的情况报送保监会，同时抄送有关监事会。

（三）保监会对国有保险公司贯彻落实国务院领导同志批示精神的报告进行审核后，转报国务院。

（四）保监会收到国务院领导同志对国有保险公司贯彻落实的情况的批示后，印送或以其他方式通知相关保险公司及其监事会。

《外国保险机构驻华代表机构管理办法》

【发布主体】中国保险监督管理委员会
【文件编号】中国保险监督管理委员会令 2006 年第 5 号
【文件层次】部门规章
【首次发布】2004 年 1 月 15 日
【首次生效】2004 年 3 月 1 日
【修订情况】2006 年 7 月 12 日修订
【治理意义】加强对外国保险机构驻华代表机构的管理

第一章　总则

第一条　为了加强对外国保险机构驻华代表机构（以下简称"代表机构"）的管理，适应中国保险市场对外开放的需要，根据《中华人民共和国保险法》，制定本办法。

第二条　本办法所称外国保险机构，是指在中国境外注册的保险公司、再保险公司、保险中介机构、保险协会及其他保险组织。

本办法所称代表机构，是指外国保险机构在中国境内获准设立并从事联络、市场调查等非经营性活动的代表处、总代表处。

本办法所称首席代表，是指代表处的主要负责人；本办法所称总代表，是指总代表处的主要负责人。

第三条　代表机构必须遵守中国法律、法规和中国保险监督管理委员会（以下简称"中国保监会"）的有关规定。

代表机构的合法权益受中国法律保护。

第四条　中国保监会根据法律和国务院授权，对代表机构履行监管职责。

中国保监会派出机构，在中国保监会授权范围内，代表中国保监会对本辖区的代表机构实施日常监管。

第二章　申请与设立

第五条　申请设立代表处的外国保险机构（以下简称"申请者"）应当具备下列条件：

（一）经营状况良好；

（二）外国保险机构经营有保险业务的，应当经营保险业务 20 年以上，没有经营保险业务的，应当成立 20 年以上；

（三）申请之日前 3 年内无重大违法违规记录；

（四）中国保监会规定的其他审慎性条件。

本条所称经营保险业务 20 年以上，是指外国保险机构持续经营保险业务 20 年以上，外国保险机构吸收合并其他机构或者与其他机构合并设立新保险机构的，不影响其经营保险业务年限的计算。

外国保险机构子公司经营保险业务的年限，自该子公司设立时开始计算。

外国保险集团公司经营保险业务的年限，以下列两项时间中较早的一项时间开始计算：

（一）该集团开始经营保险业务的时间；

（二）该集团中经营保险业务的子公司开始经营保险业务的时间。

第六条　申请者应当提交下列材料：

（一）正式申请表；

（二）由董事长或者总经理签署的致中国保监会主席的申请书；

（三）所在国家或者地区有关主管当局核发的营业执照或者合法开业证明或者注册登记证明的复印件；

（四）机构章程，董事会成员名单、管理层人员名单或者主要合伙人名单；

（五）申请之日前 3 年的年报；

（六）所在国家或者地区有关主管当局出具的对申请者在中国境内设立代表处的意见书，或者由所在行业协会出具的推荐信，意见书或者推荐信应当陈述申请者在出具意见书或者推荐信之日前 3 年受处罚的记录；

（七）代表机构设立的可行性和必要性研究报告；

（八）由董事长或者总经理签署的首席代表授权书；

（九）申请者就拟任首席代表在申请日前 3 年没有因重大违法违规行为受到所在国家或者地区处罚的声明；

（十）拟任首席代表的简历；

（十一）中国保监会规定提交的其他资料。

"营业执照"、"合法开业证明"和"注册登记证明"的复印件必须经其所在国家或者地区依法设立的公证机构公证或者经中国驻该国使、领馆认证。

第七条 申请者应当向中国保监会提交申请材料。对拟设代表处的申请，中国保监会应当根据下列情况分别处理：

（一）申请材料存在可以当场更正的错误的，应当允许申请人当场更正；

（二）申请材料不齐全或者不符合法定形式的，应当当场或者在 5 日内一次告知申请人需要补正的全部内容，逾期不告知的，自收到申请材料之日起即为受理；

（三）申请材料齐全、符合法定形式，或者申请人按照要求提交全部补正申请材料的，应当受理申请。

中国保监会受理或者不予受理申请，应当出具加盖专用印章和注明日期的书面凭证。

第八条 中国保监会根据审慎性原则对设立代表处的申请进行审查，并应当自受理申请之日起 20 日内，作出批准或者不予批准的决定。20 日内不能作出决定的，经中国保监会主席批准，可以延长 10 日，并应当将延长期限的理由告知申请人。

决定批准的，颁发批准书；决定不予批准的，应当书面说明理由。

第九条 代表处领取批准书后，应当按有关规定办理工商登记。

代表处应当自领取批准书之日起 3 个月内迁入固定的办公场所，并向中国保监会书面报告下列事项：

（一）工商登记注册证明；

（二）办公场所的合法使用权证明；

（三）办公场所电话、传真、邮政通讯地址；

（四）首席代表移动电话、电子邮箱。

代表处自领取批准书之日起 3 个月内未向中国保监会提交书面报告的，视为未迁入固定办公场所，原批准书自动失效。

<h2 style="text-align:center">第三章　监督管理</h2>

第十条　代表处的名称应当依次由下列内容组成："外国保险机构所属国家或者地区名称"、"外国保险机构名称"、"所在城市名称"和"代表处"；总代表处的名称应当依次由下列内容组成："外国保险机构所属国家或者地区名称"、"外国保险机构名称"和"驻中国总代表处"。

第十一条　代表机构除主要负责人外，其他主要工作人员应当称"代表"、"副代表"。

第十二条　代表机构工作人员应当遵守中国的法律法规，品行良好，无重大违法违规记录。

第十三条　总代表和首席代表应当具备履行职责所需的学历、从业经历和工作能力。

总代表应当具备 8 年以上工作经历、大学专科以上学历；首席代表应当具备 5 年以上工作经历、大学专科以上学历。

总代表和首席代表不具备大学专科以上学历的，应当具备 10 年以上保险从业经历。

第十四条　每个代表机构的外籍工作人员最多不得超过 3 人。

第十五条　代表机构及其工作人员不得以任何方式从事或者参与经营性活动。

第十六条　代表机构应当有独立、固定的办公场所和专职的工作人员。

第十七条　总代表或首席代表不得在 2 个以上代表机构中任职；也不得在中国境内任何经营性机构中任职。

第十八条　总代表或首席代表应当常驻代表机构主持日常工作，并且常驻时间每年累计不得少于 240 日。

总代表或者首席代表离开代表机构的时间每次不得连续超过 30 日；离开代表机构连续超过 14 日的，应当指定专人代行其职，并向当地中国保监会派出机构书面报告。

第十九条　代表机构应当在每年 2 月底前向当地中国保监会派出机构报送上一年度的工作报告一式两份，由中国保监会派出机构转报中国保监会。

工作报告应当按中国保监会规定的格式填写。

第二十条　代表机构每年在其代表的外国保险机构会计年度结束后的 6 个月内，应当分别向中国保监会和当地中国保监会派出机构报送其所代表的外国保险机构上一年度的年报。

第二十一条　代表机构代表的外国保险机构有下列情形之一的，代表机构应当自事件发生之日起 10 日内，向中国保监会提交书面报告，同时抄报当地中国保监会派出机构：

（一）公司章程、注册资本或者注册地址变更；

（二）分立、合并或者主要负责人变动；

（三）经营严重亏损；

（四）因违法、违规行为受到处罚；

（五）外国保险机构所在国家或者地区的有关主管当局对其实施重大监管措施；

（六）对经营有重大影响的其他事项。

第二十二条　代表机构更换总代表或者首席代表的，应当向中国保监会申请，并提交下列材料：

（一）由其代表的外国保险机构董事长或者总经理签署的致中国保监会主席的申请书；

（二）由其代表的外国保险机构董事长或者总经理签署的拟任总代表或者首席代表的授权书；

（三）拟任总代表或者首席代表的身份证明、学历证明和简历；

（四）中国保监会规定的其他材料。

第二十三条　代表机构变更名称，应当向中国保监会申请，并提交下列材料：

（一）名称变更申请表；

（二）由其所代表的外国保险机构董事长或者总经理签署的致中国保监会主席的申请书；

（三）中国保监会规定的其他材料。

第二十四条　在中国境内已设立 2 个以上代表处的外国保险机构，可以指定其中一个代表处为总代表处，但应当按照本办法第二十三条的规定，向中国保监会申请将代表处名称变更为总代表处。

代表处经批准变更为总代表处的，总代表处应当自中国保监会批准变更之日起 1 个月内依法办理代表处的工商变更登记。

第二十五条   代表机构变更总代表、首席代表或者变更名称,按照本办法规定向中国保监会提出申请的,中国保监会应当自受理申请之日起 20 日内,作出批准或者不予批准的决定。

决定批准的,颁发批准书;决定不予批准的,应当作出书面决定并说明理由。

第二十六条   代表机构只能在所在城市的行政辖区内变更办公场所,并应当自变更之日起 5 日内向中国保监会和当地中国保监会派出机构书面报告下列事项:

(一)新办公场所合法使用权证明;

(二)新办公场所电话、传真、邮政通讯地址。

本条所称变更办公场所包括原有办公场所的搬迁、扩大、缩小或者新增办公场所等情形。

第二十七条   代表机构撤销的,应当自撤销之日起 20 日内,向中国保监会书面报告下列事项:

(一)撤销代表机构的情况说明;

(二)外国保险机构撤销代表机构文件的复印件。

第二十八条   代表机构更换或者增减代表、副代表、外籍工作人员,应当自更换或者增减人员之日起 5 日内向当地中国保监会派出机构报告,并提交被任命人员的身份证明、学历证明和简历。

第二十九条   外国保险机构的代表处撤销后,总代表处是其唯一驻华代表机构的,总代表处应当按照本办法第二十三条的规定,向中国保监会申请将总代表处名称变更为代表处。

总代表处经批准变更为代表处的,代表处应当自中国保监会批准变更之日起 1 个月内依法办理工商变更登记。

第三十条   代表处撤销后,其代表的外国保险机构设有总代表处的,由总代表处负责未了事宜;没有设立总代表处的,由其代表的外国保险机构的其他代表处负责未了事宜;其代表的外国保险机构的所有代表机构均已撤销的,由其代表的外国保险机构负责未了事宜。

第三十一条   中国保监会或者当地中国保监会派出机构根据监管需要,可以对代表机构的总代表或者首席代表进行监管谈话,提示风险,并要求其就有关问题作出说明。

第三十二条   中国保监会及其派出机构依法对代表机构进行日常和年度检查。

日常和年度检查的内容包括：

（一）代表机构变更事项的手续是否完备；

（二）各项申报材料的内容与实际情况是否相符；

（三）代表机构工作人员的任用或者变更手续是否完备；

（四）代表机构是否从事经营性活动；

（五）中国保监会及其派出机构认为需要检查的其他事项。

第四章　法律责任

第三十三条　违反本办法，未经批准擅自设立代表机构的，中国保监会依法予以取缔。

第三十四条　违反本办法规定从事保险经营活动的，由中国保监会按照有关法律、法规的规定予以处罚。

第三十五条　未按照本办法规定提交有关报告或者材料的，由中国保监会或者当地中国保监会派出机构责令限期改正，予以警告，情节严重的，处以 1000 元罚款。

第三十六条　对代表机构违反本办法从事保险经营活动的行为负有直接责任的代表机构工作人员，由中国保监会予以警告，情节严重的，处以 5000 元以下罚款；对违反本办法的其他非经营行为负有直接责任的代表机构工作人员，由中国保监会予以警告，情节严重的，处以 1000 元以下罚款。

第三十七条　代表机构提供虚假信息或者隐瞒重要事实的，予以警告。

第三十八条　违反本办法其他规定的，责令改正；逾期未改正的，予以警告。

第三十九条　当地中国保监会派出机构应当及时将对代表机构处罚的情况向中国保监会报告。

代表机构受到中国保监会或者当地中国保监会派出机构 3 次以上行政处罚，或者从事、参与经营性活动违法所得数额巨大，危害严重的，中国保监会可以将其受处罚的情况作为其所代表的外国保险机构申请在中国设立外资保险公司的审慎性条件予以考虑。

第五章　附则

第四十条　香港、澳门和台湾地区的保险机构在内地设立的代表机构，比照适用本办法。

第四十一条　经中国保监会批准设立的外国保险机构驻华办事处，比照适用本办法。

第四十二条   外国保险机构设立代表处的正式申请表和代表机构名称变更申请表由中国保监会提供。

第四十三条   本办法所称"以上"、"以下"、"以内",包括本数。

第四十四条   本办法规定提交的材料应当使用中文。外国保险机构所在国家或者地区提供的材料为外文的,应当附中文译本;中文译本与外文有歧义的,以中文译本为准。

第四十五条   本办法有关批准、报告期间的规定是指工作日,不含节假日。

第四十六条   本办法由中国保监会负责解释。

第四十七条   本办法自 2006 年 9 月 1 日起施行。中国保监会 2004 年 1 月 15 日发布的《外国保险机构驻华代表机构管理办法》同时废止。

《关于外国财产保险分公司改建为独资财产保险公司有关问题的通知》

【发布主体】中国保险监督管理委员会
【文件编号】保监发〔2004〕45 号
【文件层次】部门规范性文件
【首次发布】2004 年 5 月 10 日
【首次生效】2004 年 5 月 10 日
【修订情况】现行有效
【治理意义】规范外国财产保险分公司改建有关事宜

各外国财产保险分公司、中银集团保险有限公司深圳分公司、香港民安保险有限公司深圳分公司、香港民安保险有限公司海口分公司:

为了明确已在华设立的外国财产保险分公司改建为独资财产保险公司的有关事宜,现通知如下:

一、外国财产保险公司分公司,符合本通知规定的有关条件的,其总公司可以申请将该分公司改建为独资财产保险公司。

二、外国财产保险公司分公司改建为独资财产保险公司的,除符合《中华人民共和国外资保险公司管理条例》和《保险公司管理规定》以外,还应当符合下列条件:

(一)外国财产保险公司分公司设立一年以上;

(二)外国财产保险公司分公司内控制度健全、机构运转正常,其总公司符合所在国家或者地区偿付能力标准；

（三）在华营业以来无重大违法、违规行为；

（四）具有符合中国保监会规定的任职资格的高级管理人员；

（五）中国保监会规定的其他条件。

三、外国财产保险公司分公司改建为独资财产保险公司，不得损害改建前该分公司原保单持有人的合法权益。

因改建发生的有关民事责任，外国财产保险公司和改建后的独资财产保险公司应当承担连带责任。

四、外国财产保险公司向中国保监会申请将其在华设立的分公司改建为独资财产保险公司前，应就改建事宜向社会公告。公告中应明确以下内容：

（一）改建前该分公司原有的税务、债务等责任由改建后的外资独资财产保险公司承担；

（二）改建前该分公司原保单持有人有权对所持有的保单合同作出继续或终止的选择；

（三）因改建发生的有关民事责任由外国财产保险公司和改建后的独资财产保险公司承担连带责任。

五、外国财产保险公司向中国保监会申请将其在华设立的分公司改建为独资财产保险公司的，须提交下列材料：

（一）改建申请；

（二）改建报告，包括可行性研究报告、详细的改建方案；

（三）外国财产保险公司承担拟改建分公司改建前的税务、债务等责任的担保书；

（四）外国财产保险公司对拟改建分公司的改建事宜向社会公告的有关材料；

（五）拟改建后公司的章程；

（六）外国保险公司所在国家或者地区有关主管当局核发的营业执照（副本），以及对其符合偿付能力标准的证明；

（七）法定验资机构出具的验资证明；

（八）拟改建后公司的高级管理人员名单、简历和任职资格证明；

（九）拟改建后公司未来三年的经营规划和分保方案；

（十）中国保监会规定提供的其他材料。

六、中国保监会自收到完整的正式申请文件之日起二个月内，应当作出批准或者不批准的决定。决定批准的，颁发保险机构法人许可证，并在保险公司办理工商登记手续后五日内收回原先颁发给外国财产保险公司分公司的经营保险业务许可证；决定不批准的，应当书面通知申请人并说明理由。

七、中国保监会批准外国财产保险公司分公司改建为独资财产保险公司，该独资财产保险公司完成工商登记注册手续三个月后，可按照有关法规申请设立分支机构。

八、在华设立多家分支机构的外国财产保险公司，只能将其中一家分支机构改建为独资财产保险公司；其在华的其他分支机构，在符合中国保监会有关规定的条件下，可以改建为独资财产保险公司的分支机构。

九、香港特别行政区、澳门特别行政区和台湾地区的财产保险公司在内地设立的分公司改建为独资保险公司的，比照适用本通知。

《关于规范保险公司治理结构的指导意见（试行）》

【发布主体】中国保险监督管理委员会
【文件编号】保监发〔2006〕2 号
【文件层次】部门规范性文件
【首次发布】2006 年 1 月 5 日
【首次生效】2006 年 1 月 5 日
【修订情况】现行有效
【治理意义】开启我国保险公司治理改革

为保护被保险人、投资人及其他利益相关者的合法权益，防范化解风险，促进我国保险业稳定持续健康快速发展，现就规范保险公司治理结构提出如下意见。

一、强化主要股东义务

对保险公司经营管理有较大影响的主要股东，应当具有良好的财务状况和持续出资能力，支持保险公司改善偿付能力，不得利用其特殊地位损害保险公司、被保险人、中小股东及其他利益相关者的合法权益。

保险公司股东之间形成关联关系的，应当主动向董事会申报。保险公司应当及时向中国保监会报告股东之间的关联情况。

二、加强董事会建设

（一）明确董事会职责

保险公司董事会除履行法律法规和公司章程所赋予的职责外，还应当对以下事项负最终责任：

1. 内控。使保险公司建立与其业务性质和资产规模相适应的内控体系，并对保险公司内控的完整性和有效性定期进行检查评估。

2. 风险。使保险公司建立识别、评估和监控风险的机制，并对保险公司业务、财务、内控和治理结构等方面的风险定期进行检查评估。

3. 合规。使保险公司建立合规管理机制，并对保险公司遵守法律法规、监管规定和内部管理制度的情况定期进行检查评估。

（二）强化董事职责

1. 董事应当具有良好的品行和声誉，具备与其职责相适应的专业知识和企业管理经验。

2. 董事应当诚信勤勉，持续关注公司经营管理状况，保证有足够的时间履行职责。

3. 董事应当并有权要求管理层全面、及时、准确地提供反映公司经营管理情况的各种资料或就相关问题作出说明。

4. 董事应当对董事会决议事项进行充分审查，在审慎判断的基础上独立作出表决。

5. 董事会决议违反法律法规或公司章程，致使公司遭受严重损失的，投赞成票和弃权票的董事应当依法承担责任。

6. 董事会应当每年将董事的尽职情况向股东大会报告，并同时报送中国保监会。

（三）建立独立董事制度

为提高董事会的独立性，促进科学决策和充分监督，保险公司应当逐步建立健全独立董事制度。

1. 独立董事的任免

与保险公司或控股股东、实际控制人存在可能影响其对公司事务进行独立客观判断关系的人士，不得担任独立董事。独立董事应当就其独立性及尽职承诺作出公开声明。

保险公司董事会应当至少有两名独立董事，并逐步使独立董事占董事会成员的比例达到三分之一以上。

除失职及其他不适宜担任职务的情形外，独立董事在任期届满前不得被免职。独立董事辞职或者因特殊原因被提前免职的，保险公司应当向中国保监会说明情况，独立董事可以向中国保监会陈述意见。

2. 独立董事的权责

对保险公司的高管人员任免及薪酬激励措施、重大关联交易以及其他可能对被保险人或中小股东权益产生重大影响的事项，独立董事应当认真审查并向董事会提交书面意见。

董事会不接受独立董事意见的，半数以上且不少于两名独立董事可以向董事会提议召开临时股东大会。董事会不同意召开临时股东大会或股东大会不接受独立董事意见的，独立董事应当向中国保监会报告。

半数以上且不少于两名独立董事认为有必要的，可以聘请外部审计机构提供审计意见，费用由保险公司承担。

（四）专业委员会

为切实提高董事会决策效率和水平，保险公司至少应当在董事会下设审计委员会和提名薪酬委员会。

1. 审计委员会

审计委员会由三名以上不在管理层任职的董事组成，独立董事担任主任委员。审计委员会成员应当具备与其职责相适应的财务和法律等方面的专业知识。

审计委员会负责定期审查内部审计部门提交的内控评估报告、风险管理部门提交的风险评估报告以及合规管理部门提交的合规报告，并就公司的内控、风险和合规方面的问题向董事会提出意见和改进建议。审计委员会负责提名外部审计机构。

2. 提名薪酬委员会

提名薪酬委员会由三名以上不在管理层任职的董事组成，独立董事担任主任委员。

提名薪酬委员会负责审查董事及高管人员的选任制度、考核标准和薪酬激励措施；对董事及高管人员的人选进行审查并向董事会提出建议；对高管人员进行绩效考核并向董事会提出意见。

提名薪酬委员会应当使保险公司高管人员薪酬激励措施与公司经营效益和个人业绩相适应。

三、发挥监事会作用

保险公司应当制定监事会工作规则，明确监事会职责，为监事会提供必要的工作保障。

监事应当具备与其职责相适应的专业知识和工作经验，审慎勤勉地履行职责。

监事会发现董事会决议违反法律法规或公司章程时，应当依法要求其立即改正。董事会拒绝或者拖延采取改正措施的，监事会应当提议召开临时股东大会。

股东大会不接受监事会意见的，监事会应当向中国保监会报告。

监事会应当每年将监事的尽职情况向股东大会报告，并同时报送中国保监会。

四、规范管理层运作

（一）健全运作机制

保险公司应当制定管理层工作规则，明确管理层职责，清晰界定董事会与管理层之间的关系。

保险公司总经理全面负责公司的日常经营管理，其责任不因其他管理层成员的职责而减轻或免除。

保险公司应当按照现代企业制度的要求，逐步完善董事长与总经理设置，健全制衡机制。

（二）强化关键岗位职责

1. 总精算师

人身保险公司应当设立总精算师职位。

总精算师既向管理层负责，也向董事会负责，并向中国保监会及时报告公司的重大风险隐患。

总精算师应当参与保险公司风险管理、产品开发、资产负债匹配管理等方面的工作。

2. 合规负责人

保险公司应当设立合规负责人职位。

合规负责人既向管理层负责，也向董事会负责，并向中国保监会及时报告公司的重大违规行为。

合规负责人负责公司合规管理方面的工作，定期就合规方面存在的问题向董事会提出改进建议。

（三）建立相关工作部门

为加强内控、风险和合规方面的工作，保险公司应当设立以下职能部门。

1. 审计部门

审计部门负责对保险公司的业务、财务进行审计，对内控进行检查并定期提交内控评估报告。

审计部门应当是独立的工作部门，专职负责审计工作。

2. 风险管理部门

风险管理部门负责对公司的风险状况进行检查并定期提交风险评估报告。风险评估报告应当经总经理或其指定的管理层成员审核并签字认可。

风险管理部门既可以是专职工作部门，也可以是由相关业务部门组成的综合协调机构。

3. 合规管理部门

合规管理部门负责对产品开发、市场营销和对外投资等重要业务活动进行合规审查，对公司管理制度、业务规程和经营行为的合规风险进行识别、评估、监测并提交合规报告。合规报告应当经合规负责人审核并签字认可。

合规管理部门应当独立于业务和财务部门。业务规模较小、没有条件成立专职合规管理部门的保险公司，应当采取其他方式强化合规管理职能。

五、加强关联交易和信息披露管理

（一）关联交易

保险公司应当制定关联交易内部管理制度，并报送中国保监会备案。关联交易内部管理制度包括关联方的界定、报告与确认，关联交易的范围和定价方式，关联交易的内部审批程序、表决回避制度和违规处理等内容。

保险公司重大关联交易应当由董事会审计委员会审查后报董事会批准。

保险公司应当按照监管规定及时向中国保监会报告关联交易情况。

（二）信息披露

保险公司应当按照相关法律、法规和监管规定披露财务、风险和治理结构等方面的信息，并保证披露信息的真实性、准确性和完整性。

保险公司应当建立信息披露内部管理制度，指定专人负责信息披露事务。

六、治理结构监管

（一）资格管理和培训

保险公司股东的资质以及董事、监事和高管人员的任职资格，应当按规定报中国保监会审查。

保险公司董事、监事和高管人员怠于履行职责或存在重大失职行为的，中国保监会可以责令保险公司予以撤换或取消其任职资格。

保险公司董事、监事和高管人员应当加强相关知识和技能的学习，并按照规定参加培训。

（二）非现场检查

1. 保险公司股东大会、董事会的重大决议，应当在决议作出后三十日内报告中国保监会。

2. 保险公司董事会应当每年向中国保监会提交内控评估报告。内控评估报告应当包括内控制度的执行情况、存在问题及改进措施等方面的内容。

3. 保险公司董事会应当每年向中国保监会提交风险评估报告。风险评估报告应当对保险公司的偿付能力风险、投资风险、产品定价风险、准备金提取风险和利率风险等进行评估并提出改进措施。

4. 保险公司董事会应当每年向中国保监会提交合规报告。合规报告应当包括重大违规事件、合规管理存在的问题及改进措施等方面的内容。

（三）现场检查

保险公司应当积极配合中国保监会的治理结构检查，并按照要求进行整改。

（四）沟通机制

中国保监会认为有必要的，可以列席保险公司股东大会、董事会及其专业委员会的会议，可以直接向保险公司股东反馈监管意见。

七、其他

本指导意见适用于股份制保险公司。其他保险公司和保险资产管理公司参照实行。

保险公司应当结合自身状况，修订公司章程，逐步落实本指导意见的各项要求。

中国保监会根据保险公司发展实际，采取区别对待、分类指导的原则，加强督导，推动完善保险公司治理结构。

《关于定期报送保险公司基本资料和数据的通知》

【发布主体】中国保险监督管理委员会
【文件编号】保监厅发〔2006〕3 号
【文件层次】部门规范性文件
【首次发布】2006 年 1 月 25 日
【首次生效】2006 年 1 月 25 日
【修订情况】现行有效
【治理意义】规范保险公司定期报送相关资料的问题

各保险公司、各保险集团（控股）公司、各保险资产管理公司：

为了使监管机构能够及时、全面地掌握各公司基本情况，加强和改善保险监管，现就保险公司定期报送相关资料的问题通知如下：

一、报送内容

（一）公司现有股东名称及持股份额（上市保险公司的公众持股部分可以合

并成一家进行报送）；

（二）董事长、董事、董事会秘书姓名及简历；

（三）监事长（监事会主席）、监事姓名及简历；

（四）总经理、高级管理层成员姓名及简历；

（五）注册资本金及法定公积金、任意公积金累计额；

（六）分公司、中心支公司、支公司及营销服务部数量；

（七）签订劳动合同的职工人数，签订代理合同的保险营销员人数。

二、报送时限

（一）各公司于 2006 年 3 月 10 日以前将以上资料数据及其编制说明报送中国保监会。

（二）自 2006 年第二个季度起，各公司应于每季度的第一个星期内报送上述内容的变动情况，并附简要说明。

（三）董事长、监事长（监事会主席）和总经理发生变动的，应当及时报送。

三、报送方式

（一）各公司应明确专人负责报送工作，并将报送人姓名、联系方式报中国保监会发展改革部。

（二）各公司应当同时以传真和电子邮件的形式报送资料数据。

四、其他

（一）各公司应当保证资料数据的真实性和准确性。

（二）各公司应当严格按照本通知的要求进行报送，不得延误。如有特殊情况不能按时报送，应当提前报告并说明理由。

联系人：刘俊 010-66286067

王中合 010-66286537

传真：010-66288152

电子邮箱：zhonghe_wang@circ.gov.cn

《国务院关于保险业改革发展的若干意见》

【发布主体】国务院

【文件编号】国发〔2006〕23 号

【文件层次】国务院规范性文件

【首次发布】2006 年 6 月 15 日

【首次生效】2006 年 6 月 15 日
【修订情况】现行有效
【治理意义】我国保险业改革发展的第一次顶层设计

各省、自治区、直辖市人民政府，国务院各部委、各直属机构：

改革开放特别是党的十六大以来，我国保险业改革发展取得了举世瞩目的成就。保险业务快速增长，服务领域不断拓宽，市场体系日益完善，法律法规逐步健全，监管水平不断提高，风险得到有效防范，整体实力明显增强，在促进改革、保障经济、稳定社会、造福人民等方面发挥了重要作用。但是，由于保险业起步晚、基础薄弱、覆盖面不宽，功能和作用发挥不充分，与全面建设小康社会和构建社会主义和谐社会的要求不相适应，与建立完善的社会主义市场经济体制不相适应，与经济全球化、金融一体化和全面对外开放的新形势不相适应。面向未来，保险业发展站在一个新的历史起点上，发展的潜力和空间巨大。为全面贯彻落实科学发展观，明确今后一个时期保险业改革发展的指导思想、目标任务和政策措施，加快保险业改革发展，促进社会主义和谐社会建设，现提出如下意见：

一、充分认识加快保险业改革发展的重要意义

保险具有经济补偿、资金融通和社会管理功能，是市场经济条件下风险管理的基本手段，是金融体系和社会保障体系的重要组成部分，在社会主义和谐社会建设中具有重要作用。

加快保险业改革发展有利于应对灾害事故风险，保障人民生命财产安全和经济稳定运行。我国每年因自然灾害和交通、生产等各类事故造成的人民生命财产损失巨大。由于受体制机制等因素制约，企业和家庭参加保险的比例过低，仅有少部分灾害事故损失能够通过保险获得补偿，既不利于及时恢复生产生活秩序，又增加了政府财政和事务负担。加快保险业改革发展，建立市场化的灾害、事故补偿机制，对完善灾害防范和救助体系，增强全社会抵御风险的能力，促进经济又快又好发展，具有不可替代的重要作用。

加快保险业改革发展有利于完善社会保障体系，满足人民群众多层次的保障需求。我国正处在完善社会主义市场经济体制的关键时期，人口老龄化进程加快，人民生活水平提高，保障需求不断增强。加快保险业改革发展，鼓励和引导人民群众参加商业养老、健康等保险，对完善社会保障体系，提高全社会保障水平，扩大居民消费需求，实现社会稳定与和谐，具有重要的现实意义。

加快保险业改革发展有利于优化金融资源配置，完善社会主义市场经济体制。我国金融体系发展不平衡，间接融资比例过高，影响了金融资源配置效率，

不利于金融风险的分散和化解。本世纪头 20 年是我国加快发展的重要战略机遇期，金融在现代经济中的核心作用更为突出。加快保险业改革发展，发挥保险在金融资源配置中的重要作用，促进货币市场、资本市场和保险市场协调发展，对健全金融体系，完善社会主义市场经济体制，具有重要意义。

加快保险业改革发展有利于社会管理和公共服务创新，提高政府行政效能。随着行政管理体制改革的深入，政府必须整合各种社会资源，充分运用市场机制和手段，不断改进社会管理和公共服务。加快保险业改革发展，积极引入保险机制参与社会管理，协调各种利益关系，有效化解社会矛盾和纠纷，推进公共服务创新，对完善社会化经济补偿机制，进一步转变政府职能，提高政府行政效能，具有重要的促进作用。

二、加快保险业改革发展的指导思想、总体目标和主要任务

随着我国经济社会发展水平的提高和社会主义市场经济体制的不断完善，人民群众对保险的认识进一步加深，保险需求日益增强，保险的作用更加突出，发展的基础和条件日趋成熟，加快保险业改革发展成为促进社会主义和谐社会建设的必然要求。

加快保险业改革发展的指导思想是：以邓小平理论和"三个代表"重要思想为指导，坚持以人为本、全面协调可持续的科学发展观，立足改革发展稳定大局，着力解决保险业与经济社会发展和人民生活需求不相适应的矛盾，深化改革，加快发展，做大做强，发展中国特色的保险业，充分发挥保险的经济"助推器"和社会"稳定器"作用，为全面建设小康社会和构建社会主义和谐社会服务。

总体目标是：建设一个市场体系完善、服务领域广泛、经营诚信规范、偿付能力充足、综合竞争力较强，发展速度、质量和效益相统一的现代保险业。围绕这一目标，主要任务是：拓宽保险服务领域，积极发展财产保险、人身保险、再保险和保险中介市场，健全保险市场体系；继续深化体制机制改革，完善公司治理结构，提升对外开放的质量和水平，增强国际竞争力和可持续发展能力；推进自主创新，调整优化结构，转变增长方式，不断提高服务水平；加强保险资金运用管理，提高资金运用水平，为国民经济建设提供资金支持；加强和改善监管，防范化解风险，切实保护被保险人合法权益；完善法规政策，宣传普及保险知识，加快建立保险信用体系，推动诚信建设，营造良好发展环境。

三、积极稳妥推进试点，发展多形式、多渠道的农业保险

认真总结试点经验，研究制定支持政策，探索建立适合我国国情的农业保险发展模式，将农业保险作为支农方式的创新，纳入农业支持保护体系。发挥中央、地方、保险公司、龙头企业、农户等各方面的积极性，发挥农业部门在推动农业

保险立法、引导农民投保、协调各方关系、促进农业保险发展等方面的作用，扩大农业保险覆盖面，有步骤地建立多形式经营、多渠道支持的农业保险体系。

明确政策性农业保险的业务范围，并给予政策支持，促进我国农业保险的发展。改变单一、事后财政补助的农业灾害救助模式，逐步建立政策性农业保险与财政补助相结合的农业风险防范与救助机制。探索中央和地方财政对农户投保给予补贴的方式、品种和比例，对保险公司经营的政策性农业保险适当给予经营管理费补贴，逐步建立农业保险发展的长效机制。完善多层次的农业巨灾风险转移分担机制，探索建立中央、地方财政支持的农业再保险体系。

探索发展相互制、合作制等多种形式的农业保险组织。鼓励龙头企业资助农户参加农业保险。支持保险公司开发保障适度、保费低廉、保单通俗的农业保险产品，建立适合农业保险的服务网络和销售渠道。支持农业保险公司开办特色农业和其他涉农保险业务，提高农业保险服务水平。

四、统筹发展城乡商业养老保险和健康保险，完善多层次社会保障体系

适应完善社会主义市场经济体制和建设社会主义新农村的新形势，大力发展商业养老保险和健康保险等人身保险业务，满足城乡人民群众的保险保障需求。

积极发展个人、团体养老等保险业务。鼓励和支持有条件的企业通过商业保险建立多层次的养老保障计划，提高员工保障水平。充分发挥保险机构在精算、投资、账户管理、养老金支付等方面的专业优势，积极参与企业年金业务，拓展补充养老保险服务领域。大力推动健康保险发展，支持相关保险机构投资医疗机构。努力发展适合农民的商业养老保险、健康保险和意外伤害保险。建立节育手术保险和农村计划生育家庭养老保险制度。积极探索保险机构参与新型农村合作医疗管理的有效方式，推动新型农村合作医疗的健康发展。

五、大力发展责任保险，健全安全生产保障和突发事件应急机制

充分发挥保险在防损减灾和灾害事故处置中的重要作用，将保险纳入灾害事故防范救助体系。不断提高保险机构风险管理能力，利用保险事前防范与事后补偿相统一的机制，充分发挥保险费率杠杆的激励约束作用，强化事前风险防范，减少灾害事故发生，促进安全生产和突发事件应急管理。

采取市场运作、政策引导、政府推动、立法强制等方式，发展安全生产责任、建筑工程责任、产品责任、公众责任、执业责任、董事责任、环境污染责任等保险业务。在煤炭开采等行业推行强制责任保险试点，取得经验后逐步在高危行业、公众聚集场所、境内外旅游等方面推广。完善高危行业安全生产风险抵押金制度，探索通过专业保险公司进行规范管理和运作。进一步完善机动车交通事故责任强制保险制度。通过试点，建立统一的医疗责任保险。推动保险业参与"平安建设"。

六、推进自主创新，提升服务水平

健全以保险企业为主体、以市场需求为导向、引进与自主创新相结合的保险创新机制。发展航空航天、生物医药等高科技保险，为自主创新提供风险保障。稳步发展住房、汽车等消费信贷保证保险，促进消费增长。积极推进建筑工程、项目融资等领域的保险业务。支持发展出口信用保险，促进对外贸易和投资。努力开发满足不同层次、不同职业、不同地区人民群众需求的各类财产、人身保险产品，优化产品结构，拓宽服务领域。

运用现代信息技术，提高保险产品科技含量，发展网上保险等新的服务方式，全面提升服务水平。提高保险精算水平，科学厘定保险费率。大力推进条款通俗化和服务标准化。加强保险营销员教育培训，提升营销服务水平。发挥保险中介机构在承保理赔、风险管理和产品开发方面的积极作用，提供更加专业和便捷的保险服务。加快发展再保险，促进再保险市场和直接保险市场协调发展。统筹保险业区域发展，提高少数民族地区和欠发达地区保险服务水平。

鼓励发展商业养老保险、健康保险、责任保险等专业保险公司。支持具备条件的保险公司通过重组、并购等方式，发展成为具有国际竞争力的保险控股（集团）公司。稳步推进保险公司综合经营试点，探索保险业与银行业、证券业更广领域和更深层次的合作，提供多元化和综合性的金融保险服务。

七、提高保险资金运用水平，支持国民经济建设

深化保险资金运用体制改革，推进保险资金专业化、规范化、市场化运作，提高保险资金运用水平。建立有效的风险控制和预警机制，实行全面风险管理，确保资产安全。

保险资产管理公司要树立长期投资理念，按照安全性、流动性和收益性相统一的要求，切实管好保险资产。允许符合条件的保险资产管理公司逐步扩大资产管理范围。探索保险资金独立托管机制。

在风险可控的前提下，鼓励保险资金直接或间接投资资本市场，逐步提高投资比例，稳步扩大保险资金投资资产证券化产品的规模和品种，开展保险资金投资不动产和创业投资企业试点。支持保险资金参股商业银行。支持保险资金境外投资。根据国民经济发展的需求，不断拓宽保险资金运用的渠道和范围，充分发挥保险资金长期性和稳定性的优势，为国民经济建设提供资金支持。

八、深化体制改革、提高开放水平，增强可持续发展能力

进一步完善保险公司治理结构，规范股东会、董事会、监事会和经营管理者的权责，形成权力机构、决策机构、监督机构和经营管理者之间的制衡机制。加强内控制度建设和风险管理，强化法人机构管控责任，完善和落实保险经营责任

追究制。转换经营机制，建立科学的考评体系，探索规范的股权、期权等激励机制。实施人才兴业战略，深化人才体制改革，优化人才结构，建立一支高素质人才队伍。

统筹国内发展与对外开放，充分利用两个市场、两种资源，增强保险业在全面对外开放条件下的竞争能力和发展能力。认真履行加入世贸组织承诺，促进中外资保险公司优势互补、合作共赢、共同发展。支持具备条件的境内保险公司在境外设立营业机构，为"走出去"战略提供保险服务。广泛开展国际保险交流，积极参与制定国际保险规则。强化与境外特别是周边国家和地区保险监管机构的合作，加强跨境保险业务监管。

九、加强和改善监管，防范化解风险

坚持把防范风险作为保险业健康发展的生命线，不断完善以偿付能力、公司治理结构和市场行为监管为支柱的现代保险监管制度。加强偿付能力监管，建立动态偿付能力监管指标体系，健全精算制度，统一财务统计口径和绩效评估标准。参照国际惯例，研究制定符合保险业特点的财务会计制度，保证财务数据真实、及时、透明，提高偿付能力监管的科学性和约束力。深入推进保险公司治理结构监管，规范关联交易，加强信息披露，提高透明度。强化市场行为监管，改进现场、非现场检查，严厉查处保险经营中的违法违规行为，提高市场行为监管的针对性和有效性。

按照高标准、规范化的要求，严格保险市场准入，建立市场化退出机制。实施分类监管，扶优限劣。健全保险业资本补充机制。完善保险保障基金制度，逐步实现市场化、专业化运作。建立和完善保险监管信息系统，提高监管效率。

规范行业自保、互助合作保险等保险组织形式，整顿规范行业或企业自办保险行为，并统一纳入保险监管。研究并逐步实施对保险控股（集团）公司并表监管。健全保险业与其他金融行业之间的监管协调机制，防范金融风险跨行业传递，维护国家经济金融安全。

加快保险信用体系建设，培育保险诚信文化。加强从业人员诚信教育，强化失信惩戒机制，切实解决误导和理赔难等问题。加强保险行业自律组织建设。建立保险纠纷快速处理机制，切实保护被保险人合法权益。

十、进一步完善法规政策，营造良好发展环境

加快保险业改革发展，既要坚持发挥市场在资源配置中的基础性作用，又要加强政府宏观调控和政策引导，加大政策支持力度。根据不同险种的性质，按照区别对待的原则，探索对涉及国计民生的政策性保险业务给予适当的税收优惠，鼓励人民群众和企业积极参加保险。立足我国国情，结合税制改革，完善促进保

险业发展的税收政策。不断完善保险营销员从业和权益保障的政策措施。建立国家财政支持的巨灾风险保险体系。修改完善保险法，加快推进农业保险法律法规建设，研究推动商业养老、健康保险和责任保险以及保险资产管理等方面的立法工作，健全保险法规规章体系。将保险教育纳入中小学课程，发挥新闻媒体的正面宣传和引导作用，普及保险知识，提高全民风险和保险意识。

各地区、各部门要充分认识加快保险业改革发展的重要意义，加强沟通协调和配合，努力做到学保险、懂保险、用保险，提高运用保险机制促进社会主义和谐社会建设的能力和水平。要将保险业纳入地方或行业的发展规划统筹考虑，认真落实各项法规政策，为保险业改革发展创造良好环境。要坚持依法行政，切实维护保险企业的经营自主权及其他合法权益。保监会要不断提高引领保险业发展和防范风险的能力和水平，认真履行职责，加强分类指导，推动政策落实。通过全社会的共同努力，实现保险业又快又好发展，促进社会主义和谐社会建设。

《保险公司设立境外保险类机构管理办法》

【发布主体】中国保险监督管理委员会
【文件编号】中国保险监督管理委员会令 2015 年第 3 号
【文件层次】部门规章
【首次发布】2006 年 7 月 31 日
【首次生效】2006 年 9 月 1 日
【修订情况】2015 年 10 月 19 日修订
【治理意义】加强对保险公司设立境外保险类机构的管理

第一章　总则

第一条　为了加强管理保险公司设立境外保险类机构的活动，防范风险，保障被保险人的利益，根据《中华人民共和国保险法》（以下简称《保险法》）等法律、行政法规，制定本办法。

第二条　本办法所称保险公司，是指经中国保险监督管理委员会（以下简称中国保监会）批准设立，并依法登记注册的商业保险公司。

第三条　本办法所称境外保险类机构，是指保险公司的境外分支机构、境外保险公司和保险中介机构。

本办法所称保险中介机构，是指保险代理机构、保险经纪机构和保险公估机构。

第四条　本办法所称设立境外保险类机构，是指保险公司的下列行为：

（一）设立境外分支机构、境外保险公司和保险中介机构；

（二）收购境外保险公司和保险中介机构。

第五条　本办法所称收购，是指保险公司受让境外保险公司、保险中介机构的股权，且其持有的股权达到该机构表决权资本总额 20% 及以上或者虽不足 20% 但对该机构拥有实际控制权、共同控制权或者重大影响的行为。

保险公司收购上市的境外保险公司、保险中介机构的，适用本办法。中国保监会另有规定的从其规定。

第六条　保险公司设立境外保险类机构应当遵守中国有关保险和外汇管理的法律、行政法规以及中国保监会相关规定，遵守境外的相关法律及规定。

保险公司收购境外保险公司和保险中介机构，应当执行现行保险外汇资金的有关规定。

第七条　中国保监会依法对保险公司设立境外保险类机构的活动实施监督管理。

第八条　保险公司在境外设立代表机构、联络机构或者办事处等非营业性机构的，适用本办法。

第二章　设立审批

第九条　保险公司设立境外保险类机构的，应当具备下列条件：

（一）开业 2 年以上；

（二）上年末总资产不低于 50 亿元人民币；

（三）上年末外汇资金不低于 1500 万美元或者其等值的自由兑换货币；

（四）偿付能力额度符合中国保监会有关规定；

（五）内部控制制度和风险管理制度符合中国保监会有关规定；

（六）最近 2 年内无受重大处罚的记录；

（七）拟设立境外保险类机构所在的国家或者地区金融监管制度完善，并与中国保险监管机构保持有效的监管合作关系；

（八）中国保监会规定的其他条件。

第十条　保险公司申请设立境外分支机构、境外保险公司和保险中介机构的，应当向中国保监会提交下列材料：

（一）申请书；

（二）国家外汇管理局外汇资金来源核准决定的复印件；

（三）上一年度经会计师事务所审计的公司财务报表及外币资产负债表；

（四）上一年度经会计师事务所审计的偿付能力状况报告；

（五）内部控制制度和风险管理制度；

（六）拟设境外保险类机构的基本情况说明，包括名称、住所、章程、注册资本或者营运资金、股权结构及出资额、业务范围、筹建负责人简历及身份证明材料复印件；

（七）拟设境外保险类机构的可行性研究报告、市场分析报告和筹建方案；

（八）拟设境外保险类机构所在地法律要求保险公司为其设立的境外保险类机构承担连带责任的，提交相关说明材料；

（九）中国保监会规定的其他材料。

保险公司在境外设立的保险公司、保险中介机构有其他发起人的，还应当提交其他发起人的名称、股份认购协议书复印件、营业执照以及上一年度经会计师事务所审计的资产负债表。

第十一条 保险公司申请收购境外保险公司和保险中介机构的，应当向中国保监会提交下列材料：

（一）申请书；

（二）国家外汇管理局外汇资金来源核准决定的复印件；

（三）上一年度经会计师事务所审计的公司财务报表及外币资产负债表；

（四）上一年度和最近季度经会计师事务所审计的偿付能力状况报告及其说明；

（五）内部管理制度和风险控制制度；

（六）拟被收购的境外保险类机构的基本情况说明，包括名称、住所、章程、注册资本或者营运资金、业务范围、负责人情况说明；

（七）拟被收购的境外保险类机构上一年度经会计师事务所审计的公司财务报表；

（八）收购境外保险类机构的可行性研究报告、市场分析报告、收购方案；

（九）中国保监会规定的其他材料。

拟被收购境外保险类机构为保险公司的，还应当提交其上一年度和最近季度经会计师事务所审计的偿付能力状况报告及说明。

第十二条 中国保监会应当依法对设立境外保险类机构的申请进行审查，并自受理申请之日起 20 日内作出批准或者不予批准的决定。决定不予批准的，应当书面通知申请人并说明理由。

第十三条　保险公司应当在境外保险类机构获得许可证或者收购交易完成后 20 日内，将境外保险类机构的下列情况书面报告中国保监会：

（一）许可证复印件；

（二）机构名称和住所；

（三）机构章程；

（四）机构的组织形式、业务范围、注册资本或者营运资金、其他股东或者合伙人的出资金额及出资比例；

（五）机构负责人姓名及联系方式；

（六）中国保监会规定的其他材料。

第十四条　保险公司应当在境外代表机构、联络机构或者办事处等非营业性机构设立后 20 日内，将境外代表机构、联络机构或者办事处等非营业性机构的下列情况书面报告中国保监会：

（一）登记证明的复印件；

（二）名称和住所；

（三）负责人姓名及联系方式；

（四）中国保监会规定的其他材料。

第三章　境外保险类机构管理

第十五条　保险公司应当对其设立的境外保险类机构进行有效的风险管理，并督促该类机构按照所在国法律和监管部门的相关规定，建立健全风险管理制度。

第十六条　保险公司应当严格控制其设立的境外保险类机构对外提供担保。

保险公司在境外设立的分支机构确需对外提供担保的，应当取得被担保人的资信证明，并签署具有法律效力的反担保协议书。以财产抵押、质押等方式提供反担保协议的，提供担保的金额不得超过抵押、质押财产重估价值的 60%。

第十七条　保险公司在境外设立的分支机构，除保单质押贷款外，不得对外贷款。

第十八条　保险公司应当对派往其设立的境外保险类机构的董事长和高级管理人员建立绩效考核制度、期中审计制度和离任审计制度。

第十九条　保险公司设立的境外保险类机构清算完毕后，应当将清算机构出具的经当地注册会计师验证的清算报告，报送中国保监会。

第四章　监督检查

第二十条　保险公司应当按照中国会计制度及中国保监会的规定,在财务报告和偿付能力报告中单独披露其设立的境外保险类机构的经营成果、财务状况和偿付能力状况。

第二十一条　保险公司设立的境外保险类机构按照所在地保险监管机构要求编制偿付能力报告的,保险公司应当抄送中国保监会。

第二十二条　保险公司应当在其设立的境外保险类机构每一会计年度结束后5个月内,将该境外保险类机构上一年度的财务报表报送中国保监会。

第二十三条　保险公司应当在每年1月底之前,将其境外代表机构、联络机构或者办事处等非营业性机构的年度工作报告,报送中国保监会。

境外代表机构、联络机构或者办事处等非营业性机构的年度工作报告应当包括该机构的主要工作和机构变更情况。

第二十四条　保险公司设立的境外保险类机构发生下列事项的,保险公司应当在事项发生之日起20日内书面报告中国保监会:

(一)投资、设立公司的;

(二)分立、合并、解散、撤销或者破产的;

(三)机构名称或者注册地变更的;

(四)董事长和高级管理人员变动的;

(五)注册资本和股东结构发生重大变化的;

(六)调整业务范围的;

(七)出现重大经营或者财务问题的;

(八)涉及重大诉讼、受到重大处罚的;

(九)所在地保险监管部门出具监管报告或者检查报告的;

(十)中国保监会认为有必要报告的其他事项。

第二十五条　保险公司转让其境外保险类机构股权的,应当报经中国保监会批准。

第二十六条　保险公司对其境外保险类机构实施下列行为之一的,应当报经中国保监会批准,并按照本办法第十一条的规定提交材料:

(一)增持境外保险类机构股份的;

(二)增加境外保险类机构的资本金或者营运资金的。

第二十七条　保险公司应当建立控制和管理关联交易的相关制度。保险公司与其境外设立的保险公司和保险中介机构之间发生重大关联交易的,应当在交易完成后 15 日内向中国保监会报告。

前款规定的重大关联交易是指保险公司与其境外设立的保险公司和保险中介机构之间的下列交易活动：

（一）再保险分出或者分入业务；

（二）资产管理、担保和代理业务；

（三）固定资产买卖或者债权债务转移；

（四）大额借款；

（五）其他重大交易活动。

第二十八条 保险公司向中国保监会报送的境外保险类机构的各项材料，应当完整、真实、准确。

第五章 法律责任

第二十九条 未经中国保监会批准，擅自设立境外保险类机构的，由中国保监会责令改正，并处 5 万元以上 30 万元以下的罚款；情节严重的，可以限制业务范围、责令停止接受新业务或者吊销经营保险业务许可证。

第三十条 未按照本办法规定报送有关报告、报表、文件和资料的，由中国保监会责令改正，逾期不改正的，处以 1 万元以上 10 万元以下的罚款。

第三十一条 提供虚假的报告、报表、文件和资料的，由中国保监会责令改正，处以 10 万元以上 50 万元以下的罚款；情节严重的，可以限制业务范围、责令停止接受新业务或者吊销经营保险业务许可证。

第六章 附则

第三十二条 保险集团公司、保险控股公司设立境外保险类机构和境外代表机构、联络机构、办事处等非营业性机构的，适用本办法。中国保监会另有规定的，从其规定。

第三十三条 保险公司在香港、澳门和台湾地区设立保险类机构和境外代表机构、联络机构、办事处等非营业性机构的，适用本办法。

第三十四条 保险公司按照本办法向中国保监会报送的各项报告、报表、文件和材料，应当使用中文。原件为外文的，应当附中文译本。中文与外文表述不一致的，以中文表述为准。

第三十五条 本办法所称的"日"是指工作日，不含节假日。

第三十六条 本办法由中国保监会负责解释。

第三十七条 本办法自 2006 年 9 月 1 日起施行。

《保险公司独立董事管理暂行办法》

【发布主体】中国保险监督管理委员会
【文件编号】保监发〔2007〕22 号
【文件层次】部门规范性文件
【首次发布】2007 年 4 月 6 日
【首次生效】2007 年 4 月 6 日
【修订情况】现行有效
【治理意义】建立保险公司独立董事制度

第一章　总则

第一条　为加强董事会建设，完善保险公司治理结构，促进科学决策和充分监督，根据《保险公司董事、监事和高级管理人员任职资格管理规定》、《关于规范保险公司治理结构的指导意见（试行）》和其他保险监管规定，制定本办法。

第二条　本办法所称的独立董事是指在所任职的保险公司不担任除董事外的其他职务，并与保险公司及其控股股东、实际控制人不存在可能影响对公司事务进行独立客观判断关系的董事。

第三条　独立董事应当诚信、勤勉、独立履行职责，切实维护保险公司、被保险人和中小股东的合法权益，不受公司控股股东、实际控制人、管理层或者其他与公司存在重大利害关系的单位或者个人的影响。

第四条　本办法适用于股份有限保险公司，其他保险公司和保险资产管理公司参照执行。

保险集团（控股）公司已按照本办法建立独立董事制度的，经中国保监会批准，其保险子公司可不适用本办法。

第二章　任职资格

第五条　独立董事除应当符合《保险公司董事、监事和高级管理人员任职资格管理规定》的任职资格要求外，还应当具备以下条件：

（一）大学本科以上学历；

（二）担任董事会审计委员会委员的，应当具备五年以上财务或者法律工作经验；

（三）担任董事会提名薪酬委员会委员的，应当具有较强的识人用人和薪酬管理能力，具备五年以上在企事业单位或者国家机关担任领导或者管理职务的任职经历；

（四）中国保监会规定的其他条件。

第六条 有下列情形之一的，不得担任保险公司独立董事：

（一）近三年内在持有保险公司百分之五以上股份的股东单位或者保险公司前十名股东单位任职的人员及其近亲属；

（二）近三年内在保险公司或者其实际控制的企业任职的人员及其近亲属；

（三）近一年内为保险公司提供法律、审计、精算和管理咨询等服务的人员；

（四）在与保险公司有业务往来的银行、法律、咨询、审计等机构担任合伙人、控股股东或高级管理人员；

（五）中国保监会认定的其他可能影响独立判断的人员。

第七条 独立董事不得在其他经营同类主营业务的保险公司任职，且不得同时在四家以上的企业担任独立董事。

第八条 独立董事正式任职前，除按照监管规定报中国保监会进行任职资格审查外，还应当在中国保监会指定的媒体上就其独立性发表声明，并承诺勤勉尽职，保证具有足够的时间和精力履行职责。

独立董事在媒体上的公开声明应当报中国保监会备案。

第三章　提名、选举和免职

第九条 保险公司董事会应当有一定比例的独立董事。

二〇〇七年六月三十日前，各公司应当使董事会成员中至少有两名独立董事。

二〇〇六年年底总资产超过五十亿元保险公司，应当在二〇〇七年十二月三十日前，使独立董事占董事会成员的比例达到三分之一以上。

其他公司应当在总资产超过五十亿元后一年内，使独立董事占董事会成员的比例达到三分之一以上。

第十条 独立董事通过下列方式提名：

（一）单独或者联合持有保险公司百分之三以上股份的股东可直接向股东大会提名，但每一股东只能提名一名独立董事；

（二）董事会提名薪酬委员会提名；

（三）监事会提名；

（四）中国保监会认定的其他方式。

第十一条　独立董事提名人应当详细了解被提名人的职业、职称、学历、专业知识、工作经历、全部兼职及其近亲属等情况，并应当就被提名人的独立性和资格出具书面意见。

保险公司在申报独立董事任职资格审查时，应当同时提交对独立董事的书面意见。

第十二条　独立董事由股东大会选举产生。独立董事由股东提名的，对其提名的独立董事进行表决时，提名股东及与其有关联关系的其他股东不得参与表决。

股东大会选举独立董事可以实行累积投票制。

第十三条　独立董事的任期与公司其他董事的任期相同，任期届满可以连选连任，但连续任期不得超过六年。

第十四条　独立董事在任期届满前可以提出辞职。独立董事辞职应当向董事会递交书面辞职报告，并对任何与其辞职有关且有必要引起股东和被保险人注意的情况向董事会提交书面说明。

保险公司应当在收到独立董事辞职报告后五个工作日内，以书面形式报告中国保监会。

第十五条　独立董事辞职导致公司董事会中独立董事数量低于最低要求时，在新的独立董事任职前，应当继续履行职责。公司应当在接受独立董事辞职的三个月内召开股东大会改选独立董事。

第十六条　独立董事任期届满前不得无故被免职。因独立性丧失且本人未提出辞职的，或者存在其他不适宜继续担任独立董事情形的，公司应当召开股东大会免除其职务。

第十七条　独立董事免职由股东大会决定。公司应当在股东大会召开前至少十五天书面通知该独立董事，告知其免职理由和相应的权利。

第十八条　股东大会对独立董事的免职决议应当由出席会议的股东所持表决权的三分之二以上通过。独立董事在表决前有权辩解和陈述。

第十九条　公司应当在免职决议作出后五个工作日内将免职理由、独立董事的辩解和陈述等有关情况报告中国保监会。中国保监会认为有必要的，可以要求独立董事陈述意见，或者要求保险公司作出说明。

第四章　职责、义务和保障

第二十条　独立董事除应当具有《公司法》和其他相关法律、法规规定的董事职责外，还应当对下列事项进行认真审查：

（一）重大关联交易；

（二）董事的提名、任免以及总公司高级管理人员的聘任和解聘；

（三）董事和总公司高级管理人员薪酬；

（四）利润分配方案；

（五）非经营计划内的投资、租赁、资产买卖、担保等重大交易事项；

（六）其他可能对保险公司、被保险人和中小股东权益产生重大影响的事项。

保险公司应当在公司章程或者董事会议事规则中，列明独立董事的具体职责和义务。

第二十一条 独立董事对本办法第二十条规定事项投弃权或者反对票的，或者认为发表意见存在障碍的，应当提交书面意见。

独立董事的书面意见应当存入董事会会议档案。

第二十二条 半数以上且不少于两名独立董事认为必要的，可以对公司相关事务进行调查，也可以聘请独立的中介机构提供意见。

前款规定的调查费用由保险公司承担。

第二十三条 独立董事可以召开仅由独立董事参加的会议，对公司事务进行讨论。独立董事可以推举一名独立董事负责会议的召集及其他协调活动。

第二十四条 董事会决议事项可能损害保险公司、被保险人或者中小股东利益，董事会不接受独立董事意见的，半数以上且不少于两名独立董事可以向董事会提请召开临时股东大会。

董事会不同意召开临时股东大会或者股东大会不接受独立董事意见的，独立董事应当向中国保监会报告。

第二十五条 独立董事享有与其他董事同等的知情权。

独立董事认为据以作出决策的资料不充分时，应当要求公司补充。两名以上的独立董事认为补充资料仍不充分时，可联名要求延期审议相关议题或者延期召开董事会会议，董事会应当采纳。

第二十六条 保险公司应当提供独立董事履行职责所必需的工作条件。独立董事履行职责时，保险公司有关人员应当积极配合，不得干预、拒绝、阻碍或者隐瞒。

独立董事履行职责所需费用由保险公司承担。

第二十七条 董事会制定独立董事的津贴方案，报股东大会审议批准。

第二十八条 独立董事除按照规定向监管机构报告有关情况外，应当保守保险公司商业秘密。

第五章   监督和处罚

第二十九条   独立董事应当每年向股东大会提交尽职报告。尽职报告主要包括：

（一）参加会议的情况，包括未亲自出席会议的次数及原因；

（二）发表意见的情况，包括投弃权或者反对票的情况及原因，无法发表意见的情况及原因；

（三）了解公司经营管理状况的途径和存在的障碍；

（四）为改善公司经营管理所做的其他工作和贡献；

（五）本年度自我工作评价和对董事会及管理层工作的评价。

公司应当将独立董事的尽职报告报中国保监会备案。

第三十条   保险公司应当建立健全独立董事的评价和考核机制。

对独立董事的评价和考核结果应当报中国保监会备案。

第三十一条   独立董事连续三次未亲自出席董事会会议的，保险公司应当在三个月内召开会议免除其职务并选举新的独立董事。

独立董事一届任期内未亲自出席董事会会议次数达五次以上的，不得连任。

第三十二条   独立董事存在下列情形的，中国保监会可以按照有关法律、法规和规章的规定予以处罚：

（一）履行职责过程中接受不正当利益或者利用独立董事地位谋取私利的；

（二）董事会决议违反法律、法规、公司章程，或者明显损害公司、股东、被保险人合法权益，本人表决时未投反对票的；

（三）明显违反本办法有关独立董事独立性的规定，本人不主动报告的；

（四）中国保监会认定的其他违反监管规定的情形。

第三十三条   独立董事被取消任职资格或者责令撤换的，中国保监会在指定的媒体上给予公布。

第三十四条   因失职给公司、股东或者被保险人造成损失的，独立董事应当依法承担相应的赔偿责任。

第六章   附则

第三十五条   本办法由中国保监会负责解释。

第三十六条   本办法自发布之日起施行。

《保险公司关联交易管理暂行办法》

【发布主体】中国保险监督管理委员会
【文件编号】保监发〔2007〕24 号
【文件层次】部门规范性文件
【首次发布】2007 年 4 月 6 日
【首次生效】2007 年 4 月 6 日
【修订情况】现行有效
【治理意义】规范保险公司关联交易行为

第一章　总则

第一条　为完善保险公司治理结构，规范关联交易，防范保险经营风险，根据《保险公司管理规定》及其他相关监管规定，制定本办法。

第二条　本办法适用于在中国境内依法设立的保险公司及保险资产管理公司。

对外资保险公司的关联交易另有规定的，按照其规定执行。

第三条　保险公司关联交易应当遵守法律、法规、国家会计制度和保险监管规定，符合合规、诚信和公允的原则。

保险公司关联交易原则上不得偏离市场独立第三方的价格或者收费标准。

第四条　保险公司应当采取有效措施，防止股东、董事、监事、高级管理人员及其他关联方利用其特殊地位，通过关联交易或者其他方式侵害公司或者被保险人利益。

第五条　中国保监会依法对保险公司关联交易实施监管。

第二章　关联方及关联交易

第六条　保险公司关联方主要分为以股权关系为基础的关联方、以经营管理权为基础的关联方和其他关联方。

第七条　以股权关系为基础的关联方包括：

（一）保险公司股东及其董事长、总经理；

（二）保险公司股东直接、间接、共同控制的法人或者其他组织及其董事长、总经理；

（三）保险公司股东的控股股东及其董事长、总经理；

（四）保险公司直接、间接、共同控制的法人或者其他组织及其董事长、总经理。

本条所称保险公司股东，是指能够直接、间接、共同持有或者控制保险公司百分之五以上股份或表决权的股东。

第八条　以经营管理权为基础的关联方包括：

（一）保险公司董事、监事和总公司高级管理人员及其近亲属；

（二）保险公司董事、监事和总公司高级管理人员及其近亲属直接、间接、共同控制或者可施加重大影响的法人或者其他组织。

第九条　其他关联方是指不属于本办法第七条和第八条规定的关联方范围，但是能够对保险公司施加重大影响，不按市场独立第三方价格或者收费标准与保险公司进行交易的自然人、法人或者其他组织。

第十条　保险公司关联交易是指保险公司与关联方之间发生的下列交易活动：

（一）保险公司资金的投资运用和委托管理；

（二）固定资产的买卖、租赁和赠与；

（三）保险业务和保险代理业务；

（四）再保险的分出或者分入业务；

（五）为保险公司提供审计、精算、法律、资产评估、广告、职场装修等服务；

（六）担保、债权债务转移、签订许可协议以及其他导致公司利益转移的交易活动。

第十一条　保险公司关联交易分为重大关联交易和一般关联交易。

重大关联交易是指保险公司与一个关联方之间单笔交易额占保险公司上一年度末净资产的百分之一以上并超过五百万元，或者一个会计年度内保险公司与一个关联方的累计交易额占保险公司上一年度末净资产百分之十以上并超过五千万元的交易。

一般关联交易是指重大关联交易以外的其他关联交易。

计算关联交易额时，保险公司与关联方以及该关联方的关联方之间的交易应当合并计算。

第三章　关联交易管理

第十二条　保险公司应当制定关联交易管理制度。

关联交易管理制度包括关联方的报告、识别、确认和信息管理，关联交易的范围和定价方式，关联交易的内部审查程序，关联交易的信息披露、审计监督和违规处理等内容。

保险集团（控股）公司可以制定统一的关联交易管理制度，规范集团（控股）公司内部以及集团（控股）公司及其控股子公司与其他关联方的关联交易行为。

第十三条　本办法第七条规定的保险公司股东和保险公司董事、监事及总公司高级管理人员，应当向保险公司报告本办法规定的关联方的相关信息。

保险公司应当建立关联方信息档案，并及时进行更新。

第十四条　保险公司重大关联交易由董事会或股东大会批准。

保险公司董事会在审议关联交易时，关联董事不得行使表决权，也不得代理其他董事行使表决权。该董事会会议由过半数的非关联董事出席即可举行，董事会会议所作决议须经非关联董事过半数通过。出席董事会会议的非关联董事人数不足三人的，保险公司应当将交易提交股东大会审议。

保险公司股东大会审议关联交易时，关联股东不得参与表决。

保险集团（控股）公司、保险公司与其控股子公司之间及其子公司之间关联交易的审查程序，可不适用前两款的规定，由公司依照本办法的原则要求，在关联交易内部管理制度中予以明确。

本条所称关联董事和关联股东，是指交易的一方，或者在审议关联交易时可能影响该交易公允性的董事和股东。

第十五条　已设立独立董事的保险公司，独立董事应当对重大关联交易的公允性、内部审查程序执行情况以及对被保险人权益的影响进行审查。所审议的关联交易存在问题的，独立董事应当出具书面意见。

两名以上独立董事认为有必要的，可以聘请中介机构提供意见，费用由保险公司承担。

第十六条　一般关联交易按照保险公司内部授权程序审查。

第十七条　保险公司与其关联方之间的长期、持续关联交易，可以制定统一的交易协议，按照本办法规定审查通过后执行。协议内的单笔交易可以不再进行关联交易审查。

前款规定的协议在执行过程中主要条款发生重大变化或者协议期满需要续签的，应当重新按照公司规定的管理制度进行审查。

第十八条　保险公司应当每年至少组织一次关联交易专项审计，并将审计结果报董事会和监事会。

保险公司董事会应当每年向股东大会报告关联交易情况和关联交易管理制

度执行情况。

第十九条 保险公司应当按照《企业会计准则》及保险公司信息披露的相关规定披露关联交易信息。

第二十条 保险公司不得聘用关联方控制的中介机构为其提供审计或精算服务。

第四章　关联交易监管

第二十一条 保险公司关联交易管理制度应当报中国保监会备案。

第二十二条 保险公司重大关联交易应当在发生后十五个工作日内报告中国保监会。报告内容包括：

（一）交易协议；

（二）股东大会或董事会决议；

（三）独立董事的书面意见；

（四）交易的定价政策，成交价格与市场公允价格之间差异较大的，应当说明原因；

（五）交易目的及交易对公司本期和未来财务状况及经营成果的影响；

（六）本年度与该关联方累计已发生的关联交易金额总和；

（七）有助于说明交易情况的其他信息。

第二十三条 保险公司未按照本办法第二十一条和第二十二条规定向中国保监会备案或者报告的，中国保监会将根据有关法律、法规及规章予以处罚。

第二十四条 保险公司关联交易未按照公司规定的管理制度进行审查的，中国保监会可以责令其限期改正；逾期不改正的，由中国保监会依法对保险公司及相关负责人予以处罚。

第二十五条 保险公司关联方违反本办法规定，进行关联交易，给保险公司造成损失的，保险公司及其股东可以依法向人民法院提起诉讼。

第五章　附则

第二十六条 本办法下列用语的含义：

控制，是指有权决定保险公司、其他法人或组织的人事、财务和经营决策，并可据以从其经营活动中获取利益。

共同控制，是指按合同约定或一致行动时，对某项经济活动所共有的控制。

重大影响，是指对保险公司、其他法人或组织的财务和经营政策有参与决策的权力，但并不能够控制或者与其他方一起共同控制这些政策的制定。

近亲属，是指配偶、父母、子女、兄弟姐妹、祖父母、外祖父母、孙子女、外孙子女。

第二十七条　本办法由中国保监会负责解释。

第二十八条　本办法自发布之日起施行。

《保险公司风险管理指引（试行）》

【发布主体】中国保险监督管理委员会
【文件编号】保监发〔2007〕23 号
【文件层次】部门规范性文件
【首次发布】2007 年 4 月 6 日
【首次生效】2007 年 7 月 1 日
【修订情况】现行有效
【治理意义】强化保险公司风险管理

第一章　总则

第一条　为指导保险公司加强风险管理，保障保险公司稳健经营，根据《关于规范保险公司治理结构的指导意见（试行）》及其他相关法律法规，制定本指引。

第二条　本指引适用于在中国境内依法设立的保险公司和保险资产管理公司。

保险集团（控股）公司已经按照本指引规定建立覆盖全集团的风险管理体系的，经中国保监会批准，其保险子公司可以不适用本指引。

第三条　本指引所称风险，是指对实现保险经营目标可能产生负面影响的不确定性因素。

第四条　本指引所称风险管理，是指保险公司围绕经营目标，对保险经营中的风险进行识别、评估和控制的基本流程以及相关的组织架构、制度和措施。

第五条　保险公司应当明确风险管理目标，建立健全风险管理体系，规范风险管理流程，采用先进的风险管理方法和手段，努力实现适当风险水平下的效益最大化。

第六条　保险公司风险管理应当遵循以下原则：

（一）全面管理与重点监控相统一的原则。保险公司应当建立覆盖所有业务流程和操作环节，能够对风险进行持续监控、定期评估和准确预警的全面风险管理体系，同时要根据公司实际有针对性地实施重点风险监控，及时发现、防范和化解对公司经营有重要影响的风险。

（二）独立集中与分工协作相统一的原则。保险公司应当建立全面评估和集中管理风险的机制，保证风险管理的独立性和客观性，同时要强化业务单位的风险管理主体职责，在保证风险管理职能部门与业务单位分工明确、密切协作的基础上，使业务发展与风险管理平行推进，实现对风险的过程控制。

（三）充分有效与成本控制相统一的原则。保险公司应当建立与自身经营目标、业务规模、资本实力、管理能力和风险状况相适应的风险管理体系，同时要合理权衡风险管理成本与效益的关系，合理配置风险管理资源，实现适当成本下的有效风险管理。

第七条　保险公司应当建立涵盖风险管理基本流程和控制环节的信息系统，提高风险管理的信息化水平。

保险公司应当统筹规划风险管理和业务管理信息系统，使风险信息能够在职能部门和业务单位之间实现集成与共享，充分满足对风险进行分析评估和监控管理的各项要求。

第八条　保险公司应当定期对高级管理人员和员工进行风险管理理念、知识、流程以及控制方式等内容的培训，增强风险管理意识，同时将风险管理绩效与薪酬制度、人事制度和责任追究制度相结合，培育和塑造良好的风险管理文化。

第二章　风险管理组织

第九条　保险公司应当建立由董事会负最终责任、管理层直接领导，以风险管理机构为依托，相关职能部门密切配合，覆盖所有业务单位的风险管理组织体系。

第十条　保险公司可以在董事会下设立风险管理委员会负责风险管理工作。

风险管理委员会成员应当熟悉保险公司业务和管理流程，对保险经营风险及其识别、评估和控制等具备足够的知识和经验。

没有设立风险管理委员会的，由审计委员会承担相应职责。

第十一条　保险公司董事会风险管理委员会应当全面了解公司面临的各项重大风险及其管理状况，监督风险管理体系运行的有效性，对以下事项进行审议并向董事会提出意见和建议：

（一）风险管理的总体目标、基本政策和工作制度；

（二）风险管理机构设置及其职责；

（三）重大决策的风险评估和重大风险的解决方案；

（四）年度风险评估报告。

第十二条　保险公司可以设立由相关高级管理人员或者部门负责人组成的综合协调机构，由总经理或者总经理指定的高级管理人员担任负责人。风险管理协调机构主要职责如下：

（一）研究制定与保险公司发展战略、整体风险承受能力相匹配的风险管理政策和制度；

（二）研究制定重大事件、重大决策和重要业务流程的风险评估报告以及重大风险的解决方案；

（三）向董事会风险管理委员会和管理层提交年度风险评估报告；

（四）指导、协调和监督各职能部门和各业务单位开展风险管理工作。

第十三条　保险公司应当设立风险管理部门或者指定工作部门具体负责风险管理相关事务工作。该部门主要职责如下：

（一）对风险进行定性和定量评估，改进风险管理方法、技术和模型；

（二）合理确定各类风险限额，组织协调风险管理日常工作，协助各业务部门在风险限额内开展业务，监控风险限额的遵守情况；

（三）资产负债管理；

（四）组织推动建立风险管理信息系统；

（五）组织推动风险文化建设。

设有本指引第十二条规定的风险管理协调机构的，该部门为其办事机构。

第十四条　保险公司各职能部门和业务单位应当接受风险管理部门的组织、协调和监督，建立健全本职能部门或者业务单位风险管理的子系统，执行风险管理的基本流程，定期对本职能部门或者业务单位的风险进行评估，对其风险管理的有效性负责。

第三章　风险评估

第十五条　保险公司应当识别和评估经营过程中面临的各类主要风险，包括：保险风险、市场风险、信用风险和操作风险等。

（一）保险风险指由于对死亡率、疾病率、赔付率、退保率等判断不正确导致产品定价错误或者准备金提取不足，再保险安排不当，非预期重大理赔等造成损失的可能性。

（二）市场风险是指由于利率、汇率、股票价格和商品价格等市场价格的不利变动而造成损失，以及由于重大危机造成业务收入无法弥补费用的可能性。

（三）信用风险是指由于债务人或者交易对手不能履行合同义务，或者信用状况的不利变动而造成损失的可能性。

（四）操作风险指由于操作流程不完善、人为过错和信息系统故障等原因导致损失的可能性。

保险公司还应当对战略规划失误和公司治理结构不完善等给公司带来不利影响的其他风险予以关注。

第十六条　保险公司风险管理部门应当与各职能部门和业务单位建立信息共享机制，广泛搜集、整理与风险管理相关的内外部信息，为风险评估奠定相应的信息基础。

第十七条　保险公司应当在广泛收集信息的基础上，对经营活动和业务流程进行风险评估。风险评估包括风险识别、风险分析、风险评价三个步骤。

风险识别是指识别经营活动及业务流程中是否存在风险以及存在何种风险。

风险分析是指对识别出的风险进行分析，判断风险发生的可能性及风险发生的条件。

风险评价是指评估风险可能产生损失的大小及对保险公司实现经营目标的影响程度。

第十八条　风险评估应当采用定性与定量相结合的方法。定量评估应当统一制定各风险的度量单位和风险度量模型，确保评估的假设前提、参数、数据来源和评估程序的合理性和准确性。

第十九条　保险公司进行风险评估时，应当对各种风险之间的相关性进行分析，以便发现各风险之间的自然对冲、风险事件发生的正负相关性等组合效应，对风险进行统一集中管理。

第二十条　风险评估由风险管理部门组织实施，必要时可以聘请中介机构协助实施。

第二十一条　保险公司应当对风险信息实行动态管理，及时识别新的风险，并对原有风险的变化进行重新评估。

第四章　风险控制

第二十二条　风险控制包括明确风险管理总体策略、制定风险解决方案和方案的组织实施等内容。

第二十三条　制定风险管理总体策略是指保险公司根据自身发展战略和条件，明确风险管理重点，确定风险限额，选择风险管理工具以及配置风险管理资源等的总体安排。

第二十四条　保险公司应当根据风险发生的可能性和对经营目标的影响程度，对各项风险进行分析比较，确定风险管理的重点。

第二十五条　确定风险限额是指保险公司根据自身财务状况、经营需要和各类保险业务的特点，在平衡风险与收益的基础上，确定愿意承担哪些风险及所能承受的最高风险水平，并据此确定风险的预警线。

第二十六条　保险公司针对不同类型的风险，可以选择风险规避、降低、转移或者自留等风险管理工具，确保把风险控制在风险限额以内。

第二十七条　保险公司应当根据风险管理总体策略，针对各类重大风险制定风险解决方案。风险解决方案主要包括解决该项风险所要达到的具体目标，所涉及的管理及业务流程，所需的条件和资源，所采取的具体措施及风险管理工具等内容。

第二十八条　保险公司应当根据各职能部门和业务单位职责分工，认真组织实施风险解决方案，确保风险得到有效控制。

第五章　风险管理的监督与改进

第二十九条　保险公司应当对风险管理的流程及其有效性进行检验评估，并根据评估结果及时改进。

第三十条　保险公司各职能部门和业务单位应当定期对其风险管理工作进行自查，并将自查报告报送风险管理部门。

第三十一条　保险公司风险管理部门应当定期对各职能部门和业务单位的风险管理工作进行检查评估，并提出改进的建议和措施。

第三十二条　保险公司风险管理部门应当每年至少一次向管理层和董事会提交风险评估报告。风险评估报告主要包括以下内容：

（一）风险管理组织体系和基本流程；

（二）风险管理总体策略及其执行情况；

（三）各类风险的评估方法及结果；

（四）重大风险事件情况及未来风险状况的预测；

（五）对风险管理的改进建议。

第三十三条　董事会或者其风险管理委员会可以聘请中介机构对保险公司风险管理工作进行评价，并出具评估报告。

第六章   风险管理的监管

第三十四条   保险公司应当及时向中国保监会报告本公司发生的重大风险事件。

第三十五条   保险公司应当按照本指引及偿付能力编报规则的要求,在年报中提交经董事会审议的年度风险评估报告。

第三十六条   中国保监会定期对保险公司及其分支机构的风险管理工作进行检查。检查内容主要包括:

（一）风险管理组织的健全性及履职情况;

（二）风险管理流程的完备性、可操作性和实际运行情况;

（三）重大风险处置的及时性和有效性。

第三十七条   中国保监会可以根据检查结果,对风险管理存在严重缺陷的保险公司出具风险提示函。保险公司应当按照风险提示函的要求及时提交整改方案,采取整改措施并提交整改情况报告。

第七章   附则

第三十八条   本指引由中国保监会负责解释。

第三十九条   本指引自二〇〇七年七月一日起施行。

《保险公司内部审计指引（试行）》

【发布主体】中国保险监督管理委员会

【文件编号】保监发〔2007〕26 号

【文件层次】部门规范性文件

【首次发布】2007 年 4 月 9 日

【首次生效】2007 年 7 月 1 日

【修订情况】现行有效

【治理意义】加强保险公司内部审计管理

第一章   总则

第一条   为加强内控管理,完善公司治理结构,提高保险公司风险防范能力,依据《保险法》、《审计法》等相关法律法规制定本指引。

第二条　本指引适用于在中华人民共和国境内依法设立的保险公司和保险资产管理公司。

第三条　本指引所称的保险公司内部审计是指保险公司内部机构或者人员，通过系统化、规范化的方法，对其内部控制的健全性和有效性、业务财务信息的真实性和完整性、经营活动的效率和效果以及经营管理人员任期内的经济责任等开展的检查、评价和咨询等活动，以促进保险公司实现经营目标。

第四条　保险公司应当健全内部审计体系，认真开展内部审计工作，及时发现问题，有效防范经营风险，促进公司的稳健发展。

第五条　中国保监会依法对保险公司内部审计工作进行指导、评价和监督。

第二章　机构与人员

第六条　保险公司应当建立与其治理结构、管控模式、业务性质和规模相适应，费用预算、业务管理和工作考核等相对独立的内部审计体系。

第七条　保险公司应当在董事会下设立审计委员会。

审计委员会成员由三名以上不在管理层任职的董事组成。已建立独立董事制度的，应当由独立董事担任主任委员。

审计委员会成员应当具备与其职责相适应的财务或者法律等方面的专业知识。

第八条　保险公司应当设立审计责任人职位。审计责任人既向管理层负责，也向董事会负责。

审计责任人由总经理提名，报董事会聘任。没有设立董事会的保险公司，审计责任人由管理层聘任。

审计责任人的聘任和解聘应当向中国保监会报告。

第九条　保险公司审计责任人应当具备以下条件：

（一）大学本科以上学历；

（二）从事审计、会计或者财务工作五年以上，熟悉金融保险业务；

（三）具有在企事业单位或者国家机关担任领导或者管理职务的任职经历。

第十条　审计责任人不得同时兼任公司财务或者业务工作的领导职务。

第十一条　保险公司应当建立独立的内部审计部门。内部审计部门的工作不受其他部门的干预或者影响。

鼓励保险公司实行内部审计部门的集中化或者垂直化管理。

第十二条　保险公司应当配备足够数量的内部审计人员。专职内部审计人员原则上应当不低于公司员工人数的千分之五。保险公司员工人数不足一百人的，至少应当有一名专职内部审计人员。

专职内部审计人员应当具有大专以上学历，具备相应的专业知识和工作能力。

第三章　职责与权限

第十三条　保险公司董事会对内部审计体系的建立、运行与维护负有最终责任。没有设立董事会的，公司总经理承担最终责任。

第十四条　保险公司董事会审计委员会履行以下职责：

（一）审核公司内部审计基本制度并向董事会提出意见，批准公司年度审计计划和审计预算；

（二）评估审计责任人工作并向董事会提出意见；

（三）指导公司内部审计工作，监督内部审计质量；

（四）就外部审计机构的聘用和解聘、酬金等问题向董事会提出建议；

（五）协调内部审计与外部审计；

（六）定期检查评估内部控制的健全性和有效性，及时受理和处理关于内部控制方面重大问题的投诉；

（七）监督内部审计和外部审计所发现重大问题的整改和落实；

（八）董事会要求的其他工作。

第十五条　保险公司总经理在内部审计方面履行以下职责：

（一）领导公司内部审计制度建设和内部审计工作；

（二）确保内部审计部门的独立性及履行职责所必需的资源和职权；

（三）负责组织对审计发现的问题进行整改，对相关责任人进行处理。

第十六条　审计责任人主要履行以下职责：

（一）组织公司内部审计系统开展工作；

（二）组织制订公司内部审计制度、年度审计计划和审计预算并推动实施；

（三）组织实施审计项目，确保内部审计工作质量；

（四）及时向公司董事会审计委员会及公司总经理汇报发现的重大问题和重大风险隐患，提出改进意见；

（五）协调处理公司内部审计部门与其他部门的关系。

第十七条　保险公司内部审计部门主要职责如下：

（一）拟定公司内部审计制度，编制年度审计计划和审计预算；

（二）对公司及所属单位各项经营管理活动和财务活动的真实性、合规性进行监督、检查、评价；

（三）对公司及所属单位内部控制体系以及风险管理体系的健全性、合理性和有效性进行监督、检查、评价；

（四）对公司及所属单位负责人开展经济责任审计；

（五）对公司及所属单位经营效益等事项进行专项审计；

（六）对公司信息系统进行审计；

（七）对被审计单位整改情况进行后续审计；

（八）法律法规规定和公司要求的其他审计事项。

第十八条　保险公司应当确保内部审计部门及专职内部审计人员履行职责所需的权限，主要包括：

（一）要求被审计单位按时报送财务收支计划、预算执行情况、决算、会计报表和其他有关文件和资料；

（二）参加或者列席公司经营管理的重要会议，参加公司的相关业务培训；

（三）要求被审计单位提供有助于全面了解公司经营和财务活动的文件、资料、电子数据；

（四）有权进行现场实物勘查，或者就与审计事项有关的问题对有关单位和个人进行调查，取得证明材料；

（五）有权暂时封存可能被转移、隐匿、篡改、毁弃的会计和业务资料；

（六）制止正在进行的违法违规行为；

（七）对违反法律、法规、监管规定或者内部管理制度的单位和人员提出责任追究或者处罚建议；

（八）向董事会或者管理层提出改进管理、提高效益的意见和建议。

第十九条　保险公司内部审计部门应当每年对公司内部控制的健全性、合理性和有效性进行全面评估，出具内部控制评估报告。

内部控制评估报告应当至少包括以下内容：

（一）公司内部控制基本情况；

（二）本年度完善内部控制的措施及上年度内部控制缺陷的改善情况；

（三）目前内部控制存在的问题和缺陷；

（四）下一年度改进内部控制的计划。

第四章　工作机制

第二十条　保险公司董事会审计委员会应当至少每半年一次向董事会报告审计工作情况，并通报管理层和监事会。

第二十一条　保险公司董事会审计委员会和管理层应当至少每季度一次听取审计责任人关于审计工作进展情况的报告。

第二十二条　保险公司董事会审计委员会可以通过聘请中介机构等多种形式，评估内部审计体系的健全性和有效性，监督评价内部审计工作质量。

第二十三条　保险公司董事会审计委员会应当及时对审计责任人提交的内部控制评估报告进行审议，并就公司内部控制存在的问题向董事会提出意见和建议。

第二十四条　保险公司董事会审计委员会对其关注的重大问题，可以要求管理层组织调查，也可以在其职权范围内直接调查，或者委托独立的中介机构调查。

第二十五条　保险公司董事会审计委员会在审议议案和报告时，可以要求内部审计人员列席，对相关事项作出说明或者回答董事的提问。

第二十六条　保险公司内部审计责任人应当至少每年一次向审计委员会和管理层提交内部控制评估报告和审计工作报告。

第二十七条　保险公司内部审计部门应当根据国家相关规定，结合公司发展战略，在分析评估风险分布状况的基础上明确审计重点、制订年度审计计划。

内部审计年度工作计划、审计预算应当在征求管理层意见后，报董事会审计委员会批准。没有设立董事会的，由总经理批准。

第二十八条　内部审计部门和审计人员应当严格按照审计程序，采取科学方法开展审计工作，并定期实施审计质量自我评估。

第二十九条　保险公司监事会可以对内部审计工作进行指导和监督。

第三十条　保险公司应当建立审计复议制度。对审计结论存在异议的，被审计对象可以依照规定向保险公司相关机构提出复议。

第三十一条　保险公司应当建立内部审计信息系统，推广应用辅助审计软件，积极开展非现场审计，提高内部审计的信息化水平和审计效率。

第三十二条　保险公司内部审计部门经董事会审计委员会或者公司管理层批准后，可以聘请中介机构承担内部审计项目。

外聘中介机构应当具备足够的独立性、客观性和专业胜任能力。

第三十三条　保险公司应当建立通畅的投诉举报机制，鼓励员工举报公司经营管理中违法违规及其他不符合内部控制要求的行为，并严格为举报人保密。

第三十四条　保险公司应当按照以下要求向中国保监会报告：

（一）每年四月三十日前向中国保监会提交内部审计工作报告和经董事会审议的内部控制评估报告；

（二）及时向中国保监会报告审计中发现的重大风险问题；

（三）内部审计部门对下属分支公司进行审计的，应当同时将审计报告抄报审计对象所在地的中国保监会派出机构；

（四）保险公司对内部审计中发现的问题未予有效整改处理的，审计责任人应当直接向中国保监会报告相关情况；

（五）中国保监会要求的其他事项。

第五章　责任追究

第三十五条　保险公司应当对审计发现的问题及时组织整改，并严格追究相关责任人的责任。

对审计发现问题未按照要求及时进行整改处理的，保险公司应当追究有关负责人的责任。

未及时按照前两款的规定追究责任的，中国保监会将追究保险公司管理层及相关董事的责任。

第三十六条　保险公司在考核经济目标、任免所属单位负责人时，应当将内部审计情况作为重要依据，并听取审计负责人的意见。

第三十七条　对拒绝或者不配合内部审计、拒绝提供资料或者提供虚假资料、打击报复或者陷害审计人员的，保险公司应当及时制止，并严肃处理有关单位和人员；涉嫌犯罪的，依法移交司法机关处理。

第三十八条　保险公司内部审计人员应当严格遵守审计职业道德规范。滥用职权、徇私舞弊、隐瞒问题、玩忽职守、泄漏秘密的，应当依照国家和公司有关规定给予处分；涉嫌犯罪的，依法移交司法机关处理。

第三十九条　保险公司董事长、总经理和审计责任人在组织实施内部审计工作中有重大失职行为的，中国保监会将依照相关规定给予处罚。

第四十条　保险公司对坚持原则、忠于职守、认真履行职责并作出显著成绩的内部审计人员，应当给予奖励。

第六章　附则

第四十一条　各保险公司可依照本指引制定实施细则。

第四十二条　本指引由中国保监会负责解释。

第四十三条　本指引自二〇〇七年七月一日起施行。

《保险公司合规管理指引》

【发布主体】中国保险监督管理委员会
【文件编号】保监发〔2007〕91 号
【文件层次】部门规范性文件
【首次发布】2007 年 9 月 7 日
【首次生效】2008 年 1 月 1 日
【修订情况】现行有效
【治理意义】加强保险公司合规管理

第一章   总则

第一条   为了规范保险公司治理结构，加强保险公司合规管理，根据《中华人民共和国公司法》、《保险公司管理规定》、《关于规范保险公司治理结构的指导意见（试行）》等法律法规，制订本指引。

第二条   本指引所称的合规是指保险公司及其员工和营销员的保险经营管理行为应当符合法律法规、监管机构规定、行业自律规则、公司内部管理制度以及诚实守信的道德准则。

本指引所称的合规风险是指保险公司及其员工和营销员因不合规的保险经营管理行为引发法律责任、监管处罚、财务损失或者声誉损失的风险。

第三条   合规管理是保险公司通过设置合规管理部门或者合规岗位,制定和执行合规政策，开展合规监测和合规培训等措施，预防、识别、评估、报告和应对合规风险的行为。合规管理是保险公司全面风险管理的一项核心内容，也是实施有效内部控制的一项基础性工作。

保险公司应当按照本指引的要求，建立健全合规管理制度，完善合规管理组织架构，明确合规管理责任，构建合规管理体系，有效识别并积极主动防范化解合规风险，确保公司稳健运营。

第四条   合规人人有责。保险公司应当倡导和培育良好的合规文化，努力培育全体员工和营销员的合规意识,并将合规文化建设作为公司文化建设的一个重要组成部分。

合规应当从高层做起。保险公司董事会和高级管理人员应当在公司倡导诚实守信的道德准则和价值观念，推行主动合规、合规创造价值等合规理念，促进保险公司内部合规管理与外部监管的有效互动。

第五条　中国保监会及其派出机构依法对保险公司合规管理实施监督检查。

第二章　董事会、监事会和总经理的合规职责

第六条　保险公司董事会对公司的合规管理承担最终责任,履行以下合规职责:

（一）审议批准合规政策,监督合规政策的实施,并对实施情况进行年度评估;

（二）审议批准并向中国保监会提交公司年度合规报告,对年度合规报告中反映出的问题,采取措施解决;

（三）根据总经理提名决定合规负责人的聘任、解聘及报酬事项;

（四）决定公司合规管理部门的设置及其职能;

（五）保证合规负责人独立与董事会、董事会审计委员会或者其他专业委员会沟通;

（六）公司章程规定的其他合规职责。

第七条　保险公司董事会审计委员会履行以下合规职责:

（一）审核并向董事会提交公司年度合规报告;

（二）定期审查公司半年度合规报告;

（三）听取合规负责人和合规管理部门有关合规事项的报告,并向董事会提出意见和建议;

（四）公司章程规定、董事会确定的其他合规职责。

保险公司可根据自身情况指定董事会设立的其他专业委员会履行前款规定的合规职责。

第八条　保险公司设立监事或者监事会的,监事或者监事会履行以下合规职责:

（一）监督董事会和高级管理人员合规职责的履行情况;

（二）监督董事会的决策及决策流程是否合规;

（三）对引发重大合规风险的董事、高级管理人员提出罢免的建议;

（四）向董事会提出撤换公司合规负责人的建议;

（五）依法调查公司经营中的异常情况,并可要求公司合规负责人和合规管理部门协助;

（六）公司章程规定的其他合规职责。

第九条　保险公司总经理履行以下合规职责:

（一）根据董事会的决定建立健全公司合规管理组织架构，向董事会提名合规负责人，设立合规管理部门，并为其履行职责提供充分条件；

（二）审核合规负责人提交的公司合规政策，报经董事会审议后执行；

（三）每年至少组织一次对公司合规风险的识别和评估，并审核下年度公司合规风险管理计划；

（四）审核并向董事会审计委员会提交公司年度、半年度合规报告；

（五）发现公司有不合规的经营管理行为的，及时采取适当的补救措施，追究违规责任人的相应责任，并按规定进行报告；

（六）公司章程规定或者董事会确定的其他合规职责。

保险公司分公司和中心支公司总经理应当履行前款第（三）和第（五）项规定的合规职责。

第三章　合规负责人和合规管理部门

第十条　保险公司应当设立合规负责人。合规负责人是保险公司总公司的高级管理人员。合规负责人不得兼管公司的业务部门和财务部门。

保险公司任命合规负责人，应当根据《保险公司董事、监事和高级管理人员任职资格管理规定》和中国保监会的有关规定申报核准。

保险公司解聘合规负责人的，应当在解聘后10日内向中国保监会报告并说明原因。

第十一条　保险公司合规负责人对总经理和董事会负责，并履行以下职责：

（一）制订和修订公司合规政策并报总经理审核；

（二）将董事会审议批准后的合规政策传达给公司全体员工和营销员，并组织执行；

（三）在董事会和总经理领导下，制订公司年度合规风险管理计划，全面负责公司的合规管理工作，并领导合规管理部门或者合规岗位；

（四）定期向总经理和董事会审计委员会提出合规改进建议，及时向总经理和董事会审计委员会报告公司和高级管理人员的重大违规行为；

（五）审核并签字认可合规管理部门出具的合规报告等各种合规文件；

（六）公司章程规定或者董事会确定的其他合规职责。

第十二条　保险公司总公司应当设置合规管理部门。保险公司应当根据业务规模、组织架构和风险管理工作的需要，在分支机构设置合规管理部门或者合规岗位。

保险公司分支机构的合规管理部门、合规岗位及其合规人员，对其所在分支机构的负责人和上级合规管理部门或者合规岗位负责。

保险公司应当以合规政策或者其他正式文件的形式,确立合规管理部门和合规岗位的组织结构、职责和权利,规定确保其独立性的措施。

第十三条　保险公司必须确保合规管理部门和合规岗位的独立性,并对其实行独立预算和考评。合规管理部门和合规岗位应当独立于业务部门、财务部门和内部审计部门。

第十四条　合规管理部门履行以下职责:

（一）协助合规负责人制订、修订公司的合规政策和年度合规风险管理计划,并推动其贯彻落实,协助高级管理人员培育公司的合规文化;

（二）组织协调公司各部门和分支机构制订、修订公司的岗位合规手册和其他合规管理规章制度;

（三）实施合规风险监测,识别、评估和报告合规风险;

（四）撰写年度、半年度及其他合规报告;

（五）参与新产品和新业务的开发,识别、评估合规风险,提供合规支持;

（六）负责公司反洗钱制度的制订和实施;

（七）组织合规培训,贯彻员工和营销员行为准则,并向员工和营销员提供合规咨询;

（八）审查公司重要的内部规章制度和业务流程,并根据法律法规、监管规定和行业自律规则的变动和发展,提出制订或者修订公司内部规章制度和业务流程的建议;

（九）保持与监管机构的日常工作联系,跟踪评估监管措施和要求,反馈相关意见和建议;

（十）董事会确定的其他合规管理职责。

合规岗位的具体职责,由公司参照前款规定确定。

第十五条　保险公司应当以规章制度保障合规负责人、合规管理部门和合规岗位享有以下权利:

（一）为了履行合规管理职责,通过参加会议、查阅文件、与有关人员交谈、接受合规情况反映等方式获取必要的信息;

（二）对违规或者可能违规的人员和事件进行独立调查,必要时可外聘专业人员或者机构协助工作;

（三）享有通畅的报告渠道,根据董事会确定的报告路线向总经理、董事会审计委员会或者董事会报告;

（四）董事会确定的其他权利。

第十六条　保险公司应当为合规管理部门或者合规岗位配备足够的合规人员。合规人员应当具有与其履行职责相适应的资质和经验,具有法律、保险、财会、金融等方面的专业知识,特别是应当具有把握法律法规、监管规定、行业自律规则和公司内部管理制度的能力。保险公司应当通过定期和系统的教育培训提高合规人员的专业技能。

董事会和高级管理人员应当支持合规管理部门、合规岗位和合规人员履行工作职责,并采取措施切实保障合规管理部门、合规岗位和合规人员不因履行职责遭受不公正的对待。

第十七条　保险公司应当为总公司的合规管理部门配备专职的合规人员。有条件的保险公司应当为分支机构的合规管理部门或者合规岗位配备专职的合规人员。

第十八条　合规不仅是合规管理部门、合规岗位以及专业合规人员的责任,更是保险公司每一位员工和营销员的责任。保险公司各部门和分支机构对其职责范围内的合规管理负有直接和第一位的责任。

保险公司各部门和分支机构应当主动进行日常的合规自查,定期向合规管理部门或者合规岗位提供合规风险信息或者风险点,支持并配合合规管理部门或者合规岗位的风险监测和评估。

合规管理部门和合规岗位应当向公司各部门、分支机构及其员工和营销员的业务活动提供合规支持,并帮助和指导公司各部门和分支机构制订岗位合规手册,进行合规管理。

第十九条　保险公司应当在合规管理部门与其他风险管理部门间建立协作机制。

保险公司其他风险管理部门负责识别、评估包括自身合规风险在内的各类风险,并向合规管理部门报告相关合规风险信息,支持合规管理部门的合规风险监测和评估。

第二十条　保险公司的合规管理部门应当与内部审计部门相分离,并接受内部审计部门定期的独立审计。

保险公司应当在合规管理部门与内部审计部门之间建立明确的合作和信息交流机制。内部审计部门在审计结束后,应当将审计情况和结论通报合规管理部门;合规管理部门也可以根据合规风险的监测情况主动向内部审计部门提出审计建议。

第四章　合规管理

第二十一条　保险公司应当制订合规政策，经董事会审议通过后报中国保监会备案。

合规政策是保险公司进行合规管理的纲领性文件，至少应当包括以下内容：

（一）公司进行合规管理的目标和基本原则；

（二）公司倡导的合规文化；

（三）董事会、高级管理人员的合规责任；

（四）公司合规管理框架和报告路线；

（五）合规管理部门的地位和职责；

（六）公司识别和管理合规风险的主要程序。

保险公司应当每年对合规政策进行评估，并视合规工作需要进行修订。

第二十二条　保险公司应当制订员工和营销员行为准则、岗位合规手册等文件，落实公司的合规政策，并为员工和营销员执行合规政策提供指引。

员工和营销员行为准则应当规定公司所有员工和营销员必须共同遵守的基本行为准则，并可对董事、监事和高级管理人员提出专门要求。岗位合规手册应当规定各个工作岗位的业务操作程序和规范。

第二十三条　保险公司应当明确合规风险报告的路线，包括：保险公司营销员、公司其他部门及其员工向合规管理部门或者合规岗位的报告路线，各级合规管理部门或者合规岗位上报的路线，公司合规管理部门或者合规岗位和合规负责人向总经理、董事会审计委员会、董事会的报告路线。

保险公司应当规定报告路线涉及的每个人员和机构的职责，明确报告人的报告内容、方式和频率以及接受报告人直接处理或者向上报告的规范要求。

第二十四条　保险公司应当识别、评估和监测以下事项的合规风险：

（一）保险业务行为，包括广告宣传、产品开发、销售、承保、理赔、保全、反洗钱、客户服务、客户投诉处理等；

（二）保险资金运用行为，包括担保、融资、投资等；

（三）保险机构设立、变更、合并、撤销以及战略合作等行为；

（四）公司内部管理决策行为和规章制度执行行为；

（五）其他可能引发合规风险的行为。

第二十五条　保险公司重要的内部管理制度和业务规程在发布实施前，应当提交合规管理部门审查，并经合规负责人签字认可。

保险公司合规负责人和合规管理部门应当确保公司重要的内部管理制度、业务规程的合规性。

第二十六条   保险公司合规管理部门应当按照高级管理人员、董事会审计委员会或者董事会的要求，在公司内进行各种合规调查。

合规调查结束后，合规管理部门应当就调查情况和结论制作报告，并报送提出调查要求的机构。

第二十七条   保险公司合规管理部门应当与公司人力资源部门建立协作机制，制订合规培训计划，开发有效的合规培训和教育项目，定期组织合规培训工作。

保险公司董事、监事和高级管理人员应当获得与其职责相适应的合规培训。员工新入司、晋升和转岗，应当接受合规培训。

第二十八条   保险公司应当建立违规事件举报机制，确保每一位员工和营销员都有权利和途径举报违规事件。

第二十九条   保险公司应当建立有效的合规考核和问责制度，将合规管理作为公司年度考核的重要指标，对各级管理人员的合规职责履行情况进行考核和评价，并追究违规事件管理人员的责任。

第五章   合规管理的外部监管

第三十条   保险公司合规管理部门负责组织学习中国保监会发布的重要监管文件，进行风险提示，并提出合规建议。

保险公司合规管理部门应当及时向中国保监会咨询，准确理解和把握监管要求，并反馈公司的意见和建议。

第三十一条   保险公司应当在每年4月30日前向中国保监会提交公司上一年度的年度合规报告。保险公司董事会对合规报告的真实性负责。

公司年度合规报告应当包括以下内容：

（一）合规管理状况概述；

（二）合规政策的制订、评估和修订；

（三）合规负责人和合规管理部门的情况；

（四）公司内部管理制度和业务流程情况；

（五）重要业务活动的合规情况；

（六）合规评估和监测机制的运行；

（七）面临的重大合规风险及应对措施；

（八）重大违规事件及其处理；

（九）合规培训情况；

（十）合规管理存在的问题和改进措施；

（十一）其他。

中国保监会可以根据监管需要，不定期要求保险公司报送各种综合或者专项的合规报告。

第三十二条　中国保监会定期通过合规报告或者现场检查等方式对保险公司合规管理工作进行监督和评价，评价结果作为实施分类监管的重要依据。

第六章　附则

第三十三条　本指引适用于股份制保险公司、股份制保险控股（集团）公司、外商独资保险公司以及中外合资保险公司，国有独资保险公司、外国保险公司分公司以及保险资产管理公司参照适用。

保险控股（集团）公司可以参照本指引制订集团统一的合规政策以及员工、营销员行为准则。

第三十四条　中国保监会根据保险公司发展实际，采取区别对待、分类指导的原则，加强督导，推动保险公司建立和完善合规管理体系。

保险公司应当结合自身状况，在中国保监会规定的期限内落实本指引的各项要求。

第三十五条　本指引所称保险公司分支机构，是指保险公司分公司和中心支公司。

第三十六条　本指引由中国保监会负责解释。

第三十七条　本指引自 2008 年 1 月 1 日起施行。

《保险公司总精算师管理办法》

【发布主体】中国保险监督管理委员会

【文件编号】中国保险监督管理委员会令 2007 年第 3 号

【文件层次】部门规章

【首次发布】2007 年 9 月 28 日

【首次生效】2008 年 1 月 1 日

【修订情况】2010 年 12 月 3 日根据中国保监会令〔2010〕第 10 号修订

【治理意义】建立保险公司总精算师管理办法

第一章　总则

第一条　为了完善保险精算监管制度，规范保险公司内部治理，防范经营风险，促进保险业健康发展，根据《中华人民共和国保险法》、《中华人民共和国外资保险公司管理条例》等法律、行政法规，制定本办法。

第二条　本办法所称总精算师，是指保险公司总公司负责精算以及相关事务的高级管理人员。

第三条　保险公司应当设立总精算师职位。

第四条　总精算师应当遵守法律、行政法规和中国保险监督管理委员会（以下简称中国保监会）的规定，遵守保险公司章程和职业准则，公正、客观地履行精算职责。

第五条　中国保监会依法审查总精算师任职资格，并对总精算师履职行为进行监督管理。

第二章　任职资格管理

第六条　总精算师应当具备诚实信用的良好品行和履行职务必需的专业知识、从业经历和管理能力。

第七条　担任总精算师应当具备下列条件：

（一）取得中国精算师资格 3 年以上；

（二）从事保险精算、保险财务或者保险投资工作 8 年以上，其中包括 5 年以上在保险行业内担任保险精算、保险财务或者保险投资管理职务的任职经历；

（三）在中华人民共和国境内有住所；

（四）中国保监会规定的其他条件。

取得国外精算师资格 3 年以上的，可以豁免前款第（一）项规定的条件，但应当经中国保监会考核，确认其熟悉中国的保险精算监管制度，具有相当于中国精算师资格必需的专业知识和能力。

第八条　有下列情形之一的，不得担任总精算师：

（一）有《保险公司董事、监事和高级管理人员任职资格管理规定》中禁止担任高级管理人员情形之一的；

（二）中国保监会规定不适宜担任总精算师的其他情形。

第九条　未经中国保监会核准任职资格，保险公司不得以任何形式任命总精算师。

第十条　保险公司任命总精算师，应当在任命前向中国保监会申请核准任职资格，提交下列书面材料一式三份，并同时提交有关电子文档：

（一）拟任总精算师任职资格核准申请书；

（二）《保险公司董事、监事和高级管理人员任职资格申请表》；

（三）符合本办法规定的《职务声明书》；

（四）拟任总精算师的身份证、学历证书、精算师资格认证证书等有关文件的复印件，有护照的应当同时提供护照复印件；

（五）中国保监会规定提交的其他材料。

第十一条　中国保监会应当自受理任职资格核准申请之日起 20 日以内，作出核准或者不予核准的决定。20 日以内不能作出决定的，经中国保监会主席批准，可以延长 10 日，并应当将延长期限的理由告知申请人。

决定核准的，颁发任职资格核准文件；决定不予核准的，应当作出书面决定并说明理由。

第十二条　总精算师有下列情形之一的，其任职资格自动失效，拟再担任总精算师的，应当重新经过任职资格核准：

（一）因辞职、被免职、被撤职等原因，不再为该保险公司及其分支机构工作的；

（二）受到撤销任职资格的行政处罚的；

（三）出现《公司法》第一百四十七条第一款规定情形的。

第三章　总精算师职责

第十三条　总精算师对保险公司董事会和总经理负责,并应当向中国保监会及时报告保险公司的重大风险隐患。

第十四条　总精算师有权获得履行职责所需的数据、文件、资料等相关信息,保险公司有关部门和人员不得非法干预,不得隐瞒或者提供虚假信息。

第十五条　总精算师有权参加涉及其职责范围内相关事务的保险公司董事会会议,并发表专业意见。

第十六条　总精算师具体履行下列职责:

（一）分析、研究经验数据,参与制定保险产品开发策略,拟定保险产品费率,审核保险产品材料;

（二）负责或者参与偿付能力管理;

（三）制定或者参与制定再保险制度,审核或者参与审核再保险安排计划;

（四）评估各项准备金以及相关负债,参与预算管理;

（五）参与制定股东红利分配制度,制定分红保险等有关保险产品的红利分配方案；

（六）参与资产负债配置管理，参与决定投资方案或者参与拟定资产配置指引；

（七）参与制定业务营运规则和手续费、佣金等中介服务费用给付制度；

（八）根据中国保监会和国家有关部门规定，审核、签署公开披露的有关数据和报告；

（九）根据中国保监会规定，审核、签署精算报告、内含价值报告等有关文件；

（十）按照本办法规定，向保险公司和中国保监会报告重大风险隐患；

（十一）中国保监会或者保险公司章程规定的其他职责。

第十七条　保险公司有下列情形之一的，总精算师应当根据职责要求，向保险公司总经理提交重大风险提示报告，并提出改进措施：

（一）出现可能严重危害保险公司偿付能力状况的重大隐患的；

（二）在拟定分红保险红利分配方案等经营活动中，出现严重损害投保人、被保险人或者受益人合法权益的情形的。

总精算师应当将重大风险提示报告同时抄报保险公司董事会。

第十八条　总精算师提交重大风险提示报告的，保险公司应当及时采取措施防范或者化解风险，保险公司未及时采取有关措施的，总精算师应当向中国保监会报告。

第四章　监督管理

第十九条　保险公司应当按照本办法的规定，在保险公司章程中明确规定总精算师的职责。

第二十条　总精算师由保险公司董事会任命。

第二十一条　保险公司任命总精算师，应当在任命前与拟任总精算师签署《职务声明书》。

《职务声明书》应当载明下列内容：

（一）总精算师工作职责；

（二）由拟任总精算师作出的，将按照本办法规定提交离职报告的承诺；

（三）拟任总精算师在审读前任总精算师离职报告后作出的有关声明；

（四）中国保监会要求载明的其他内容。

第二十二条　在同一保险公司内，董事长、总经理不得兼任总精算师。

第二十三条　除下列情形以外，总精算师不得在所任职保险公司以外的其他机构中兼职：

（一）兼职机构与总精算师所任职保险公司之间具有控股关系；

（二）总精算师在精算师专业组织中兼职从事不获取报酬的活动；

（三）中国保监会规定的其他情形。

第二十四条　总精算师因辞职、被免职或者被撤职等原因离职的，应当在辞职时或者在收到免职、撤职决定之日起 20 日以内独立完成离职报告，并向保险公司董事会和总经理提交。

离职报告应当对离职原因、任职期间的履职情况和精算工作移交进行说明。

离职报告应当一式两份，并由总精算师签字。

第二十五条　保险公司任命总精算师，应当在申请核准拟任总精算师任职资格以前，根据其要求，将前任总精算师离职报告送交其审读。

第二十六条　总精算师因辞职、被免职或者被撤职等原因离职的，保险公司应当自作出批准辞职或者免职、撤职等决定之日起 30 日以内，向中国保监会报告，并提交下列书面材料：

（一）总精算师被免职或者被撤职的原因说明；

（二）免职、撤职或者批准辞职等有关决定的复印件；

（三）总精算师作出的离职报告。

第五章　法律责任

第二十七条　总精算师违背精算职责，致使根据中国保监会规定应当由其签署的各项文件不符合中国保监会规定的，由中国保监会责令改正，对总精算师予以警告；情节严重的，并处 1 万元以下罚款。

第二十八条　保险公司未经核准擅自任命总精算师的，由中国保监会予以警告，并处 1 万元以下罚款。

第二十九条　总精算师未按照本办法规定及时向中国保监会报告有关事项的，由中国保监会责令改正，予以警告。

第六章　附则

第三十条　对总精算师的任职管理，本办法没有规定的，适用《保险公司董事、监事和高级管理人员任职资格管理规定》的有关规定。

第三十一条　本办法所称日，是指工作日，不包括法定节假日。

第三十二条　本办法由中国保监会负责解释。

第三十三条　本办法自 2008 年 1 月 1 日起施行。人寿保险公司、养老保险公司和健康保险公司自施行之日起适用本办法；财产保险公司适用本办法的时间和具体适用办法由中国保监会另行规定。

自本办法施行之日起，中国保监会之前规定的人寿保险公司、养老保险公司和健康保险公司精算责任人的职责由总精算师履行，中国保监会 2004 年 6 月 30 日发布的《人身保险产品审批和备案管理办法》（保监会令〔2004〕6 号）中关于上述保险公司应当指定精算责任人的规定不再执行。中国保监会 2004 年 11 月 11 日发布的《关于精算责任人任职资格有关要求的通知》（保监发〔2004〕133 号）自本办法施行之日起同时废止。

《保险公司董事会运作指引》

【发布主体】中国保险监督管理委员会
【文件编号】保监发〔2008〕58 号
【文件层次】部门规范性文件
【首次发布】2008 年 7 月 8 日
【首次生效】2008 年 10 月 1 日
【修订情况】现行有效
【治理意义】规范保险公司董事会运作

第一章 总则

第一条 为了规范董事会运作，提高董事会决策水平，完善保险公司治理结构，根据《中华人民共和国保险法》、《中华人民共和国公司法》等相关法律、行政法规、部门规章及规范性文件，制定本指引。

第二条 本指引适用于在中国境内依法设立，设有董事会的保险公司和保险资产管理公司。法律、行政法规及监管规定对国有独资保险公司、外资保险公司、上市保险公司另有规定的，适用其规定。

第三条 保险公司董事会是公司的决策机构，董事会运作应当遵循依法合规、集体决策、专业高效的原则。

第二章　董事

第一节　董事的任免

第四条　非职工代表董事由股东大会选举产生,职工代表董事由职工代表大会、职工大会或其他民主形式选举产生。

董事每届任期不得超过 3 年,可以连选连任。

董事任期从正式任命之日起计算,至该届董事会任期届满时止。董事任期届满未及时改选的,原董事仍应当继续履行董事职务,直至新一届董事会就任。

第五条　保险公司应当在公司章程中规定董事的提名及选举制度,明确提名主体资格、提名及审核程序、选举办法等内容。

鼓励保险公司采取累积投票制选举董事。

第六条　董事会任期届满前 3 个月,董事会秘书应当以书面形式通知各位董事,董事长应当启动董事会换届程序。董事会秘书应当向有董事提名权的股东或其他提名人发出通知,通知内容包括现有董事会人员名单、本届董事会任期起止时间、提名规则与截止时间等。

第七条　有董事提名权的股东或其他提名人应当在截止时间前将其提名的董事候选人名单及其个人资料以书面形式提交董事会秘书。

第八条　董事会提名薪酬委员会根据法律、行政法规、监管规定和公司章程对董事任职条件的规定,对董事候选人进行审查,并向董事会提交审查意见及合格董事候选人名单。

第九条　董事会根据提名薪酬委员会提交的合格董事候选人名单,提请召开股东大会选举董事。

除采取累积投票制外,股东大会选举董事,应当对每一董事候选人逐一进行审议和表决。

第十条　筹建阶段的保险公司董事候选人的产生办法由出资人与筹建机构协商确定。董事由公司创立大会选举产生。

第十一条　由于股东资质不符合要求、股权交易纠纷或不可抗力等原因,可能导致董事会任期届满无法按时改选的,保险公司董事会秘书应当及时向中国保监会报告。

报告内容包括本届董事会任期、董事会人员、无法按时换届改选的原因、换届改选计划及其他需要说明的事项。

第十二条　免除董事职务时,提出免职意见的股东或机构应当书面通知董事会,经提名薪酬委员会就免职事项出具独立审慎的意见后,提交股东大会审议。

被免职的董事可以向董事会和股东大会进行陈述和申辩，并有义务向其他董事和股东提示公司可能存在的风险。

第十三条　董事在任期届满前提出辞职的，应当向董事会提交书面辞职报告，并有义务在辞职报告中对其他董事和股东应当注意的情况进行说明。

董事会秘书应当及时将董事辞职的情况通知其他董事和公司股东。

第十四条　因董事辞职导致董事会人数低于《公司法》规定的最低人数或公司章程所定人数的三分之二时，在新的董事就任前，提出辞职的董事应当继续履行职责。

除前款所列情形外，董事辞职自辞职报告送达董事会时生效。

第十五条　因董事被股东大会免职、死亡或者存在其他不能履行董事职责的情况，导致董事会人数低于《公司法》规定的最低人数或董事会表决所需最低人数时，公司可以通过章程约定董事会职权由股东大会行使，直至董事会人数符合要求。

第十六条　当董事会人数低于《公司法》规定的最低人数或公司章程所定人数的三分之二时，公司应当在 5 个工作日内启动董事补选程序，在 2 个月内召开股东大会选举董事。

第十七条　补选产生的董事的任期至该届董事会任期届满时止。

第十八条　董事长和副董事长由公司全体董事的过半数选举产生和罢免。

第二节　董事的任职资格

第十九条　保险公司董事在任职前，应当取得中国保监会的任职资格核准。连选连任的董事不需要再次申报任职资格核准。

第二十条　保险公司申报董事任职资格核准，按以下程序办理：

（一）公司股东大会对拟任董事表决通过；

（二）公司按照中国保监会规定的程序申报拟任董事的任职资格核准；

（三）公司取得任职资格核准批复后进行正式任命。

董事未经任职资格核准即正式任命的，不得履行职务。未取得任职资格的董事参与表决的，其表决不发生法律效力。

第二十一条　独立董事取得任职资格核准后，应当按照监管规定在中国保监会指定的媒体上就其独立性发表声明。

保险公司应当在声明发表后 10 个工作日内以书面形式向中国保监会备案，并附上公开声明的复印件。

第二十二条　董事会提名薪酬委员会应当关注董事是否持续具备任职资格。董事在任职期间出现丧失任职资格情形的，提名薪酬委员会应当向董事会提出免职建议，由董事会提交股东大会审议。

第三节　董事的职责和义务

第二十三条　董事根据公司章程,通过董事会会议和其他合法方式对董事会职权范围内的事项进行决策,对高级管理人员进行监督,切实维护保险公司、股东、被保险人和其他利益相关者的合法权益。

董事个人对董事会决议承担责任。

第二十四条　董事对公司事务有知情权。保险公司应当保障董事对公司事务的知情权。

第二十五条　公司应当建立向董事的信息报送制度,规范信息报送的内容、频率、方式、责任主体、保密制度等,使董事能够充分了解公司的经营管理情况。

董事可以对公司进行调研,及时了解公司的财务、内控、合规、风险管理及其他经营情况。

第二十六条　董事长、副董事长、董事会专业委员会委员除履行董事职责外,还应当根据法律、行政法规、监管规定及公司章程的规定履行其职务所要求的其他职责。

第二十七条　董事行使职权时,保险公司有关人员应当积极配合,不得拒绝、阻碍或者隐瞒,不得进行不当干预。

董事正常行使职权遇到障碍,应当向中国保监会报告。

第二十八条　董事对保险公司负有忠实义务。

董事应当严格遵循《公司法》第二十一条、第一百四十八条、第一百四十九条及其他相关条文对董事忠实义务的规定,不得利用其在公司的职权谋取不正当利益。

第二十九条　董事对保险公司负有勤勉义务。

董事应当保证有足够的时间和精力谨慎、勤勉地履行职责。

董事应当持续关注公司经营管理状况,按时参加董事会会议。

第三十条　董事连续 2 次未亲自出席,也不委托其他董事出席董事会会议的,视为不能履行职责,董事会、监事会或者股东应当提请股东大会予以撤换。

董事一年内 2 次未亲自出席董事会会议的,公司应当向其发出书面提示。

独立董事在一届任期之内 2 次被提示的,不得连任。独立董事在第二届任期内存在前述情形的,不得受聘担任其他保险公司独立董事。

第三十一条　董事应当积极参加公司和监管机构等组织的培训,持续具备履行职责所需的专业知识和能力。

第四节 董事尽职考核

第三十二条 保险公司应当建立董事尽职考核评价制度,规范董事尽职考核评价的主体、方式、内容、标准和程序。

董事会应当每年对董事进行尽职考核评价,并向股东大会和监事会提交董事尽职报告。

第三十三条 董事尽职报告包括以下内容:

(一)董事出席董事会会议的情况,包括未亲自出席会议的次数及原因;

(二)董事在董事会上的表决情况和发表意见的情况,包括投弃权或者反对票的情况及原因;

(三)董事为了解公司经营管理状况所做的工作及向公司反馈的意见;

(四)董事参加培训的情况;

(五)董事为改善公司经营管理所做的其他工作及公司认为应当考核评价的其他内容。

第三十四条 保险公司应当制定董事报酬制度,明确执行董事、非执行董事、独立董事的报酬或津贴,经股东大会审议通过后实施。

非执行董事在保险公司有董事会工作报酬的,其报酬的分配方法由其任职或推荐的股东单位决定。国有公司按国家有关政策办理。

第三十五条 保险公司可以与董事签订服务合同,详细规定董事的职权、义务、责任、报酬等内容。服务合同内容不得违反公司章程与股东大会决议。

第三十六条 董事违反法律、行政法规、监管规定或者公司章程的规定,给保险公司或者股东造成损失的,应当承担赔偿责任。

保险公司可以建立董事职业责任保险制度。

第三十七条 中国保监会认为保险公司董事或董事会存在不尽职行为的,可以通过以下方式进行监督:

(一)责令作出说明;

(二)监管谈话;

(三)以监管函的方式责令改正。

第三章 董事会及专业委员会

第三十八条 董事会人数应当符合《公司法》和公司章程的规定。鼓励保险公司建立由 7 至 13 名董事组成的专业、高效的董事会。

董事会由执行董事、非执行董事和独立董事构成,其比例由公司章程规定。

执行董事是指在保险公司除担任董事外还担任其他经营管理职务,或者其工资和福利由公司支付的董事。

非执行董事是指不在保险公司担任除董事外的其他职务，且公司不向其支付除董事会工作报酬外的其他工资和福利的董事。

独立董事是指根据《保险公司独立董事管理暂行办法》的规定任职的董事。

董事会成员中应当有财务和法律方面的专业人士。鼓励保险公司聘用精算专业人士担任董事。

第三十九条　董事会职权由公司章程依据法律、行政法规、监管规定和公司实际明确规定。董事会职权由董事会集体行使。

董事会法定职权原则上不得授予董事长、董事或其他个人及机构行使。某些具体决策事项确有必要授权的，应当通过董事会决议的方式依法进行。授权应当一事一授，不得将董事会职权笼统或永久授予其他机构或个人行使。

董事会的法定职权不得以章程、股东大会决议等方式予以变更或者剥夺。

第四十条　保险公司根据监管规定与实际需要，在董事会下设专业委员会。专业委员会是董事会的辅助决策机构，为董事会决策提供专业意见，或经董事会授权就专业事项进行决策。

专业委员会委员由董事担任。其中审计委员会中至少应当有 1 名以上的财务或审计方面的专业人士。

第四十一条　保险公司应当制定董事会议事规则与董事会专业委员会议事规则，规范董事会及其专业委员会运作程序。

第四章　董事会会议制度

第一节　会议召集

第四十二条　董事会会议分为定期会议和临时会议。定期会议每年至少召开 4 次。

会议名称按照董事会届数和会议次序命名，定期会议和临时会议连续编号。

第四十三条　为保证董事能按时出席董事会会议，提高会议决策效率和质量，董事会秘书可以于每年第四季度拟定下一年度董事会会议计划，对下一年度董事会定期会议召开的大致时间、常规议题等进行规划，并将计划通过公司网站、办公系统或其他方式告知公司董事、监事、高级管理人员及其他相关人员。

有董事会提案权的机构或个人以及负责提案工作的部门、中介机构和相关单位，可以根据董事会会议计划的安排，提前做好提案的提出和准备工作。

第四十四条　董事会会议由董事长召集。董事长不履行或不能履行职务的，根据《公司法》和公司章程确定接替董事长履行职务的副董事长或董事。

第四十五条　有下列情形之一的，公司应当召开董事会临时会议：

（一）代表十分之一以上表决权的股东提议；

（二）三分之一以上董事提议；

（三）两名以上独立董事提议；

（四）监事会提议；

（五）董事长认为有必要的。

第四十六条　除董事长提议外，召开董事会临时会议的提议应当载明下列事项，并以书面形式直接或通过董事会秘书送达董事长：

（一）提议人姓名或者名称；

（二）事由；

（三）会议召开方式；

（四）其他要求。

第四十七条　除定期会议和董事长提议的临时会议外，董事长应当自接到提议后 10 日内，召集和主持董事会临时会议。

第二节　提案和会议通知

第四十八条　董事会会议提案应当有明确需要审议和表决的事项，且审议事项在董事会职权范围之内。

提案分为正式提案和临时提案。正式提案是指在会议召开之前确定作为会议议题并在规定时限内送达董事的提案。临时提案是指未在规定时限内送达董事或在董事会召开过程中提出的提案。

第四十九条　公司召开董事会定期会议的，在会议通知发出前，董事长应当直接或通过董事会秘书与有提案权的机构或个人进行协商，询问是否有需要列入董事会会议审议的提案。

提议召开董事会临时会议的，提议人应当同时以书面形式提交提案。

第五十条　提案送达董事至董事会会议召开之前，董事认为提案内容不明确、不具体或者有关材料不充分的，可以直接或通过董事会秘书要求提案人补充资料或作进一步说明。

第五十一条　董事可以在会前向董事会秘书、会议召集人和公司管理人员、各专业委员会、会计师事务所和律师事务所等有关人员和机构了解决策所需要的信息。公司应当为董事了解相关情况提供便利和协助。

第五十二条　董事会会议原则上不得对会议通知中未列明的提案作出决议。

有提案权的机构或个人因特殊事由提出临时提案，经公司所有董事一致同意豁免临时提案的程序瑕疵的，可以对临时提案进行审议和表决。

第五十三条　公司召开董事会定期会议的，应当于会议召开 10 日前，将会议通知以书面方式送达董事，同时通知列席会议的监事。会议通知同时以书面和电子邮件的方式报告中国保监会。报告邮箱：cg@circ.gov.cn。

公司应当在章程或董事会议事规则中明确董事会临时会议的通知方式和通知时限。公司召开董事会临时会议的，应当在向董事发出会议通知的同时，以前款规定的方式报告中国保监会。时间紧急的，可以先以电话方式报告。

第五十四条　董事会会议通知包括以下内容：

（一）会议召开时间、地点和方式；

（二）会议召集人；

（三）会议提案；

（四）联系人和联系方式；

（五）发出通知的日期。

会议资料迟于通知发出的，公司应给董事以足够的时间熟悉相关材料。

第三节　会议召开

第五十五条　董事会会议应当有过半数的董事（包括委托其他董事代为出席的董事）出席方可举行。

第五十六条　董事会会议应当由董事本人出席。董事因故不能出席的，可以书面委托其他董事代为出席。委托书应当载明：

（一）委托人和受托人姓名；

（二）授权范围，包括受托人是否有权对临时提案进行表决等；

（三）委托人签字。

受托董事应当在会议召开前向主持人提交书面委托书，并在授权范围内行使权利。

第五十七条　一名董事原则上不得接受超过两名未亲自出席会议的董事的委托。

独立董事只能委托独立董事代为出席会议。在审议关联交易事项时，非关联董事不得委托关联董事代为出席。

第五十八条　公司监事和总经理可以列席董事会会议。其他高级管理人员及相关工作人员、中介机构经会议主持人同意，其他董事未提出异议的，可以列席会议。

董事会秘书未兼任董事的，应当列席董事会会议。

第五十九条　董事原则上不得携随同人员参加会议。确有必要的，应当征得参会董事一致同意，并提交有效的身份证明。

随同人员不得代表董事发言或提问，不得代表董事进行表决。董事会审议事项涉及公司商业秘密的，会议主持人可以随时要求随同人员离开会场。

第六十条 中国保监会可以委派监管人员作为会议观察员列席会议。公司应当向观察员提供所有会议资料。

观察员列席会议时，不得对会议讨论或决议事项发表意见，并对公司的商业秘密承担保密责任。

第六十一条 董事会会议原则上应当以现场召开的方式进行，以利于董事充分交流和讨论。

通过视频、电话等方式召开会议，能够保证参会的全体董事进行即时交流讨论的，视为现场召开。

第六十二条 对需要以董事会决议的方式审议通过，但董事之间交流讨论的必要性不大的议案，可以采取通讯表决的方式进行。通讯表决的通知和送达等内容，由公司章程或议事规则予以明确。

涉及利润分配方案、薪酬方案、重大投资及资产处置、聘任及解聘高管人员以及其他涉及公司风险管理的议案，不得采用通讯表决方式召开会议。具体范围由公司章程或议事规则予以明确。

第六十三条 会议具体议程由会议主持人确定，但主持人不得随意增减议题或变更议题顺序。

董事会会议正式开始前，董事会秘书应当就会议出席和列席情况、会议提案及议题安排、表决要求等内容向参会人员进行说明。

第六十四条 在审议会议议题时，提案人或相关工作人员应当采取幻灯片或其他方式，对议题内容进行说明，提请董事注意审议时需要重点关注的内容。

第六十五条 参会董事应当认真阅读有关会议材料，在充分了解情况的基础上独立、客观、审慎地发表意见。接受其他董事委托出席的，应当说明委托人的审核意见。

按照规定需要专业委员会审查的提案，专业委员会应当向董事会提交书面意见。

第六十六条 会议主持人应当有效维护会场秩序，充分保障参会董事发言、讨论和询问的权利。

第四节 表决和决议

第六十七条 董事会决议采取举手、口头或书面投票的方式进行表决。

第六十八条 董事会决议表决实行一人一票。包括董事长在内的每名董事仅有一票表决权。

董事会决议经全体董事的过半数通过。公司章程可以规定特别决议的特别通过要求。

第六十九条　董事会审议和表决事项时，应当确保议案已经过充分讨论，并尽量采取逐一审议、逐一表决的方式进行。

第七十条　董事表决的意思表示包括同意、反对和弃权。

董事在会议中途退场的，且未书面授权其他董事代为表决的，视为弃权，其已经作出的表决为有效表决。

第七十一条　现场召开会议的，会议主持人应当当场宣布表决结果。

通过视频、电话等方式召开会议的，董事可以通过举手或口头方式进行表决。公司应当在会议结束后 5 个工作日内完成决议书面签署。事后的书面签署与会议表决不一致的，以会议表决为准。

以通讯表决方式召开董事会会议的，通讯表决应当在保障董事充分表达意见的基础上，采取一事一表决的方式，不得要求董事对多个事项只作出一个表决。董事会秘书应当在表决时限结束后 5 个工作日内通知董事表决结果。

第七十二条　董事会的决议内容违反法律、行政法规的无效。

董事会的会议召集程序、表决方式违反法律、行政法规，或者决议内容违反公司章程的，股东可以按照《公司法》的规定请求人民法院撤销。

第七十三条　全体董事过半数或两名以上独立董事认为会议议题不明确、不具体，或者因会议材料不充分等事由导致其无法对决议事项作出判断时，会议主持人可以宣布对该议题暂缓表决，同时对该议题再次提交审议的时间及应当满足的条件提出明确要求。

参会董事对某一议题审议意见存在明显分歧时，会议主持人征得全体董事过半数同意，可以宣布对该议题暂缓表决。

第七十四条　公司应当在每次董事会会议后 30 日内，将会议决议以书面和电子邮件的形式报告中国保监会。会议决议应当包括以下内容：

（一）会议召开的时间、地点、方式和主持人；

（二）董事出席、委托出席、缺席的情况，会议列席人员；

（三）每一决议事项的表决方式和结果，包括投弃权和反对票的董事姓名。

第七十五条　公司应当按照法律、行政法规和监管规定的要求履行董事会决议的信息披露义务。

第五节　会议记录和档案保存

第七十六条　公司应当制作董事会会议记录，出席会议的董事应当在会议记录上签名。董事对会议记录有不同意见的，可以在签字时附加说明。

鼓励公司同时采取录音、录像等方式记录董事会会议情况。

第七十七条　董事会会议记录包括以下内容：

（一）会议召开的时间、地点、方式和主持人；

（二）董事出席、委托出席、缺席的情况，会议列席人员；

（三）会议议程；

（四）董事发言要点；

（五）每一决议事项的表决方式和结果，包括投弃权和反对票的董事姓名；

（六）列席会议的监事的意见；

（七）其他需要记录的情况。

第七十八条　公司应当制作董事会会议档案。档案材料包括会议通知及董事的签收回执、会议签到簿、董事代为出席的授权委托书、会议材料、董事签字确认的会议记录、会议录音录像资料等。

每次董事会会议档案应当单独装订成册，按照董事会会议名称连续编号。会议档案由公司永久保存。

第七十九条　董事会专业委员会会议的召开程序、档案保存等，由公司参照本指引规定，在专业委员会议事规则中明确。

第五章　董事会秘书及董事会辅助工作机构

第八十条　保险公司应当设董事会秘书。

董事会秘书为公司的高级管理人员，对公司和董事会负责。

第八十一条　董事会秘书由董事长提名，董事会聘任。董事会秘书任职前，应当取得中国保监会的任职资格核准。

除董事长、总经理外的董事或高级管理人员可以兼任董事会秘书。

监事不得兼任公司董事会秘书。

第八十二条　董事会秘书应当具备履行职责所必需的公司治理、法律等专业知识，具有良好的职业道德和个人品质。

第八十三条　董事会秘书的职责包括：

（一）根据规定的程序及董事长的要求筹备股东大会和董事会会议；

（二）制作和保管股东大会、董事会会议档案及其他会议资料文件，保管公司股东、董事、监事和高级管理人员的名册和相关资料；

（三）按照监管规定的要求向中国保监会报告公司股东大会、董事会会议通知及决议；

（四）协助股东、董事及监事行使权利、履行职责；

（五）负责公司对外信息披露和投资者关系管理等事务；

（六）协助公司董事长起草公司治理报告；

（七）根据监管机构的要求报告本公司治理结构方面的矛盾和问题；

（八）根据监管机构的要求组织董事等相关人员参加培训等。

第八十四条　为保证董事会秘书履行职责，公司应当赋予董事会秘书相应的职权并提供必要的工作保障。

第八十五条　公司应当设立董事会办公室。董事会办公室对董事会秘书负责，协助股东、董事、监事和董事会秘书开展工作。

董事会办公室没有条件独立运作的，可以与公司其他部门合署办公。

第六章　公司治理报告

第八十六条　公司治理报告是综合反映一个年度内公司完善治理结构情况的自查报告。公司治理报告包括以下方面内容：

（一）制度建设。包括公司章程、会议议事规则及主要管理制度的制定及修改情况。

（二）股东及股权。包括公司股权交易、担保、冻结、代持及股权纠纷、诉讼等情况；股东之间关联关系及是否存在实际控制人等情况；股东大会会议召开及所做决议情况；公司增资扩股、引进战略投资者、上市的工作计划情况；公司向股东的分红情况等。

（三）董事会。包括董事会的构成及变动情况；独立董事制度建立情况；董事尽职考核情况；董事会专业委员会设置、构成及运作情况；董事会会议召开及所做决议情况。

（四）监事会。包括监事会的构成及变动情况；监事尽职情况；监事会会议及所做决议情况。

（五）管理层。包括总公司高级管理人员构成及变动情况；总公司高级管理人员的分管及调整情况；公司内部机构的设置及调整情况。

（六）激励约束机制。包括公司董事及总公司高级管理人员的业绩考核达标及受处罚情况；公司股权激励或员工持股情况；以表格方式分项列明每一位董事和总公司高级管理人员当年从公司领取的所有收入，包括但不限于基本薪酬、奖金、津贴、福利、行权收益及其他现金收入。

（七）关联交易。包括重大关联交易的次数、总额，是否按照相关规定进行审查和报告。

（八）信息披露。包括公司信息披露制度的制定、修改及落实情况。

（九）其他根据监管机构公司治理评价制度要求自查的内容。

第八十七条　公司治理报告由董事长牵头负责起草或汇总后，提交董事会审议。

公司应当于每年 4 月 30 日前，将经董事会审议的上一年度公司治理报告报中国保监会。

第七章　附则

第八十八条　本指引所称"以上"、"以下"含本数；"低于"、"过"不含本数。

第八十九条　《保险公司独立董事管理暂行办法》对独立董事有特别规定的，依照其规定执行。

第九十条　本指引由中国保监会负责解释。

第九十一条　本指引自二〇〇八年十月一日起施行。

《关于规范保险公司章程的意见》

【发布主体】中国保险监督管理委员会

【文件编号】保监发〔2008〕57 号

【文件层次】部门规范性文件

【首次发布】2008 年 7 月 8 日

【首次生效】2008 年 10 月 1 日

【修订情况】现行有效

【治理意义】加强对保险公司章程的监管

保险公司章程是规范保险公司组织和行为，规定保险公司及其股东、董事、监事、管理层等各方权利、义务的具有法律约束力的重要文件，是规范公司治理结构的制度基础。为促进保险公司规范运作，加强对公司章程的监管，规范章程内容，明确章程制定、修改程序，根据《中华人民共和国保险法》、《中华人民共和国公司法》和相关法律、行政法规及监管规定，提出如下意见。

一、章程的基本内容

保险公司章程应当对以下事项作出明确规定，内容应当符合法律、行政法规及监管规定的要求。

（一）基本事项

章程所记载的下列公司基本事项应当与行政许可的内容完全一致。

1. 名称和住所。

2. 注册资本和经营期限。

3. 经营范围。

4. 法定代表人。

5. 组织形式。

6. 开业批准文件文号与营业执照签发日期，开业前提交核准的章程除外。

7. 发起人。保险公司章程应当编制发起人表，详细记载发起人情况，包括发起人全称、认购的股份数及持股比例。发起人已全部转让所持股份的，发起人表应当保留其记录并予以注明。

8. 股份结构。保险公司章程应当编制股份结构表，详细记载股份情况，包括股份总数、股东全称、持股数量及持股比例。

股东转让股份的，应当在备注中注明历次股份转让情况，包括转让股份数量、交易对方、转让时间及中国保监会的批准文件文号或公司的报请备案文件文号。

股东已全部转让所持股份的，不再列入股份结构表，但应当在股份结构表备注中保留该股东的持股记录。

公司已上市的，股份结构表应当记载限售流通股股东的持股情况，包括股东全称、持股数量、持股比例及限售流通股的锁定期。

股份结构表记载内容较多的，可以将股份结构表列入章程附件。

发起人表和股份结构表记载内容完全一致的，两表可以合并。

（二）股东与股份规则

1. 股东的权利与义务。保险公司章程应当明确股东的权利与义务。如有必要，应当明确权利的行使条件和方式。

保险公司发起人协议、股东出资协议或其他股东协议中对股东权利义务有特别约定的，应当同时修改章程相关条款或在章程中注明。章程应当明确协议内容与章程规定不一致时，以公司章程为准。

章程应当规定公司偿付能力达不到监管要求时，公司主要股东应当支持保险公司改善偿付能力。

2. 股份规则。保险公司章程应当明确公司发行新股、股份回购、股份转让、股票质押等事项的程序和权限。

非上市公司章程应当规定股东转让公司股份或将公司股票质押时，有关股东应当将相关情况及时通知公司。

章程应当规定股东所持公司股份涉及诉讼或仲裁时,相关股东应当及时通知公司,并明确通知的时限与方式。公司应当将相关情况及时通知其他股东。

公司对股份转让设置股东优先购买权的,章程应当详细规定优先购买权的行使方式。

3. 关联股东声明。保险公司章程应当规定持有公司 5%以上股份的股东之间产生关联关系时,股东应当向公司报告,并明确报告的程序和方式。

(三)组织机构及其职权

保险公司章程应当按照法律、行政法规及监管规定的要求,明确公司组织机构的设置及其职权。

1. 股东大会。保险公司章程应当明确股东大会的职权。

章程不得允许股东大会将其法定职权授予董事会或其他机构和个人行使。

2. 董事会。保险公司章程应当明确董事会的构成,包括执行董事、非执行董事及独立董事的人数。董事会组成人数应当具体、确定,不得为区间数。

章程应当明确董事会的职权。包括必须提交董事会审议决定的事项范围,涉及投资或资产交易等事项的,应当明确额度或比例。

章程应当明确董事会授权公司其他机构履行其职权的方式和范围。章程不得允许董事会将其法定职权笼统或永久授予公司其他机构或个人行使。

保险公司应当根据监管规定与公司实际需要,在章程中规定董事会下设专业委员会,并规定各专业委员会的名称、构成及主要职权。

3. 监事会。保险公司章程应当明确监事会的构成及职权。监事会中职工代表的比例应当符合《公司法》的规定。

监事会组成人数应当具体、确定,不得为区间数。

4. 管理层。保险公司章程应当明确管理层的构成及职权。

公司同时设首席执行官和总经理职位的,章程应当明确其各自职权与产生方式。公司章程对首席执行官的规定不得违背法律、行政法规及监管规定。

5. 法定代表人。保险公司章程应当规定法定代表人的具体职权与履职要求,当法定代表人不履行或不能履行职务时其职权的行使方式。

6. 保险公司章程应当规定公司资产买卖、重大投资、对外担保、重要业务合同、重大关联交易等事项的审议权限及决策方式。

(四)董事、监事及高管人员的任免、职权及义务

1. 董事及董事长。保险公司章程应当规定董事的任职条件、任免程序、职权和义务,相关内容应当符合监管要求。章程应当同时明确独立董事的特别职责、权利和义务。

鼓励保险公司采取累积投票制选举产生董事。

章程应当明确董事长职权。公司设副董事长的，章程应当明确副董事长的具体人数。

章程应当按照《公司法》的相关规定，明确董事长不履行或不能履行职务时其职权的行使方式。公司设有多位副董事长的，章程应当明确接替顺序或具体履行特定职务的副董事长的确定方式。

章程中不得出现董事长可以代行董事会职权等方面的相关表述。

章程应当规定当董事会表决的反对票和赞成票相等时，董事长无权多投一票。

2. 监事及监事会主席。保险公司章程应当规定监事的任职条件、任免程序、职权和义务。

章程应当明确监事会主席不履行或不能履行职务时其职权的行使方式。

3. 高级管理人员。保险公司章程应当规定高级管理人员的范围、任职条件、任免程序，规定应当符合法律、行政法规及监管规定的要求。

（五）主要议事程序

1. 保险公司章程应当规定股东大会、董事会及监事会的议事规则，或分别制定专门的议事规则作为章程附件。

2. 议事规则包括会议召集、提案及通知、召开及主持、表决及决议、会议档案保存、决议报告等内容。

股东大会、董事会议事规则由董事会拟定，股东大会批准。

监事会议事规则由监事会拟定，股东大会批准。

3. 保险公司董事会议事规则应当符合《保险公司董事会运作指引》的要求。

股东大会、监事会议事规则参照《保险公司董事会运作指引》制定。

（六）财务会计制度

1. 保险公司应当依照国家有关法律、行政法规及规章制度的规定，在章程中规定公司财务会计制度的主要事项，包括会计年度、会计报告内容、利润分配方式等。

章程应当规定公司偿付能力达不到监管要求时，公司不得向股东分配利润。

2. 保险公司应当依照国家有关法律、行政法规及规章制度的规定，在章程中规定各项保证金、保险保障基金、责任准备金的提取、缴纳或运用方面的主要事项。

3. 保险公司章程应当规定聘用、解聘会计师事务所的程序和审议权限。

（七）其他制度

1. 保险公司章程应当明确规定保险公司不得为董事、监事和高级管理人员购买公司股票提供任何形式的财务资助。

2. 保险公司章程应当对关联交易管理、信息披露管理、内控合规管理、内部审计等制度作出原则规定。

3. 保险公司章程应当对公司的分立、合并、解散及清算作出规定。经营有人寿保险业务的保险公司章程不得规定法定情形以外的解散事由。

4. 保险公司章程应当规定公司的通知和公告办法。

二、章程的制定和修改

（一）章程制定

保险公司设立时，应当按以下程序制定公司章程：

1. 公司筹建机构起草公司章程草案。

2. 公司创立大会对章程进行审议表决。

3. 申请人将创立大会通过的章程作为申请开业材料之一报中国保监会审核。

4. 公司筹建机构根据中国保监会的审核反馈意见对章程进行修改。修改后的公司章程符合相关规定的，中国保监会依法作出批复。

5. 公司章程以中国保监会批复文本为准。

（二）章程修改

1. 当出现下列事项时，公司应当于三个月内召开股东大会对章程进行修改：

（1）《公司法》、《保险法》或有关法律、行政法规及监管规定修改后，章程内容与相关规定相抵触。

（2）公司章程记载的基本事项或规定的相关权利、义务、职责、议事程序等内容发生变更。

（3）其他导致章程必须修改的事项。

2. 公司章程修改按如下程序进行：

（1）有提案权的股东或机构向股东大会提出章程修改的提案。

（2）股东大会对章程修改提案进行表决，决议必须经出席会议的股东所持表决权的三分之二以上通过。

（3）公司向中国保监会报送章程修改审核申请。

（4）公司根据中国保监会的审核反馈意见，对章程进行修改。修改后的公司章程符合相关规定的，中国保监会依法作出批复。公司章程以批复文本为准。

（5）向公司登记机关办理变更登记。

3. 章程修改记录。保险公司应当在公司章程正文前，用表格形式列明章程的制定及历次修改情况。包括作出章程修改决议的时间、会议名称、中国保监会的批准文件文号。

三、章程的审批及登记

中国保监会根据《保险法》、《保险公司管理规定》、《中国保监会行政许可事项实施规程》及其他相关法律、行政法规及监管规定对公司章程进行审批。

（一）申报资料

保险公司股东大会通过修改公司章程的决议后，应当在十个工作日内报中国保监会核准，并提交下列材料一式三份：

1. 公司修改章程的申请文件。

2. 股东大会同意章程修改的决议。决议内容包括：

（1）会议时间、地点、主持人，列席会议的董事、监事及高级管理人员。

（2）出席会议股东及其持有股份数量。

（3）出席会议股东所持有表决权的股份总数及占公司股份总数的比例。

（4）表决结果。

（5）参加会议股东的签字。股东人数过多的，可以由会议主持人签字并对会议和表决的真实性负责。

3. 章程修改说明。包括章程修改的内容及修改原因。修改内容较少的，在章程修改说明中逐条列明；修改内容较多的，须另列新旧章程条款对照表，将修改的部分逐条列明。

4. 修改前、修改后的公司章程及其电子文本。

5. 章程附件。对附件作出修改的，公司应当同时对该附件的修改情况进行说明。

中国保监会在审查章程过程中，可以要求公司提交律师对章程合规性的法律意见书。

（二）章程修改涉及前置审批或备案事项的处理

1. 前置审批或备案事项包括：公司名称、住所、组织形式、注册资本、经营范围变更，公司分立或合并，按照规定应当审批或备案的股东变更。

2. 因前置审批或备案事项对公司章程进行修改的，可以同时报送章程修改申请。

3. 未经前置审批而对章程记载事项作出变更的，对章程修改的批复不得作为已经获得该事项批准的依据，章程的该项修改无效。

（三）章程的生效与登记

1. 保险公司章程须经中国保监会核准后方可生效。

2. 章程经中国保监会核准后，应当及时向公司登记机关依法办理变更登记。

四、其他

1. 保险公司董事会应当确保公司章程在公司内部得到遵守，并对公司章程内容和修改程序的合规性负责。

2. 对于章程应当修改而未在规定期限内修改的，或提交的章程明显违反法律、行政法规及监管规定或存在较多疏漏的，中国保监会将对公司董事长、董事会秘书等相关负责人予以公开批评。

3. 擅自变更公司章程或在章程修改申请中提供虚假资料的，由中国保监会根据有关法律、行政法规及监管规定追究公司及直接责任人的法律责任。

4. 本意见适用于在中国境内依法设立的保险公司和保险资产管理公司。法律、行政法规对国有独资保险公司、外资保险公司另有规定的，按照其规定执行。

本意见自二〇〇八年十月一日起施行。

《保险公司财务负责人任职资格管理规定》

【发布主体】中国保险监督管理委员会
【文件编号】中国保险监督管理委员会令 2008 年第 4 号
【文件层次】部门规章
【首次发布】2008 年 12 月 11 日
【首次生效】2009 年 2 月 1 日
【修订情况】2010 年 12 月 3 日根据中国保监会令〔2010〕第 10 号修订
【治理意义】加强保险公司财务负责人的任职资格管理

第一章　总则

第一条　为了促进保险公司加强经营管理，完善公司治理，实现保险业持续、健康发展，根据《中华人民共和国保险法》、《中华人民共和国公司法》、《中华人民共和国外资保险公司管理条例》等法律、行政法规，制定本规定。

第二条　本规定所称保险公司财务负责人（以下简称财务负责人），是指保险公司负责会计核算、财务管理等企业价值管理活动的总公司高级管理人员。

第三条　保险公司应当设立财务负责人职位。

保险公司任命财务负责人，应当在任命前向中国保险监督管理委员会（以下简称中国保监会）申请核准拟任财务负责人的任职资格；未经核准的，不得以任何形式任命。

第四条　财务负责人应当勤勉尽责，遵守法律、行政法规和中国保监会的有关规定，遵守保险公司章程和职业准则。

第五条　中国保监会依法对财务负责人的任职和履职进行监督管理。

第二章　任职资格管理

第六条　财务负责人应当具有诚信勤勉的品行和良好的职业道德操守，具备履行职务必需的专业知识、从业经历和管理能力。

第七条　担任财务负责人应当具备下列条件：

（一）大学本科以上学历；

（二）从事金融工作5年以上或者从事经济工作8年以上；

（三）具有在企事业单位或者国家机关担任领导或者管理职务的任职经历；

（四）具有国内外会计、财务、投资或者精算等相关领域的合法专业资格，或者具有国内会计或者审计系列高级职称；

（五）熟悉履行职责所需的法律法规和监管规定，在会计、精算、投资或者风险管理等方面具有良好的专业基础；

（六）对保险业的经营规律有比较深入的认识，有较强的专业判断能力、组织管理能力和沟通能力；

（七）能够熟练使用中文进行工作；

（八）在中华人民共和国境内有住所；

（九）中国保监会规定的其他条件。

具有财会等相关专业博士学位的，可以豁免本条第一款第（四）项规定的条件，并可以适当放宽从事金融工作或者经济工作的年限。

从事金融工作10年以上并且在金融机构担任5年以上管理职务的，可以豁免本条第一款第（四）项规定的条件。

第八条　有《保险公司董事、监事和高级管理人员任职资格管理规定》中禁止担任高级管理人员情形之一，或者有中国保监会规定不适宜担任财务负责人的其他情形的，不得担任保险公司财务负责人。

曾因提供虚假财务会计信息受过行政处罚，不论其申请核准任职资格时是否超过《保险公司董事和高级管理人员任职资格管理规定》或者中国保监会其他规定中规定的禁入年限，均不得担任财务负责人。

第九条　保险公司任命财务负责人，应当在任命前向中国保监会申请核准财务负责人任职资格，提交下列书面材料一式三份，并同时提交有关电子文档：

（一）董事会拟任命财务负责人的决议；

（二）拟任财务负责人任职资格核准申请书；

（三）《保险公司董事、监事和高级管理人员任职资格申请表》；

（四）拟任财务负责人身份证、学历证书、专业资格证书、职称证明等有关文件的复印件，有护照的应当同时提供护照复印件；

（五）在中华人民共和国境内有住所的证明；

（六）离职时进行离任审计的，提交离任审计报告，没有进行离任审计的，由原任职单位作出未进行离任审计的说明，不能提交上述资料的，由拟任财务负责人作出书面说明；

（七）中国保监会规定提交的其他材料。

经中国保监会核准开业的保险公司，应当在取得开业核准文件之后 1 个月以内，按照前款规定向中国保监会申请核准拟任财务负责人的任职资格。

第十条　中国保监会应当自受理任职资格核准申请之日起 20 个工作日以内，作出核准或者不予核准的决定。20 个工作日以内不能作出决定的，经中国保监会主席批准，可以延长 10 个工作日，并应当将延长期限的理由告知申请人。

决定核准的，颁发任职资格核准文件；决定不予核准的，应当作出书面决定并说明理由。

第十一条　中国保监会对任职资格核准申请进行审查，审查可以包括下列方式：

（一）审查任职申请材料；

（二）对拟任财务负责人进行任职考察谈话；

（三）中国保监会规定的其他方式。

第十二条　任职考察谈话可以包括下列内容：

（一）了解拟任财务负责人对保险业经营规律的认识，对拟任职企业内外部环境的认识；

（二）对与其履行职责相关的重要法律、行政法规和规章的掌握情况；

（三）对担任财务负责人应当重点关注的问题进行提示；

（四）中国保监会认为应当考察或者提示的其他内容。

任职考察谈话应当作成书面记录，由考察人和拟任财务负责人双方签字。

第十三条　中国保监会可以向拟任财务负责人原任职机构以及有关部门征询意见，了解拟任财务负责人的有关情况。

第十四条　财务负责人有下列情形之一的，其任职资格自动失效，拟再担任财务负责人的，应当重新核准任职资格：

（一）因辞职、被免职或者被撤职等原因离职的；

（二）受到撤销任职资格的行政处罚的；

（三）出现《中华人民共和国公司法》第一百四十七条第一款规定情形的。

第三章　财务负责人职责

第十五条　保险公司应当在公司章程中明确规定财务负责人的职责和权利。

第十六条　财务负责人的聘任、解聘及其报酬事项，由保险公司董事会根据总经理提名决定。

保险公司董事会应当对财务负责人的履职行为进行持续评估和定期考核，及时更换不能胜任的财务负责人。

第十七条　财务负责人履行下列职责：

（一）负责会计核算和编制财务报告，建立和维护与财务报告有关的内部控制体系，负责财务会计信息的真实性；

（二）负责财务管理，包括预算管理、成本控制、资金调度、收益分配、经营绩效评估等；

（三）负责或者参与风险管理和偿付能力管理；

（四）参与战略规划等重大经营管理活动；

（五）根据法律、行政法规和有关监管规定，审核、签署对外披露的有关数据和报告；

（六）中国保监会规定以及依法应当履行的其他职责。

第十八条　财务负责人向董事会和总经理报告工作。

保险公司应当规定董事会每半年至少听取一次财务负责人就保险公司财务状况、经营成果以及应当注意问题等事项的汇报。

第十九条　财务负责人在签署财务报告、偿付能力报告等文件之前，应当向保险公司负责精算、投资以及风险管理等相关业务的高级管理人员书面征询意见。

第二十条　保险公司有下列情形之一的，财务负责人应当依据其职责，及时向董事会、总经理或者相关高级管理人员提出纠正建议；董事会、总经理没有采取措施纠正的，财务负责人应当向中国保监会报告，并有权拒绝在相关文件上签字：

（一）经营活动或者编制的财务会计报告严重违反保险法律、行政法规或者监管规定的；

（二）严重损害投保人、被保险人合法权益的；

（三）保险公司其他高级管理人员侵犯保险公司合法权益，给保险公司经营可能造成严重危害的。

第二十一条   财务负责人有权获得履行职责所需的数据、文件、资料等相关信息，保险公司有关部门和人员不得进行非法干预，不得隐瞒信息或者提供虚假信息。

保险公司应当规定财务负责人有权列席与其职责相关的董事会会议。

第四章   监督管理

第二十二条   保险公司任命财务负责人，应当依照本规定经中国保监会核准任职资格；情况特殊需要指定临时财务负责人的，临时任职时间不得超过 3 个月。

保险公司任命临时财务负责人，应当在作出任职或者免职决定之日起 10 个工作日以内向中国保监会报告。临时财务负责人有下列情形之一的，中国保监会有权要求保险公司更换：

（一）有本规定禁止担任财务负责人情形的；

（二）中国保监会规定不适宜行使财务负责人职责的。

第二十三条   保险公司有下列情形之一的，中国保监会可以对负有直接责任的董事、财务负责人或者其他高级管理人员进行监管谈话，并可以视情形责令限期整改：

（一）没有在公司章程中明确规定财务负责人职责和权利的；

（二）公司治理结构或者内部控制制度存在重大缺陷，导致财务负责人难以获取履行职责所需的数据、文件、资料等相关信息的；

（三）有证据证明财务负责人违背本规定中规定的职责，或者违背《中华人民共和国公司法》规定的忠实和勤勉义务，可能给保险公司经营造成严重危害的；

（四）保险公司在财务负责人职责范围内的有关经营管理活动存在重大风险隐患，可能给保险公司经营造成严重危害的；

（五）中国保监会认为应当提示风险的其他情形。

第二十四条   财务负责人因辞职、被免职或者被撤职等原因离职的，保险公司应当在作出批准辞职或者免职、撤职等决定的同时，将决定文件抄报中国保监会，并同时提交对财务负责人免职或者撤职的原因说明。

第二十五条   财务负责人应当持续进行法律法规和专业知识学习，参加中国保监会组织或者认可的培训。

第二十六条   中国保监会根据本规定对保险公司财务负责人履职行为的合

规性进行监督检查，并向董事会和总经理通报检查结果。

第二十七条　财务负责人违反《中华人民共和国保险法》和本规定的，由中国保监会依法予以处罚。

第五章　附则

第二十八条　对保险公司财务负责人的任职资格管理，本规定没有规定的，适用《保险公司董事、监事和高级管理人员任职资格管理规定》，中国保监会另有规定的除外。

第二十九条　保险资产管理公司参照本规定执行。

第三十条　本规定由中国保监会负责解释。

第三十一条　本规定自 2009 年 2 月 1 日起施行。

《保险公司董事、监事和高级管理人员任职资格管理规定》

【发布主体】中国保险监督管理委员会
【文件编号】中国保险监督管理委员会令 2014 年第 1 号
【文件层次】部门规章
【首次发布】2010 年 1 月 8 日
【首次生效】2010 年 4 月 1 日
【修订情况】根据 2014 年 1 月 23 日《中国保险监督管理委员会关于修改<保险公司董事、监事和高级管理人员任职资格管理规定>的决定》修订
【治理意义】加强和完善对保险公司董事、监事和高级管理人员任职资格的管理

第一章　总则

第一条　为了加强和完善对保险公司董事、监事和高级管理人员的管理，保障保险公司稳健经营，促进保险业健康发展，根据《中华人民共和国保险法》（以下简称《保险法》）和有关法律、行政法规，制定本规定。

第二条　中国保险监督管理委员会（以下简称中国保监会）根据法律和国务院授权，对保险公司董事、监事和高级管理人员任职资格实行统一监督管理。

中国保监会的派出机构根据授权负责辖区内保险公司分支机构高级管理人员任职资格的监督管理，但中资再保险公司分公司和境外保险公司分公司除外。

第三条　本规定所称保险公司,是指经保险监督管理机构批准设立,并依法登记注册的商业保险公司。

本规定所称保险公司分支机构,是指经保险监督管理机构批准,保险公司依法设立的分公司、中心支公司、支公司、营业部和营销服务部以及各类专属机构。

专属机构高级管理人员任职资格管理和营销服务部负责人的任职管理,由中国保监会另行规定。

本规定所称保险机构,是指保险公司及其分支机构。

第四条　本规定所称高级管理人员,是指对保险机构经营管理活动和风险控制具有决策权或者重大影响的下列人员:

(一)总公司总经理、副总经理和总经理助理;

(二)总公司董事会秘书、合规负责人、总精算师、财务负责人和审计责任人;

(三)分公司、中心支公司总经理、副总经理和总经理助理;

(四)支公司、营业部经理;

(五)与上述高级管理人员具有相同职权的管理人员。

第五条　保险机构董事、监事和高级管理人员,应当在任职前取得中国保监会核准的任职资格。

第二章　任职资格条件

第六条　保险机构董事、监事和高级管理人员应当遵守法律、行政法规和中国保监会的有关规定,遵守保险公司章程。

第七条　保险机构董事、监事和高级管理人员应当具有诚实信用的品行、良好的合规经营意识和履行职务必需的经营管理能力。

第八条　保险机构董事、监事和高级管理人员应当通过中国保监会认可的保险法规及相关知识测试。

第九条　保险公司董事长应当具有金融工作5年以上或者经济工作10年以上工作经历。

保险公司董事和监事应当具有5年以上与其履行职责相适应的工作经历。

第十条　保险公司董事会秘书应当具有大学本科以上学历以及5年以上与其履行职责相适应的工作经历。

第十一条　保险公司总经理、副总经理和总经理助理应当具有下列条件:

(一)大学本科以上学历或者学士以上学位;

(二)从事金融工作8年以上或者经济工作10年以上。

保险公司总经理除具有前款规定条件外，还应当具有下列任职经历之一：

（一）担任保险公司分公司总经理以上职务高级管理人员 5 年以上；

（二）担任保险公司部门负责人 5 年以上；

（三）担任金融监管机构相当管理职务 5 年以上；

（四）其他足以证明其具有拟任职务所需知识、能力、经验的职业资历。

第十二条　保险公司省级分公司总经理、副总经理和总经理助理应当具有下列条件：

（一）大学本科以上学历或者学士以上学位；

（二）从事金融工作 5 年以上或者经济工作 8 年以上。

保险公司省级分公司总经理除具有前款规定条件外，还应当具有下列任职经历之一：

（一）担任保险公司中心支公司总经理以上职务高级管理人员 3 年以上；

（二）担任保险公司省级分公司部门负责人以上职务 3 年以上；

（三）担任其他金融机构高级管理人员 3 年以上；

（四）担任国家机关、大中型企业相当管理职务 5 年以上；

（五）其他足以证明其具有拟任职务所需知识、能力、经验的职业资历。

保险公司在计划单列市设立的行使省级分公司管理职责的分公司，其高级管理人员的任职条件参照适用前两款规定。

第十三条　保险公司分公司、中心支公司总经理、副总经理和总经理助理应当具有下列条件：

（一）大学本科以上学历或者学士以上学位；

（二）从事金融工作 3 年以上或者从事经济工作 5 年以上。

保险公司分公司、中心支公司总经理除具有前款规定条件外，还应当具有下列任职经历之一：

（一）担任保险机构高级管理人员 2 年以上；

（二）担任保险公司分公司、中心支公司部门负责人以上职务 2 年以上；

（三）担任其他金融机构高级管理人员 2 年以上；

（四）担任国家机关、大中型企业相当管理职务 3 年以上；

（五）其他足以证明其具有拟任职务所需知识、能力、经验的职业资历。

第十四条　保险公司支公司、营业部经理应当具有保险工作 3 年以上或者经济工作 5 年以上的工作经历。

第十五条　保险机构拟任董事长和高级管理人员具有硕士以上学位的，其任职条件中从事金融工作或者经济工作的年限可以减少 2 年。

第十六条 保险机构拟任高级管理人员符合下列条件之一的,其任职条件中的学历要求可以放宽至大学专科:

(一)从事保险工作 8 年以上;

(二)从事法律、会计或者审计工作 8 年以上;

(三)在金融机构、大中型企业或者国家机关担任管理职务 8 年以上;

(四)取得注册会计师、法律职业资格或者中国保监会认可的其他专业资格;

(五)在申报任职资格前 3 年内,个人在经营管理方面受到保险公司表彰;

(六)在申报任职资格前 5 年内,个人获得中国保监会或者地市级以上政府表彰;

(七)拟任艰苦边远地区高级管理人员。

第十七条 保险机构主持工作的副总经理或者其他高级管理人员任职资格核准,适用本规定同级机构总经理的有关规定。

第十八条 境外保险公司分公司高级管理人员任职资格核准,适用本规定保险公司总公司高级管理人员的有关规定。

第十九条 保险机构应当与高级管理人员建立劳动关系,订立书面劳动合同。

第二十条 保险机构高级管理人员兼任其他经营管理职务应当遵循下列规定:

(一)不得违反《中华人民共和国公司法》(以下简称《公司法》)等国家有关规定;

(二)不得兼任存在利益冲突的职务;

(三)具有必要的时间履行职务。

第二十一条 保险机构拟任董事、监事或者高级管理人员有下列情形之一的,中国保监会不予核准其任职资格:

(一)无民事行为能力或者限制民事行为能力;

(二)贪污、贿赂、侵占财产、挪用财产或者破坏社会主义市场经济秩序,被判处刑罚,执行期满未逾 5 年,或者因犯罪被剥夺政治权利,执行期满未逾 5 年;

(三)被判处其他刑罚,执行期满未逾 3 年;

(四)被金融监管部门取消、撤销任职资格,自被取消或者撤销任职资格之日起未逾 5 年;

(五)被金融监管部门禁止进入市场,期满未逾 5 年;

(六)被国家机关开除公职,自作出处分决定之日起未逾 5 年;

（七）因违法行为或者违纪行为被吊销执业资格的律师、注册会计师或者资产评估机构、验证机构等机构的专业人员，自被吊销执业资格之日起未逾5年；

（八）担任破产清算的公司、企业的董事或者厂长、经理，对该公司、企业的破产负有个人责任的，自该公司、企业破产清算完结之日起未逾3年；

（九）担任因违法被吊销营业执照、责令关闭的公司、企业的法定代表人，并负有个人责任的，自该公司、企业被吊销营业执照之日起未逾3年；

（十）个人所负数额较大的债务到期未清偿；

（十一）申请前1年内受到中国保监会警告或者罚款的行政处罚；

（十二）因涉嫌从事严重违法活动，被中国保监会立案调查尚未作出处理结论；

（十三）受到其他行政管理部门重大行政处罚未逾2年；

（十四）在香港、澳门、台湾地区或者中国境外被判处刑罚，执行期满未逾5年，或者因严重违法行为受到行政处罚，执行期满未逾3年；

（十五）中国保监会规定的其他情形。

第二十二条　在被整顿、接管的保险公司担任董事、监事或者高级管理人员，对被整顿、接管负有直接责任的，在被整顿、接管期间，不得到其他保险机构担任董事、监事或者高级管理人员。

第三章　任职资格核准

第二十三条　保险机构董事、监事和高级管理人员的任职资格核准申请和本规定要求的相关报告，应当由保险公司、省级分公司或者根据《保险公司管理规定》指定的计划单列市分支机构负责提交。

第二十四条　保险机构董事、监事和高级管理人员，应当在任职前向中国保监会提交下列书面材料一式三份，并同时提交有关电子文档：

（一）拟任董事、监事和高级管理人员任职资格核准申请书；

（二）中国保监会统一制作的董事、监事和高级管理人员任职资格申请表；

（三）拟任董事、监事或者高级管理人员身份证、学历证书等有关证书的复印件，有护照的应当同时提供护照复印件；

（四）对拟任董事、监事或者高级管理人员品行、专业知识、业务能力、工作业绩等方面的综合鉴定；

（五）拟任高级管理人员劳动合同签章页复印件；

（六）中国保监会规定的其他材料。

保险机构应当如实提交前款规定的材料。保险机构以及拟任董事、监事和高级管理人员应当对材料的真实性、完整性负责，不得有虚假记载、误导性陈述和重大遗漏。

第二十五条　保险机构拟任高级管理人员频繁更换保险公司任职的，应当由本人提交两年内工作情况的书面说明，并解释更换任职的原因。

第二十六条　中国保监会在核准保险机构拟任董事、监事或者高级管理人员的任职资格前，可以向原任职机构核实其工作的基本情况。

第二十七条　中国保监会可以对保险机构拟任董事、监事或者高级管理人员进行任职考察谈话，包括下列内容：

（一）了解拟任人员的基本情况；

（二）对拟任人员需要重点关注的问题进行提示；

（三）中国保监会认为应当考察的其他内容。

任职考察谈话应当制作书面记录，由考察人和拟任人员签字。

第二十八条　中国保监会应当自受理任职资格核准申请之日起 20 日内，作出核准或者不予核准的决定。20 日内不能作出决定的，经本机关负责人批准，可以延长 10 日，并应当将延长期限的理由告知申请人。

决定核准任职资格的，应当颁发核准文件；决定不予核准的，应当作出书面决定并说明理由。

第二十九条　已核准任职资格的保险机构高级管理人员，在同一保险机构内调任、兼任同级或者下级高级管理人员职务，无须重新核准其任职资格，但中国保监会对拟任职务的资格条件有特别规定的除外。

保险机构董事、监事调任或者兼任高级管理人员，应当重新报经中国保监会核准任职资格。

第三十条　保险机构董事、监事或者高级管理人员有下列情形之一的，其任职资格自动失效：

（一）获得核准任职资格后，保险机构超过 2 个月未任命；

（二）从该保险公司离职；

（三）受到中国保监会禁止进入保险业的行政处罚；

（四）出现《公司法》第一百四十七条第一款或者《保险法》第八十二条规定的情形。

第四章　监督管理

第三十一条　除本规定第二十九条第一款规定的情形外，未经中国保监会核准任职资格，保险机构不得以任何形式任命董事、监事或者高级管理人员。

第三十二条　保险机构出现下列情形之一，可以指定临时负责人，但临时负责时间不得超过 3 个月：

（一）原负责人辞职或者被撤职；

（二）原负责人因疾病、意外事故等原因无法正常履行工作职责；

（三）中国保监会认可的其他特殊情况。

临时负责人应当具有与履行职责相当的能力，并不得有本规定禁止担任高级管理人员的情形。

第三十三条　保险机构应当自下列决定作出之日起 10 日内，向中国保监会报告：

（一）董事、监事或者高级管理人员的任职、免职或者批准其辞职的决定；

（二）对高级管理人员作出的撤职或者开除的处分决定；

（三）根据撤销任职资格的行政处罚，解除董事、监事或者高级管理人员职务的决定；

（四）根据禁止进入保险业的行政处罚，解除董事、监事或者高级管理人员职务、终止劳动关系的决定；

（五）指定或者撤销临时负责人的决定；

（六）根据本规定第四十条、第四十一条规定，暂停职务的决定。

第三十四条　保险机构董事、监事和高级管理人员应当按照中国保监会的规定参加培训。

第三十五条　保险机构应当按照中国保监会的规定对董事长和高级管理人员实施审计。

第三十六条　保险机构董事、监事或者高级管理人员在任职期间犯罪或者受到其他机关重大行政处罚的，保险机构应当自知道或者应当知道判决或者行政处罚决定之日起 10 日内，向中国保监会报告。

第三十七条　保险机构出现下列情形之一的，中国保监会可以对直接负责的董事、监事或者高级管理人员出示重大风险提示函，进行监管谈话，要求其就相关事项作出说明，并可以视情形责令限期整改：

（一）在业务经营、资金运用、公司治理结构或者内控制度等方面出现重大隐患的；

（二）董事、监事或者高级管理人员违背《公司法》规定的忠实和勤勉义务，严重危害保险公司业务经营的；

（三）中国保监会规定的其他情形。

第三十八条　保险机构频繁变更高级管理人员，对经营造成不利影响的，中国保监会可以采取下列监管措施：

（一）要求其上级机构作出书面说明；

（二）出示重大风险提示函；

（三）对有关人员进行监管谈话；

（四）依法采取的其他措施。

第三十九条   中国保监会建立和完善保险机构董事、监事和高级管理人员管理信息系统。

保险机构董事、监事和高级管理人员管理信息系统记录下列内容：

（一）任职资格申请材料的基本内容；

（二）职务变更情况；

（三）与该人员相关的风险提示函和监管谈话记录；

（四）离任审计报告；

（五）刑罚和行政处罚；

（六）中国保监会规定的其他内容。

第四十条   保险机构董事、监事或者高级管理人员涉嫌重大违法犯罪，被行政机关立案调查或者司法机关立案侦查的，保险机构应当暂停相关人员的职务。

第四十一条   保险机构出现下列情形之一的，中国保监会可以在调查期间责令其暂停与被调查事件相关的董事、监事或者高级管理人员的职务：

（一）偿付能力严重不足；

（二）涉嫌严重损害被保险人的合法权益；

（三）未按照规定提取或者结转各项责任准备金；

（四）未按照规定办理再保险；

（五）未按照规定运用保险资金。

第四十二条   保险机构在整顿、接管、撤销清算期间，或者出现重大风险时，中国保监会可以对该机构直接负责的董事、监事或者高级管理人员采取以下措施：

（一）通知出境管理机关依法阻止其出境；

（二）申请司法机关禁止其转移、转让或者以其他方式处分财产，或者在财产上设定其他权利。

第五章   法律责任

第四十三条   隐瞒有关情况或者提供虚假材料申请任职资格的机构或者个人，中国保监会不予受理或者不予核准任职资格申请，并在1年内不再受理对该拟任董事、监事或者高级管理人员的任职资格申请。

第四十四条　以欺骗、贿赂等不正当手段取得任职资格的，由中国保监会撤销该董事、监事或者高级管理人员的任职资格，并在 3 年内不再受理其任职资格的申请。

第四十五条　保险机构违反《保险法》规定，中国保监会依照《保险法》除对该机构给予处罚外，对其直接负责的主管人员和其他直接责任人员给予警告，并处 1 万元以上 10 万元以下的罚款；情节严重的，撤销任职资格或者从业资格。

第四十六条　保险机构或者其从业人员违反本规定，由中国保监会依照法律、行政法规进行处罚；法律、行政法规没有规定的，由中国保监会责令改正，给予警告，对有违法所得的处以违法所得 1 倍以上 3 倍以下罚款，但最高不超过 3 万元，对没有违法所得的处以 1 万元以下罚款；涉嫌犯罪的，依法移交司法机构追究刑事责任。

第六章　附则

第四十七条　保险集团公司、保险控股公司董事、监事和高级管理人员任职资格管理适用本规定，法律、行政法规和中国保监会另有规定的，适用其规定。

第四十八条　外资独资保险公司、中外合资保险公司董事、监事和高级管理人员任职资格管理适用本规定，法律、行政法规和中国保监会另有规定的，适用其规定。

第四十九条　中国保监会对保险公司的独立董事、财务负责人、总精算师、合规负责人以及审计责任人的任职资格管理另有规定的，适用其规定。

第五十条　保险机构依照本规定报送的任职资格审查材料和其他文件资料，应当用中文书写。原件是外文的，应当附经中国公证机构公证的中文译本。

第五十一条　本规定所称日，是指工作日，不包括法定节假日。

第五十二条　本规定由中国保监会负责解释。

第五十三条　本规定自 2010 年 4 月 1 日起施行；中国保监会 2006 年 7 月 12 日发布的《保险公司董事和高级管理人员任职资格管理规定》（保监会令〔2006〕4 号）同时废止。

《保险公司股权管理办法》

【发布主体】中国保险监督管理委员会
【文件编号】中国保险监督管理委员会令 2014 年第 4 号
【文件层次】部门规章
【首次发布】2010 年 5 月 4 日
【首次生效】2010 年 6 月 10 日
【修订情况】根据 2014 年 4 月 15 日《中国保险监督管理委员会关于修改〈保险公司股权管理办法〉的决定》修订
【治理意义】规范保险公司股权管理

第一章　总则

第一条　为保持保险公司经营稳定，保护投资人和被保险人的合法权益，加强保险公司股权监管，根据《中华人民共和国公司法》、《中华人民共和国保险法》等法律、行政法规，制定本办法。

第二条　本办法所称保险公司，是指经中国保险监督管理委员会（以下简称"中国保监会"）批准设立，并依法登记注册的外资股东出资或者持股比例占公司注册资本不足 25% 的保险公司。

第三条　中国保监会根据有关法律、行政法规，对保险公司股权实施监督管理。

第二章　投资入股

第一节　一般规定

第四条　保险公司单个股东（包括关联方）出资或者持股比例不得超过保险公司注册资本的 20%。

中国保监会根据坚持战略投资、优化治理结构、避免同业竞争、维护稳健发展的原则，对于满足本办法第十五条规定的主要股东，经批准，其持股比例不受前款规定的限制。

第五条　两个以上的保险公司受同一机构控制或者存在控制关系的，不得经营存在利益冲突或者竞争关系的同类保险业务，中国保监会另有规定的除外。

第六条　保险公司的股东应当用货币出资，不得用实物、知识产权、土地使用权等非货币财产作价出资。

保险公司股东的出资，应当经会计师事务所验资并出具证明。

第七条　股东应当以来源合法的自有资金向保险公司投资，不得用银行贷款及其他形式的非自有资金向保险公司投资，中国保监会另有规定的除外。

第八条　任何单位或者个人不得委托他人或者接受他人委托持有保险公司的股权，中国保监会另有规定的除外。

第九条　保险公司应当以中国保监会核准的文件和在中国保监会备案的文件为依据，对股东进行登记，并办理工商登记手续。

保险公司应当确保公司章程、股东名册及工商登记文件所载有关股东的内容与其实际情况一致。

第十条　股东应当向保险公司如实告知其控股股东、实际控制人及其变更情况，并就其与保险公司其他股东、其他股东的实际控制人之间是否存在以及存在何种关联关系向保险公司作出书面说明。

保险公司应当及时将公司股东的控股股东、实际控制人及其变更情况和股东之间的关联关系报告中国保监会。

第十一条　保险公司股东和实际控制人不得利用关联交易损害公司的利益。

股东利用关联交易严重损害保险公司利益，危及公司偿付能力的，由中国保监会责令改正。在按照要求改正前，中国保监会可以限制其股东权利；拒不改正的，可以责令其转让所持的保险公司股权。

第二节　股东资格

第十二条　向保险公司投资入股，应当为符合本办法规定条件的中华人民共和国境内企业法人、境外金融机构，但通过证券交易所购买上市保险公司股票的除外。

中国保监会对投资入股另有规定的，从其规定。

第十三条　境内企业法人向保险公司投资入股，应当符合以下条件：

（一）财务状况良好稳定，且有盈利；

（二）具有良好的诚信记录和纳税记录；

（三）最近三年内无重大违法违规记录；

（四）投资人为金融机构的，应当符合相应金融监管机构的审慎监管指标要求；

（五）法律、行政法规及中国保监会规定的其他条件。

第十四条　境外金融机构向保险公司投资入股，应当符合以下条件：

（一）财务状况良好稳定，最近三个会计年度连续盈利；

（二）最近一年年末总资产不少于 20 亿美元；

（三）国际评级机构最近三年对其长期信用评级为 A 级以上；

（四）最近三年内无重大违法违规记录；

（五）符合所在地金融监管机构的审慎监管指标要求；

（六）法律、行政法规及中国保监会规定的其他条件。

第十五条　持有保险公司股权 15%以上，或者不足 15%但直接或者间接控制该保险公司的主要股东，还应当符合以下条件：

（一）具有持续出资能力，最近三个会计年度连续盈利；

（二）具有较强的资金实力，净资产不低于人民币 2 亿元；

（三）信誉良好，在本行业内处于领先地位。

第三章　股权变更

第十六条　保险公司变更出资额占有限责任公司注册资本 5%以上的股东，或者变更持有股份有限公司股份 5%以上的股东，应当经中国保监会批准。

第十七条　投资人通过证券交易所持有上市保险公司已发行的股份达到 5%以上，应当在该事实发生之日起 5 日内，由保险公司报中国保监会批准。中国保监会有权要求不符合本办法规定资格条件的投资人转让所持有的股份。

第十八条　保险公司变更出资或者持股比例不足注册资本 5%的股东，应当在股权转让协议书签署后的 15 日内，就股权变更报中国保监会备案，上市保险公司除外。

第十九条　保险公司股权转让获中国保监会批准或者向中国保监会备案后 3 个月内未完成工商变更登记的，保险公司应当及时向中国保监会书面报告。

第二十条　保险公司首次公开发行股票或者上市后再融资的，应当取得中国保监会的监管意见。

第二十一条　保险公司首次公开发行股票或者上市后再融资的，应当符合以下条件：

（一）治理结构完善；

（二）最近三年内无重大违法违规行为；

（三）内控体系健全，具备较高的风险管理水平；

（四）法律、行政法规及中国保监会规定的其他条件。

第二十二条　保险公司应当自知悉其股东发生以下情况之日起 15 日内向中国保监会书面报告：

（一）所持保险公司股权被采取诉讼保全措施或者被强制执行；

（二）质押或者解质押所持有的保险公司股权；

（三）变更名称；

（四）发生合并、分立；

（五）解散、破产、关闭、被接管；

（六）其他可能导致所持保险公司股权发生变化的情况。

第二十三条　保险公司股权采取拍卖方式进行处分的，保险公司应当于拍卖前向拍卖人告知本办法的有关规定。投资人通过拍卖竞得保险公司股权的，应当符合本办法规定的资格条件，并依照本办法的规定报中国保监会批准或者备案。

第二十四条　股东质押其持有的保险公司股权，应当签订股权质押合同，且不得损害其他股东和保险公司的利益。

第二十五条　保险公司应当加强对股权质押和解质押的管理，在股东名册上记载质押相关信息，并及时协助股东向有关机构办理出质登记。

第二十六条　保险公司股权质权人受让保险公司股权，应当符合本办法规定的资格条件，并依照本办法的规定报中国保监会批准或者备案。

第四章　材料申报

第二十七条　申请人提交申请材料必须真实、准确、完整。

第二十八条　申请设立保险公司，应当向中国保监会提出书面申请，并提交投资人的以下材料：

（一）投资人的基本情况，包括营业执照复印件、经营范围、组织管理架构、在行业中所处的地位、投资资金来源、对外投资、自身及关联机构投资入股其他金融机构的情况；

（二）投资人经会计师事务所审计的上一年度财务会计报告，投资人为境外金融机构或者主要股东的，应当提交经会计师事务所审计的最近三年的财务会计报告；

（三）投资人最近三年的纳税证明和由征信机构出具的投资人征信记录；

（四）投资人的主要股东、实际控制人及其与保险公司其他投资人之间关联关系的情况说明，不存在关联关系的应当提交无关联关系情况的声明；

（五）投资人的出资协议书或者股份认购协议书及投资人的股东会、股东大会或者董事会同意其投资的证明材料，有主管机构的，还需提交主管机构同意其投资的证明材料；

（六）投资人为金融机构的，应当提交审慎监管指标报告和所在地金融监管机构出具的监管意见；

（七）投资人最近三年无重大违法违规记录的声明；

（八）中国保监会规定的其他材料。

第二十九条   保险公司变更注册资本，应当向中国保监会提出书面申请，并提交以下材料：

（一）公司股东会或者股东大会通过的增加或者减少注册资本的决议；

（二）增加或者减少注册资本的方案和可行性研究报告；

（三）增加或者减少注册资本后的股权结构；

（四）验资报告和股东出资或者减资证明；

（五）退出股东的名称、基本情况及减资金额；

（六）新增股东应当提交本办法第二十八条规定的有关材料；

（七）中国保监会规定的其他材料。

第三十条   股东转让保险公司的股权，受让方出资或者持股比例达到保险公司注册资本 5%以上的，保险公司应当向中国保监会提出书面申请，并提交股权转让协议，但通过证券交易所购买上市保险公司股票的除外。

受让方为新增股东的，还应当提交本办法第二十八条规定的有关材料。

第三十一条   股东转让保险公司的股权，受让方出资或者持股比例不足保险公司注册资本 5%的，保险公司应当向中国保监会提交股权转让报告和股权转让协议，但通过证券交易所购买上市保险公司股票的除外。

受让方为新增股东的，还应当提交本办法第二十八条规定的有关材料。

第三十二条   保险公司首次公开发行股票或者上市后再融资的，应当提交以下材料：

（一）公司股东大会通过的首次公开发行股票或者上市后再融资的决议，以及授权董事会处理有关事宜的决议；

（二）首次公开发行股票或者上市后再融资的方案；

（三）首次公开发行股票或者上市后再融资以后的股权结构；

（四）偿付能力与公司治理状况说明；

（五）经营业绩与财务状况说明；

（六）中国保监会规定的其他材料。

第五章   附则

第三十三条   全部外资股东出资或者持股比例占公司注册资本 25%以上的，适用外资保险公司管理的有关规定，中国保监会另有规定的除外。

第三十四条   保险集团（控股）公司、保险资产管理公司的股权管理适用本办法，法律、行政法规或者中国保监会另有规定的，从其规定。

第三十五条　保险公司违反本办法，擅自增（减）注册资本、变更股东、调整股权结构的，由中国保监会根据有关规定予以处罚。

第三十六条　本办法由中国保监会负责解释。

第三十七条　本办法自 2010 年 6 月 10 日起施行。中国保监会 2000 年 4 月 1 日颁布的《向保险公司投资入股暂行规定》（保监发〔2000〕49 号）以及 2001 年 6 月 19 日发布的《关于规范中资保险公司吸收外资参股有关事项的通知》（保监发〔2001〕126 号）同时废止。

《保险公司信息披露管理办法》

【发布主体】中国保险监督管理委员会
【文件编号】中国保险监督管理委员会令 2010 年第 7 号
【文件层次】部门规章
【首次发布】2010 年 5 月 12 日
【首次生效】2010 年 6 月 12 日
【修订情况】现行有效
【治理意义】规范保险公司的信息披露行为

第一章　总则

第一条　为了规范保险公司的信息披露行为，保障投保人、被保险人和受益人的合法权益，促进保险业健康发展，根据《中华人民共和国保险法》等法律、行政法规，制定本办法。

第二条　本办法所称保险公司，是指经保险监督管理机构批准设立，并依法登记注册的商业保险公司。

本办法所称信息披露，是指保险公司向社会公众公开其经营管理相关信息的行为。

第三条　保险公司信息披露应当遵循真实、准确、完整、及时、有效的原则，不得有虚假记载、误导性陈述和重大遗漏。

保险公司信息披露应当尽可能使用通俗易懂的语言。

第四条　保险公司应当按照法律、行政法规和中国保险监督管理委员会（以下简称中国保监会）的规定进行信息披露。

保险公司可以在法律、行政法规和中国保监会规定的基础上披露更多信息。

第五条　中国保监会根据法律和国务院授权，对保险公司的信息披露行为进行监督管理。

第二章　信息披露的内容

第六条　保险公司应当披露下列信息：

（一）基本信息；

（二）财务会计信息；

（三）风险管理状况信息；

（四）保险产品经营信息；

（五）偿付能力信息；

（六）重大关联交易信息；

（七）重大事项信息。

第七条　保险公司披露的基本信息应当包括公司概况和公司治理概要。

第八条　保险公司披露的公司概况应当包括下列内容：

（一）法定名称及缩写；

（二）注册资本；

（三）注册地；

（四）成立时间；

（五）经营范围和经营区域；

（六）法定代表人；

（七）客服电话和投诉电话；

（八）各分支机构营业场所和联系电话；

（九）经营的保险产品目录及条款。

第九条　保险公司披露的公司治理概要应当包括下列内容：

（一）近 3 年股东大会（股东会）主要决议；

（二）董事简历及其履职情况；

（三）监事简历及其履职情况；

（四）高级管理人员简历、职责及其履职情况；

（五）公司部门设置情况；

（六）持股比例在 5%以上的股东及其持股情况。

第十条　保险公司披露的上一年度财务会计信息应当与经审计的年度财务

会计报告保持一致，并包括下列内容：

（一）财务报表，包括资产负债表、利润表、现金流量表和所有者权益变动表；

（二）财务报表附注，包括财务报表的编制基础，重要会计政策和会计估计的说明，重要会计政策和会计估计变更的说明，或有事项、资产负债表日后事项和表外业务的说明，对公司财务状况有重大影响的再保险安排说明，企业合并、分立的说明，以及财务报表中重要项目的明细；

（三）审计报告的主要审计意见，审计意见中存在解释性说明、保留意见、拒绝表示意见或者否定意见的，保险公司还应当就此作出说明。

实际经营期未超过 3 个月的保险公司年度财务报告可以不经审计。

第十一条　保险公司披露的风险管理状况信息应当与经董事会审议的年度风险评估报告保持一致，并包括下列内容：

（一）风险评估，包括对保险风险、市场风险、信用风险和操作风险等主要风险的识别和评价；

（二）风险控制，包括风险管理组织体系简要介绍、风险管理总体策略及其执行情况。

第十二条　人身保险公司披露的产品经营信息是指上一年度保费收入居前5 位的保险产品经营情况，包括产品的保费收入和新单标准保费收入。

第十三条　财产保险公司披露的产品经营信息是指上一年度保费收入居前5 位的商业保险险种经营情况，包括险种名称、保险金额、保费收入、赔款支出、准备金、承保利润。

第十四条　保险公司披露上一年度的偿付能力信息应当包括下列内容：

（一）公司的实际资本和最低资本；

（二）资本溢额或者缺口；

（三）偿付能力充足率状况；

（四）相比报告前一年度偿付能力充足率的变化及其原因。

保险公司偿付能力充足率不足的，应当说明原因。

第十五条　保险公司披露的重大关联交易信息应当包括下列内容：

（一）交易对手；

（二）定价政策；

（三）交易目的；

（四）交易的内部审批流程；

（五）交易对公司本期和未来财务及经营状况的影响；

（六）独立董事的意见。

重大关联交易的认定和计算，应当符合中国保监会的有关规定。

第十六条　保险公司有下列重大事项之一的，应当披露相关信息并作出简要说明：

（一）控股股东或者实际控制人发生变更；

（二）更换董事长或者总经理；

（三）当年董事会累计变更人数超过董事会成员人数的三分之一；

（四）公司名称、注册资本或者注册地发生变更；

（五）经营范围发生重大变化；

（六）合并、分立、解散或者申请破产；

（七）撤销省级分公司；

（八）偿付能力出现不足或者发生重大变化；

（九）重大战略投资、重大赔付或者重大投资损失；

（十）保险公司或者其董事长、总经理因经济犯罪被判处刑罚；

（十一）重大诉讼或者重大仲裁事项；

（十二）保险公司或者其省级分公司受到中国保监会的行政处罚；

（十三）更换或者提前解聘会计师事务所；

（十四）中国保监会规定的其他事项。

第三章　信息披露的方式和时间

第十七条　保险公司应当建立公司互联网站，按照本办法的规定披露相关信息。

第十八条　保险公司应当在公司互联网站披露公司的基本信息。

公司基本信息发生变更的，保险公司应当自变更之日起 10 个工作日内更新。

第十九条　保险公司应当制作年度信息披露报告，年度信息披露报告应当包括本办法第六条第（二）项至第（五）项规定的内容。

保险公司应当在每年 4 月 30 日前在公司互联网站和中国保监会指定的报纸上发布年度信息披露报告。

第二十条　保险公司发生本办法第六条第（六）项、第（七）项规定事项之一的，应当自事项发生之日起 10 个工作日内编制临时信息披露报告，并在公司互联网站上发布。

第二十一条　保险公司不能按时进行信息披露的，应当在规定披露的期限届满前，在公司互联网站公布不能按时披露的原因以及预计披露时间。

保险公司延迟披露的时间不得迟于规定披露期限届满后的第 20 个工作日。

第二十二条 保险公司的互联网站应当保留最近 5 年的公司年度信息披露报告和最近 3 年的临时信息披露报告。

第二十三条 保险公司在公司互联网站和中国保监会指定报纸以外披露信息的，其内容不得与公司互联网站和中国保监会指定报纸披露的内容相冲突，且不得早于公司互联网站和中国保监会指定报纸的披露时间。

<h2 style="text-align:center">第四章 信息披露的管理</h2>

第二十四条 保险公司应当建立信息披露管理制度并报中国保监会。保险公司的信息披露管理制度应当包括下列内容：

（一）信息披露的内容和基本格式；

（二）信息的审核和发布流程；

（三）信息披露事务的职责分工、承办部门和评价制度；

（四）责任追究制度。

第二十五条 保险公司董事会秘书负责管理公司信息披露事务。未设董事会的保险公司，应当指定公司高级管理人员管理信息披露事务。

保险公司应当将董事会秘书或者指定的高级管理人员、承办信息披露事务的部门的联系方式报中国保监会。

第二十六条 保险公司应当在公司互联网站主页的显著位置设置信息披露专栏。

第二十七条 保险公司应当加强公司互联网站建设，维护公司互联网站安全，方便社会公众查阅信息。

第二十八条 保险公司应当使用中文进行信息披露。同时披露外文文本的，中、外文文本内容应当保持一致；两种文本不一致的，以中文文本为准。

<h2 style="text-align:center">第五章 附则</h2>

第二十九条 中国保监会对保险产品经营信息和其他信息的披露另有规定的，从其规定。

第三十条 保险集团公司、政策性保险公司以及再保险公司不适用本办法，但经营直接保险业务的保险集团公司除外。

经营直接保险业务的外国保险公司分公司参照适用本办法。

第三十一条 上市保险公司按照上市公司信息披露的要求已经披露本办法规定的有关信息的，可免予重复披露。

第三十二条　本办法由中国保监会负责解释。

第三十三条　本办法自 2010 年 6 月 12 日起施行。

《保险公司内部控制基本准则》

【发布主体】中国保险监督管理委员会

【文件编号】保监发〔2010〕69 号

【文件层次】部门规范性文件

【首次发布】2010 年 8 月 10 日

【首次生效】2011 年 1 月 1 日

【修订情况】现行有效

【治理意义】保险公司执行《企业内部控制基本规范》的实施细则

第一章　总则

第一条　为加强保险公司内部控制建设,提高保险公司风险防范能力和经营管理水平,促进保险公司合规、稳健、有效经营,保护保险公司和被保险人等其他利益相关者合法权益,依据《保险法》、《企业内部控制基本规范》和其他相关规定,制定本准则。

第二条　本准则所称内部控制,是指保险公司各层级的机构和人员,依据各自的职责,采取适当措施,合理防范和有效控制经营管理中的各种风险,防止公司经营偏离发展战略和经营目标的机制和过程。

第三条　保险公司内部控制的目标包括:

(一)行为合规性目标。保证保险公司的经营管理行为遵守法律法规、监管规定、行业规范、公司内部管理制度和诚信准则。

(二)资产安全性目标。保证保险公司资产安全可靠,防止公司资产被非法使用、处置和侵占。

(三)信息真实性目标。保证保险公司财务报告、偿付能力报告等业务、财务及管理信息的真实、准确、完整。

(四)经营有效性目标。增强保险公司决策执行力,提高管理效率,改善经营效益。

(五)战略保障性目标。保障保险公司实现发展战略,促进稳健经营和可持续发展，保护股东、被保险人及其他利益相关者的合法权益。

第四条　保险公司建立和实施内部控制，应当遵循以下原则：

（一）全面和重点相统一。保险公司应当建立全面、系统、规范化的内部控制体系，覆盖所有业务流程和操作环节，贯穿经营管理全过程。在全面管理的基础上，对公司重要业务事项和高风险领域实施重点控制。

（二）制衡和协作相统一。保险公司内部控制应当在组织架构、岗位设置、权责分配、业务流程等方面，通过适当的职责分离、授权和层级审批等机制，形成合理制约和有效监督。在制衡的基础上，各职能部门和业务单位之间应当相互配合，密切协作，提高效率，避免相互推诿或工作遗漏。

（三）权威性和适应性相统一。保险公司内部控制应当与绩效考核和问责相挂钩，任何人不得拥有不受内部控制约束的权力，未经授权不得更改内部控制程序。在确保内部控制权威性的基础上，公司应当及时调整和定期优化内部控制流程，使之不断适应经营环境和管理要求的变化。

（四）有效控制和合理成本相统一。保险公司内部控制应当与公司实际风险状况相匹配，确保内部控制措施满足管理需求，风险得到有效防范。在有效控制的前提下，合理配置资源，尽可能降低内部控制成本。

第五条　保险公司内部控制体系包括以下三个组成部分：

（一）内部控制基础。包括公司治理、组织架构、人力资源、信息系统和企业文化等。

（二）内部控制程序。包括识别评估风险、设计实施控制措施等。

（三）内部控制保证。包括信息沟通、内控管理、内部审计应急机制和风险问责等。

第六条　内部控制基础。保险公司应当加强内部控制基础建设，为有效实施内部控制营造良好环境。

保险公司应当建立规范的公司治理，形成授权清晰、运作规范、科学有效的决策、执行、监督机制。公司董事会、监事会和管理层应当对内部控制高度重视，带头认真履行内控职能。

保险公司应当根据保险业务流程和内部控制的需要，建立合理的组织架构。按照便于管理、易于考核、简化层级、避免交叉的原则，科学设置内设机构、分支机构和工作岗位，明确职责分工，规定清晰的报告路线。

保险公司应当建立与内部控制需要相适应的人力资源政策，确保关键岗位的人员具有专业胜任能力并定期接受相关培训，公司关键岗位的考核、薪酬、奖惩、晋升等人力资源政策应当与内部控制成效相挂钩。

保险公司应当建立安全实用、覆盖所有业务环节的信息系统，尽可能使各项业务活动信息化、流程化、自动化，减少或消除人为干预和操作失误，为内部控制提供技术保障和系统支持。

保险公司应当培育领导高度重视、内控人人有责和违规必受追究的内控企业文化，形成以风险控制为导向的管理理念和经营风格，提高全体员工的风险防范意识，使内控制度得到自觉遵守。

第七条　内部控制程序。保险公司应当根据风险规律，合理设计内嵌于业务活动的内部控制流程，努力实现对风险的过程控制。

保险公司应当对经营管理和业务活动中可能面临的风险因素进行全面系统的识别分析，发现并确定风险点，同时对重要风险点的发生概率、诱发因素、扩散规律和可能损失进行定性和定量评估，确定风险应对策略和控制重点。

保险公司应当根据风险识别评估的结果，科学设计内部控制政策、程序和措施并严格执行，同时根据控制效果不断改进内部控制流程，将风险控制在预定目标或可承受的范围内。

第八条　内部控制保证。保险公司应当建立多层次、全方位的监控体系，实现对内部控制活动的事前、事中、事后有效监控，为实现内控目标提供保证。

保险公司应当建立信息和沟通机制，促进公司信息的广泛共享和及时充分沟通，提高经营管理透明度，防止舞弊事件的发生。

保险公司应当建立内控管理及评价机制，通过对公司内部控制的整体设计和统筹规划，推动各内部控制责任主体对风险进行实时监测和定期排查，并据此调整和改进公司的内部控制流程。

保险公司应当加强对内部控制的审计检查，定期根据检查结果对内部控制的健全性、合理性和有效性进行评估，并按照规定的报告路线及时向审计对象、合规管理职能部门和上级领导进行反馈和报告。

保险公司应当建立内控风险应急管理机制，制定周全和可操作性强的应急预案，明确各种风险情形下的应对措施，尽可能减少内控风险的影响和损失。

保险公司应当严格内部控制责任追究，对于违反内部控制要求的行为，不管是否造成损失，都要进行严肃处理，追究当事人和领导责任。

第九条　内部控制活动的层次。保险公司应当根据保险公司业务流程特点和资源优化配置要求，按照控制风险、提升服务、降低成本、提高效率的原则，科学建立和合理划分内部控制活动的重点和层次。

保险公司内部控制活动分为前台控制、后台控制和基础控制三个层次。前台控制是对直接面对市场和客户的营销及交易行为的控制活动；后台控制是对业务处理和后援支持等运营行为的控制活动；基础控制是对为公司经营运作提供决策支持和资源保障等管理行为的控制活动。

第二章　内部控制活动

第一节　销售控制

第十条　销售控制的内容和基本要求。保险公司应当以市场和客户为导向，以业务品质和效益为中心，组织实施销售控制活动。

保险公司应当根据不同渠道和方式销售活动的特点，制定有针对性的内部控制制度，强化对销售过程的控制，防范销售风险。

销售控制主要包括销售人员和机构管理、销售过程管理、销售品质管理、佣金手续费管理等活动的全过程控制。

第十一条　销售人员和机构控制。保险公司应当建立并实施科学统一的销售人员管理制度，规范对各渠道销售人员的甄选录用、组织管理、教育培训、业绩考核、佣金和手续费、解约离司等。

保险公司应当建立代理机构合作管理制度，规范与代理机构合作过程中的资格审核、合同订立、保费划转和佣金手续费结算等。

第十二条　销售过程和品质控制。保险公司应当规范销售宣传行为，严格按照监管规定和内部权限编写、印制和发放各类宣传广告材料，确保宣传广告内容真实、合法，杜绝广告宣传中的误导行为。

保险公司应当规范销售展业行为，采取投保风险提示、客户回访、保单信息查询、佣金手续费控制、电话录音、定期排查及反洗钱监测等方式，建立销售过程和销售品质风险控制机制，有效发现、监控销售中的误导客户、虚假业务、侵占保费、不正当竞争、非法集资和洗钱等行为，提升业务品质。

保险公司应当规定客户回访的业务范围和条件、回访比例、回访频率、回访记录等回访要求及后续处理措施，加强销售风险监控。

保险公司应当规范与代理等中介机构的合作行为，严格实行保费收取与佣金支付收支两条线管理，定期对保费和重要单证进行清点对账，确保账账一致、账实相符，防止保费坐扣和单证流失。

第十三条　佣金手续费控制。保险公司应当严格规范佣金、手续费的计算和发放流程，防范虚列、套取、挪用、挤占佣金和手续费的行为。

保险公司应当杜绝任何形式的商业贿赂行为。

第二节　运营控制

第十四条　运营控制的内容和基本要求。保险公司应当以效率和风险控制为中心，按照集中化、专业化的要求，组织实施运营控制活动。

保险公司应当针对运营活动的不同环节，制定相应的管理制度，强化操作流程控制，确保业务活动正常运转，防范运营风险。

运营控制主要包括产品开发管理、承保管理、理赔管理、保全管理、收付费管理、再保险管理、业务单证管理、电话中心管理、会计处理和反洗钱等活动的全过程控制。

第十五条　产品控制。保险公司应当明确产品开发流程，规范客户需求和市场信息收集、分析论证、条款费率确定、审批报备、测试下发和跟踪管理等控制事项，提高保险公司的产品研发和创新能力，提高产品适应性，防范产品定价及条款法律风险。

保险公司应当建立产品开发职能部门及领导决策机构，规范产品开发的程序、条件、审批权限和职责，明确总精算师（精算责任人）和法律责任人的职责和权限，确保产品开发过程规范、严谨。

保险公司应当根据市场需求调查结果，从市场前景、盈利能力、定价和法律风险等方面对新产品进行科学论证和客观评价，依据评价结果和规定权限进行内部审查，并按照监管规定履行报批或报备义务。

第十六条　承保控制。保险公司应当建立清晰的承保操作流程，规范投保受理、核保、保单缮制和送达等控制事项。

保险公司在投保受理时，应当对投保资料进行初审，建立投保信息录入复核机制，确保投保资料填写正确、完整，录入准确。

保险公司应当明确核保的评点标准、分级审核权限、作业要求和核保人员资质条件等，明确承保调查的条件、程序和要求。

保险公司应当在满足规定条件的前提下缮制保单，采取适当校验和监控措施，确保保单内容准确，及时确实送达客户。

第十七条　理赔控制。保险公司应当建立标准、清晰的理赔操作流程和高效的理赔机制，规范报案受理、现场查勘、责任认定、损失理算、赔款复核、赔款支付和结案归档等控制事项，确保理赔质量和理赔时效。

保险公司在接到报案时应当及时登记录入，主动向客户提供简便、明确的理赔指引。

保险公司应当明确理赔的理算标准、分级处理权限、作业要求和理赔人员资质条件等，明确现场查勘的条件、时限、程序和要求，采取查勘与理算、理算与复核操作人员分离及利益相关方回避等措施，防止理赔错误和舞弊行为。

保险公司应当建立重大、疑难案件会商和复核调查制度，明确其识别标准和处理要求，防范虚假理赔或错误拒赔。

第十八条 保全控制。保险公司应当建立规范统一的保全管理制度，规范保险合同续期收费、合同内容及客户资料变更、合同复效、生存给付和退保等控制事项。

保险公司应当明确各项保全管理措施的操作流程、审查内容及标准、处理权限和作业要求等，防范侵占客户保费、冒领保险金、虚假业务和违规批单退费等侵害公司和客户权益的行为。

第十九条 收付费控制。保险公司应当建立规范统一的收付费管理制度，明确规定收付费的管理流程、作业要求和岗位职责，防止侵占、挪用及违规支付等行为，确保资金安全。

保险公司原则上实行收付费岗位与业务处理岗位人员及职责的分离。实行一站式服务等方式的，应当采取其他措施实施有效监控。

保险公司原则上采取非现金收付费方式，并确保将相关资金汇入保险合同确定的款项所有人或其授权账户。确有必要采取现金方式的，应当采取其他措施实施有效监控。

保险公司收付费时应当严格按照规定核对投保人、被保险人或受益人以及实际领款人的身份，确认其是否具备收付费主体的资格。

第二十条 再保险控制。保险公司应当建立再保险管理制度，规范再保险计划、合同订立、合同执行、再保险人资信跟踪管理等控制事项，完善业务风险分散和保障机制。

保险公司应当加强自身经营管理数据及再保险市场的跟踪分析，准确把握再保险需求，科学安排再保险计划，合理订立再保险合同，确保及时、足额分保，并及时准确向再保险人提供分保业务信息。

保险公司应当持续跟踪了解再保险人的资信状况，建立必要的应对措施，防范再保险信用风险。

第二十一条 业务单证控制。保险公司应当建立业务单证管理制度，规范投保单、保单、保险卡、批单、收据、发票等保险单证的设计、印制、存放、申领和发放、使用、核销、作废、遗失等控制事项。

保险公司应当全程监控分支机构、部门和个人申领重要有价空白单证的名称、时间、数量和流水号，严格控制重要有价空白单证的领用数量和持有期限，做到定期回缴、核销和盘点。

第二十二条 会计处理控制。保险公司应当规范会计核算流程，提高会计数据采集、账目和报表生成的自动化水平，实现业务系统和财务系统无缝连接，减少人工干预,确保会计处理的准确性和效率。

保险公司应当依据真实的业务事项进行会计处理,不得在违背业务真实性的情况下调整会计信息。保险公司应当加强原始凭证与财务数据的一致性核对,做到账账、账实和账表相符,确保会计信息真实、完整、准确。

保险公司应当加强会计原始凭证管理,逐步采取影像扫描等方式辅助归档保存。

第二十三条　客户服务电话中心控制。保险公司应当建立客户电话中心管理制度,规范电话咨询、查询、投诉受理、报案登记、挂失登记、客户回访、业务转办、业务办理跟踪反馈等控制事项。

保险公司应当建立统一的客户服务专线,二十四小时开通电话服务,保障电话接通率,统一服务礼仪和标准,及时将客户需求提交相关业务部门处理,提高客户服务质量。

第二十四条　反洗钱控制。保险公司应当依据《反洗钱法》及相关监管规定,建立健全反洗钱控制制度,明确反洗钱的职能机构、岗位职责和报告路线。

保险公司应建立客户身份识别、客户资料和交易记录保存、大额及可疑交易发现和报告等反洗钱内部操作规程,并通过宣传培训、定期演练和检查等方式,确保相关岗位工作人员严格遵守操作规程,及时将可疑信息上报有关机构。

第三节　基础管理控制

第二十五条　基础管理控制的内容和基本要求。基础管理控制主要包括战略规划、人力资源管理、计划财务、信息系统管理、行政管理、精算法律、分支机构管理和风险管理等活动的全过程控制。其中,风险管理既是保险公司基础管理的重要组成部分,也是内部控制监控的重要环节。

保险公司应当按照制度化、规范化的要求,组织实施基础管理控制活动。

保险公司应当针对基础管理的各项职能和活动,制定相应的管理制度并组织实施,确保基础管理有序运转、协调配合,为公司业务发展和正常运营提供支持和服务。

第二十六条　战略规划控制。保险公司应当强化战略规划职能,规范战略规划中的信息收集、战略决策制定、论证和审批、决策执行评估和跟踪反馈等控制事项,为研发机构提供必备的人力财力保障,提高战略研究的指导性和实用性,确保公司经营目标的合理性和决策的科学性。

保险公司应当加强对国内外宏观经济金融形势、自身经营活动及业务发展情况的及时分析和深入研究,合理制定、及时调整公司整体经营管理流程与组织架构设置,制定科学的业务发展规划,并为公司的承保和投资等业务活动提供及时、有效的决策支持。

保险公司应当加强对公司业务经营情况的实时分析，定期分析评估经营管理和财务状况，合理设定分支机构经营计划和绩效指标，并实时予以指导和监督，保证公司战略目标有效执行。

第二十七条　人力资源控制。保险公司应当建立人力资源管理制度，规范岗位职责及岗位价值设定、招聘、薪酬、绩效考核、培训、晋级晋职、奖惩、劳动保护、辞退与辞职等控制事项，为公司经营管理和持续发展提供人力资源支持。

保险公司应当根据经营管理需要，合理设定工作岗位及人员编制，制定清晰的岗位职责及报告路线，明确不同岗位的适任条件，适时进行岗位价值评估。

保险公司应当明确员工招聘、薪酬管理、轮岗晋级、辞职辞退等工作的标准、程序和要求，合理制定不同岗位的绩效考核指标、权重及考核方式和程序，建立与公司发展相适应的激励约束机制。

保险公司应当制定系统的员工培训计划，明确规定不同专业岗位员工培训的时间、内容、方式和保障等，提高员工的专业素质和胜任能力。

第二十八条　计划财务控制。保险公司应当建立严密的财务管理制度，规范公司预算、核算、费用控制、资金管理、资产管理、财务报告等控制事项，降低公司运营成本，提高资产创利能力。

保险公司应当建立预算制度，实行全面预算管理，明确预算的编制、执行、分析、调整、考核等操作流程和作业要求，严格预算执行与调整的审批权限，控制费用支出和预算偏差，确保预算执行。

保险公司应当建立完善的准备金精算制度，按照国家有关法律法规要求以及审慎性经营的原则，及时、足额计提准备金。保险公司应当加强公司偿付能力状况的分析，提高偿付能力管理的有效性。

保险公司应当明确现金、有价证券、空白凭证、密押、印鉴、固定资产等资金与资产的保管要求和职责权限。严格实行收支两条线，对包括分支机构在内的公司资金实行统一管理和实时监控，确保资金及时上划集中。定期核对现金和银行存款账户，定期盘点，确保各项资产的安全和完整。

保险公司应当建立信息统计管理制度，明确统计岗位职责，规范统计数据的收集、汇总、审核、分析、报送、管理等活动，有效满足公司内外部信息统计需求。

第二十九条　精算法律控制。保险公司应当完善精算和法律职能，配备足够的专业精算和法律人员，明确其在相关管理和服务工作中的流程、权限及作业要求，为公司业务经营和日常管理提供专业支持。

保险公司应当在产品开发、责任准备金计提、资产负债匹配管理等方面充分运用精算技术，提高经营管理的专业化、精细化水平，防范定价失误、准备金提取不足及资产负债不匹配等风险。

保险公司在制度制定、合同订立和管理、重大事项决策和处置、纠纷诉讼等方面，应当有法律职能部门和专业人员的提前介入和充分参与，防范法律风险。

第三十条 信息系统控制。保险公司应当建立信息系统管理制度，规范信息系统的统筹规划、设计开发、运行维护、安全管理、保密管理、灾难恢复管理等控制事项，提高业务和财务处理及办公的信息化水平，建立符合业务发展和管理需要的信息系统。

保险公司应当统筹规划信息系统的开发建设，整合公司的信息系统资源，形成不同业务单位、部门、人员广泛共享的信息平台。

保险公司应当对信息系统使用实行授权管理，及时更新和完善信息系统安全控制措施，加强保密管理和灾难恢复管理，提高信息系统运行的稳定性和安全性。

第三十一条 行政管理控制。保险公司应当分别制定相应制度，规范采购、招投标、品牌宣传、文件及印章管理、后勤保障等行政管理行为，提高行政管理效率，为公司高效运转提供有力支持。

保险公司应当明确采购及招投标的程序、条件和要求，规范采购行为，尽可能实现集中统一采购，降低采购成本，防范舞弊风险。

保险公司应当统筹规划、合理配置品牌宣传和商业广告资源，统一公司品牌标识、职场视觉形象、员工礼仪和服务规范等，整合、提升公司的品牌形象。

保险公司应当制定文件及印章管理制度，确保文件流转安全顺畅、保存完整，合理设置印章的种类，规范印章设计、刻制、领取、交接、保管、使用和销毁等控制事项，加强用印审批登记和档案管理。

第三十二条 分支机构控制。保险公司应当通过授权委托书或内部管理规定等方式，根据总公司的战略规划和管理能力，统一制定分支机构组织设置、职责权限和运营规则，建立健全分支机构管控制度，实现对分支机构的全面、动态、有效管控。

保险公司应当通过规范的授权方式，对不同层级分支机构的业务流程、财务和资金管理、人力资源管理、行政管理、内部控制建立统一、标准、明确的管理要求。保险公司可以根据不同分支机构的经营和管控能力，在有章可循和可调控的前提下，适度采取差异化的业务政策或控制权限，提高分支机构的业务发展能力。

保险公司应当通过信息技术手段和明确的报告要求，全面、实时、准确掌控分支机构经营管理信息，定期对分支机构的业务、财务和风险状况进行分析和监测，实现对分支机构经营管理的过程控制。

保险公司应当从业务、合规和风险等方面全面、科学设置分支机构考核目标，加强对分支机构及其高管人员的审计监督，严格执行公司问责制度，确保分支机构依法合规经营。

第四节　资金运用控制

第三十三条　资金运用控制的内容和基本要求。保险资金运用是保险公司经营活动中相对独立的组成部分，是内部控制的重点领域。资金运用控制包括资产战略配置、资产负债匹配、投资决策管理、投资交易管理和资产托管等活动的全过程控制。

保险公司应当以安全性、收益性、流动性为中心，按照集中、统一、专业、规范的要求，组织实施资金运用控制活动。

保险公司应当针对资金运用的不同环节，制定相应的管理制度，规范保险资金运用的决策和交易流程，防范资金运用中的市场风险、信用风险、流动性风险和操作风险及其他风险。

保险公司委托资产管理公司或其他机构运用保险资金的，应当确保其内部控制措施满足保险公司的内控要求。

第三十四条　资产战略配置控制。保险公司应当在法律法规要求的投资品种和比例范围内，根据经营战略和整体发展规划，在资本金和偿付能力约束下，制定中长期资产战略配置计划，明确投资限制和业绩基准，努力实现长期投资目标，有效控制资产配置战略风险。

第三十五条　资产负债匹配控制。保险公司应当以偿付能力和保险产品负债特性为基础，加强成本收益管理、期限管理和风险预算，确定保险资金运用风险限额，科学评估资产错配风险。

保险公司资金运用部门应当加强与公司产品开发、精算、财务和风险管理等职能部门的沟通，提高资产负债匹配管理的有效性。

第三十六条　投资决策控制。保险公司应当制定清晰的投资决策流程，明确权限分配，建立相对集中、分级管理、权责统一的投资决策授权制度，确定授权的标准、方式、时效和程序。

保险公司重要投资决策应当有充分依据和书面记录，重要投资决策应当事先进行充分研究并形成研究报告。保险公司应当规定研究工作的流程、决策信息的采集范围、报告的标准格式等，并采用先进的研究方法和科学的评价方式，确保研究报告独立、客观、准确。

第三十七条　交易行为控制。保险公司应当建立独立的投资交易执行部门或岗位，实行集中交易。对于非交易所内交易的，保险公司应当通过岗位分离等其他监控措施，有效监控交易过程中的询价、谈判等关键行为，防范操作风险。

保险公司应当建立完善的交易记录制度，完整准确记录交易过程和交易结果，定期进行核对并做好归档管理，其中对交易所内进行的交易应当每日核对。

保险公司在交易管理过程中，应当严格执行公平交易制度，确保不同性质和来源的资金利益得到公平对待。

第三十八条　资产托管控制。保险公司应当实行投资资产第三方托管和监督。

保险公司应当建立投资资产第三方托管制度，规范托管方甄选、合同订立和信息交换等控制事项。保险公司应当对托管机构的信用状况及资金清算、账户管理和风险控制等方面的能力素质进行严格考核和持续跟踪，确保托管机构资质符合监管要求及自身管理需要。

第三章　内部控制的组织实施与监控

第三十九条　内部控制的组织架构。保险公司应当建立由董事会负最终责任、管理层直接领导、内控职能部门统筹协调、内部审计部门检查监督、业务单位负首要责任的分工明确、路线清晰、相互协作、高效执行的内部控制组织体系。

第四十条　董事会的职责。保险公司董事会要对公司内控的健全性、合理性和有效性进行定期研究和评价。公司内部控制组织架构设置、主要内控政策、重大风险事件处置应当提交董事会讨论和审议。

董事会具体承担内部控制管理职责的专业委员会，应当有熟悉公司业务和管理流程、对内部控制具备足够专业知识和经验的专家成员，为董事会决策提供专业意见和建议。

第四十一条　监事会的职责。保险公司监事会负责监督董事会、管理层履行内部控制职责，对其疏于履行内部控制职能的行为进行质询。对董事及高管人员违反内部控制要求的行为，应当予以纠正并根据规定的程序实施问责。

监事会应当有具备履行职责所需专业胜任能力的成员。

第四十二条　管理层的职责。保险公司管理层应当根据董事会的决定，建立健全公司内部组织架构，完善内部控制制度，组织领导内部控制体系的日常运行，为内部控制提供必要的人力、财力、物力保证，确保内部控制措施得到有效执行。

保险公司应当明确合规负责人或董事会指定的管理层成员具体负责内部控制的统筹领导工作。

第四十三条 内控职能部门的职责。保险公司内控管理职能部门负责对保险公司内部控制的事前、事中的统筹规划，组织推动、实时监控和定期排查。

保险公司可以指定合规管理部门或风险管理部门作为内控管理职能部门，或者对现有管理资源进行整合，建立统一的内部控制、合规管理及风险管理职能力量。

第四十四条 业务单位的职责。保险公司直接负责经营管理、承担内部控制直接责任的业务单位、部门和人员，应当参与制定并严格执行内部控制制度，按照规定的流程和方式进行操作。同时对内部控制缺陷和经营管理中发生的风险问题，应当按照规定时间和路线进行报告，直至问题得到整改处理。

第四十五条 内部审计的职责。保险公司内部审计部门对内部控制履行事后检查监督职能。内部审计部门应当定期对公司内部控制的健全性、合理性和有效性进行审计，审计范围应覆盖公司所有主要风险点。审计结果应按照规定的时间和路线进行报告，并向同级内控管理职能部门反馈，确保内控缺陷及时彻底整改。

保险公司内部审计部门应当与内控管理职能部门分离。

第四十六条 内部控制问责。保险公司应当建立内控问责制度，根据内控违规行为的情节严重程度、损失大小和主客观因素等，明确划分责任等级，规定具体的处理措施和程序。

保险公司对已经发生的内控违规行为，应当严格执行内控问责制度，追究当事人责任。因内控程序设计缺陷导致风险事故发生的，要同时追究内控职能部门的责任。上级管理人员对内控违规行为姑息纵容或分管范围内同类内控事件频繁发生的，要承担管理责任。

第四十七条 透明度和反舞弊机制。保险公司应当加强透明度和反舞弊机制建设，防止责任主体隐瞒违规行为造成损失扩大或内控缺陷得不到及时整改，防范通过隐秘手法谋取不正当利益的故意违规行为。

保险公司应当通过专门措施加强内外部经营管理信息的收集和分析，并通过网络平台、内部刊物、定期沟通和会议交流等方式实现信息广泛共享。凡是不涉及商业秘密、知识产权和个人隐私的信息，都可以在企业内部公开。

保险公司应当建立举报投诉机制，设置便于举报投诉的途径，明确举报投诉的处理原则和程序并让所有员工知晓，保护举报投诉人的合法权益。

保险公司应当根据相关法律法规的要求对外披露内部控制信息，自觉接受社会公众的监督。

第四十八条 对外包业务的控制。保险公司将部分业务环节或管理职能授权或承包给外部机构实施完成的，应当确保外包机构符合保险公司的内控要求，并对其外包业务的内控风险承担责任。

外包业务的内控管理工作应当接受监管机构的监管。

第四章　内部控制的评价与监管

第四十九条　内控评价制度。保险公司应当制定内部控制评价制度，每年对内部控制体系的健全性、合理性和有效性进行综合评估，编制内部控制评估报告。

第五十条　内控评价制度的内容。保险公司内部控制评价制度应当包括实施内控评价的主体、时间、方式、程序、范围、频率、上报路线以及报告所揭示问题的处置和反馈等内容。

第五十一条　内控评价的实施主体和过程。保险公司内部控制评价应当由公司内部审计部门、内控管理职能部门和业务单位分工协作，配合完成。

保险公司应当将内部控制评价作为对公司经营管理风险点进行梳理排查和整改完善的持续性、系统性工作。

第五十二条　内控评估报告。保险公司实施完成内部控制评价工作以后，应当编制内部控制评估报告。保险公司可以根据本单位实际，指定内部审计部门或内控管理职能部门牵头负责评估报告的编制工作。

第五十三条　内控评估报告的内容。保险公司内部控制评估报告应当至少包括以下内容：

（一）本公司内部控制评价工作的基本情况，包括内部控制评价的程序、标准、方法和依据；

（二）本公司建立内部控制体系的工作情况，包括董事会、监事会和管理层在内部控制建设所做的具体工作；

（三）本公司内部控制的基本框架和主要政策；

（四）本公司内部控制存在的重大缺陷、面临的主要风险及其影响；

（五）本公司上一年度发生的违规行为和风险事件及其处理结果；

（六）对内控缺陷及主要风险拟采取的改进措施和风险应对方案；

（七）对本公司内部控制健全性、合理性、有效性的评价结果，并根据监管部门的评价标准，得出自评得分及等级。

第五十四条　评价结果分类。保险公司内控评价结果分以下四类：

（一）合格。合格是指保险公司内部控制基本健全、合理、有效。

（二）一般缺陷。一般缺陷是指保险公司内部控制设计基本合理，基本覆盖重要业务环节和高风险领域，但无法保证有效执行，存在运行缺陷。

（三）重大缺陷。重大缺陷是指保险公司内部控制未能完全覆盖重要业务环节和高风险领域，且无法保证有效执行，同时存在设计缺陷和运行缺陷。

（四）实质性漏洞。实质性漏洞是指保险公司因内部控制设计或运行的严重缺陷，导致公司发生重大风险事件或重大舞弊行为，造成公司财务或声誉损失，严重影响经营目标实现。

第五十五条　内部控制报告的审议和报备。保险公司内部控制评估报告应当提交董事会审议。审议通过后的内部控制评估报告，应当于每年四月三十日前以书面和电子文本方式同时报送中国保监会。

上报中国保监会的内控评估报告应当附董事会声明，声明内容包括：董事会对建立健全和有效实施内部控制履行了指导和监督职责。董事会及其全体成员对报告内容的真实性、准确性和完整性承担个别及连带责任。

保险公司不报、漏报、瞒报或提供虚假的内控评估报告的，依据《保险法》第一百七十一至一百七十三条及其他相关规定予以处罚。

第五十六条　内控评估报告的鉴证和披露。中国保监会可以根据监管需要，要求保险公司在内控评估报告报送前，取得外部审计机构的鉴证结论。

保险公司应当根据信息披露的相关规定，披露内控评估报告的全部或部分内容。

第五十七条　抽查和监管评价。中国保监会可以根据监管需要，对保险公司内部控制情况进行检查。检查方式包括对部分内控环节或业务单位进行抽查以及组织进行全面评价两种。

中国保监会采取全面评价方式，可以委托独立的中介机构进行，保险公司应当配合并承担相应费用。

中国保监会派出机构负责对辖区内保险公司分支机构内部控制进行检查。

第五十八条　检查结果处置。中国保监会对经检查发现内部控制存在重大缺陷及实质性漏洞的保险公司，应当下发监管意见函，要求公司限期整改并反馈。

对内控违规行为和风险事件负有直接责任和管理责任的当事人，应当按照监管规定予以处罚。公司内控存在严重问题，董事会、监事会及管理层成员负有责任的，应当追究其责任。

第五章　附则

第五十九条　本准则适用于在中华人民共和国境内成立的保险公司。保险集团公司、再保险公司和保险资产管理公司的内部控制，参照本准则执行。

第六十条　中国保监会依据本准则的规定制定控制活动的应用规范。

本准则自 2011 年 1 月 1 日起施行。中国保监会现行规定与本准则不一致的，依照本准则执行。中国保监会 1999 年 8 月 5 日发布的《保险公司内部控制制度建设指导原则》（保监发〔1999〕131 号）同时废止。

《保险公司董事及高级管理人员审计管理办法》

【发布主体】中国保险监督管理委员会
【文件编号】保监发〔2010〕78 号
【文件层次】部门规范性文件
【首次发布】2010 年 9 月 2 日
【首次生效】2011 年 1 月 1 日
【修订情况】现行有效
【治理意义】规范保险公司董事及高级管理人员的相关审计工作

第一章　总则

第一条　为加强保险公司董事及高级管理人员的监督管理，促进保险公司建立健全风险防范机制，规范相关审计工作，根据《中华人民共和国保险法》和其他规定，制定本办法。

第二条　本办法所称董事及高级管理人员审计，是指对保险公司董事及高级管理人员在任职期间所进行的经营管理活动进行审计检查，客观评价其依据职责所应承担责任的审计活动。包括任中审计、离任审计和专项审计。

任中审计是指按照规定的间隔期限，对在任董事及高级管理人员进行的阶段性审计。

离任审计是指对因任期届满、工作调动、辞职、免职、撤职、退休等原因离开工作岗位的董事及高级管理人员，对其在本岗位任职期间的职务行为进行的评价性审计。

专项审计是指因公司出现重大违规、财务异常或舞弊等情形，对可能负有责任的董事及高级管理人员进行的特定审计。

第三条　保险公司董事及高级管理人员审计对象包括下列人员：

（一）董事长及其他执行董事；

（二）总公司管理层成员；

（三）省级分公司总经理、副总经理、总经理助理；

（四）分公司或中心支公司总经理；

（五）具有与上述人员相同职权的其他人员。

鼓励保险公司按照本办法的规定，对其他高级管理人员或关键岗位管理人员进行审计。

第四条　保险公司董事及高级管理人员审计内容主要包括审计对象在特定期间及职权范围内对以下事项所承担的责任：

（一）经营成果真实性；

（二）经营行为合规性；

（三）内部控制有效性。

鼓励保险公司在完成以上审计内容的同时，对审计对象进行经营决策科学性和经营绩效评价。

第五条　保险公司应当根据本办法要求，制定本公司董事及高级管理人员审计实施细则，加强董事及高级管理人员审计规划，合理配置审计资源，避免重复审计和审计遗漏。

保险公司应当将审计结果与董事及高级管理人员的考核、任用、奖惩挂钩，提高审计工作的权威性。

第二章　审计的组织与实施

第六条　对保险公司董事长、总经理和审计责任人进行审计，应当聘请外部审计机构实施。其中，对保险集团公司下属保险子公司和保险资产管理公司董事长和总经理进行审计的，可以由其集团公司审计部门组织实施。

对其他高级管理人员进行审计，由保险公司内部审计部门或外部审计机构组织实施。

未实行审计集中制的保险公司，应当按照下审一级的原则确定具体审计机构和人员。

第七条　实施保险公司董事及高级管理人员审计的外部审计机构应当由保险公司董事会负责选聘。董事会审计委员会应当对外部审计机构的独立性出具书面意见。

第八条　受聘进行保险公司董事及高级管理人员审计的外部审计机构应当具备以下条件：

（一）具备足够数量熟悉保险业务和保险监管规定、胜任该项审计工作的专业人员；

（二）与审计对象没有利害关系；

（三）有良好的职业声誉，最近 3 年未因执业行为受到处罚；

（四）中国保监会规定的其他条件。

第九条　保险公司应当制定董事及高级管理人员任中审计年度计划。对高管人员实施任中审计的间隔时间不得超过 3 年。

离任审计应当根据人员变动情况及时进行，原则上实行先审计后离任的原则。确有理由不能事先审计的，应当在审计对象离任 3 个月内完成审计并出具审计报告。聘用外部审计机构进行审计的，可适当延长审计时间，但最长不得超过 6 个月。

专项审计由公司根据实际情况确定审计时间和时限。

第十条　保险公司董事及高级管理人员在任中审计现场部分结束后 3 个月内出现需要进行离任审计情形的，可以不再单独组织实施离任审计。

对保险公司董事及高级管理人员进行审计时，其他审计项目已经审计过的内容，原则上可以借鉴其审计结论，不再重复审计，但有线索表明原有审计工作可能存在瑕疵的除外。

第三章　审计报告

第十一条　审计结束后，审计机构应当出具董事及高级管理人员审计报告。审计报告包括以下内容：

（一）审计依据、审计对象及其职责范围、审计人员；

（二）审计的范围、内容、方法；

（三）审计结果，主要指审计发现的问题及责任界定。

审计机构出具审计报告之前，应当征求审计对象的意见。审计对象的反馈意见作为审计报告的附件。

审计机构应当对审计报告的真实性、合法性和客观性负责。

第十二条　保险公司董事及高级管理人员审计报告应当区分审计对象的直接责任和领导责任。

直接责任是指审计对象对其职权范围内发生下列行为时应承担的责任：

（一）直接实施违反国家法律法规、监管规定及保险公司内部管理规定行为的；

（二）强令、指使、授意、纵容、包庇下属人员实施上述行为的；

（三）失职、渎职的；

（四）其他直接违法违规行为。

领导责任是指审计对象在其任期内对其职权范围内负有直接责任以外的管

理责任。

第十三条　对总公司董事长和管理层成员的审计报告，应当按照规定程序和时限提交公司董事会，并同时提交监事会。审计报告经董事会审议后，在 20 个工作日内报中国保监会。

其他高级管理人员审计报告应当按照《关于向保监会派出机构报送保险公司分支机构内部审计报告有关事项的通知》（保监发〔2008〕56 号）规定的程序和时限报所在地保监局。

第十四条　保险公司应当将董事及高级管理人员审计报告列入审计对象的人事信息管理，作为对其考核、任用、奖惩的重要依据。

对审计发现的问题，保险公司应当按规定程序追究相关责任人的责任，及时组织整改。

第十五条　中国保监会及其派出机构应当将保险公司董事及高级管理人员审计报告纳入高级管理人员信息系统进行归档管理。

中国保监会及其派出机构在董事及高级管理人员任职资格审查时，可以要求其原任职保险公司提交最近任职岗位的离任报告，也可以参考其过往任职期间审计报告的审计结论。

第四章　法律责任

第十六条　保险公司、外部审计机构及相关人员在进行董事及高级管理人员审计过程中，不得有下列行为：

（一）保险公司未按照本办法规定的范围、时限和要求，对保险公司董事及高级管理人员进行审计，并向中国保监会或其派出机构提交审计报告；

（二）保险公司向中国保监会或其派出机构报送的审计报告及相关材料存在虚假陈述，或者故意隐瞒或遗漏审计发现问题；

（三）中国保监会或其派出机构在任职资格审查时，要求被审查高管人员的原任职保险公司提交离任审计报告，原任职保险公司未按期提交或提交虚假报告；

（四）审计人员在审计过程中，因故意或重大过失，导致审计对象的重大责任未被发现，或者故意隐瞒审计发现的问题；

（五）审计对象及其所在保险机构拒绝、阻碍审计，或者转移、隐匿、伪造、毁弃审计所需的资料或者证明材料，或者打击报复审计工作人员、检举人、证明人或者资料提供人。

保险公司及相关人员发生上述行为之一的，由中国保监会或其派出机构依照

《保险法》第一百七十一条、第一百七十三条及其他监管规定予以处罚。

外部审计机构发生前款第（四）项所列情形的，中国保监会或其派出机构可以向其主管部门予以通报，并在行业内公布该审计机构名称，其他保险公司不得委托该审计机构实施审计。

第十七条　对于审计报告揭示的违反监管规定的问题，或者认为保险公司提交的审计报告未真实反映被审计对象问题的，中国保监会或其派出机构可以采取以下方式予以查明：

（一）要求审计机构进行说明；

（二）听取审计对象的陈述；

（三）委托外部审计机构进行复核审计，审计费用由保险公司承担；

（四）立案调查。

第十八条　对于审计报告揭示的违反监管规定的问题，中国保监会及其派出机构可以在调查取证后，依照《行政处罚法》的相关规定，采取以下方式处理：

（一）违规行为较轻，没有造成危害的，免于处罚；

（二）保险公司整改及时，处理到位，主动消除或者减轻违规行为危害后果的，可酌情减轻或免于处罚；

（三）配合监管机构查处违规行为有立功表现的，从轻或者减轻处罚；

（四）对审计发现问题不追究责任或不认真组织整改的，依法从重处罚。

第五章　附则

第十九条　保险集团公司和保险资产管理公司适用本办法。

外国保险公司分公司适用本办法，但涉及董事会或董事长的有关规定除外。

第二十条　本办法自 2011 年 1 月 1 日起施行。

《保险公司资本保证金管理办法》

【发布主体】中国保险监督管理委员会

【文件编号】保监发〔2015〕37 号

【文件层次】部门规范性文件

【首次发布】2011 年 7 月 7 日

【首次生效】2011 年 7 月 7 日

【修订情况】2015 年 4 月 3 日修订

【治理意义】加强对保险公司资本保证金的管理

第一章　总则

第一条　为加强对保险公司资本保证金的管理，维护保险市场平稳、健康发展，根据《中华人民共和国保险法》（以下简称《保险法》），制定本办法。

第二条　本办法所称保险公司，是指经保险监督管理机构批准设立，并依法登记注册的商业保险公司。

第三条　本办法所称资本保证金，是指根据《保险法》的规定，保险公司成立后按照其注册资本总额的 20%提取的，除保险公司清算时用于清偿债务外不得动用的资金。

第四条　中国保险监督管理委员会（以下简称"中国保监会"）依法对保险公司资本保证金进行监督管理，保险公司提存、处置资本保证金等行为应符合本办法规定。

第五条　保险公司应遵循"足额、安全、稳定"的原则提存资本保证金。

第二章　存放

第六条　保险公司应当选择两家（含）以上商业银行作为资本保证金的存放银行。存放银行应符合以下条件：

（一）国有商业银行、股份制商业银行、邮政储蓄银行和城市商业银行；

（二）上年末净资产不少于 200 亿元人民币；

（三）上年末资本充足率、不良资产率符合银行业监管部门有关规定；

（四）具有完善的公司治理结构、内部稽核监控制度和风险控制制度；

（五）与本公司不具有关联方关系；

（六）最近两年无重大违法违规记录。

第七条　保险公司应将资本保证金存放在保险公司法人机构住所地、直辖市、计划单列市或省会城市的指定银行。

第八条　保险公司应当开立独立银行账户存放资本保证金。

第九条　资本保证金存款存放期间，如存放银行不符合本办法规定，或者存在可能对资本保证金的安全存放具有重大不利影响的事项（如，因发生重大违法违规事件受到监管部门处罚、资本充足率不足等），保险公司应及时向中国保监会报告，并将资本保证金存款转存至符合规定的银行。

第十条　保险公司应在中国保监会批准开业后 30 个工作日或批准增加注册

资本（营运资金）后 30 个工作日内，将资本保证金按时足额存入符合中国保监会规定的银行。

第十一条　保险公司可以下形式存放资本保证金：

（一）定期存款；

（二）大额协议存款；

（三）中国保监会批准的其他形式。

第十二条　资本保证金存款存期不得短于一年。

第十三条　每笔资本保证金存款的金额不得低于人民币 1000 万元（或等额外币）。保险公司增加注册资本（营运资金）低于人民币 5000 万元（或等额外币）的，按实际增资金额的 20%一笔提存资本保证金。

第十四条　保险公司应密切关注外币资本保证金存款的汇率波动。因汇率波动造成资本保证金总额（折合人民币）连续 20 个工作日低于法定要求的保险公司，应自下一个工作日起 5 个工作日内，按实际差额一笔提存资本保证金并办理相关事后备案手续。

第十五条　保险公司提存资本保证金，应与拟存放银行的总行或一级分行签订《资本保证金存款协议》。合同有效期内，双方不得擅自撤销协议。

第十六条　保险公司应要求存放银行对资本保证金存单进行背书："本存款为资本保证金存款，不得用于质押融资。在存放期限内，存款银行不得同意存款人变更存款的性质、将存款本金转出本存款银行以及其他对本存款的处置要求。存款银行未尽审查义务的，应当在被动用的资本保证金额度内对保险公司的债务承担连带责任。"

第三章　备案

第十七条　保险公司对资本保证金的以下处置行为，应在资本保证金存妥后 10 个工作日内向中国保监会事后备案：

（一）开业或增资提存资本保证金；

（二）到期在原存放银行续存；

（三）到期转存其他银行，包括在同一银行所属分支机构之间转存；

（四）到期变更存款性质；

（五）提前支取，仅限于清算时动用资本保证金偿还债务，或注册资本（营运资金）减少时部分支取资本保证金；

（六）其他动用和处置资本保证金的行为。

第十八条　保险公司开业或增资提存保证金存款、到期在原存放银行续存的，应向中国保监会提交以下备案资料：

（一）资本保证金存款备案文件；

（二）保险公司资本保证金备案表（一式两份）；

（三）《资本保证金存款协议》原件一份；

（四）资本保证金存单复印件以及存单背书复印件；

（五）中国保监会要求报送的其他材料。

第十九条　保险公司资本保证金存款到期转存其他银行或到期变更存款性质的，除向中国保监会提交第十八条备案资料外，还需提供以下资料：

（一）保险公司资本保证金处置情况表；

（二）原《资本保证金存款协议》复印件；

（三）原资本保证金存款存单复印件及存单背书复印件；

（四）中国保监会要求报送的其他资料。

第二十条　保险公司提前支取资本保证金，仅限于清算时使用资本保证金偿还债务，或注册资本（营运资金）减少时部分支取资本保证金的，除向中国保监会提交第十九条相关备案资料外，还需提供中国保监会批准保险公司清算文件或减资文件。

第二十一条　备案资料不符合要求的，保险公司应在收到中国保监会通知之日起 10 个工作日内，重新提交备案资料。

第二十二条　未经中国保监会事后备案的，不认定为资本保证金存款。

第四章　监管

第二十三条　除清算时用于清偿债务或资本保证金存放银行不符合本办法规定外，保险公司不得动用资本保证金。

第二十四条　在存放期限内，保险公司不得变更资本保证金存款的性质。

第二十五条　资本保证金存款不得用于质押融资。

第二十六条　未按照本办法规定提存、处置资本保证金的，中国保监会将依法进行处罚。

第五章　附则

第二十七条　经营保险业务的保险控股公司和保险集团公司资本保证金的管理，适用本办法。

第二十八条　本办法由中国保监会负责解释。

第二十九条　本办法自发布之日起实施，《关于印发〈保险公司资本保证金管理办法）的通知》（保监发〔2011〕39号）同时废止。

附件1：资本保证金存款协议（略）

附件2：保险公司资本保证金备案表（略）

附件3：保险公司资本保证金处置情况表（略）

《保险公司保险业务转让管理暂行办法》

【发布主体】中国保险监督管理委员会

【文件编号】中国保险监督管理委员会令2011年第1号

【文件层次】部门规章

【首次发布】2011年8月26日

【首次生效】2011年10月1日

【修订情况】现行有效

【治理意义】规范保险公司保险业务转让行为

第一条 为了规范保险公司保险业务转让行为，保护投保人、被保险人和受益人的合法权益，维护保险市场秩序，根据《中华人民共和国保险法》（以下简称《保险法》），制定本办法。

第二条 中国保险监督管理委员会（以下简称中国保监会）根据法律和国务院授权，对保险公司保险业务转让行为实施监督管理。

第三条 保险公司转让全部或者部分保险业务，应当经中国保监会批准。

前款所称的"部分保险业务"的标准，由中国保监会另行规定。

第四条 保险公司转让保险业务，应当遵循自愿、公开、公平、公正的原则。

第五条 保险公司转让保险业务，不得泄露在此过程中获悉的商业秘密和个人隐私，不得损害投保人、被保险人和受益人的合法权益。

第六条 保险业务转让双方应当在平等协商基础上订立保险业务转让协议。

第七条 保险业务受让方保险公司应当承担转让方保险公司依照原保险合同对投保人、被保险人和受益人负有的义务。

第八条 保险业务受让方保险公司应当符合下列条件：

（一）受让的保险业务在其业务范围之内；

（二）公司治理结构完善，内控制度健全；

（三）偿付能力充足，且受让保险业务后，其偿付能力符合中国保监会的相关规定；

（四）最近 2 年内无受金融监管机构重大行政处罚的记录；

（五）在受让业务的保单最初签发地设有分支机构；

（六）已进行经营管理受让业务的可行性研究；

（七）中国保监会规定的其他条件。

第九条　保险业务转让双方应当聘请律师事务所、会计师事务所等专业中介机构，对转让的保险业务的价值、合规性等方面进行评估。

第十条　保险业务转让双方应当按照中国保监会的有关规定，对转让业务的责任准备金进行评估，确保充分、合理。

第十一条　保险公司转让或者受让保险业务，应当经董事会或者股东会、股东大会批准；转让全部保险业务的，应当经股东会、股东大会批准。

第十二条　保险业务转让双方应当向中国保监会提交下列材料一式三份：

（一）保险业务转让双方的基本情况；

（二）保险业务转让协议；

（三）保险业务转让程序安排；

（四）经营管理受让保险业务的可行性方案；

（五）专业中介机构的评估报告；

（六）转让业务的责任准备金评估报告；

（七）受让方保险公司上一年度偿付能力报告和受让业务对受让方保险公司偿付能力影响的分析报告；

（八）保险业务转让双方的董事会或者股东会、股东大会作出的批准保险业务转让协议的文件；

（九）中国保监会规定提交的其他材料。

其中，第（三）项、第（五）项和第（六）项须双方共同签字确认。

第十三条　中国保监会批准保险业务转让后，转让方保险公司应当及时将受让方保险公司基本信息、转让方案概要及责任承担等相关事宜书面告知相关投保人、被保险人，并征得相关投保人、被保险人的同意；人身保险合同的被保险人死亡的，转让方保险公司应当书面告知受益人并征得其同意。

保险业务转让双方应当合理实施业务转让方案，妥善处置业务转让相关事宜。

第十四条　中国保监会批准保险业务转让后，保险业务转让双方应当在中国保监会指定的报纸上联合公告，公告次数不得少于 3 次，同时在各自的互联网网站进行公告，公告期不得少于 1 个月。

第十五条　保险公司转让全部保险业务，依法终止其业务活动的，应当在转让协议履行完毕之日起 15 个工作日内向中国保监会办理保险许可证注销手续，并向工商行政管理部门办理相关手续。

保险公司转让部分保险业务，涉及保险许可证事项变更的，应当在转让协议履行完毕之日起 15 个工作日内，按照中国保监会的有关规定办理变更手续。

第十六条　保险公司违反本办法进行保险业务转让的，由中国保监会责令其限期改正，并依法进行处罚。

第十七条　《保险法》第二十八条规定的再保险，第九十二条、第一百三十九条规定的保险业务转让，不适用本办法。

保险公司转让保险业务，不得违反《保险法》第八十九条第二款的规定。

第十八条　中国保监会对保险公司保险业务转让另有规定的，从其规定。

第十九条　本办法由中国保监会负责解释。

第二十条　本办法自 2011 年 10 月 1 日起施行。

《保险公司薪酬管理规范指引（试行）》

【发布主体】中国保险监督管理委员会
【文件编号】保监发〔2012〕63 号
【文件层次】部门规范性文件
【首次发布】2012 年 7 月 19 日
【首次生效】2013 年 1 月 1 日
【修订情况】现行有效
【治理意义】规范保险公司薪酬管理行为

第一章　总则

第一条　为加强保险公司治理监管，健全激励约束机制，规范保险公司薪酬管理行为，发挥薪酬在风险管理中的作用，促进保险公司稳健经营和可持续发展，根据《保险法》及国家有关规定，参照有关国际准则，制定本指引。

第二条　本指引所称薪酬，是指保险公司工作人员因向公司提供服务而从公司获得的货币和非货币形式的经济性报酬。

本指引所称的工作人员是指与保险公司签订书面劳动合同的人员，不包括非执行董事、独立董事、外部监事、独立监事及工作顾问等。

本指引所称董事是指在保险公司领取薪酬的董事，监事不包括职工监事，高管人员仅限于总公司高管人员。

本指引所称关键岗位人员是指对保险公司经营风险有直接或重大影响的人员。关键岗位人员范围由公司确定，至少包括但不限于总公司直接从事销售业务或投资业务的部门主要负责人及省级分公司主要负责人。

第三条　本指引适用于在中国境内依法注册的保险公司、保险集团公司和保险资产管理公司。

国有保险公司薪酬管理另有规定的，适用其规定。

第四条　保险公司薪酬管理应当遵循以下原则：

（一）科学合理。保险公司应当根据公司发展战略，以提高市场竞争力和实现可持续发展为导向，制定科学的绩效考核机制和合理的薪酬基准。

（二）规范严谨。保险公司应当按照公司治理的要求，制定规范的薪酬管理程序，确保薪酬管理过程合规、严谨。

（三）稳健有效。保险公司薪酬体系应当既能有效激励工作人员，又与合规和风险管理相衔接，有利于防范风险和提高合规水平。

（四）公平适当。保险公司薪酬政策应当平衡股东、管理层、员工、被保险人及其他利益相关者的利益，符合我国国情和保险业发展实际。

第二章　薪酬结构

第五条　本指引所指的保险公司薪酬包括以下四个部分：

（一）基本薪酬；

（二）绩效薪酬；

（三）福利性收入和津补贴；

（四）中长期激励。

第六条　保险公司应当根据公司实际和市场水平，严格按照规范的程序，合理确定和适时调整不同岗位的基本薪酬标准。

第七条　保险公司董事、监事和高管人员绩效薪酬应当根据当年绩效考核结果确定。

绩效薪酬应当控制在基本薪酬的3倍以内，目标绩效薪酬应当不低于基本薪酬。

保险公司设立保底奖金的，应当只适用于入职第一年的员工或者成立不足一年的公司。

第八条　保险公司支付给工作人员的福利和津补贴,参照国家有关规定和行业标准执行。

保险公司每年支付给董事、监事和高管人员的现金福利和津补贴不得超过其基本薪酬的 10%。

由外资保险公司股东另行支付的现金福利和津补贴不受前两款限制。

第九条　中长期激励包括股权性质的激励措施和现金激励等。保险公司实行中长期激励的,应当报经中国保监会备案。

保险公司中长期激励管理办法由中国保监会根据国家有关规定另行制定。

第十条　保险公司应当根据公司财务状况、经营结果、风险控制等多种因素,合理确定董事、监事和高管人员薪酬水平。

保险公司偿付能力不足的,中国保监会按照有关偿付能力的监管规定限制其董事、监事和高管人员薪酬。

保险公司不得脱离国情、行业发展阶段和公司实际发放过高薪酬。

第三章　薪酬支付

第十一条　保险公司基本薪酬按月支付。保险公司可以根据经营情况和风险分期考核情况,合理确定一定比例的绩效薪酬随基本薪酬一起支付,其余部分在财务年度结束后,根据年度考核结果支付。

第十二条　保险公司应当在薪酬管理制度中规定绩效薪酬延期支付制度,促使绩效薪酬延期支付期限、各年支付额度与相应业务的风险情况保持一致。保险公司应当定期根据业绩实现和风险变化情况对延期支付制度进行调整。

绩效薪酬延期支付制度应当包括适用人员范围、条件、期限、比例、风险及损失情形、程序、停发等内容。

第十三条　保险公司董事、监事、高管人员和关键岗位人员绩效薪酬应当实行延期支付,延期支付比例不低于 40%。其中,董事长和总经理不低于 50%。

保险公司应当根据风险的持续时间确定绩效薪酬支付期限,原则上不少于三年。支付期限为三年的,不延期部分在绩效考核结果确定当年支付,延期部分于考核结果确定的下两个年度同期平均支付。支付期限超过三年的,延期支付部分遵循等分原则。

第十四条　发生绩效薪酬延期支付制度规定情形的风险及损失的,保险公司应当停发相关责任人员未支付的绩效薪酬。

第四章　绩效考核

第十五条　保险公司应当建立指标科学完备、流程清晰规范、结果与实际薪酬密切关联的绩效考核机制。

第十六条　保险公司应当制定公司总体绩效考核指标和每一工作岗位的考核指标。总体业绩指标应当层层分解落实到具体业务单位、管理部门和岗位。

岗位考核指标应当明确、清晰，充分体现该岗位的业绩贡献和风险合规要求，并尽可能量化，便于比对和评价，同时与业务单位和公司总体绩效相挂钩。

绩效考核指标应当符合岗位特点，不与岗位职责相冲突。绩效考核过程中，风险合规指标既可以作为构成性指标，也可以作为调节性指标，但应当保证与绩效考核结果显著相关。

第十七条　保险公司绩效考核指标体系应当包括经济效益指标和风险合规指标。经济效益指标的选取应当符合国家有关规定和公司战略。风险合规指标应当重点反映以下风险：

（一）偿付能力充足率；

（二）公司治理风险指标；

（三）内控风险指标；

（四）合规风险指标；

（五）资金运用风险指标；

（六）业务经营风险指标；

（七）财务风险指标。

每类风险指标的构成参照中国保监会有关分类监管的规定确定。保险集团公司、保险资产管理公司和再保险公司风险合规指标由公司根据自身情况和有关监管规定确定。

第十八条　保险公司应当制定规范的考核流程，按照"层层负责、逐级考评"的原则明确考核人、考核对象及考核程序，合理确定考核方式。

第十九条　保险公司董事、监事和高管人员薪酬应当根据保监会分类监管确定的风险类别进行调整。

分类监管确定为 C 类的公司，其董事、监事和高管人员当年平均基本薪酬加绩效薪酬不得高于上年度水平。

分类监管确定为 D 类的公司，其董事、监事和高管人员当年平均基本薪酬加绩效薪酬在上一年度基础上下浮，下浮幅度不得低于 5%。其中，董事长和总经理的下浮幅度应高于平均值。连续被确定为 D 类的公司，其董事、监事和高管人员薪酬应逐年下浮,直至与公司部门负责人平均薪酬水平相当。但该公司新聘董事、监事和高管人员前两个年度的薪酬不受本条款限制。

分类监管被确定为 A、B 类的公司,可以自行根据分类监管部分指标评价结果对相应岗位的董事、监事和高管人员薪酬进行调整。

第五章　薪酬管理

第二十条　保险公司薪酬管理制度应当区分以下不同对象,采取不同的管理方式:

（一）董事、监事和高管人员;

（二）关键岗位人员;

（三）其他岗位人员;

（四）不领取薪酬的董事、监事和常任顾问的工作报酬或费用等。

第二十一条　保险公司董事会对薪酬管理负最终责任。董事履行薪酬管理职责时,应当具备专业胜任能力,独立发表意见,避免受管理层不当影响。

董事会应当对保险公司薪酬管理中的如下内容进行审核:

（一）薪酬管理的基本制度;

（二）年度薪酬激励方案和年度薪酬预算总额;

（三）董事、监事和高管人员个人绩效考核指标及权重、考核结果和薪酬发放情况;

（四）按照监管规定提交的薪酬报告。

第二十二条　保险公司董事会应当设立薪酬委员会,薪酬委员会应当具备相应的专业能力,由独立董事担任主任委员。

保险公司董事会应当充分发挥薪酬委员会的辅助决策作用。薪酬委员会应当对董事会议案进行充分研究和讨论,向董事会提出专业意见和建议。

董事会薪酬委员会可以就公司薪酬管理体系对风险、合规管理的影响及关联性征求其他相关专业委员会意见。

第二十三条　保险公司管理层负责组织实施公司薪酬管理制度及董事会相关决议。

保险公司人力资源等部门负责薪酬管理的日常工作,并为董事会及其薪酬委员会工作提供支持。

第二十四条　保险公司风险、合规管理和审计部门应当对公司薪酬管理制度相关的绩效考核指标和绩效目标提出意见,促进保险公司薪酬与风险相挂钩。

前款所列部门工作人员的薪酬应当与其所监控业务领域的合规和风险状况

关联，但相对独立于该领域的财务绩效。其薪酬水平应当得到适当保证，以确保能够吸引与其职责相匹配的专业人员。

第二十五条　保险公司工作人员违反薪酬管理程序擅自发放薪酬、擅自增加薪酬激励项目或者在绩效考核中弄虚作假的，保险公司应当建立严格的问责制度，对违规发放的薪酬应当予以扣回。

第六章　薪酬监管

第二十六条　中国保监会对保险公司薪酬管理依法实施监管，不直接干预薪酬水平。监管内容重点包括：

（一）薪酬管理程序的完备性、规范性及其执行情况；

（二）绩效考核指标设计和绩效目标设定对公司风险、合规管理的影响。

第二十七条　保险公司董事会应当每年对薪酬管理工作进行自我评价，撰写薪酬管理报告，按照规定的审核程序和时限提交中国保监会。薪酬管理报告的内容包括：

（一）薪酬管理制度和流程是否完备、规范；

（二）公司总体绩效考核指标设计和绩效目标是否符合公司战略，岗位绩效考核指标是否能够充分并准确反映岗位贡献和风险合规状况；

（三）绩效考核过程和结果是否公正、合理，是否有利于激励工作人员和树立以绩效和风险为导向的企业文化；

（四）公司董事、监事和高管人员薪酬与公司绩效、业务质量以及业务结构是否匹配，是否对风险具有较强的敏感性，是否会激励过度冒险行为或导致风险损失；

（五）是否存在管理失当或不符合监管规定的行为；

（六）其他对公司战略或风险有重要影响的薪酬管理情形。

第二十八条　保险公司薪酬管理中存在以下情形的，中国保监会可以采取要求提交书面说明、监管谈话、风险提示、向股东大会或董事会反馈监管意见、要求公司作为重大事项公开披露等措施进行处理：

（一）中途改变绩效考核指标或绩效目标，致使公司董事长或总经理实际薪酬总额高于原指标考核结果的；

（二）薪酬水平与公司风险状况严重不匹配或显著高于市场同等规模和业绩水平公司的；

（三）薪酬管理行为不符合监管规定的；

（四）薪酬管理自评与公司实际情形不一致的；

（五）其他可能存在或导致风险，需要进行风险提示的情形。

第二十九条　中国保监会可以根据监管需要，对保险公司薪酬管理情况进行专项现场检查或组织进行监管评价。

监管评价可以委托独立的中介机构协助进行，保险公司应当配合并承担相应费用。

第三十条　保险公司薪酬管理过程中，不得有下列行为：

（一）未按监管规定作出说明或提交相关报告资料的；

（二）绩效考核以及报送的报告资料弄虚作假的。

保险公司及相关人员发生上述行为之一的，由中国保监会或其派出机构依照《保险法》第一百七十一条、第一百七十二条、第一百七十三条及其他监管规定予以处罚。

中介机构在为保险公司服务过程中故意提供明显不实信息，致使保险公司作出错误决策的，中国保监会可以在行业内公布该中介机构名称，其他保险公司不得接受该机构的中介服务。

第三十一条　保险公司具有下列情形之一的，其董事、监事和高管人员薪酬由救助机构和保险监管部门确定：

（一）已由中国保险保障基金有限责任公司或者其他法定机构实施救助或参与风险处置的；

（二）被中国保监会依法接管的；

（三）申请破产或被关停的。

第七章　附则

第三十二条　本指引自 2013 年 1 月 1 日起开始实施。

《保险公司控股股东管理办法》

【发布主体】中国保险监督管理委员会
【文件编号】中国保险监督管理委员会令 2012 年第 1 号
【文件层次】部门规章
【首次发布】2012 年 7 月 25 日
【首次生效】2012 年 10 月 1 日
【修订情况】现行有效

【治理意义】规范保险公司控股股东行为

第一章　总则

第一条　为了加强保险公司治理监管，规范保险公司控股股东行为，保护保险公司、投保人、被保险人和受益人的合法权益，根据《中华人民共和国保险法》、《中华人民共和国公司法》等法律、行政法规制定本办法。

第二条　本办法所称保险公司，是指经中国保险监督管理委员会（以下简称中国保监会）批准设立，并依法登记注册的商业保险公司。

第三条　本办法所称保险公司控股股东，是指其出资额占保险公司资本总额百分之五十以上或者其持有的股份占保险公司股本总额百分之五十以上的股东；出资额或者持有股份的比例虽然不足百分之五十，但依其出资额或者持有的股份所享有的表决权已足以对股东会、股东大会的决议产生重大影响的股东。

第四条　中国保监会根据法律、行政法规以及本办法的规定，对保险公司控股股东实施监督管理。

第二章　行为及义务

第一节　控制行为

第五条　保险公司控股股东应当善意行使对保险公司的控制权，依法对保险公司实施有效监督，防范保险公司经营风险，不得利用控制权损害保险公司、投保人、被保险人和受益人的合法权益。

第六条　保险公司控股股东应当审慎行使对保险公司董事、监事的提名权，提名人选应当符合中国保监会规定的条件。

保险公司控股股东应当依法加强对其提名的保险公司董事、监事的履职监督，对不能有效履职的人员应当按照法律和保险公司章程的规定及时进行调整。

第七条　保险公司控股股东应当对同时在控股股东和保险公司任职的人员进行有效管理，防范利益冲突。

保险公司控股股东的工作人员不得兼任保险公司的执行董事和高级管理人员。

保险公司控股股东的董事长不受本条第二款规定的限制。

第八条　保险公司控股股东应当支持保险公司建立独立、完善、健全的公司治理结构，维护保险公司的独立运作，不得对保险公司董事会、监事会和管理层行使职权进行不正当限制或者施加其他不正当影响。

第九条　保险公司控股股东不得指使保险公司董事、监事、高级管理人员以及其他在保险公司任职的人员作出损害保险公司、保险公司其他股东、投保人、被保险人和受益人合法权益的决策或者行为。

第十条　保险公司控股股东提名的保险公司董事,应当审慎提名保险公司高级管理人员,提名人选应当符合中国保监会规定的条件。

保险公司控股股东提名的保险公司董事,应当以维护保险公司整体利益最大化为原则进行独立、公正决策,对所作决策依法承担责任,不得因直接或者间接为控股股东谋取利益导致保险公司、投保人、被保险人和受益人的合法权益受到损害。

保险公司董事会决策违反法律、行政法规和中国保监会规定的,中国保监会将依法追究董事的法律责任,经证明在表决时曾表明异议并记载于会议记录的董事除外。

第十一条　保险公司控股股东应当维护保险公司财务和资产独立,不得对保险公司的财务核算、资金调动、资产管理和费用管理等进行非法干预,不得通过借款、担保等方式占用保险公司资金。

第二节　交易行为

第十二条　保险公司控股股东应当确保与保险公司进行交易的透明性和公允性,不得无偿或者以明显不公平的条件要求保险公司为其提供资金或者其他重大利益。

第十三条　保险公司控股股东与保险公司之间的关联交易应当严格遵守《保险公司关联交易管理暂行办法》等中国保监会的规定。

保险公司控股股东不得利用关联交易、利润分配、资产重组、对外投资等任何方式损害保险公司的合法权益。

第十四条　保险公司控股股东不得利用其对保险公司的控制地位,谋取属于保险公司的商业机会。

第十五条　保险公司控股股东不得向保险公司出售其非公开发行的债券。保险公司控股股东公开发行债券的,应当采取必要措施,确保保险公司购买的债券不得超过该次发行债券总额的百分之十。

第十六条　保险公司控股股东不得要求保险公司代其偿还债务,不得要求保险公司为其支付或者垫支工资、福利、保险、广告等费用。

第三节　资本协助

第十七条　保险公司控股股东应当恪守对保险公司作出的资本协助承诺,不得擅自变更或者解除。

第十八条　保险公司控股股东应当保持财务状况良好稳定，具有较强的资本实力和持续的出资能力。

对偿付能力不足的保险公司，保监会依法责令其增加资本金时，保险公司控股股东应当积极协调保险公司其他股东或者采取其他有效措施，促使保险公司资本金达到保险监管的要求。

第十九条　保险公司控股股东应当根据保险公司的发展战略、业务发展计划以及风险状况，指导保险公司编制资本中期规划和长期规划，促进保险公司资本需求与资本补充能力相匹配。

第二十条　保险公司控股股东的财务状况、资本补充能力和信用状况发生重大不利变化的，应当依法及时向中国保监会报告。

第二十一条　保险公司控股股东不得接受其控制的保险公司以及该保险公司控制的子公司的投资入股。

第四节　信息披露和保密

第二十二条　保险公司控股股东应当严格按照国家有关规定履行信息披露义务，并保证披露信息的及时、真实、准确、完整，不得有虚假记载、误导性陈述或者重大遗漏。

第二十三条　保险公司控股股东应当建立信息披露管理制度，明确规定涉及保险公司重大信息的范围、保密措施、报告和披露等事项。

第二十四条　保险公司控股股东与保险公司之间进行重大关联交易，保险公司按照《保险公司信息披露管理办法》的要求，披露保险公司全体独立董事就该交易公允性出具的书面意见以及其他相关信息，保险公司控股股东应当积极配合。

第二十五条　保险公司控股股东应当恪守对保险公司的保密义务，不得违法使用保险公司的客户信息和其他信息。

第二十六条　公共传媒上出现与保险公司控股股东有关的、对保险公司可能产生重大影响的报道或者传闻，保险公司控股股东应当及时就有关报道或者传闻所涉及事项向保险公司通报。

第五节　监管配合

第二十七条　保险公司控股股东应当及时了解中国保监会的相关规定、政策，根据中国保监会对保险公司的监管意见，督促保险公司依法合规经营。

保险公司控股股东认为必要时，可以向中国保监会反映保险公司的业务经营和风险管理等情况。

第二十八条　保险公司控股股东对保险公司的股权投资策略和发展战略作

出重大调整的，应当及时向中国保监会报告。

第二十九条　保险公司控股股东应当积极配合中国保监会对保险公司进行风险处置，并按照中国保监会的要求提供有关信息资料或者采取其他措施。

第三十条　保险公司控股股东转让股权导致或者有可能导致保险公司控制权变更的，应当在转让期间与受让方和保险公司共同制定控制权交接计划，确保保险公司经营管理稳定，维护投保人、被保险人和受益人的合法权益。

控制权交接计划应当对转让过程中可能出现的违法违规或者违反承诺的行为约定处理措施。

第三章　监督管理

第三十一条　中国保监会建立保险公司控股股东信息档案，记录和管理保险公司控股股东的相关信息。

第三十二条　因股权转让导致保险公司控制权变更的，保险公司在向中国保监会提交股权变更审批申请时，应当提交本办法第三十条规定的控制权交接计划并说明相关情况。

第三十三条　中国保监会有权要求保险公司控股股东在指定的期限内提供下列信息和资料：

（一）法定代表人或者主要负责人情况；

（二）股权控制关系结构图；

（三）经审计的财务报告；

（四）其他有关信息和资料。

保险公司控股股东股权控制关系结构图应当包括其持股百分之五以上股东的基本情况、持股目的和持股情况，并应当逐级披露至享有最终控制权的自然人、法人或者机构。

第三十四条　保险公司出现严重亏损、偿付能力不足、多次重大违规或者其他重大风险隐患的，中国保监会可以对保险公司控股股东的董事、监事和高级管理人员进行监管谈话。

第三十五条　保险公司控股股东利用关联交易严重损害保险公司利益，危及公司偿付能力的，由中国保监会责令改正。在按照要求改正前，中国保监会可以限制其享有的资产收益、参与重大决策和选择管理者等股东权利；拒不改正的，可以责令其在一定期限内转让所持的部分或者全部保险公司股权。

第三十六条　保险公司控股股东有其他违反本办法规定行为的，由中国保监会责令改正，并可以依法采取相应的监管措施。

第四章　附则

第三十七条　保险集团公司控股股东参照适用本办法。

第三十八条　国务院财政部门、国务院授权投资机构以及《保险集团公司管理办法（试行）》规定的保险集团公司是保险公司控股股东的，不适用本办法。

第三十九条　外资保险公司控股股东不适用本办法第七条第二款的规定；中国保监会另有规定的，适用其规定。

第四十条　本办法由中国保监会负责解释。

第四十一条　本办法自 2012 年 10 月 1 日起施行。

附件：××公司××年度薪酬管理报告（略）

《中国保监会办公厅关于进一步做好保险公司公开信息披露工作的通知》

【发布主体】中国保险监督管理委员会
【文件编号】保监厅发〔2013〕15 号
【文件层次】部门规范性文件
【首次发布】2013 年 3 月 8 日
【首次生效】2013 年 3 月 8 日
【修订情况】现行有效
【治理意义】进一步贯彻落实《保险公司信息披露管理办法》

中国人寿保险（集团）公司，各财产保险公司、各人身保险公司：

为进一步贯彻落实《保险公司信息披露管理办法》（保监会令〔2010〕7 号，以下简称《办法》）的要求，做好保险公司公开信息披露工作，提高保险经营透明度，现就有关事项通知如下：

一、从 2013 年开始，各公司除按《办法》规定，每年 4 月 30 日前在公司互联网网站和保监会指定的报纸上披露上年年度信息披露报告外，还应当在完成披露后的 3 个工作日内，将年度信息披露报告电子文本（PDF 格式），以光盘形式报至中国保险行业协会信息统计部，由中国保险行业协会在其网站集中发布。

二、在公司网站上披露的年度信息披露报告应当是一个完整的 PDF 文档，内容的编排及基本格式详见附件。

三、在报纸上披露的年度信息披露报告，除财务报表附注外，其内容和格式应当与公司网站相同。

在报纸上披露的财务报表附注，内容可以适当简略，但至少应当包括财务报表的编制基础、重要会计政策、会计估计变更的说明、重大会计差错更正的说明以及合并财务报表合并范围变化的说明。

在报纸上披露时，"财务报表附注"部分应当注明"财务报表附注完整内容参见公司互联网网站披露的年度信息披露报告"，并标明网站地址。

四、年度信息披露报告中风险管理状况信息的披露应当详细、完整，对主要风险应当披露评估方法及评估结果。

五、各公司应当在公司互联网网站首页显著位置，设置"公开信息披露"专栏，对《办法》要求披露的内容分类进行披露。

"公开信息披露"专栏下设3个一级子栏目："基本信息"、"年度信息"和"临时信息"。"基本信息"栏目下设2个二级子栏目："公司概况"和"公司治理概要"。"临时信息"栏目下设2个二级子栏目："重大关联交易"和"重大事项"。

六、公司基本信息应当按照《办法》第八条和第九条的要求进行分类，分别在"公司概况"和"公司治理概要"子栏目下进行披露。其中，对经营区域的披露应当详细列明省级行政区域名称。

公司基本信息发生变更的，应当及时进行更新。

七、公司临时信息应当按照《办法》第十五条和第十六条的要求进行分类，分别在"重大关联交易"和"重大事项"子栏目下进行披露。

临时信息披露应当编制临时信息披露报告，并按事项发生的先后顺序进行编号。报告内容应包含事项的具体内容以及事项发生的时间。临时信息披露应当做到及时、完整。

临时信息披露应当标明披露时间。

八、各公司应当在信息披露后5个工作日内，按规定将有关事项报中国保监会备案。信息披露负责人、承办信息披露事务的部门及其联系方式发生变更的，也应及时报中国保监会备案。

九、各公司应当在3月底前，以传真形式向中国保监会报送年度审计预计完成时间、年度信息披露报告预计披露时间和披露报纸。

各公司应当按照《办法》规定，不断完善信息披露管理制度，做到责任到人、分工明确、流程清晰，并建立相应的责任追究制度。公司信息披露负责人应当切实负起责任，做好本公司信息披露事务的组织、管理工作，进一步推动公司公开信息披露工作的规范化。

联系人：孙思

联系电话：010-66286832

传真：010-66288110　66288153

《保险公司发展规划管理指引》

【发布主体】中国保险监督管理委员会
【文件编号】保监发〔2013〕18 号
【文件层次】部门规范性文件
【首次发布】2013 年 3 月 12 日
【首次生效】2013 年 3 月 12 日
【修订情况】现行有效
【治理意义】规范保险公司发展规划工作

第一章　总则

第一条　为规范保险公司发展规划工作,切实发挥发展规划在公司经营管理中的引领作用，提高公司科学发展水平，根据《保险法》、《保险公司管理规定》等法规，制定本指引。

第二条　本指引所称发展规划,是指保险公司根据现实状况和未来趋势制定的发展目标、经营战略和保障措施,是公司规划期内经营发展的基本纲领。

保险公司应当根据自身情况科学确定发展规划期,发展规划期一般为三年或五年。

第三条　本指引适用于保险公司和保险集团（控股）公司。保险资产管理公司和中国保监会批准的其他保险组织参照执行。

第四条　保险公司发展规划应当具有科学性、战略性和可操作性,符合行业发展规划和监管要求,与公司经营状况、管理水平和人才储备情况相匹配。

第五条　保险公司应当建立由董事会负责的发展规划工作机制,完善组织架构，建立管理制度，明确工作职责。

保险公司董事长领导发展规划工作。董事会发展规划委员会（或其他专业委员会）负责发展规划的制定、实施、修改、评估等工作。

保险公司监事会对发展规划的制定、实施和评估等工作进行内部监督。

保险公司总经理负责发展规划的组织实施。保险公司应当设置专职部门或指定相关部门，在董事会和总经理的领导下承担发展规划相关具体工作。

第六条 中国保监会依法对保险公司发展规划工作进行指导和监督。

第二章 规划要素

第七条 保险公司发展规划应当包括公司战略目标、业务发展、机构发展、偿付能力管理、资本管理、风险管理、基础管理、保障措施等规划要素。

第八条 公司战略目标应当充分考虑宏观经济金融形势、保险市场供需状况、公司自身优势与劣势等因素，体现差异化特色，明确市场定位和发展目标。

第九条 业务发展应当包括业务规模、业务结构、渠道发展和再保险等。保险公司应当按照中国保监会核定的业务范围和监管要求，根据公司资本金状况和股东持续出资能力，制定分年度目标。

第十条 机构发展应当包括经营区域范围、分支机构类型和数量发展计划及退出安排等，明确规划期内省、市各级分支机构年度发展的目标和措施。

机构发展计划应当符合保监会关于机构准入、退出的总体要求，并与自身的经营管理情况相匹配。

第十一条 偿付能力管理应当合理预测公司盈利水平和偿付能力状况，保证偿付能力充足，并根据偿付能力管理制度，提出不同假设条件下的偿付能力优化方案。

第十二条 资本管理应当根据公司业务规模、分支机构扩展情况、盈利水平、偿付能力状况，合理预测规划期内的资本需求，建立科学的资本补充机制。

第十三条 风险管理应当包括保险公司面临的主要风险和发展趋势，确定适当的风险限额和风险偏好，明确风险管理措施和程序，建立风险监测、预警和处置机制。

第十四条 基础管理应当包括企业文化、人才发展、信息建设等内容。

（一）企业文化方面应当包括企业精神、品牌建设、诚信建设、社会责任等。

（二）人才发展方面应当包括人才需求、人才结构、人才储备和人才培训等，保险公司应当建立健全人才招聘、激励和管理机制。

（三）信息建设方面应当包括硬件系统建设、管理系统建设、数据安全管理等，确保信息系统建设对保险公司业务发展和风险管控的有效支持。

第十五条 保障措施应当包括制度建设、组织机构、任务分解、考核评估、宣传引导等。

第十六条 保险集团公司的发展规划还应当包括拟进入和退出的行业领域

和管理模式等主要内容。

对保险集团现有的非保险金融类企业和非金融类企业,保险集团公司发展规划中应包括该企业未来三年或五年发展的相关内容。

第三章　制定

第十七条　保险公司应当在充分调查研究、科学分析预测和广泛征求意见的基础上制定发展规划。

第十八条　董事会相关专业委员会应当依据相应的职权和程序,制定议事规则,明确会议召开程序、表决方式、提案审议、保密要求和会议记录等。

第十九条　董事会相关专业委员会负责组织公司经理层和有关部门对发展规划进行可行性研究和科学论证,形成发展规划建议方案报董事会审议。

发展规划建议方案应当吸收主要股东和监事会意见。必要时,可聘请中介机构和外部专家提供专业意见。

第二十条　董事会应当认真审慎审议董事会相关专业委员会提交的发展规划建议方案,确保公司发展规划科学、可行、完整。

第二十一条　发展规划经董事会审议通过后,报股东大会批准后方可实施。

第二十二条　保险集团公司应当根据发展实际和外部环境变化,加强对其成员公司发展规划工作的管理,做好集团公司本级与各成员公司发展规划的统筹协调,确保集团整体规划目标和成员公司经营目标的实现。

第二十三条　新设立保险公司制定的三年发展规划,须经公司创立大会通过。

第四章　实施

第二十四条　保险公司规划部门应当依据发展规划提出年度分解计划和落实措施,报董事会和经理层后实施。

第二十五条　保险公司申请设立分支机构应当符合发展规划中的机构发展计划。

第二十六条　保险公司规划部门应当定期收集和分析相关信息,加强对发展规划实施日常情况的监督检查,及时将有关情况报董事会和经理层。

第二十七条　因宏观经济形势、金融行业政策、保险公司自身经营状况发生重大变化,需对发展规划作出调整的,由保险公司规划部门提出建议报董事会审议。

第二十八条　保险公司每年末应当根据分支机构建设情况对发展规划中的

机构发展计划作出调整，并报保监会。

第二十九条　保险公司规划部门应该加强对年度任务的落实情况考核，并将考核结果报董事会相关专业委员会和公司经理层。

第三十条　董事会相关专业委员会应在发展规划的年末和规划期末，组织开展规划实施评估工作，编制评估报告，报董事会审议。

第三十一条　保险公司监事会应当在年度会议上对发展规划实施情况进行审议并提出监督意见。

第三十二条　保险集团公司应当对其成员公司发展规划的执行情况进行指导监督和定期评估，通过资本管理、人事任免、绩效考评等手段，对成员公司发展规划进行调整和完善，确保集团整体发展规划的落实。

第五章　监督

第三十三条　保险公司发展规划应当在股东大会表决通过后 15 日内报中国保监会。发展规划内容不符合行业规划和监管规定的，中国保监会有权责令公司予以调整。

保险公司董事会秘书为公司发展规划工作的联系人和责任人。

第三十四条　公司规划涉及资本金、业务规模、机构发展等重大事项变更的，应当按照公司规划管理制度进行调整，并向中国保监会作出说明。

第三十五条　保险公司应当于每年 4 月底前向中国保监会提交公司上一年度规划实施情况全面评估报告，其中包括保费收入、总资产、利润率、偿付能力充足率、分支机构建设等重要指标年度完成情况与规划目标的差异情况。

第三十六条　中国保监会组织开展对保险公司发展规划自我评价的外部监督工作，内容包括制度建设、基本内容、制定程序、调整频率、实施结果、评估工作、材料报送等项目。

第三十七条　中国保监会于每年 6 月底前负责组织开展保险公司发展规划实施情况的年度评价，评价结果与机构准入、资金运用、产品审核、资本管理、偿付能力等监管工作相关联。

第六章　附则

第三十八条　本指引由中国保监会负责解释。

第三十九条　本指引自发布之日起实施。

《保险公司声誉风险管理指引》

【发布主体】中国保险监督管理委员会
【文件编号】保监发〔2014〕15 号
【文件层次】部门规范性文件
【首次发布】2014 年 2 月 19 日
【首次生效】2014 年 2 月 19 日
【修订情况】现行有效
【治理意义】加强保险公司声誉风险管理

第一章　总则

第一条　为加强保险公司声誉风险管理，维护保险行业形象和市场稳定，根据《中华人民共和国保险法》等相关法律、行政法规和中国保监会有关规定，制定本指引。

第二条　本指引适用于在中国境内依法设立的保险公司。

第三条　声誉风险是指由保险公司的经营管理或外部事件等原因导致利益相关方对保险公司负面评价，从而造成损失的风险。

第四条　声誉事件是指引发声誉风险，导致出现对保险公司不利舆情的相关行为或事件。

第五条　保险公司应将声誉风险管理纳入全面风险管理体系，建立相关制度和机制，防范和识别声誉风险，应对和处置声誉事件。

第六条　保险公司应坚持预防为主的声誉风险管理理念，建立常态长效的声誉风险管理机制，注重事前评估和日常防范。

第七条　保险公司应通过声誉风险管理，发现并解决经营管理中存在的问题，消除影响公司声誉和形象的隐患。

第八条　保险公司应建立声誉风险归口管理机制，注重职能部门的响应与协作，提高防范声誉风险和处置声誉事件的能力和效率。

第二章　组织架构和工作职责

第九条　保险公司董事会承担声誉风险管理的最终责任。其职责包括：

（一）确定声誉风险管理的总体目标和基本政策；

（二）配备与本公司发展战略、业务性质、规模和复杂程度相适应的声誉风险管理资源；

（三）培育本公司声誉风险管理文化，树立员工声誉风险意识；

（四）根据公司治理原则其他应由董事会履行的声誉风险管理职责。

第十条　保险公司董事会秘书应发挥在公司治理和信息披露中的作用，提高公司董事会、管理层和工作部门在声誉风险管理过程中的报告、决策、响应和执行效率。

第十一条　保险公司管理层承担声誉风险管理的直接责任。其主要职责包括：

（一）制定专门的声誉风险管理办法和实施机制，明确声誉风险管理的具体流程及相关岗位的职责要求；

（二）明确公司各部门和分支机构在声誉风险管理中的职责；

（三）决定重大决策、重要业务流程、重大外部事件的声誉风险评估及其应对预案，以及重大声誉事件的处置方案；

（四）确保公司制定并实施相应培训计划，使员工和营销人员接受声誉风险教育；

（五）决定公司声誉风险管理工作考核结果，对声誉风险管理问题负有责任的部门和人员进行追究；

（六）按照声誉风险监管的要求，落实有关监管措施。

第十二条　保险公司管理层应指定专门工作部门负责声誉风险管理。专门部门的主要职责包括：

（一）组织实施公司声誉风险评估，提出防范声誉风险的综合建议；

（二）负责公司日常舆情监测，及时识别并报告声誉风险；

（三）负责公司有关声誉事件的研判与核查，提出处置声誉事件的综合建议；

（四）有针对性地进行信息披露和舆论引导，控制声誉事件影响范围和程度；

（五）指导、协调、监督其他职能部门和分支机构落实公司声誉风险管理的制度和决策；

（六）存储、管理声誉风险管理相关数据和信息。

第十三条　保险公司其他职能部门和各级分支机构在声誉风险管理中的职责包括：

（一）向声誉风险管理部门通报日常经营、投诉处理、合规审查、审计稽核过程中发现的声誉风险情况；

（二）参与公司声誉风险排查和评估，对防范业务流程中存在的声誉风险提出专业建议；

（三）参与公司声誉事件核查与处置方案制定，对声誉事件核查和处置方案提出专业建议；

（四）落实声誉风险防范和声誉事件处置中与本部门或分支机构有关的决策；

（五）其他声誉风险管理方面的响应、配合、执行等职责。

第三章　声誉风险防范

第十四条　保险公司应在公司治理、市场行为和信息披露等经营管理的各方面充分考虑声誉风险，防范影响公司和行业声誉的风险发生。

第十五条　保险公司应建立声誉风险事前评估机制，主动发现和化解公司在产品设计、销售推广、理赔服务、资金运用、薪酬规划和人员管理等方面的声誉风险。

第十六条　保险公司应进行声誉风险事前评估，并视评估结果制定相应预案的情形包括：

（一）拟进行重大战略调整，进行并购重组，参与重大项目；

（二）拟进行产品、服务及销售模式等重大商业创新，实施重大商业营销和媒体推广方案；

（三）拟发布年报或披露有关公司经营业绩等方面的重要信息，主要数据出现异常波动或资产遭受重大损失；

（四）拟提起或涉及重大法律诉讼；

（五）涉及重大违法违规经营，已进入行政调查或处罚程序；

（六）出现较大规模的集中退保事件，或较大规模的有关投保人、营销人员的群体性事件；

（七）出现重大自然灾害或公共事件，可能面临大范围的理赔；

（八）其他明显可能导致声誉风险的情形。

第十七条　保险公司应建立统一管理的采访接待和信息披露机制，做好媒体服务和公共关系工作，避免造成公众误解和媒体误读，引发声誉风险。

第十八条　保险公司应建立与投诉处理联动的声誉风险防范机制，及时回应和解决客户合理诉求，防止客户投诉处理不当引发声誉风险。

第十九条　保险公司应根据实际情况自行或聘请专业机构进行舆情监测与分析工作。主要内容包括：

（一）建立日常舆情监测制度，确保及时发现有关公司的声誉事件，持续识别和关注声誉风险；

（二）对监测到的声誉事件依据性质和传播情况进行分级分类评价，确保重大声誉事件及时上报并进入应对程序；

（三）分析舆情动态，提出声誉事件处置中有关信息披露和舆情应对的策略建议。

第四章   声誉事件处置

第二十条   保险公司应及时应对和控制声誉事件，防止个体声誉事件影响行业整体声誉，维护保险市场稳定。

第二十一条   保险公司应建立职责明确的声誉事件处置机制和有效的报告、决策和执行流程，在公司董事会、管理层、各职能部门和分支机构之间实现快速响应和协同应对。

第二十二条   保险公司应对声誉事件分级分类，明确处置权限和具体职责，采取有效措施。主要包括：

（一）核查引发声誉事件的基本事实、具体原因，分析公司的责任范围，预判声誉事件影响范围和发展趋势；

（二）检查公司其他经营区域、其他业务、正在实施的宣传策略等与声誉事件的关联性，防止声誉事件升级或诱发新的声誉事件；

（三）对可能的补救措施进行评估，根据实际情形采取合理补救措施控制利益相关方损失程度和范围；

（四）根据声誉事件动态，统一准备新闻口径，采取适当的方式对外披露相关信息，澄清片面和不实报道；

（五）对引发声誉事件的产品设计缺陷、服务质量弊病、虚假夸大宣传、违法违规经营等问题，有针对性地进行整改；

（六）加大正面宣传和品牌建设力度，介绍公司针对声誉事件的改进措施以及其他改善经营服务水平的举措，消除声誉事件的不利影响；

（七）声誉事件处置中其他被认为必要的措施。

第二十三条   保险公司在声誉事件处置中发现恶意损害公司商业信誉的，应依法采取措施维护公司利益。

第二十四条   保险公司应对引发声誉事件的经营管理问题进行责任追究，对相关经营管理问题的改进情况进行跟踪评价。

第二十五条   保险公司应将声誉事件的处置情况纳入考核体系，对处置声誉事件不当的部门和人员进行责任追究。

第五章　行业协作

第二十六条　中国保险行业协会和各地保险行业协会应重点关注行业规则、经营模式、自律管理等方面的整体性声誉风险，提示有关声誉风险，引导和协调会员应对和处置行业性声誉事件。

第二十七条　保险公司应积极参与中国保险行业协会和各地保险行业协会有关声誉风险管理的信息共享和协作，以及关于行业声誉的自律和维权行动，统筹资源，维护行业良好声誉，加强行业形象建设。

第六章　声誉风险监管

第二十八条　中国保监会将保险公司声誉风险监管纳入偿付能力监管制度体系整体框架，在分类监管中设置指标和依据，评价保险公司声誉风险管理状况。

第二十九条　中国保监会及其派出机构对保险公司声誉风险管理的制度建设情况、实施和执行有效性进行现场检查和非现场检查。

第三十条　中国保监会及其派出机构对重大声誉事件，可要求保险公司及时报告处置情况，披露相关信息；对声誉风险管理制度不健全、声誉事件处置不力，影响到行业整体声誉和形象的，依法采取相应监管措施。

第七章　附则

第三十一条　本指引由中国保监会负责解释、修订。
第三十二条　在中国境内设立的保险资产管理公司参照适用本指引。
第三十三条　本指引自印发之日起施行。

《保险公司收购合并管理办法》

【发布主体】中国保险监督管理委员会
【文件编号】保监发〔2014〕26 号
【文件层次】部门规范性文件
【首次发布】2014 年 3 月 21 日
【首次生效】2014 年 6 月 1 日
【修订情况】现行有效
【治理意义】规范保险公司收购合并行为

第一章　总则

第一条　为了规范保险公司收购合并行为，保护保险消费者、保险公司及其股东的合法权益，维护保险市场秩序和社会公共利益，促进保险市场资源的优化配置，根据《中华人民共和国保险法》（以下简称《保险法》）、《中华人民共和国公司法》及相关法律、行政法规，制定本办法。

第二条　本办法所称保险公司，是指经中国保险监督管理委员会（以下简称中国保监会）批准设立，并依法注册的保险集团（控股）公司、保险公司、再保险公司。

第三条　保险公司收购合并必须遵守法律、行政法规及中国保监会的规定，不得损害保险消费者的合法权益，不得危害国家金融安全和社会公共利益。

第四条　保险公司收购合并涉及行业准入、经营者集中申报、国有股权转让等事项，需要取得国家相关部门批准的，应当在取得批准后进行。

第五条　保险公司收购合并的有关各方必须向中国保监会提供真实、准确、完整的信息，不得有虚假记载、误导性陈述或者重大遗漏。

第六条　保险公司的董事、监事、高级管理人员在收购合并活动中应当诚实守信、勤勉尽责，维护保险公司资产的安全，保护保险公司和全体股东的合法权益。

第七条　会计师事务所、专业评估机构、律师事务所等专业中介服务机构在保险公司收购合并中应当勤勉尽责，遵守行业规范和职业道德。

第二章　收购

第八条　本办法所称收购是指收购人一次或累计取得保险公司三分之一以上（不含三分之一）股权，且成为该保险公司第一大股东的行为；或者收购人一次或累计取得保险公司股权虽不足三分之一，但成为该保险公司第一大股东，且对保险公司实现控制的行为。

收购人包括投资人及其关联方、一致行动人。

第九条　保险公司收购应由被收购保险公司向中国保监会提出申请，并提交以下材料：

（一）收购申请书；

（二）收购整体方案，包括可行性研究、交易结构、实施步骤、资金来源、支付方式、后续安排；

（三）交易价格及定价依据说明，如涉及国有股权转让还应当按照相关规定提交资产评估报告、主管机构同意其转让或投资的证明材料、公开挂牌转让的证明材料；

（四）投资人及其关联方、一致行动人参与本次收购的情况；

（五）经营者集中申报说明或有关批准文件；

（六）专业中介服务机构出具的意见；

（七）采取受让股权方式的，应当提交股权转让协议，受让方为新增股东的，还应当提交《保险公司股权管理办法》第二十八条或《中华人民共和国外资保险公司管理条例》（以下简称《外资保险公司管理条例》）第九条规定的有关材料；

（八）采取认购增发股权方式的，应当提交《保险公司股权管理办法》第二十九条或《外资保险公司管理条例》第九条规定的有关材料；

（九）中国保监会根据审慎监管原则要求提供的其他材料。

第十条　被收购保险公司针对收购所作出的决策及采取的措施，应当有利于维护保险公司及其股东的利益，不得利用保险公司资源向收购人提供任何形式的财务资助。

第十一条　自签订股权转让协议、出资协议书或股份认购协议起至相关股权或股份完成过户的期间为收购过渡期。在收购过渡期内，除为挽救面临严重财务困难的保险公司外，收购人不得提议改选保险公司董事会，被收购保险公司不得进行有重大影响的投资、购买和出售资产行为，或者与收购人及其关联方进行交易。

第十二条　除风险处置或同一控制人控制的不同主体之间的转让等特殊情形外，收购人应书面承诺自收购完成之日起三年内，不转让所持有的被收购保险公司股权或股份。

第三章　合并

第十三条　本办法所称合并是指两家或两家以上保险公司合并为一家保险公司。保险公司合并可以采取吸收合并或者新设合并，但不得违反《保险法》第九十五条关于分业经营的有关规定。

第十四条　保险公司合并应由拟合并的保险公司共同向中国保监会提出申请，并提交以下材料：

（一）合并申请书；

（二）合并各方的股东会、股东大会或董事会决议；

（三）合并协议；

（四）合并整体方案，包括保险消费者权益保护安排、债权债务安排、资产

分配和资产处分计划、业务范围调整说明、分支机构整合方案、现任和拟任高级管理人员简历、员工安置计划;

(五)经营者集中申报说明或有关批准文件;

(六)专业中介服务机构出具的意见;

(七)中国保监会根据审慎监管原则要求提供的其他材料。

第十五条 合并各方应当自取得中国保监会批准之日起十日内通知债权人和投保人、被保险人或者受益人,三十日内在报纸上公告。

第十六条 合并各方的债权债务和保单责任应当由存续保险公司或者新设保险公司承继。

第十七条 保险公司合并后的业务范围由中国保监会按照有关规定重新核准。

经中国保监会核准后的业务范围小于合并各方业务范围的,合并各方应当自取得中国保监会批准后的六个月内将相关业务转让给符合资质的保险公司。

第十八条 合并各方原有分支机构由存续保险公司或者新设保险公司承继。保险公司合并后,在中国保监会派出机构同一辖区内的分支机构数量,应当符合《保险公司分支机构市场准入管理办法》的有关规定。

第四章 监督管理

第十九条 中国保监会依法对保险公司收购合并进行监管。

第二十条 中国保监会在审核保险公司收购合并申请时,主要考虑以下因素:

(一)对存续保险公司或新设保险公司经营持续性的影响,包括偿付能力状况、财务状况、管理能力;

(二)对保险行业的影响,包括保险市场公平竞争、保险行业竞争能力、保险公司风险处置;

(三)对保险消费者合法权益、国家金融安全和社会公共利益的影响。

第二十一条 经中国保监会批准,收购人在收购完成后可以控制两个经营同类业务的保险公司。

第二十二条 在保险公司收购合并完成后十二个月内,保险公司应当于每季度前三十日内,将上一季度有重大影响的投资、购买或者出售资产、关联交易、业务转让、保险消费者告知、社会公告、高级管理人员变更、员工安置等情况书面报告中国保监会。

第二十三条 保险公司收购合并的有关各方未按照规定履行报告、公告、告知义务或者在报告、公告等文件中有虚假记载、误导性陈述或者重大遗漏的，中国保监会有权责令改正，并采取监管谈话、出具监管函、责令暂停或者停止收购合并活动等监管措施。

第二十四条 保险公司收购合并的有关各方未如实向中国保监会申报实际控制人情况及关联关系，或存在为他人代持股权行为，且对收购合并行为构成重大影响的，中国保监会可以采取限制其股东权利、责令转让等措施。

第二十五条 对保险公司收购合并的有关各方存在违法行为或失信行为的，中国保监会可以设立诚信档案，并限制其在三年内投资保险公司。

对专业中介服务机构未能如实反映保险公司收购合并程序合法性和资产状况的，中国保监会可以设立诚信档案，并限制其在三年内参与保险公司收购合并。

第二十六条 在保险公司收购合并过程中，中国保监会可以与商务部、中国人民银行、中国银行业监督管理委员会、中国证券监督管理委员会以及工商行政管理和税务管理部门进行沟通协调，对申报信息的完整性、真实性和准确性进行核查。

第五章　附则

第二十七条 自签订收购合并协议起之前十二个月内，曾经具有关联关系情形的视同关联方。

第二十八条 两家或以上投资人投资入股同一家保险公司，时间间隔不超过三个月的，如无相反证据，则视为一致行动人。

第二十九条 经中国保监会批准，保险公司收购合并活动中的投资人可不适用《中国保监会关于〈保险公司股权管理办法〉第四条有关问题的通知》第二条关于投资保险公司年限的规定。

第三十条 经中国保监会批准，保险公司收购合并活动中的投资人可采取并购贷款等融资方式，但规模不能超过货币对价总额的50%。

第三十一条 当保险公司存在重大风险，可能严重危及社会公共利益和金融稳定时，由中国保监会经商有关部门，并报国务院批准后，中国保险保障基金有限责任公司可以参与保险公司收购合并。

第三十二条 外国投资人在中国境内进行保险公司收购合并活动，在收购合并完成后外资股东出资或者持股比例占保险公司注册资本超过 25%的，应当符合《外资保险公司管理条例》第八条的相关资质规定。

第三十三条 保险资产管理公司、保险互助组织的收购合并活动参照本办法执行。

第三十四条 本办法由中国保监会负责解释。

第三十五条 本办法自 2014 年 6 月 1 日起施行。

《国务院关于加快发展现代保险服务业的若干意见》

【发布主体】国务院
【文件编号】国发〔2014〕29 号
【文件层次】国务院规范性文件
【首次发布】2014 年 8 月 10 日
【首次生效】2014 年 8 月 10 日
【修订情况】现行有效
【治理意义】我国保险业改革发展的第二次顶层设计

各省、自治区、直辖市人民政府，国务院各部委、各直属机构：

保险是现代经济的重要产业和风险管理的基本手段，是社会文明水平、经济发达程度、社会治理能力的重要标志。改革开放以来，我国保险业快速发展，服务领域不断拓宽，为促进经济社会发展和保障人民群众生产生活作出了重要贡献。但总体上看，我国保险业仍处于发展的初级阶段，不能适应全面深化改革和经济社会发展的需要，与现代保险服务业的要求还有较大差距。加快发展现代保险服务业，对完善现代金融体系、带动扩大社会就业、促进经济提质增效升级、创新社会治理方式、保障社会稳定运行、提升社会安全感、提高人民群众生活质量具有重要意义。为深入贯彻党的十八大和十八届二中、三中全会精神，认真落实党中央和国务院决策部署，加快发展现代保险服务业，现提出以下意见。

一、总体要求

（一）指导思想。以邓小平理论、"三个代表"重要思想、科学发展观为指导，立足于服务国家治理体系和治理能力现代化，把发展现代保险服务业放在经济社会工作整体布局中统筹考虑，以满足社会日益增长的多元化保险服务需求为出发点，以完善保险经济补偿机制、强化风险管理核心功能和提高保险资金配置效率为方向，改革创新、扩大开放、健全市场、优化环境、完善政策，建设有市场竞争力、富有创造力和充满活力的现代保险服务业，使现代保险服务业成为完善金融体系的支柱力量、改善民生保障的有力支撑、创新社会管理的有效机制、促进经济提质增效升级的高效引擎和转变政府职能的重要抓手。

（二）基本原则。一是坚持市场主导、政策引导。对商业化运作的保险业务，营造公平竞争的市场环境，使市场在资源配置中起决定性作用；对具有社会公益性、关系国计民生的保险业务，创造低成本的政策环境，给予必要的扶持；对服务经济提质增效升级具有积极作用但目前基础薄弱的保险业务，更好发挥政府的引导作用。二是坚持改革创新、扩大开放。全面深化保险业体制机制改革，提升对内对外开放水平，引进先进经营管理理念和技术，释放和激发行业持续发展和创新活力。增强保险产品、服务、管理和技术创新能力，促进市场主体差异化竞争、个性化服务。三是坚持完善监管、防范风险。完善保险法制体系，加快推进保险监管现代化，维护保险消费者合法权益，规范市场秩序。处理好加快发展和防范风险的关系，守住不发生系统性区域性金融风险的底线。

（三）发展目标。到2020年，基本建成保障全面、功能完善、安全稳健、诚信规范，具有较强服务能力、创新能力和国际竞争力，与我国经济社会发展需求相适应的现代保险服务业，努力由保险大国向保险强国转变。保险成为政府、企业、居民风险管理和财富管理的基本手段，成为提高保障水平和保障质量的重要渠道，成为政府改进公共服务、加强社会管理的有效工具。保险深度（保费收入/国内生产总值）达到5%，保险密度（保费收入/总人口）达到3500元/人。保险的社会"稳定器"和经济"助推器"作用得到有效发挥。

二、构筑保险民生保障网，完善多层次社会保障体系

（四）把商业保险建成社会保障体系的重要支柱。商业保险要逐步成为个人和家庭商业保障计划的主要承担者、企业发起的养老健康保障计划的重要提供者、社会保险市场化运作的积极参与者。支持有条件的企业建立商业养老健康保障计划。支持保险机构大力拓展企业年金等业务。充分发挥商业保险对基本养老、医疗保险的补充作用。

（五）创新养老保险产品服务。为不同群体提供个性化、差异化的养老保障。推动个人储蓄性养老保险发展。开展住房反向抵押养老保险试点。发展独生子女家庭保障计划。探索对失独老人保障的新模式。发展养老机构综合责任保险。支持符合条件的保险机构投资养老服务产业，促进保险服务业与养老服务业融合发展。

（六）发展多样化健康保险服务。鼓励保险公司大力开发各类医疗、疾病保险和失能收入损失保险等商业健康保险产品，并与基本医疗保险相衔接。发展商业性长期护理保险。提供与商业健康保险产品相结合的疾病预防、健康维护、慢性病管理等健康管理服务。支持保险机构参与健康服务业产业链整合，探索运用股权投资、战略合作等方式，设立医疗机构和参与公立医院改制。

三、发挥保险风险管理功能，完善社会治理体系

（七）运用保险机制创新公共服务提供方式。政府通过向商业保险公司购买服务等方式，在公共服务领域充分运用市场化机制，积极探索推进具有资质的商业保险机构开展各类养老、医疗保险经办服务，提升社会管理效率。按照全面开展城乡居民大病保险的要求，做好受托承办工作，不断完善运作机制，提高保障水平。鼓励发展治安保险、社区综合保险等新兴业务。支持保险机构运用股权投资、战略合作等方式参与保安服务产业链整合。

（八）发挥责任保险化解矛盾纠纷的功能作用。强化政府引导、市场运作、立法保障的责任保险发展模式，把与公众利益关系密切的环境污染、食品安全、医疗责任、医疗意外、实习安全、校园安全等领域作为责任保险发展重点，探索开展强制责任保险试点。加快发展旅行社、产品质量以及各类职业责任保险、产品责任保险和公众责任保险，充分发挥责任保险在事前风险预防、事中风险控制、事后理赔服务等方面的功能作用，用经济杠杆和多样化的责任保险产品化解民事责任纠纷。

四、完善保险经济补偿机制，提高灾害救助参与度

（九）将保险纳入灾害事故防范救助体系。提升企业和居民利用商业保险等市场化手段应对灾害事故风险的意识和水平。积极发展企业财产保险、工程保险、机动车辆保险、家庭财产保险、意外伤害保险等，增强全社会抵御风险的能力。充分发挥保险费率杠杆的激励约束作用，强化事前风险防范，减少灾害事故发生，促进安全生产和突发事件应急管理。

（十）建立巨灾保险制度。围绕更好保障和改善民生，以制度建设为基础，以商业保险为平台，以多层次风险分担为保障，建立巨灾保险制度。研究建立巨灾保险基金、巨灾再保险等制度，逐步形成财政支持下的多层次巨灾风险分散机制。鼓励各地根据风险特点，探索对台风、地震、滑坡、泥石流、洪水、森林火灾等灾害的有效保障模式。制定巨灾保险法规。建立核保险巨灾责任准备金制度。建立巨灾风险管理数据库。

五、大力发展"三农"保险，创新支农惠农方式

（十一）积极发展农业保险。按照中央支持保大宗、保成本，地方支持保特色、保产量，有条件的保价格、保收入的原则，鼓励农民和各类新型农业经营主体自愿参保，扩大农业保险覆盖面，提高农业保险保障程度。开展农产品目标价格保险试点，探索天气指数保险等新兴产品和服务，丰富农业保险风险管理工具。落实农业保险大灾风险准备金制度。健全农业保险服务体系，鼓励开展多种形式的互助合作保险。健全保险经营机构与灾害预报部门、农业主管部门的合作机制。

（十二）拓展"三农"保险广度和深度。各地根据自身实际，支持保险机构提供保障适度、保费低廉、保单通俗的"三农"保险产品。积极发展农村小额信贷保险、农房保险、农机保险、农业基础设施保险、森林保险，以及农民养老健康保险、农村小额人身保险等普惠保险业务。

六、拓展保险服务功能，促进经济提质增效升级

（十三）充分发挥保险资金长期投资的独特优势。在保证安全性、收益性前提下，创新保险资金运用方式，提高保险资金配置效率。鼓励保险资金利用债权投资计划、股权投资计划等方式，支持重大基础设施、棚户区改造、城镇化建设等民生工程和国家重大工程。鼓励保险公司通过投资企业股权、债权、基金、资产支持计划等多种形式，在合理管控风险的前提下，为科技型企业、小微企业、战略性新兴产业等发展提供资金支持。研究制定保险资金投资创业投资基金相关政策。

（十四）促进保险市场与货币市场、资本市场协调发展。进一步发挥保险公司的机构投资者作用，为股票市场和债券市场长期稳定发展提供有力支持。鼓励设立不动产、基础设施、养老等专业保险资产管理机构，允许专业保险资产管理机构设立夹层基金、并购基金、不动产基金等私募基金。稳步推进保险公司设立基金管理公司试点。探索保险机构投资、发起资产证券化产品。探索发展债券信用保险。积极培育另类投资市场。

（十五）推动保险服务经济结构调整。建立完善科技保险体系，积极发展适应科技创新的保险产品和服务，推广国产首台首套装备的保险风险补偿机制，促进企业创新和科技成果产业化。加快发展小微企业信用保险和贷款保证保险，增强小微企业融资能力。积极发展个人消费贷款保证保险，释放居民消费潜力。发挥保险对咨询、法律、会计、评估、审计等产业的辐射作用，积极发展文化产业保险、物流保险，探索演艺、会展责任险等新兴保险业务，促进第三产业发展。

（十六）加大保险业支持企业"走出去"的力度。着力发挥出口信用保险促进外贸稳定增长和转型升级的作用。加大出口信用保险对自主品牌、自主知识产权、战略性新兴产业的支持力度，重点支持高科技、高附加值的机电产品和大型成套设备，简化审批程序。加快发展境外投资保险，以能源矿产、基础设施、高新技术和先进制造业、农业、林业等为重点支持领域，创新保险品种，扩大承保范围。稳步放开短期出口信用保险市场，进一步增加市场经营主体。积极发展航运保险。拓展保险资金境外投资范围。

七、推进保险业改革开放，全面提升行业发展水平

（十七）深化保险行业改革。继续深化保险公司改革，加快建立现代保险企

业制度，完善保险公司治理结构。全面深化寿险费率市场化改革，稳步开展商业车险费率市场化改革。深入推进保险市场准入、退出机制改革。加快完善保险市场体系，支持设立区域性和专业性保险公司，发展信用保险专业机构。规范保险公司并购重组。支持符合条件的保险公司在境内外上市。

（十八）提升保险业对外开放水平。推动保险市场进一步对内对外开放，实现"引进来"和"走出去"更好结合，以开放促改革促发展。鼓励中资保险公司尝试多形式、多渠道"走出去"，为我国海外企业提供风险保障。支持中资保险公司通过国际资本市场筹集资金，多种渠道进入海外市场。努力扩大保险服务出口。引导外资保险公司将先进经验和技术植入中国市场。

（十九）鼓励保险产品服务创新。切实增强保险业自主创新能力，积极培育新的业务增长点。支持保险公司积极运用网络、云计算、大数据、移动互联网等新技术促进保险业销售渠道和服务模式创新。大力推进条款通俗化和服务标准化，鼓励保险公司提供个性化、定制化产品服务，减少同质低效竞争。推动保险公司转变发展方式，提高服务质量，努力降低经营成本，提供质优价廉、诚信规范的保险产品和服务。

（二十）加快发展再保险市场。增加再保险市场主体。发展区域性再保险中心。加大再保险产品和技术创新力度。加大再保险对农业、交通、能源、化工、水利、地铁、航空航天、核电及其他国家重点项目的大型风险、特殊风险的保险保障力度。增强再保险分散自然灾害风险的能力。强化再保险对我国海外企业的支持保障功能，提升我国在全球再保险市场的定价权、话语权。

（二十一）充分发挥保险中介市场作用。不断提升保险中介机构的专业技术能力，发挥中介机构在风险定价、防灾防损、风险顾问、损失评估、理赔服务等方面的积极作用，更好地为保险消费者提供增值服务。优化保险中介市场结构，规范市场秩序。稳步推进保险营销体制改革。

八、加强和改进保险监管，防范化解风险

（二十二）推进监管体系和监管能力现代化。坚持机构监管与功能监管相统一，宏观审慎监管与微观审慎监管相统一，加快建设以风险为导向的保险监管制度。加强保险公司治理和内控监管，改进市场行为监管，加快建设第二代偿付能力监管制度。完善保险法规体系，提高监管法制化水平。积极推进监管信息化建设。充分发挥保险行业协会等自律组织的作用。充分利用保险监管派出机构资源，加强基层保险监管工作。

（二十三）加强保险消费者合法权益保护。推动完善保险消费者合法权益保护法律法规和规章制度。探索建立保险消费纠纷多元化解决机制，建立健全保险纠纷诉讼、仲裁与调解对接机制。加大保险监管力度，监督保险机构全面履行对保险消费者的各项义务，严肃查处各类损害保险消费者合法权益的行为。

（二十四）守住不发生系统性区域性金融风险的底线。加强保险业全面风险管理，建立健全风险监测预警机制，完善风险应急预案，优化风险处置流程和制度，提高风险处置能力。强化责任追究，增强市场约束，防止风险积累。加强金融监管协调，防范风险跨行业传递。完善保险监管与地方人民政府以及公安、司法、新闻宣传等部门的合作机制。健全保险保障基金管理制度和运行机制。

九、加强基础建设，优化保险业发展环境

（二十五）全面推进保险业信用体系建设。加强保险信用信息基础设施建设，扩大信用记录覆盖面，构建信用信息共享机制。引导保险机构采取差别化保险费率等手段，对守信者予以激励，对失信者进行约束。完善保险从业人员信用档案制度、保险机构信用评价体系和失信惩戒机制。

（二十六）加强保险业基础设施建设。加快建立保险业各类风险数据库，修订行业经验生命表、疾病发生率表等。组建全行业的资产托管中心、保险资产交易平台、再保险交易所、防灾防损中心等基础平台，加快中国保险信息技术管理有限责任公司发展，为提升保险业风险管理水平、促进行业转型升级提供支持。

（二十七）提升全社会保险意识。发挥新闻媒体的正面宣传和引导作用，鼓励广播电视、平面媒体及互联网等开办专门的保险频道或节目栏目，在全社会形成学保险、懂保险、用保险的氛围。加强中小学、职业院校学生保险意识教育。

十、完善现代保险服务业发展的支持政策

（二十八）建立保险监管协调机制。加强保险监管跨部门沟通协调和配合，促进商业保险与社会保障有效衔接、保险服务与社会治理相互融合、商业机制与政府管理密切结合。建立信息共享机制，逐步实现数据共享，提升有关部门的风险甄别水平和风险管理能力。建立保险数据库公安、司法、审计查询机制。

（二十九）鼓励政府通过多种方式购买保险服务。鼓励各地结合实际，积极探索运用保险的风险管理功能及保险机构的网络、专业技术等优势，通过运用市场化机制，降低公共服务运行成本。对于商业保险机构运营效率更高的公共服务，政府可以委托保险机构经办，也可以直接购买保险产品和服务；对于具有较强公益性，但市场化运作无法实现盈亏平衡的保险服务，可以由政府给予一定支持。

（三十）研究完善加快现代保险服务业发展的税收政策。完善健康保险有关税收政策。适时开展个人税收递延型商业养老保险试点。落实和完善企业为职工支付的补充养老保险费和补充医疗保险费有关企业所得税政策。落实农业保险税收优惠政策。结合完善企业研发费用所得税加计扣除政策，统筹研究科技研发保险费用支出税前扣除政策问题。

（三十一）加强养老产业和健康服务业用地保障。各级人民政府要在土地利用总体规划中统筹考虑养老产业、健康服务业发展需要，扩大养老服务设施、健康服务业用地供给，优先保障供应。加强对养老、健康服务设施用地监管，严禁改变土地用途。鼓励符合条件的保险机构等投资兴办养老产业和健康服务业机构。

（三十二）完善对农业保险的财政补贴政策。加大农业保险支持力度，提高中央、省级财政对主要粮食作物的保费补贴，减少或取消产粮大县三大粮食作物保险县级财政保费补贴。建立财政支持的农业保险大灾风险分散机制。

各地区、各部门要充分认识加快现代保险服务业发展的重要意义，把发展现代保险服务业作为促进经济转型、转变政府职能、带动扩大就业、完善社会治理、保障改善民生的重要抓手，加强沟通协调，形成工作合力。有关部门要根据本意见要求，按照职责分工抓紧制定相关配套措施，确保各项政策落实到位。省级人民政府要结合实际制定具体方案，促进本地区现代保险服务业有序健康发展。

《保险公司所属非保险子公司管理暂行办法》

【发布主体】中国保险监督管理委员会
【文件编号】保监发〔2014〕78 号
【文件层次】部门规范性文件
【首次发布】2014 年 9 月 28 日
【首次生效】2014 年 9 月 28 日
【修订情况】现行有效
【治理意义】规范保险公司所属非保险子公司的行为

第一章　总则

第一条　为加强对保险公司所属非保险子公司的监督管理，防范风险传递，保护保险消费者利益，促进保险业健康发展，根据《中华人民共和国公司法》、《中华人民共和国保险法》等法律、行政法规及监管规定制定本办法。

第二条　本办法所称保险公司所属非保险子公司，是指保险公司对其实施直接或间接控制的不属于保险类企业的境内、外公司，不包括保险公司、保险资产管理机构以及保险专业代理机构、保险经纪机构、保险公估机构。

本办法所称保险公司包括保险集团（控股）公司。

第三条　保险公司所属非保险子公司不得从事法律、行政法规及监管规定要求必须由保险公司或其他保险组织经营的保险业务。

拟经营保险业务的单位或个人，应当依法报保险监管机构核准，取得保险业务经营许可。

第四条　中国保险监督管理委员会（以下简称中国保监会）根据法律、行政法规、监管规定以及本办法的规定，对保险公司投资和管理非保险子公司的行为实施监督管理。

中国保监会采取间接监管方式，依法通过保险公司采取监管措施，全面监测保险公司所属非保险子公司的风险。

第五条　保险公司所属非保险子公司为上市公司或者有其他行业监管机构的，应当同时遵守相关证券监管法律法规或者其他行业监管要求。

第六条　中国保监会通过金融监管协调部际联席会议，以及与中国人民银行、中国银行业监督管理委员会、中国证券监督管理委员会等建立的合作机制，积极开展与保险公司所属非保险子公司对应的行业监管机构的信息交流，加强监管协调与合作，避免监管真空或重复监管。

第二章　行为规范

第一节　投资

第七条　为更好地整合资源、发挥协同效应、提升专业化水平、促进保险主业发展，保险公司可直接或间接投资设立非保险子公司，具体类型包括：

（一）依法从事保险业以外的其他金融业务的非保险金融类子公司；

（二）主要为保险公司或所属子公司提供 IT、审计、保单管理、物业等服务或管理的共享服务类子公司；

（三）与保险业务相关性较强的投资类平台公司，为管理保险资金投资不动产而设立的项目公司，保险资金投资能源、资源以及与保险业务相关的养老、医疗、汽车服务、现代农业、新型商贸流通等企业股权形成的关联产业类子公司；

（四）法律、行政法规和中国保监会规定的其他类子公司。

本办法所称直接投资，是指保险公司以出资人名义投资并持有非保险子公司股权的行为；所称间接投资，是指保险公司的各级子公司以出资人名义投资并持有非保险子公司股权的行为。

第八条　保险公司应明确非保险子公司的发展战略，确保主业平稳健康发展。

保险公司应按照法律、行政法规和监管规定的有关要求,对非保险子公司的风险承担处置责任。

第九条 保险公司及其子公司对非保险类金融企业及非金融类企业的投资总额应遵守中国保监会的规定。

第十条 保险公司直接投资非保险子公司应当使用自有资金,法律、行政法规和中国保监会另有规定的除外。

保险公司不能以对被投资对象债务承担连带责任的方式对外投资。保险公司认购被投资对象股权或发行的股票、债券等有价证券,应当遵守中国保监会关于保险资金运用的相关规定。保险公司就将来在一定情况下有义务向被投资对象增加投资或进行资本协助等作出承诺,应当经股东大会、董事会或其授权机构批准。

第十一条 保险公司应当确保与非保险子公司之间具备清晰、透明的法律结构,避免对实施有效监管造成妨碍,切实防范因控制层级多、股权关系复杂等带来的风险。

第十二条 保险公司直接投资非保险子公司应符合法律、行政法规、监管规定及其公司章程规定的内部决策程序,经保险公司股东大会、董事会或其授权机构审议通过。间接投资的,应当向保险公司董事会报告。

第二节 管控模式

第十三条 保险公司应当结合非保险子公司的行业监管要求、经营管理水平、战略定位等不同情况,通过适当的管控模式,依法行使对非保险子公司的管理职能。

保险公司依法对非保险子公司进行管控时,应当确保非保险子公司符合相应行业监管机构的监管要求。

第十四条 在维护非保险子公司独立法人经营自主权的前提下,保险公司可以依法对非保险子公司的战略规划、资源配置、法律事务、内控合规、风险、信息系统、财务会计及审计等进行管控,提高非保险子公司运营效益和风险防范能力。

保险公司可以根据自身及非保险子公司实际情况,依法对自身及非保险子公司的内控合规、风险、审计等实施统一管理。

第十五条 保险公司应当逐步完善内部管理制度和架构,明确对非保险子公司管理的权限与流程。

第十六条 保险公司在保证自身安全稳健的前提下,应当承担维持非保险子公司资本充足的责任,确保非保险子公司满足其行业监管机构的资本充足要求。

第三节　内部交易

第十七条　本办法所称内部交易，是指保险公司与非保险子公司之间以及非保险子公司之间发生的包括资产、资金、服务等资源或义务转移的行为。

保险公司及所属非保险子公司的内部交易，应当按照法律、行政法规、监管规定以及相应行业监管部门关于内部交易或关联交易管理的要求进行管理，并履行相应报告义务。

第十八条　保险公司不得为非保险子公司债务提供担保、不得向非保险子公司提供资金借贷，法律、行政法规和中国保监会另有规定的除外。

第十九条　保险公司在内部交易中不得利用其控股地位损害非保险子公司、非保险子公司的其他股东和客户的合法权益。

第二十条　保险公司应当按照中国保监会关于保险公司关联交易管理的有关规定，归口管理、统一汇集保险公司与非保险子公司间的关联交易，并每年进行专项审计。

保险公司应当逐步完善前款规定以外的内部交易的管理，规范内部交易行为，并视情况进行必要的审计。

第四节　外包管理

第二十一条　本办法所称外包，是指保险公司将原来由自身负责处理的某些业务活动或管理职能委托给其非保险子公司进行持续处理的行为。

保险公司向其非保险子公司之外的公司进行的外包，可以参照适用本节规定。

第二十二条　提供外包服务的非保险子公司，应当具备良好稳定的财务状况、较高的技术实力和服务质量、完备的管理能力以及较强的应对突发事件能力。

第二十三条　保险公司将业务、职能外包给其非保险子公司时，应当建立外包管理制度，明确外包的内容、允许和禁止外包的范围、外包的形式、外包的决策权限与程序、外包后续管理、外包时的权利义务与责任等。

保险公司相关内部规章制度如已包含前款所列内容，可以不再对外包活动制定专门的管理制度。

第二十四条　保险公司业务或职能中的一项或多项完全外包给其非保险子公司，应当经董事会或董事会授权机构审议通过。

本办法发布之前已经外包的业务或职能，按照其原有决策继续执行；但该外包存续期间需要对外包范围或条件进行较大调整，或者到期需要继续外包的，应当依本条规定进行决策。

第二十五条　保险公司进行外包时，应当与受托方签署书面合同，明确外包的内容、外包形式、服务价格、客户信息保密要求、各方权利义务、违约责任等内容。

保险公司应当在外包合同签署前 20 个工作日向中国保监会报告。中国保监会根据该外包活动的风险状况，可以采取风险提示、约见谈话、监管质询等措施。

第二十六条　保险公司应当加强对外包活动风险的监测，在年度风险评估报告中定期审查外包业务、职能的履行情况并进行风险敞口分析和其他风险评估，向董事会报告。

第五节　防火墙建设

第二十七条　保险公司应当与非保险子公司间建立人员、资金、业务、信息等方面的防火墙，避免风险由非保险子公司传递至保险公司。

保险公司应当督促非保险子公司按照法律、行政法规和相关行业监管部门的监管要求，建立健全与其他非保险子公司之间的防火墙。

第二十八条　保险公司应确保非保险子公司的业务、财务独立于保险公司。

保险公司高级管理人员不得兼任非保险子公司的高级管理人员，法律、行政法规和中国保监会另有规定的除外。

第二十九条　保险公司应当加强商标、字号管理，明确非保险子公司使用本公司商标、字号的具体方式和权限等，避免声誉风险传递。

第三十条　保险公司应当定期对防火墙建设情况进行评估，并根据评估情况不断改进。

第三章　信息披露

第三十一条　保险公司应当督促非保险子公司按照法律、行政法规和相应行业监管机构的规定建立健全信息披露制度体系。

第三十二条　保险公司应当通过适当途径，依法了解和掌握非保险子公司的经营状况和风险状况，有效监督非保险子公司的各种风险。

保险公司应明确非保险子公司向保险公司报告和披露信息的内容、范围、频率、形式等，确保保险公司及时、准确、完整地知悉非保险子公司的组织架构、人事、业务、财务、内控合规、风险管理等情况及其变化。

第三十三条　保险公司应当参照《保险公司信息披露管理办法》的有关要求，在本公司互联网网站披露所属非保险子公司的基本情况，包括公司名称、注册资本、保险公司对其持股比例、法定代表人等，并在情况发生变更后 10 个工作日内更新。

保险公司应当在公司互联网网站披露所属非保险子公司基本情况后的 3 个

工作日内，将前述信息的电子文本（PDF 格式），以光盘形式报至中国保险行业协会，由中国保险行业协会在其网站上发布，供社会公众查阅。

第四章　监督管理

第一节　准入和退出

第三十四条　保险公司直接投资非保险子公司的，应当遵守中国保监会的有关规定，履行相关审批或备案程序。

保险公司间接投资非保险子公司的，应当向中国保监会报告。

第三十五条　保险公司直接投资共享服务类非保险子公司的，应当符合以下条件：

（一）该保险公司属于保险集团的成员公司；

（二）投资时上季度末偿付能力充足率不低于 150%，保险集团内其他保险类成员公司，其偿付能力充足率应当满足中国保监会的监管要求；

（三）拟投资的共享服务类非保险子公司应当主要为该保险集团提供共享服务；

（四）中国保监会相关监管规定要求的直接股权投资应满足的条件。

前款所称保险集团，包括以保险集团（控股）公司为母公司的保险集团和以保险公司为母公司的保险集团。

保险公司不得间接投资共享服务类非保险子公司。本办法发布前已经投资的，保险公司应当限期调整其股权结构，报中国保监会同意后实施。

第三十六条　保险公司直接投资共享服务类非保险子公司的，应当报中国保监会核准，并报送以下材料：

（一）中国保监会相关监管规定要求的重大股权投资应提交的材料；

（二）共享服务或管理的具体方案、风险隔离的制度安排以及保险消费者权益保护的有关措施等。

保险公司在本办法发布以前已经投资共享服务类非保险子公司的，应当在本办法施行之日起 30 个工作日内向中国保监会报送前款第（二）项规定的材料。

第三十七条　保险公司所属非保险子公司显著危及保险公司安全经营时，中国保监会可责令保险公司限期处置所持有该非保险子公司的股权，或责令降低持股比例。

第三十八条　保险公司或其保险子公司、保险母公司未达到审慎监管要求，发生业务或财务状况显著恶化的，中国保监会可以要求保险公司限期处置其持有的非保险子公司部分或全部股权，所得款项用于改善相关保险公司的财务状况。

第三十九条　保险公司自行或依照中国保监会要求处置非保险子公司股权的，应当在处置完成后 10 个工作日内将有关情况报告中国保监会。

第二节　信息报告

第四十条　保险公司应当于每年 4 月 30 日前向中国保监会报送非保险子公司年度报告。报告应包括以下内容：

（一）投资非保险子公司的总体情况，包括非保险子公司的业务分类及其经营情况、管控模式和管理层级、重要内控和风险管理制度等；

（二）非保险子公司组织架构图，包括保险公司本级、所属子公司及相关持股比例等；

（三）非保险子公司内部组织结构及主要高级管理人员；

（四）非保险子公司风险评估情况，包括重大内部交易情况、外包管理情况、防火墙建设情况等；

（五）中国保监会要求的其他情况。

第四十一条　保险公司所属非保险子公司发生重大风险事件，可能危及保险公司业务、财务、偿付能力或者声誉的，保险公司应于风险事件发生后 24 小时内将事件情况、可能的影响、应对措施等报告中国保监会，并在风险事件处置过程中及时向中国保监会报告重要进展情况。

前款所列风险事件终止或化解后，保险公司应当将事件最终结果、影响等及时报告中国保监会。

第四十二条　保险集团成员公司所属非保险子公司的年度报告，由保险集团（控股）公司统一报送。

第五章　附则

第四十三条　保险公司应通过对直接控制的非保险子公司的管理，确保非保险子公司投资设立或收购的其他非保险子公司遵守本办法的要求。

第四十四条　中国保监会根据保险公司及其所属非保险子公司实际，采取区别对待、分类指导的原则，加强督导，推动保险公司完善所属非保险子公司的管理。

第四十五条　本办法由中国保监会负责解释。

第四十六条　本办法自发布之日起施行，施行期限为 3 年。

《相互保险组织监管试行办法》

【发布主体】中国保险监督管理委员会
【文件编号】保监发〔2015〕11 号
【文件层次】部门规范性文件
【首次发布】2015 年 1 月 23 日
【首次生效】2015 年 1 月 23 日
【修订情况】现行有效
【治理意义】建立相互保险组织的监督管理制度

第一章　总则

第一条　为加强对相互保险组织的监督管理，规范相互保险组织的经营行为，根据《中华人民共和国保险法》、《农业保险条例》等相关法律、法规，制定本办法。

第二条　本办法所称相互保险是指，具有同质风险保障需求的单位或个人，通过订立合同成为会员，并缴纳保费形成互助基金，由该基金对合同约定的事故发生所造成的损失承担赔偿责任，或者当被保险人死亡、伤残、疾病或者达到合同约定的年龄、期限等条件时承担给付保险金责任的保险活动。

本办法所称相互保险组织是指，在平等自愿、民主管理的基础上，由全体会员持有并以互助合作方式为会员提供保险服务的组织，包括一般相互保险组织，专业性、区域性相互保险组织等组织形式。

第三条　中国保险监督管理委员会（以下简称"中国保监会"）根据法律、法规和国务院授权，对相互保险组织和相互保险活动进行统一监管。

中国保监会的派出机构在中国保监会授权范围内行使对相互保险组织的监督管理职能。

第四条　相互保险组织从事保险活动，必须遵守法律、法规，遵守社会公德，不得从事与章程规定无关的经营活动。

第二章　设立

第五条　相互保险组织应当经中国保监会批准设立，并在工商行政管理部门依法登记注册。

第六条　相互保险组织名称中必须有"相互"或"互助"字样。

第七条　设立一般相互保险组织，应当具备以下条件：

（一）具有符合本办法规定的主要发起会员和一般发起会员。其中，主要发起会员负责筹集初始运营资金，一般发起会员承诺在组织成立后参保成为会员，一般发起会员数不低于 500 个。

（二）有不低于 1 亿元人民币的初始运营资金。

（三）有符合法律、法规及本办法规定的章程。

（四）有具备任职所需专业知识和业务工作经验的董（理）事、监事和高级管理人员。

（五）有健全的组织机构和管理制度。

（六）有符合要求的营业场所和与经营业务有关的其他设施。

（七）中国保监会规定的其他条件。

第八条　设立专业性、区域性相互保险组织，应当具备下列条件：

（一）具有符合本办法规定的主要发起会员和一般发起会员，一般发起会员数不低于 100 个；

（二）有不低于 1000 万元的初始运营资金；

（三）在坚持会员制和封闭性原则基础上，针对特定风险开展专门业务或经营区域限定在地市级以下行政区划；

（四）其他设立条件参照一般相互保险组织。

第九条　以农民或农村专业组织为主要服务对象的涉农相互保险组织，或其他经保险监督管理机构认可的专业性、区域性相互保险组织，可以在前款规定的基础上适当降低设立标准，但初始运营资金不得低于 100 万元。

第十条　初始运营资金由主要发起会员负责筹集，可以来自他人捐赠或借款，必须以实缴货币资金形式注入。

在弥补开办费之前，相互保险组织不得偿还初始运营资金。初始运营资金为债权的，在盈余公积与未分配利润之和达到初始运营资金数额后，经会员（代表）大会表决通过，并报保险监督管理机构批准，可以分期偿还初始运营资金本金和利息。当偿付能力不足时，应停止偿还初始运营资金本息。其他形式的初始运营资金偿付和回报方式由相互保险组织章程另行规定。

第十一条　相互保险组织的主要发起会员应当信誉良好，具有持续出资能力，其资质要求参照《中华人民共和国保险法》、《保险公司股权管理办法》中主要股东条件，主要发起会员为个人的除外。

第十二条　相互保险组织的设立程序，适用中国保监会关于保险公司设立的一般规定。

第十三条　一般相互保险组织董（理）事、监事和高级管理人员任职资格管理按照《中华人民共和国保险法》和中国保监会有关规定执行；专业性、区域性相互保险组织董（理）事、监事和高级管理人员任职资格标准可根据实际情况适度予以降低，但不得违反法律、法规、规章的禁止性要求。

第三章　会员

第十四条　相互保险组织会员是指承认并遵守相互保险组织章程并向其投保的单位或个人。

第十五条　相互保险组织会员享有下列权利：

（一）参加会员（代表）大会，并享有表决权、选举权、被选举权和参与该组织民主管理的权利；

（二）按照章程规定和会员（代表）大会决议分享盈余的权利；

（三）按照合同约定享受该组织提供的保险及相关服务的权利；

（四）对该组织工作的批评建议权及监督权；

（五）查阅组织章程、会员（代表）大会记录、董（理）事会决议、监事会决议、财务会计报告和会计账簿的权利；

（六）章程规定的其他权利。

第十六条　相互保险组织会员应履行以下义务：

（一）遵守组织章程；

（二）执行会员（代表）大会和董（理）事会的决议；

（三）按照保险合同约定缴纳保费，并以所缴纳保费为限对该组织承担责任，章程另有规定的除外；

（四）不得滥用会员权利损害相互保险组织或者其他会员的利益；

（五）章程规定的其他义务。

第十七条　主要发起会员的权利、义务可由相互保险组织章程规定。

第十八条　有下列情形之一的，会员资格自动终止：

（一）保险合同终止；

（二）章程规定事由发生。

第四章　组织机构

第十九条　相互保险组织应当设立会员（代表）大会，决定该组织重大事项。会员（代表）大会由全体会员（代表）组成，是相互保险组织的最高权力机构，原则上采取一人一票的表决方式。

除章程另有规定外，会员（代表）大会的权力和组织程序参照《中华人民共和国公司法》有关股东大会的规定。

第二十条 会员（代表）大会选举或者作出决议，应当由出席会议的会员或会员代表表决权总数过半数通过；作出修改章程或者合并、分立、解散的决议以及制定支付初始运营资金本息、分配盈余、保额调整等方案应当由出席会议的会员或会员代表表决权总数的四分之三以上通过。

第二十一条 相互保险组织章程应当包括下列事项：

（一）名称和住所；

（二）宗旨、业务范围和经营地域；

（三）发起会员与一般会员资格及其权利、义务；

（四）组织机构及其产生办法、职权、任期和议事规则；

（五）初始运营资金的筹集方式、使用条件以及偿付办法；

（六）财务管理制度和盈余分配办法；

（七）发生重大保险事故导致偿付困难时的风险控制机制；

（八）章程的修改程序；

（九）解散事由和清算办法；

（十）应当由章程规定的其他事项。

第二十二条 相互保险组织应当设立董（理）事会、监事会。一般相互保险组织董（理）事会应建立独立董（理）事制度。

除章程另有规定外，相互保险组织的董（理）事会、监事会适用《中华人民共和国公司法》关于股份有限公司董事会、监事会的规定。

第二十三条 相互保险组织召开会员（代表）大会、董（理）事会，应提前7个工作日通知保险监督管理机构，保险监督管理机构有权列席会议。

会员（代表）大会、董（理）事会决议应在会后7个工作日内报保险监督管理机构备案。

第二十四条 相互保险组织可以申请设立分支机构。根据业务发展需要，相互保险组织也可以通过提供初始运营资金和再保险支持等方式，申请设立经营同类业务的相互保险子组织，并实施统一管理。具体设立条件和方式由中国保监会另行规定。

第五章 业务规则

第二十五条 相互保险组织的业务范围由保险监督管理机构依法核定。

第二十六条　相互保险组织应当按照章程规定，加强内部管理，建立完善的内部控制制度。

第二十七条　相互保险组织应根据保障会员利益原则，按照企业会计准则和中国保监会有关规定评估保险责任准备金。

第二十八条　相互保险组织的保险条款和保险费率，适用中国保监会有关保险条款、保险费率的规定。

第二十九条　相互保险组织的资金应实行全托管制度。相互保险组织应在保证资金安全性的前提下，按照中国保监会有关规定进行资金运用。其中，专业性、区域性相互保险组织实行自行投资的，其资金运用限于下列形式：

（一）银行存款；

（二）国债及其他中国保监会认可的低风险固定收益类产品；

（三）经中国保监会批准的其他形式。

专业性、区域性相互保险组织委托经中国保监会认可的专业投资机构进行投资的不受上述形式限制。

第三十条　相互保险组织应审慎经营，严格进行风险管理，依据实际情况进行再保险分保业务，并建立重大风险事故的应对预案。

第三十一条　相互保险组织参照保险公司缴纳保险保障基金，具体缴纳方式和标准由中国保监会另行规定。

第三十二条　相互保险组织应当按照企业会计准则进行会计核算，并建立符合相互制经营特色的财务管理制度。

第三十三条　相互保险组织应当建立适合相互保险组织经营特点的信息披露制度，保障会员作为保险消费者和相互保险组织所有者的合法权益，使用通俗易懂的语言定期向会员披露产品信息、财务信息、治理信息、风险管理状况信息、偿付能力信息、重大关联交易信息及重大事项信息。

第三十四条　相互保险组织应当建立健全监督审计制度。监督审计情况应当向会员（代表）大会报告。一般相互保险组织应当聘请外部审计机构进行年度审计。高管人员离任的，应当进行离任审计。

第六章　监督管理

第三十五条　保险监督管理机构按照审慎监管要求对相互保险组织进行持续、动态监管。

第三十六条　保险监督管理机构对相互保险组织的监督管理，采取现场监管与非现场监管相结合的方式。

第三十七条 保险监督管理机构对相互保险组织的监管包括但不限于下列事项：

（一）组织设立、变更是否依法经批准或者向保险监督管理机构报告；

（二）董（理）事、监事、高级管理人员任职资格是否依法经核准；

（三）初始运营资金、各项准备金是否真实、充足；

（四）内控制度和内部治理是否符合保险监督管理机构的规定；

（五）偿付能力是否充足；

（六）资金运用是否合法；

（七）信息披露是否充分；

（八）业务经营和财务情况是否合法，报告、报表、文件、资料是否及时、完整、真实；

（九）保险条款和费率是否按规定报经审批或者备案；

（十）需要事后报告的其他事项是否按照规定报告；

（十一）保险监督管理机构依法规定的其他事项。

第三十八条 相互保险组织偿付能力管理参照保险公司偿付能力管理规定执行，中国保监会另有规定的从其规定。当偿付能力不足时，相互保险组织应当向会员及时进行风险警示，并在两个月内召开会员（代表）大会确定改善偿付能力措施。

第三十九条 相互保险组织应当按照有关规定报送统计报表，做好保险统计工作。一般相互保险组织应当按照规定及时向保险监督管理机构报送偿付能力报告、财务会计报告、精算报告、合规报告及其他有关报告、报表、文件和资料；专业性、区域性相互保险组织应当及时向保险监督管理机构报送偿付能力报告、财务会计报告、营业报告及其他有关报告、报表、文件和资料。

第七章 附则

第四十条 相互保险公司、合作保险组织经营保险业务，参照本办法执行。

第四十一条 本办法由中国保监会负责解释。

第四十二条 本办法自发布之日起施行。

《中国保监会关于进一步规范保险公司关联交易有关问题的通知》

【发布主体】中国保险监督管理委员会
【文件编号】保监发〔2015〕36 号
【文件层次】部门规范性文件
【首次发布】2015 年 4 月 1 日
【首次生效】2015 年 4 月 1 日
【修订情况】现行有效
【治理意义】进一步规范保险公司关联交易行为

各保监局，各保险集团（控股）公司、保险公司、保险资产管理公司：

为进一步规范保险公司关联交易行为，有效防范经营风险，保护保险消费者合法权益，根据《保险公司关联交易管理暂行办法》等规定，现就有关问题通知如下：

一、在过去 12 个月内或者根据相关协议安排在未来 12 个月内，存在《保险公司关联交易管理暂行办法》第七条、第八条和第九条规定的情形之一的，视同保险公司关联方。

二、以下情形属于《保险公司关联交易管理暂行办法》第十条第一项所称"保险公司资金的投资运用和委托管理"：

（一）保险公司在关联方办理银行存款（活期存款及在大型国有商业银行的存款除外）业务；

（二）保险公司投资关联方的股权、不动产及其他资产；

（三）保险公司投资关联方发行的金融产品，或投资基础资产包含关联方资产的金融产品；

（四）保监会认定的其他关联交易行为。

三、保险公司资金运用关联交易应符合以下比例要求：

（一）在保险公司投资未上市权益类资产、不动产类资产、其他金融资产的账面余额中，对关联方的投资金额分别不得超过该类资产投资限额的 50%。

（二）保险公司对关联方中单一法人主体的投资余额，合计不得超过保险公司上季末总资产的 15%与该法人主体上季末总资产的 5%二者孰高。

（三）保险公司对关联方的全部投资余额，合计不得超过保险公司上季末总资产的 30%，并不得超过保险公司上季末净资产。

在计算人身保险公司和再保险公司总资产时，其高现金价值产品对应的资产按 50%折算。

四、保险公司重大关联交易应由董事会批准的，董事会会议所作决议须经非关联董事 2/3 以上通过。

已设立独立董事的保险公司与主要股东及其关联方的重大关联交易，必须获得独立董事的一致同意，同时主要股东应向保监会提交关于不存在不当利益输送的书面声明。

五、保险公司应当按照《保险公司信息披露管理办法》《保险公司资金运用信息披露准则第 1 号：关联交易》等有关规定，对重大关联交易和资金运用关联交易，于签订交易协议后 10 个工作日内（无交易协议的，自事项发生之日起 10 个工作日内），在保险公司网站和中国保险行业协会网站进行披露。

保险公司应当自本通知下发之日起一个月内，对 2013 年至 2015 年 1 季度的关联交易情况进行系统梳理和排查，并向保监会上报关联交易总体报告及统计表。对关联交易超过规定比例的，不得新增此类关联交易。自 2015 年 2 季度起，保险公司应于每季度结束后 25 日内向保监会报送关联交易季度报告。

六、对于保险公司未能履行相关信息披露和报告义务的，保监会可以结合相关情况，调整该保险公司分类监管的评价类别。

对于保险公司独立董事在审核关联交易过程中未能履行勤勉义务的，保监会可以对其进行监管谈话，并计入履职记录。监管谈话超过三次的，保监会可以限制其保险公司独立董事资格。

对于保险公司股东利用关联交易严重损害保险公司利益的，保监会可以按照《中华人民共和国保险法》第一百五十二条规定，采取限制股东权利、责令改正、责令转让股权等监管措施。

对会计师事务所、专业评估机构、律师事务所等中介机构未能如实反映保险公司关联交易程序合法性、定价公允性等情形的，保监会可以设立诚信档案，并将有关情况通报其行业主管部门；情节严重的，保监会可以通报保险集团（控股）公司、保险公司、保险资产管理公司，三年内不得与其从事相关业务，并商有关监管部门依法给予行政处罚。

七、保险集团（控股）公司的关联交易适用本通知。保险集团（控股）公司与其保险子公司（包括保险资产管理公司），以及保险子公司之间发生的关联交易，不适用本通知第三条和第四条。

附件 1：关联交易报告模板（略）

附件 2：关联交易季度报告模板（略）

《保险机构董事、监事和高级管理人员培训管理办法》

【发布主体】中国保险监督管理委员会
【文件编号】保监发〔2015〕43 号
【文件层次】部门规范性文件
【首次发布】2015 年 4 月 10 日
【首次生效】2015 年 4 月 10 日
【修订情况】现行有效
【治理意义】进一步完善保险机构董事、监事和高级管理人员培训管理制度

第一章　总则

第一条　为推进保险机构董事、监事和高级管理人员培训工作，培养一支具备合规经营理念、风险防范意识、科学发展能力的董事、监事和高级管理人员队伍，依据《中华人民共和国保险法》（以下简称《保险法》）、《保险公司董事、监事和高级管理人员任职资格管理规定》和有关法律、行政法规，制定本办法。

第二条　本办法所称保险机构是指经中国保险监督管理委员会（以下简称中国保监会）批准设立的保险集团（控股）公司、保险公司及其分支机构、保险资产管理公司等。

第三条　保险机构董事、监事和高级管理人员培训工作应遵循以下原则：

（一）联系实际，学以致用。培训内容紧扣保险业发展的形势和特点，提升解决实际问题的能力。

（二）分类分级，按需施教。在做好综合性培训的基础上，根据培训对象工作性质和职务的不同，分类分级地开展培训，增强培训的针对性。

（三）统筹规划，整体推进。对保险机构董事、监事和高级管理人员培训进行统一规划部署，明确相应的责任主体和工作侧重点，形成整体推进合力。

（四）与时俱进，改革创新。积极适应保险业改革发展的需要，推进培训内容、形式、方法、制度等方面的创新。

第四条　保险机构董事、监事和高级管理人员培训工作由中国保监会统一指导、监督，中国保监会及其派出机构与保险机构分工合作、共同组织完成。

第二章　培训对象

第五条　保险机构董事、监事和高级管理人员在任职期间，须接受中国保监会及其派出机构组织的培训并满足相关要求；根据履职需要，积极参加所在保险机构、保险业社团组织和其他社会机构举办的各类培训。

第六条　本办法所称保险机构高级管理人员包括：

（一）总公司总经理、副总经理、总经理助理；

（二）总公司董事会秘书、合规负责人、总精算师、财务负责人、审计责任人和首席风险管理执行官；

（三）分公司、中心支公司总经理、副总经理和总经理助理；

（四）支公司、营业部经理；

（五）与上述高级管理人员具有相同职权的管理人员。

第七条　保险机构董事、监事和高级管理人员应根据不同情况参加相应培训：

（一）在职期间更新知识、提升能力的各类岗位培训；

（二）首次担任董事、监事和相应层级高级管理人员的任职培训；

（三）应对解决行业发展重点、难点问题的专门业务培训；

（四）其他培训。

第八条　保险机构董事、监事和高级管理人员参加培训每年不少于 100 学时，其中董事，监事，总公司、分公司、中心支公司高级管理人员参加中国保监会及其派出机构举办培训每年不少于 10 学时。

第九条　保险机构董事、监事和高级管理人员应遵守培训纪律要求，完成规定的培训任务。中国保监会对未按规定参加培训的个人及所在机构视情况采取通报、监管谈话、发监管函等相应措施。

第三章　培训内容

第十条　保险机构董事、监事和高级管理人员的培训内容主要包括形势政策、法律法规、专业知识与职业规范等方面：

（一）形势政策培训主要包括国家经济金融形势与政策、《国务院关于加快发展现代保险服务业的若干意见》、保险业改革发展形势与政策、保险业发展理论、国际保险业发展趋势与经验等；

（二）法律法规培训主要包括《保险法》等法律法规及中国保监会的有关监管规定；

（三）专业知识培训主要包括保险机构经营管理、内部控制、风险管理、创新发展等；

（四）职业规范培训主要包括保险机构的社会责任、保险消费者权益保护、职业道德与诚信以及董事、监事和高级管理人员的权利义务等。

第十一条　董事的培训内容应突出国家经济金融形势与政策、保险业改革与发展理论、保险业发展形势、依法合规与公司治理、资本运作与战略管理、投资决策分析、董事的基本权利义务和法律责任等。

第十二条　监事的培训内容应突出依法合规与公司治理、保险机构发展战略、内部稽核和内部控制、保险机构财务报表解读、监事的基本权利义务和法律责任等。

第十三条　总经理的培训内容应突出国家经济金融形势与政策、保险业改革与发展理论、保险业发展形势、依法合规与公司治理、保险消费者权益保护、资本运作与战略管理、投资决策分析等。

第十四条　副总经理、总经理助理的培训内容应突出保险业改革与发展理论、保险业发展形势、依法合规经营、国内外保险市场发展的现状与趋势、保险消费者权益保护、资本运作与战略管理、投资决策分析、所分管领域专业知识等。

第十五条　董事会秘书的培训内容应突出依法合规与公司治理、保险机构规范化运作、财务报表分析、保险公司信息披露、董事会秘书的基本权利义务和法律责任等。

第十六条　合规负责人的培训内容应突出保险机构运作的法律法规及有关监管规定、保险机构内部规范运作、合规报告的编制、合规风险的识别和规范、合规负责人的基本权利义务和法律责任等。

第十七条　总精算师的培训内容应突出保险机构风险管理和资产负债匹配管理、精算财务制度、产品开发定价原则、偿付能力管理、总精算师的基本权利义务和法律责任等。

第十八条　财务负责人的培训内容应突出保险机构会计核算与财务管理、财务报告编制、会计准则、企业会计制度执行与会计政策选择、偿付能力管理、财务负责人的基本权利义务和法律责任等。

第十九条　审计责任人的培训内容应突出依法合规与公司治理、保险机构财务管理、保险机构审计原则与要求、审计责任人的基本权利义务和法律责任等。

第二十条　首席风险管理执行官的培训内容应突出保险资产配置与投融资决策、保险资金运用流程、保险资金运用风险管理、首席风险管理执行官的基本权利义务和法律责任等。

第二十一条 保险机构分支机构高级管理人员的培训内容应突出保险监管相关法律法规、保险机构分支机构规范运作的实务操作等。

第四章 培训组织实施

第二十二条 制定培训计划与实施方案,对培训工作的推进步骤与实施进度加强管控。

第二十三条 统筹培训资源,针对不同的培训主题协调配备适当的课程、师资、场地、设施等各方面资源。

第二十四条 丰富培训形式,综合运用讲授式、研究式、案例式、模拟式、体验式等教学方法。

第二十五条 创新培训方式,充分利用现代信息技术,积极发展网络课堂、微学习等新途径、新手段。

第二十六条 加强培训考核,采取结业考试、随堂测验、在线测试、提交论文等多种形式,促进参训人员对培训内容的掌握。

第二十七条 建立培训需求调研制度,构建以培训需求为导向的培训内容更新机制。

第二十八条 完善培训效果评估,加强对课程设置、师资配备、组织管理、教学效果等方面的测评,提升培训工作水平。

第五章 保险监管机构职责

第二十九条 中国保监会对保险机构董事、监事和高级管理人员培训进行整体规划、宏观指导、协调服务、督促检查、制度规范与资源整合,并立足监管机构职责举办行业发展形势、法律法规、监管政策、风险防范等方面的培训。

第三十条 中国保监会培训中心是保险机构董事、监事和高级管理人员培训工作的主要责任单位,具体承担中国保监会对保险机构董事、监事和高级管理人员培训的各项管理职能,并负责相关培训班的组织实施工作,主要职责包括:

(一)制定保险机构董事、监事和高级管理人员培训总体规划、行业标准、实施细则、年度培训要点等;

(二)建立中国保监会保险机构董事、监事和高级管理人员网络培训平台;

(三)举办总公司董事、监事和高级管理人员培训与总公司部门主要负责人、省级分公司总经理示范性培训,承办中国保监会机关各部门举办的董事、监事和高级管理人员培训,并将相关信息记入保险机构董事、监事和高级管理人员网络培训平台;

（四）对中国保监会派出机构开展高级管理人员培训进行业务指导和资源统筹；

（五）对保险法人机构开展董事、监事和高级管理人员培训进行指导、考核、监督和评估；

（六）组织编写保险业董事、监事和高级管理人员培训教材；

（七）统筹建立保险业董事、监事和高级管理人员培训师资库与课程库；

（八）对承办中国保监会及其派出机构培训班的社会机构进行评估备案；

（九）承担董事、监事和高级管理人员培训的其他工作。

第三十一条　中国保监会各派出机构对辖区保险机构分支机构高级管理人员培训进行指导、监督，并立足监管机构职责举办相关培训，主要职责包括：

（一）举办辖区保险机构分支机构高级管理人员培训班或组织其利用中国保监会保险机构董事、监事和高级管理人员网络培训平台参加培训，并记录相关培训信息；

（二）对辖区保险机构分支机构开展高级管理人员培训进行指导、考核、监督和评估；

（三）根据辖区的实际情况，制定具体的培训办法与实施细则；

（四）承担高级管理人员培训的其他工作。

第三十二条　中国保监会各派出机构应明确高级管理人员培训工作负责处室，做好机制建设、人员配备等工作。

第三十三条　中国保监会及其派出机构举办的保险机构董事、监事和高级管理人员培训可单独组织实施或委托已备案的社会机构具体承办。委托社会机构承办培训的，应做好课程设置、教学质量、组织水平、收费标准等方面的监督工作。

第三十四条　中国保监会及其派出机构举办的保险机构董事、监事和高级管理人员培训由参训单位承担师资聘请、场地租用等相关费用，并严格遵循"以支定收，收支平衡"的原则。

第三十五条　中国保监会及其派出机构将保险机构董事、监事和高级管理人员是否按要求参加培训作为其后续任职资格核准的一项内容。

第六章　保险机构职责

第三十六条　保险机构应根据发展需要，围绕公司战略、管理实践、技能发展、领导力提升等内容，积极开展董事、监事和高级管理人员培训。

第三十七条　保险机构应积极利用社会优质培训资源，通过多种方式提升董事、监事和高级管理人员培训工作水平与实效性。

第三十八条 保险机构应建立董事、监事和高级管理人员培训档案，如实记录董事、监事和高级管理人员参加的各项培训。

第三十九条 保险机构应确保董事、监事和高级管理人员培训工作具备充足的工作人员、经费等。

第四十条 保险机构应将培训情况纳入董事、监事和高级管理人员的考核，并作为其薪酬、任职等事项的参考。

第四十一条 保险机构应确定董事、监事和高级管理人员培训工作的负责部门和联络人，加强与中国保监会及其派出机构的工作联系。

第四十二条 各保险机构开展董事、监事和高级管理人员培训应接受中国保监会及其派出机构的指导和监督，按期完成信息反馈、资料报送等工作。

第七章 附则

第四十三条 保险业社团组织应立足自身专业优势，开展相关专业技术类培训，并接受中国保监会及其派出机构的指导和监督，按期完成信息反馈、资料报送等工作。

第四十四条 经中国保监会批准设立的全国性保险专业代理机构及其分支机构、保险经纪机构及其分支机构、保险公估机构及其分支机构、其他保险组织参照执行本办法。

第四十五条 本办法由中国保监会负责解释。

第四十六条 本办法自发布之日起施行。中国保监会 2008 年 4 月 15 日发布的《保险公司董事、监事及高级管理人员培训管理暂行办法》（保监发〔2008〕27 号）同时废止。

《保险公司董事会提案管理指南》

【发布主体】中国保险行业协会
【文件编号】无
【文件层次】行业规定
【首次发布】2015 年 6 月 3 日
【首次生效】2015 年 6 月 3 日
【修订情况】现行有效
【治理意义】为保险公司规范董事会提案管理提供指引

为引导保险公司加强董事会提案管理，提高提案质量、规范提案审批程序、提升董事会治理水平，根据国家法律法规和保险监管规定，特制定本指南。

第一章　提案征集

第一条　本指南所称的提案是指保险公司经营管理层提议的事项。关于其他提议事项，各保险公司可根据其《章程》及《董事会议事规则》的相关规定另行确定提案内容及提交审议程序。

本指南所称的保险公司指在中国境内依法设立，设有董事会的保险公司和保险资产管理公司，以下简称公司。

第二条　董事会秘书负责征集董事会会议提案。公司因特殊原因未设董事会秘书的，由董事会办公室分管领导或其指定的负责人负责征集董事会会议提案。

董事会秘书可以于每年第四季度拟定下一年度董事会会议计划，对下一年度董事会定期会议召开的拟定时间、常规议题等进行规划，并将计划发送董事会成员、公司领导及各部门负责人。

提出议题并起草提案的部门是提案负责部门。提案负责部门可以根据董事会会议计划的安排，提前做好提案的提出和准备工作。

第三条　公司召开董事会定期会议的，董事会秘书可于会议通知发出前 30 日向公司领导、各部门负责人征求拟提交本次董事会审议的议题。

第四条　各部门经请示分管领导，于董事会会议通知发出前 20 日将拟提交董事会审议的议题发送董事会秘书。

第五条　董事会秘书收集议题后，报董事长审阅，由董事长决定是否列入议程。

第六条　会议议题确定后，董事会秘书签发《会议工作通知书》，或采用其他协调方式，确保提案负责部门明确本部门负责的议题及其负责人、提案初稿与终稿的完成时间和提案的字体、格式等要求。

第七条　董事会会议通知及提案发出后，在特殊情况下若需增加、取消或变更会议议题的，提案负责部门应在会议召开 5 日前报董事长审批同意并以书面方式通知董事会秘书，说明增加、取消或变更会议议题的原因，且提交相关提案。

临时增加议题需一并提交会议提案，如不能按要求同时提交会议提案的，原则上不接受临时增加议题申请。

第二章　提案准备和审批

第八条　董事会办公室负责组织和协调提案准备工作。提案负责部门应确保提案的准确性、合规性和完整性。

第九条　提案涉及其他部门业务的，在上报公司领导前应经相关部门会签。

第十条　应监管机构要求提交的提案，提案负责部门应提前做好和监管机构的沟通工作，确保提案内容符合相关要求，满足监管报批等工作需要。

第十一条　提案经公司管理层最高权力机构或个人批准后，提案负责部门应至少在会议通知发出前5日将提案的完整材料报送董事会办公室。如因特殊情况不能在规定时间内提交提案的，需提交关于延迟提交提案的申请，上报董事长批准。

有临时提案需董事会审议的，提案负责部门可通过董事会秘书提请召开董事会，并于申请同时以书面形式提交提案。

第十二条　提案应当有明确需要审议和表决的事项，且审议事项在董事会职权范围之内。提案应有统一的格式，并采取一事一文形式。

提案应观点明确、理由充分，数据详实、内容简洁。每一上会提案，除提供提案文件外，如有必要应准备幻灯片或适宜形式的说明材料。提案说明材料通常包括提案背景、编制过程、合法合规性分析、成本收益分析、风险因素分析、同业情况比较和可行性分析等内容。

第十三条　董事会办公室收到提案后，根据法律法规和监管规定要求，对提案的程序规范性和内容合规性进行初审。

初审意见包括提案的完整性、格式的准确性、内容修改意见、所需的相关说明材料、提案提交的时限、是否需要提交相关专业委员会审核等。

第十四条　初审意见经董事会秘书审核后，应及时反馈给提案负责部门。

提案由提案负责部门提请公司管理层最高权力机构或个人批准后方可修改，经修改的提案应报董事会秘书复审。

第十五条　董事会办公室在审查过程中，可要求公司法律部门或公司法律顾问对提案进行审核，并提出法律意见。

董事会办公室可组织提案负责部门及有关中介机构召开会前准备会议，对提案基本内容及有关问题进行交流和沟通。

第十六条　董事会办公室应按照公司章程规定的日期将提案送达各位董事审阅。但有紧急事项或涉及定期报告、财务报告等时效性较强的提案除外。

第十七条　提案送达董事后原则上不再进行修改。若因特殊情况确需修改的，需向董事会单独提交修改说明文件和修改后的提案，不得在原提案上进行修改。

如对提案的内容有实质性修改，提案负责部门需要以书面形式进行说明，并经公司总经理或相关负责领导签字确认后，由总经理或其指定的其他高级管理人员在董事会上进行说明。

第十八条　对于一些重大提案，在提案发出后总经理或分管领导认为需要与董事沟通的，董事会办公室应安排提案负责部门同董事沟通。对需要独立董事审查的提案，董事会办公室可视情况安排提案负责部门同独立董事提前沟通。

第十九条　提案送达董事后，董事提出有关问题和意见或补充材料需求的，董事会办公室应立即将其转发提案负责部门。提案负责部门应认真对待、清晰解答，通常应在一个工作日内予以回复。

第二十条　根据董事会各专业委员会议事规则及相关监管规定，需提交专业委员会审议提案的，提案负责部门应综合考虑专业委员会年度各项会议安排及涉及本部门相关工作，参照董事会提案的准备和审批程序，向专业委员会另行提交提案。

第三章　议案审议

第二十一条　对于需经董事会专业委员会审议的议案，提案负责部门应在专业委员会会议上对所提交的议案作相关报告和说明。报告应简明扼要，重点说明议案核心内容及董事审议时需要重点关注的内容。

第二十二条　提案负责部门应根据专业委员会的会议召开情况和有关意见及时对议案进行修改、说明或准备补充材料，通常应在一个工作日内且在董事会会议召开前将对相关意见的回复发送董事会办公室。

第二十三条　对未经专业委员会审议的议案，如董事会要求，提案负责部门分管领导应在董事会会议上作相关报告和说明。

对经董事会专业委员会审核的议案，应由专业委员会主任委员在董事会会议上向董事会报告专业委员会的审核意见，或将专业委员会的会议纪要作为董事会备案文件提交各位董事。

对经董事会专业委员会审核并已有结论性意见的议题，如董事会要求，提案负责部门分管领导应列席董事会会议回答董事的提问，或对专业委员会会议后的处理情况进行补充说明。

第二十四条　对于董事之间交流讨论必要性不大的议案，如公司章程或相关法律法规无明确要求的，可以采取通讯方式表决。对已经过董事会现场会议审议、董事会建议会后以通讯方式表决的议案，提案负责部门应按照董事会意见对议案进行修改完善，并及时将议案发送董事会办公室。

第四章 决议执行和督办

第二十五条 董事会办公室应在会后及时将董事会决议或决议公告分发相关部门。

第二十六条 各部门应严格按照董事会决议落实执行相关工作,如在决议执行过程中遇到重大问题,应及时向董事会报告,若有必要,应形成提案再次提请董事会重新作出决议。

第二十七条 对于需要董事会会议决议通过后才可操作执行的事项,各部门必须严格遵守相关时间以及程序要求,不得在会议决议通过前提前操作或执行。

第二十八条 公司经营管理层应及时将决议的落实和实施情况向董事会秘书反馈,由董事会秘书向董事长和董事会报告。

第五章 附则

第二十九条 本指南由中国保险行业协会公司治理专业委员会常务委员会负责解释和修改。

第三十条 本指南作为公司董事会会议提案管理的指导性文件,经中国保险行业协会公司治理专业委员会常务委员会审议通过后发布,供各公司参考执行。

附件 1. 董事会议案参考格式

附件 2. 董事会议案参考模板

附件 1:董事会议案参考格式

标题:关于×××的议案

主送:董事会议题主送"各位董事";专业委员会议题主送"××委员会各位委员"。

正文:应做到情况确实,材料翔实,观点明确,表述准确,结构严谨,条理清楚,字词规范,标点正确,篇幅力求简短。参考表述如下:

议案首段:根据××规定、《公司章程》、中国保监会《××办法》,公司应每年提交经董事会批准的《××报告》。

根据《××规则》,因××,公司与××公司之间的交易构成关联交易,需提请董事会审议批准。

根据中国保监会《×××》,保险公司在董事会批准后可开展××业务。

主要内容:各部门根据议案特点自行撰写需要向董事会报告的各项内容,并简要分析议案涉及的主要事项,将对公司带来的影响,以及监管要求必需的内容等。

审议事项：明确列明需董事会批准的事项。如审议事项较多，可分为若干条内容，要求各事项层次分明、逻辑清晰。

基本表述如"经管理层同意，现提请董事会审议批准×××"；"现提请××委员会同意将本项议案提交董事会审议。"

后续安排：说明是否需经监管机构、股东大会批准。基本表述如："该议案经董事会审议通过后提交股东大会批准。"

"××尚待中国保监会批准后生效。"

结尾语：议案文末以"以上议案，请予审议。"结尾。

附件：附件应包括议题的所有支持性材料或董事会办公室要求提交的其他资料。

落款：由公司管理层提交的议题落款为"××公司"；由公司监事会、董事会专业委员会提交的议题落款为"××公司监事会"或"××委员会"；由公司董事长、总裁或董事提交的议题落款为"××公司（职务）（姓名）"。

日期：为会议召开当天日期。

附件 2：董事会议案参考模板

关于××的议案

各位董事：

根据中国保监会《保险公司×××办法》（保监发〔××〕×号）规定，保险公司董事会应当每年向股东大会报告××。公司对××年度××进行了总结，形成了《公司××年度××报告》（见附件），现将有关情况报告如下：

一、……

二、……

经管理层同意，现提请董事会审议批准××。

该报告经董事会审议通过后提交股东大会批准。

以上议案，请予审议。

附件：

1. ×××

2. ×××××公司

×× 年 ×× 月 ×× 日

《中国保监会关于保险机构开展员工持股计划有关事项的通知》

【发布主体】中国保险监督管理委员会
【文件编号】保监发〔2015〕56 号
【文件层次】部门规范性文件
【首次发布】2015 年 6 月 18 日
【首次生效】2015 年 6 月 18 日
【修订情况】现行有效
【治理意义】规范保险公司员工持股计划

各保险集团（控股）公司、保险公司、保险资产管理公司：

为建立股东、保险机构和员工利益共享机制，完善保险机构公司治理结构，规范保险机构薪酬激励机制，促进保险机构长期稳健发展，提高风险防范能力，现将保险机构开展员工持股计划有关事项通知如下：

一、员工持股计划的定义

保险机构员工持股计划是指保险机构根据员工意愿，经公司自主决定，通过合法方式使员工获得本公司股权并长期持有，股权收益按约定分配给员工的制度安排。

二、开展员工持股计划的基本原则

（一）依法合规，公开透明。保险机构开展员工持股计划，应严格按照法律、行政法规的规定履行程序，真实、准确、完整、及时地实施信息披露。

（二）自愿参与，风险自担。保险机构开展员工持股计划应遵循公司自主决定、员工自愿参加的原则，不得以摊派、强行分配等方式强制员工参加员工持股计划。员工持股计划参与人盈亏自负，风险自担。

（三）严格监督，防范风险。保险机构应接受员工、市场和监管部门等各方的监督，对员工持股计划方案进行充分论证、科学设计，稳妥有序开展员工持股计划。

三、保险机构开展员工持股计划的条件

（一）连续经营 3 年以上，员工持股计划实施最近 1 年公司盈利。

（二）公司治理结构健全。

（三）上年末以来分类监管评价为 B 类或以上。

（四）近 2 年未受到监管部门重大行政处罚，且没有正在调查中的重大案件。

（五）公司薪酬管理体系稳健，与风险合规管理有效衔接。

保险资产管理公司及专业互联网保险公司等创新型机构可以不受本条第一款的限制。

四、员工持股计划的要素

（一）参加对象。员工持股计划的参加对象原则上应为本机构正式在岗且工作满2年以上的员工，主要包括公司管理层、业务骨干和专业技术人才。在岗时间少于2年，但确需列为参加对象的关键人才，应经公司董事会批准。独立董事、非职工监事不得参与员工持股计划。

保险集团(控股)公司员工持股计划参加对象可以包括本集团成员公司员工，但同一集团内部成员公司员工不得参加另一成员公司员工持股计划。

（二）资金来源。员工持股计划所需资金可来源于员工薪酬及其他合法收入。保险机构不得为员工持股计划提供借款、担保等各类财务支持，不得为开展员工持股计划额外增加员工薪酬。

（三）股权来源。1. 股东转让；2. 股东自愿赠与；3. 公司增发股份或增加注册资本；4. 根据《公司法》回购本公司股份；5. 法律法规允许的其他方式。

（四）认购价格。除股东自愿赠与、转让或保险机构根据《公司法》回购本公司股份奖励员工外，股权来源于其他渠道的，应当以公允价值确定认购价格。

（五）持股比例。员工持股计划所持有的全部有效股份或出资累计不得超过公司股本或注册资本总额的10%，且不得成为公司最大股权持有者，不得改变公司控制权。董事会应当就员工持股计划对公司控制权的影响进行评估。单个员工所获股份或出资累计不得超过公司股本或注册资本总额的1%。

保险资产管理公司及专业互联网保险公司等创新型机构员工持股计划所持有的全部有效股份或出资，累计不得超过公司股本或注册资本总额的25%，单个员工所获股份或出资累计不得超过公司股本或注册资本总额的5%。

（六）持股方式。持股员工可成立公司制企业、合伙企业或通过资产管理计划等方式持有公司股权。员工持股企业应主要从事员工所持股权的管理，不得从事其他经营性活动。

（七）持股期限。保险机构每期员工持股计划的持股期限不得低于3年，自标的股权过户至本期持股计划名下或标的股权登记于股东名册之日起算。在员工持股计划实施期间，保险机构实现上市的，自上市之日起，员工所持股权锁定期不少于3年。锁定期满后，每年度减持股权比例原则上不得超过持股总量的25%。

（八）收益及权益处置。保险机构应合理确定员工所持股权分红率，处理好股东短期收益与资金积累的关系。保险机构及其股东不得在持股计划中向员工承诺持股的年度分红回报。

员工持股计划应当明确持股期限届满后的权益实现方式。非上市保险公司员工持股期限届满后，员工所持股权应当进行整体处置。非上市保险公司员工持股计划期限届满6个月内未按约定方式完成权益处置的，主要股东应当承诺予以收购，收购方式、比例应当事先约定，股东赠与股权的除外。权益处置时原则上应当以公允价值对股权进行定价。参加员工持股计划的员工发生退休、死亡、调任、辞职、辞退以及不再适合参加持股计划等情况时，其所持股权及相应权益依照《公司法》及员工持股计划约定方式处置。非上市保险公司员工所持股权不得向社会不特定第三方转让。

五、员工持股计划的管理

（一）参加员工持股计划的员工应当通过员工持股计划持有人会议选出代表或设立相应机构，监督员工持股计划的日常管理，代表员工持股计划持有人行使股东权利或者授权资产管理方行使股东权利，但不得授权公司其他股东或高管人员行使股东权利。保险机构应避免公司其他股东或高管人员操控员工持股计划，切实防范持股员工利益受到侵害。

（二）保险机构自行管理本公司员工持股计划的，应当明确持股计划的管理方，制定相应的管理规则，避免产生保险机构其他股东与持股员工之间潜在的利益冲突。

保险机构委托资产管理方管理本公司员工持股计划的，应当与资产管理方签订资产管理协议，并在协议中明确持股员工的持股数额和权利义务。

（三）员工持股计划管理方应当为持股员工的合法利益行事，不得泄露持股员工的个人信息。

（四）员工持股计划管理方应当对员工持股计划的股权、资金进行专户管理。员工持股计划持有的股权、资金为委托财产，管理方不得将委托财产归入其固有财产。管理方因依法解散、被依法撤销或者被依法宣告破产等原因进行清算的，委托财产不属于其清算财产。

六、员工持股计划实施程序及信息披露

（一）保险机构实施员工持股计划前，应当征求员工意见。

（二）保险机构董事会负责论证、拟定员工持股计划方案，员工持股计划方案至少应包含如下内容：

1. 员工持股计划的参加对象、资金和股权来源、价格及价格确定方式、持股方式、持股比例及员工权利义务；

2. 员工持股计划的存续期限、管理模式、公司再融资时员工持股计划的参与方式；

3. 员工持股计划的变更、终止，期限届满后员工所持股权的处置办法，参加员工持股计划的员工发生退休、死亡、调任、辞职、辞退以及不再适合参加持股计划等情况时，其所持股权的处置办法；

4. 员工持股计划持有人会议的召集及表决程序、持有人代表或机构的选任程序；

5. 员工持股计划管理方的选任、管理规则或管理协议的主要条款、管理费用的计提及支付方式；

6. 员工持股计划对公司控制权的影响、保险机构对开展员工持股计划潜在风险隐患的评估及风险处置预案；

7. 其他重要事项。

保险机构应当聘请律师事务所对员工持股计划出具法律意见书。

（三）独立董事和监事会应当就员工持股计划是否有利于公司的持续发展，是否损害公司及全体股东利益，公司是否以摊派、强行分配等方式强制员工参加员工持股计划，是否存在不符合持股条件的员工持股发表书面意见。

（四）员工持股计划方案应当提交股东大会或股东会进行表决，并经出席股东大会股东所持表决权三分之二以上通过，或股东会代表公司三分之二以上表决权的股东通过。

（五）员工持股计划涉及相关董事、股东的，相关董事、股东应当在董事会、股东大会或股东会表决时回避；员工持股计划拟选任的资产管理方为公司股东或股东关联方的，相关主体应当在股东大会或股东会表决时回避。

（六）保险机构应当在员工持股计划实施后15日内，通过公司网站披露员工持股计划的主要条款。

（七）保险机构应当在年度信息披露报告中披露下列员工持股计划实施情况并在公司网站发布：

1. 持股员工的范围、人数、资金来源，员工持股计划持有的股份或出资总额及占公司股本或注册资本总额的比例；

2. 高管人员及其他员工股权及相应权益变动情况；

3. 资产管理方的变更情况；

4. 员工持股计划实施以来公司经营及风险情况；

5. 其他应当予以披露的事项。

七、员工持股计划的监管

（一）对涉及公司股本或注册资本总额5%及以上的员工持股，保险机构应当报监管部门批准后实施。对涉及公司股本或注册资本总额 5% 以下的员工持股，保险机构应报监管部门备案。保险机构应当在股东大会或股东会审议通过员工持股计划方案后 15 个工作日内，向监管部门提交以下材料：

1. 员工持股计划方案；
2. 股东大会或股东会对员工持股计划的决议；
3. 独立董事和监事会对员工持股计划的书面意见；
4. 关于员工持股计划对公司控制权影响的评估意见；
5. 员工持股计划风险处置预案；
6. 律师事务所对员工持股计划出具的法律意见书。

（二）开展员工持股计划的保险机构应当在每个会计年度结束后 4 个月内向监管部门报告员工持股计划实施及变动情况。

（三）中国保监会依法对保险机构实施员工持股计划进行监督检查。

八、员工持股计划政策衔接

（一）上市保险机构实施员工持股计划还应符合证监会关于上市公司员工持股计划的相关规定。

（二）国有控股保险机构实施员工持股计划还应符合国家关于国有控股金融企业员工持股计划的相关规定。

九、本通知自下发之日起实施，中国保监会负责解释。

《中国保监会关于加强保险公司筹建期治理机制有关问题的通知》

【发布主体】中国保险监督管理委员会
【文件编号】保监发〔2015〕61 号
【文件层次】部门规范性文件
【首次发布】2015 年 7 月 1 日
【首次生效】2015 年 7 月 1 日
【修订情况】现行有效
【治理意义】规范保险公司筹建期的治理工作

各保险集团（控股）公司、保险公司、保险资产管理公司筹备组：

为规范保险公司筹建行为，在源头上健全保险公司的治理结构，防范有关风险，现就保险公司筹建期治理机制有关问题通知如下：

一、筹备组负责保险公司筹建和开业的各项工作，筹备组负责人和具体职责应由全体股东共同书面确认，拟任董事长、拟任总经理应在筹备组总体框架下参与筹建和开业工作。

二、筹备组应当在收到中国保监会批准筹建通知后 30 日内提交筹建开业时间表，并按月就筹建工作进度及各方工作情况向中国保监会提交书面报告。

三、未经中国保监会同意，筹建期内不得变更股东、拟任董事长或拟任总经理。筹备组变更股权占比 30%以上股东，或同时变更拟任董事长和拟任总经理的，还需提交保险法人机构准入审核委员会审议。

四、筹备组在创立大会召开前应组织全体股东就以下事项充分讨论：董事、监事和高级管理人员的提名规则；公司章程及股东大会（股东会）、董事会、监事会议事规则草案；内部管理制度草案等。

五、创立大会、首次股东会会议需由全体股东以现场会议的方式召开，中国保监会可以派员列席。

创立大会、首次股东会会议对以下事项进行审议：公司筹建情况的报告；公司筹办费用的报告；公司三年发展规划；公司章程及股东大会（股东会）、董事会、监事会议事规则；董事、监事薪酬管理及尽职考核评价制度；选举董事、董事长；组建董事会专业委员会并通过其议事规则；选举监事、监事长；聘任高级管理人员；确定公司内部管理机构的设置；确定公司基本管理制度；对办理公司设立手续的授权。

六、新设保险公司的章程应明确股东委托行使表决权的具体方式、委托期限和比例要求等，不得通过委托行使表决权规避中国保监会对股东资质的实质审核。

七、新设保险公司的章程应设立专章明确以下事项：董事长、总经理无法正常履职时的替代和递补机制；针对治理机制失灵的内部纠正程序和申请监管指导程序；出现重大财务困境或者经营失败后的系统处置方案。

八、新设保险公司的董事会成员中应当有财务、投资、精算和法律方面的专业人士；未设执行董事的，至少应有两名董事具有保险从业经历或专业研究能力。

九、新设保险公司应当按照市场化、专业化原则选聘高级管理人员，主要股东特别是国有企业股东要规范有度行使高级管理人员提名权。未经市场化选聘、无金融保险从业经验的高级管理人员原则上不得超过 2 名。

十、董事、监事、高级管理人员应确保谨慎勤勉履职的必要时间和精力。拟任董事长、拟任总经理不得兼任，且至少有一人应具有保险从业经历。高级管理人员不得在其他单位担任董事、监事以外的职务，但在保险集团内担任管理职务的除外。

十一、新设保险公司应当建立对董事、监事和高级管理人员候选人的历史评价机制，结合候选人的学历、工作经历与业绩、最近 3 年任中及专项审计结果、离任审计结果、最近 3 年曾任职单位鉴定意见，以及其本人的自我评价结果，对其任职资格与履职能力进行综合鉴定。筹备组应将候选人的鉴定材料作为任职资格申请材料的一部分提交中国保监会。

十二、筹备组向中国保监会提交保险公司开业申请时，应当同时提交拟任董事、监事和高级管理人员的任职资格申请。中国保监会在下发开业批复时，对拟任董事、监事和高级管理人员的任职资格一并予以批复。

十三、新设保险公司应开立验资专用账户缴存资本金，加强账户开立、资金划转、单证保管等操作环节管理，确保合规运作。在中国保监会下发开业批复前，不得擅自动用出资款项。

十四、新设保险公司可以使用依托于云计算模式的电子商务系统等应用系统，但应明确与虚拟化资源相对应的具体物理机器设备，以满足中国保监会检查工作的需要。

十五、针对新设保险公司在筹建期间的不规范行为，中国保监会可以采取下发监管函、监管谈话等措施，并将相关情况纳入不良记录。

十六、本通知适用于发布后批准筹建的保险集团（控股）公司、保险公司和保险资产管理公司。

《保险法人机构公司治理评价办法（试行）》

【发布主体】中国保险监督管理委员会
【文件编号】保监发〔2015〕112 号
【文件层次】部门规范性文件
【首次发布】2015 年 12 月 7 日
【首次生效】2015 年 12 月 7 日
【修订情况】现行有效
【治理意义】首次提出我国保险法人机构公司治理评价办法

第一章 总则

第一条 为完善保险法人机构公司治理结构，提高公司治理水平，进一步改善公司治理监管和分类监管，防范化解风险，维护保险消费者合法权益，推进保险业治理能力和治理体系现代化建设，根据《中华人民共和国公司法》、《中华人民共和国保险法》、《保险公司管理规定》等法律法规，制定本办法。

第二条 本办法适用于在中国境内依法设立的保险公司、保险集团（控股）公司和保险资产管理公司。保险资产管理公司另有规定的从其规定。

第三条 本办法所称公司治理评价是指中国保监会依法对保险法人机构公司治理水平和风险状况的判断、评价和分类，评价结果主要依据保险法人机构开展的自评和中国保监会实施的监管评价得出。

第四条 保险法人机构对公司治理自评的真实性、准确性、及时性负责。

中国保监会负责对各保险法人机构的公司治理进行监管评价，并综合公司自评和监管评价情况得出评价结果。

第五条 保险法人机构公司治理评价遵循以下原则：

（一）公正透明。评价以事实为基础，以法律法规、监管要求为准则，力求标准统一，程序严格，信息公开。

（二）突出重点。评价重点关注保险法人机构在公司治理方面的问题和风险点，着重防范系统性和综合性的公司治理风险。

（三）动态评价。中国保监会根据现场和非现场监管以及公司具体情况的变化实施动态评价，每季度更新评价结果。

第二章 评价内容和标准

第六条 公司治理评价主要包括信息采集、信息整理、信息更新、形成评价结果等步骤。

第七条 中国保监会根据评价需要，全面收集反映保险法人机构公司治理状况的信息。信息采集渠道包括：

（一）非现场检查。包括保险法人机构的报告、报批文件及召开的股东大会、董事会等。

（二）现场检查。中国保监会通过现场检查形成的检查报告、行政处罚、监管谈话、监管函等。

（三）新闻报道和独立评级机构的评价。

（四）保险法人机构的公开披露。

（五）可反映公司治理状况信息的其他渠道。

第八条   中国保监会对采取的信息进行鉴别和筛选,建立各保险法人机构的公司治理情况档案,收录公司治理基本情况、存在问题等信息,对有关问题逐项列明发现时间、发现方式、问题原因、公司整改方案、整改情况及可能采取的后续监管措施等。

第九条   中国保监会动态更新各保险法人机构的公司治理情况档案,及时更新基本情况,并对经整改已解决的问题及时予以注销,同时将已解决的问题记录存档,对未按监管要求进行整改的问题持续跟踪至整改完成。

第十条   监管评价采用评分制,分值由机构自评分和监管评分加权得出,记为综合得分,满分 100 分。其中,机构自评分权重 40%,初始分值为 0,最高不超过 100 分;监管评分权重为 60%,初始分值为 100,最低不小于 0 分。

第十一条   保险法人机构每年开展一次公司治理自评,并于次年 5 月 15 日前将自评表连同公司治理报告向中国保监会报送,结果经中国保监会核实后作为次年整个年度的机构自评分。中国保监会可根据现场和非现场监管情况对机构自评分进行调整。

保险法人机构从职责边界、胜任能力、运行控制、考核激励、监督问责等五个方面进行自评,具体指标及评分标准详见附件。

第十二条   中国保监会从依法合规方面对保险法人机构实施监管评价,根据评价结果得到监管评分,每季度更新一次。

监管评价指标分为约束性指标、遵循性指标及调节性指标:

（一）约束性指标:反映保险法人机构在公司治理方面是否违反现行有效的法律法规。

（二）遵循性指标:反映保险法人机构在公司治理方面是否遵循现行有效的监管性指引。该类指标适用"遵循或解释"原则,未遵循有关指引但能给予合理解释的,分值不作特别处理。

（三）调节性指标:描述保险法人机构是否存在以下特定情形:

1. 因公司治理问题被下发监管函;

2. 有关公司的媒体负面报道或举报经中国保监会认定属实且对公司治理造成重大影响;

3. 最近一年公司董事及高级管理人员被监管谈话三次以上;

4. 公司自评分与监管评分偏差度大于等于 25%;

5. 其他经中国保监会认定的特殊情形。

第三章　评级方法

第十三条　中国保监会根据公司治理评分对保险法人机构评级，评级结果分为优质、合格、重点关注、不合格四级。

第十四条　中国保监会每季度更新一次公司治理评级结果，必要时可以调整评价周期。

第十五条　等级划分标准为：综合评分大于等于 90 分，小于等于 100 分的保险法人机构定级为优质；综合评分大于等于 70 分，小于 90 分的保险法人机构定级为合格；综合评分大于等于 60 分，小于 70 分的保险法人机构定级为重点关注；综合评分小于 60 分的保险法人机构定级为不合格。

第十六条　保险法人机构存在公司治理僵局等经中国保监会认定的其他重大公司治理风险，直接定级为不合格。

第十七条　中国保监会实施红、黄牌警告制度。对首次未按监管要求整改或整改不力的保险法人机构，出示黄牌，直接降级为重点关注，并对整改情况持续跟踪；就同一问题经两次监管要求仍不予整改或整改不力的，对保险法人机构出示红牌，将其直接降级为不合格，并采取相应级别的监管措施。

第十八条　中国保监会有权根据保险法人机构公司治理的实际情况，按照评级方法对其重新进行评级，并给出相应说明。

第十九条　中国保监会可根据评价工作需要调整评价指标，并制定评分规则。

第二十条　中国保监会认为有必要的，可聘请独立的信用评级机构对保险法人机构开展公司治理评价。

第四章　评价结果应用

第二十一条　中国保监会将保险法人机构公司治理评价结果用于非现场监管，并根据非现场监管结果实施分类监管。

第二十二条　中国保监会进行行政许可审核时，对许可条件包含公司治理内容的，将评级结果作为审核依据之一。

第二十三条　中国保监会根据评级结果对保险法人机构依法采取不同的监管措施：

（一）对优质类公司，不采取特别的监管措施；

（二）对合格类公司，可依法采取以下一项或多项监管措施：

1. 监管谈话；

2. 书面风险提示；

3. 要求公司限期整改所存在的问题。

（三）对重点关注类公司，除可采取对合格类公司的监管措施外，还可依法采取以下一项或多项监管措施：

1. 要求提交改善公司治理的计划；

2. 针对所存在的问题进行现场检查；

3. 要求调整负责人及有关管理人员。

第二十四条　对不合格类公司，除可采取对合格类、重点关注类公司的监管措施外，还可以依法采取整顿、接管以及中国保监会认为必要的其他监管措施。

第五章　附则

第二十五条　本办法由中国保监会负责解释和修订。

第二十六条　本办法自发布之日起施行。

附件1：保险法人机构公司治理自评表（略）

附件2：保险法人机构公司治理监管评价表（略）

《保险机构内部审计工作规范》

【发布主体】中国保险监督管理委员会

【文件编号】保监发〔2015〕113号

【文件层次】部门规范性文件

【首次发布】2015年12月7日

【首次生效】2015年12月7日

【修订情况】现行有效

【治理意义】规范了保险机构内部审计工作

第一章　总则

第一条　为规范保险机构内部审计工作，提高保险机构风险防范能力，根据《中华人民共和国保险法》、《中华人民共和国公司法》、《中华人民共和国审计法》等有关法律法规及行业规范，制定本规范。

第二条　本规范所称保险机构是指在中华人民共和国境内依法设立的保险

集团（控股）公司、保险公司、保险资产管理公司、再保险公司及其分支机构等。

经保险监督管理部门批准设立的其他保险机构可参照执行本规范。

保险监督管理部门有 IT 审计专门规范和要求的，保险机构 IT 审计工作应从其规范。

第三条　本规范所称的保险机构内部审计是一种独立、客观的确认和咨询活动，它通过运用系统化和规范化的方法，审查、评价并改善保险机构的业务活动、内部控制和风险管理的适当性和有效性，以促进保险机构完善治理、增加价值和实现目标。

第四条　保险机构应健全内部审计体系，按照相关要求开展内部审计工作，及时发现问题，有效防范经营风险，促进公司的稳健发展。

第五条　中国保险监督管理委员会（以下简称"中国保监会"）及其派出机构根据法律、行政法规、监管规定以及本规范的规定，依法对保险机构内部审计工作实施指导、监督和评价。

第二章　一般原则

第六条　保险机构应建立与公司目标、治理结构、管控模式、业务性质和规模相适应，预算管理、人力资源管理、作业管理等相对独立的内部审计体系。

内部审计部门的工作不受其他部门的干预或者影响。内部审计人员不得参与被审计对象业务活动、内部控制和风险管理等有关的决策和执行。

第七条　保险机构内部审计的范围应包括所属保险机构及其直接或间接控制的境内、外保险分支机构和非保险子公司。

第八条　保险机构应逐步建立完善非现场内部审计监测、操作及管理功能在内的内部审计信息系统。鼓励保险机构探索创新内部审计科技手段和技术方法，提升内部审计的信息化水平和审计效率。

第九条　保险机构应建立完善内部审计质量控制制度和程序，系统实施指导、监督、分级复核和内部审计质量评估，定期实施内部审计质量自我评估，并接受内部审计质量外部评估。

第十条　保险机构应建立和实施内部审计人员录用、继续教育、培训、考核评价和激励约束等人力资源管理制度，确保内部审计人员具有与其从事业务相适应的专业胜任能力。

内部审计人员应通过后续教育和职业实践等途径，了解、学习和掌握相关法律法规、专业知识、技术方法和审计实务的发展变化，保证和提升专业胜任能力。保险机构应保证内部审计人员平均每年不低于 40 小时的后续教育时间。

第十一条　内部审计人员应遵守职业道德，保持并提高专业胜任能力，诚信正直地实施内部审计，客观公正地作出审计职业判断，并遵循保密原则，按照规定使用其在履行职责时所获取的信息。

第三章　内部审计机构和人员

第十二条　保险机构应以制度形式明确董事会、审计委员会、审计责任人和内部审计部门及人员职责及权限，并统一制定各级内审机构和人员的管理制度，包括：岗位设置、岗位责任、任职条件、考核办法、薪酬制度、轮岗制度、培训制度等。

第十三条　保险机构董事会对内部审计体系的建立、运行与维护负有最终责任。没有设立董事会的，由保险机构法定代表人或负责人履行有关职责。

第十四条　保险机构应建立独立的内部审计体系，内部审计应垂直管理，鼓励有条件的保险机构实行内部审计集中化管理，进一步强化内部审计体系的独立性。规模较小或实行集中化管理的保险公司省级及以下分支机构，在满足内部审计工作需要的前提下，可不再设置单独的审计部门或岗位。法律法规对上市公司内部审计设置另有规定的，从其规定。

（一）内部审计垂直化管理是指保险机构分级设置独立的内部审计部门，总部对各级内部审计部门进行统一管理和计划安排，各级内部审计部门分级承担内部审计职责并上报审计结果。

（二）内部审计集中化管理是指保险机构设置专门的内部审计机构或部门，统一制定实施预算管理、人力资源管理、作业管理等内部审计管理制度，其他各级机构（含保险子公司及各分支机构）可不再设置内部审计部门和岗位。

（三）实行垂直管理的各保险机构审计部门人员应实施委派制，各级机构审计部门负责人的聘任、考核和薪酬应由上级机构或者总公司统一管理、逐级考核，被审计对象不应参与内部审计部门和内部审计人员的考核。

第十五条　保险机构应在董事会下设立审计委员会。审计委员会成员由不少于3名不在管理层任职的董事组成。已建立独立董事制度的，应由独立董事担任审计委员会主任委员。

审计委员会成员应具备胜任工作职责的专业知识和经验。

第十六条　保险机构董事会审计委员会在内部审计工作中履行的职责，包括但不限于：

（一）审核保险机构内部审计管理制度并向董事会提出建议。

（二）指导保险机构内部审计有效运作，审核保险机构年度内部审计计划、内部审计预算和人力资源计划，并向董事会提出建议，董事会审议通过后负责管理实施。

（三）审阅内部审计工作报告，评估内部审计工作的结果，督促重大问题的整改。

（四）评估审计责任人工作并向董事会提出意见，至少每季度一次听取审计责任人关于审计工作进展情况的报告。

第十七条　保险机构应设立审计责任人职位。审计责任人纳入保险机构高级管理人员任职资格核准范围，对董事会负责，向董事会审计委员会报告工作；同时负责与管理层沟通，并通报审计结果。

审计责任人由董事长或审计委员会提名，报董事会聘任。没有设立董事会的保险公司，审计责任人由管理层聘任。审计责任人不得同时兼任保险机构财务或者业务工作的领导职务。

审计责任人岗位变动要按相关规定事后向中国保监会报告。

第十八条　审计责任人应在任职前取得中国保监会核准的任职资格，符合以下条件：

（一）大学本科以上学历或者学士以上学位。

（二）从事审计、会计或财务工作 5 年以上或者金融工作 8 年以上，熟悉金融保险业务。

（三）具有在企事业单位或者国家机关担任领导或者管理职务的任职经历。

（四）中国保监会关于高级管理人员任职资格的其他规定。

第十九条　保险机构审计责任人履行的职责，包括但不限于：

（一）指导编制保险机构年度内部审计计划、内部审计预算和人力资源计划。

（二）组织实施内部审计项目，确保内部审计质量。

（三）向审计委员会报告，与管理层沟通，报告内部审计工作进展情况。

（四）及时向审计委员会或管理层报告内部审计发现的重大问题和重大风险隐患。

（五）协调处理内部审计部门与其他机构和部门的关系。

第二十条　保险机构内部审计部门履行的职责，包括但不限于：

（一）拟定保险机构内部审计制度。

（二）编制年度内部审计计划、内部审计预算和人力资源计划。

（三）实施年度内部审计计划，跟踪整改情况，开展后续审计。

（四）法律、法规、监管规定和保险机构确定的其他内部审计职责。

第二十一条　保险机构应配备足够数量的内部审计人员。专职内部审计人员

数量原则上应不低于保险机构员工人数的 5‰，且配备专职内部审计人员不少于
3 名。

其中持有注册内部审计师、注册会计师等证书或具有与会计、审计、信息技
术、投资等内审工作相关的中级以上专业技术资格的人员应不低于专职内部审计
人员的 35%。

第二十二条　内部审计人员应具备相应的专业从业资格：

（一）专业水平。内部审计人员应具备大学本科及以上学历，掌握与保险机
构内部审计相关的专业知识，熟悉金融保险相关法律法规及内部控制制度。

（二）道德准则。内部审计人员应具有正直、客观、廉洁、公正的职业操守，
且无不良记录。

第二十三条　保险机构总经理应确保内部审计部门的独立性及履职所需资
源与权限。内部审计部门和内部审计人员履职所需的资源，包括经审计委员会批
准的内部审计预算和人力资源计划，以及必要的办公场地、系统、设备等。内部
审计部门和内部审计人员履行职责时享有下列权限：

（一）实时查阅与被审计对象经营活动有关的文件、资料等，包括电子数据。

（二）参加或者列席保险机构经营管理的重要会议，参加相关业务培训。

（三）有权进行现场实物勘查，或者就与审计事项有关的问题对有关机构和
个人进行调查、质询和取证。

（四）对可能被转移、隐匿、篡改、毁弃的相关资料、资产，有权采取相应
的保全措施。

（五）对内部审计发现的违反法律、法规、监管规定或者内部管理制度的行
为予以制止，对相关机构和人员提出责任追究或者处罚建议。

（六）向董事会或者管理层提出改进管理、提高效益的意见或建议。

第二十四条　保险机构监事会可以对内部审计工作进行指导和监督。

第二十五条　对于认真履职并发现重大案件、揭示重大风险的内部审计人
员，经审计委员会批准后，保险机构可给予特别嘉奖。

第二十六条　实行内部审计集中化管理的保险集团（控股）公司，其控股的
保险子公司审计责任人应由母公司派驻。其他实行内部审计集中化管理的保险机
构，可按照独立法人主体分别设置审计责任人。

实行内部审计集中化管理的保险机构，通过应用审计信息化平台、提升内部
审计人员专业胜任能力、聘请中介机构承担内部审计项目等方式，基本满足内部
审计业务需要的，专职内部审计人员数量可适当放宽至不低于保险机构员工人数
的 4‰。

第四章　内部审计作业管理

第二十七条　内部审计部门和内部审计人员应全面关注保险机构的风险，以风险为导向组织实施内部审计。

第二十八条　内部审计人员应充分运用重要性原则，考虑差异或者缺陷的性质、数量等因素，合理确定重要性水平。

第二十九条　内部审计部门应根据法律法规，结合公司发展战略，在风险评估的基础上，编制年度内部审计计划，审计重点、审计频率和频度应与保险机构业务性质、复杂程度、风险状况和管理水平相适应。

年度内部审计计划应包括监管制度要求的审计内容。

第三十条　内部审计部门和内部审计人员应严格按照规范的审计流程和适当的审计方法实施审计：

（一）根据年度内审计划，编制项目审计方案，做好审计项目实施前的准备工作。

（二）依照公司制度，在实施审计前一定时间向被审计单位或者被审计人员下发审计通知书。特殊情况下，审计通知书可以在实施审计时送达。

（三）按照项目审计方案，运用审核、观察、监盘、访谈、调查、函证、计算和分析程序等方法，获取相关、可靠和充分的审计证据，并在审计工作底稿中记录审计程序执行过程、审计证据与结论。实施内部审计的人员不得少于2人。

（四）按照审计质量控制制度和程序，及时编制、复核、报送审计报告。

第三十一条　内部审计部门应在实施必要的审计程序后，及时出具审计报告。审计报告应当符合以下要求：

（一）客观、完整、清晰、简洁，具有建设性并体现重要性原则。

（二）包括审计概况、审计范围、审计内容、审计方法、审计依据、审计发现、审计结论、审计意见或审计建议。

（三）不得有虚假记载、误导性陈述和重大遗漏。

第三十二条　内部审计部门应建立健全审计报告分级复核制度，明确规定各级复核人员的要求和责任。

第三十三条　内部审计部门应建立健全审计质量控制制度和程序，将审计结果形成审计报告，征求被审计对象的意见后，报送审计责任人或其授权人员签发，并发送至被审计对象和适当管理层，审计责任人对审计报告负有最终责任。

第三十四条　内部审计部门应建立健全内部审计档案管理制度，整理、立卷、定期交档案管理部门或者档案工作人员集中妥善保管内部审计档案资料，自审计报告之日起计算，不得少于 5 年。

第三十五条 内部审计部门应建立健全内部审计项目外包管理制度。根据工作需要，经董事会或管理层批准后，内部审计部门可以聘请外部机构承担内部审计项目。所聘请的外部机构应具备足够的独立性、客观性和专业胜任能力，并遵守本规范中有关审计作业管理的规定。董事会或管理层应当对外部审计机构的独立性出具书面意见。委托外部机构开展内部审计的，应向保监会报告。

第三十六条 鼓励内部审计人员在不承担管理职责的前提下，充分发挥独立、客观、专业的优势，通过提供建议、培训、增值服务等咨询活动，改善保险机构的业务活动、内部控制和风险管理。

第五章 内部审计结果运用

第三十七条 保险机构董事会和管理层应采取有效措施，确保内部审计结果得以充分利用。

内部审计结果包括审计结论、审计意见或审计建议、咨询活动结果等。

内部审计结果可作为中国保监会及其派出机构日常监管的参考依据。

第三十八条 保险机构应对审计发现问题及时组织整改，并按规定严格追究相关责任人的责任。

对审计发现问题未按照要求及时进行整改处理的，保险机构应对有关负责人问责。

第三十九条 保险机构在考核经济目标、任免所属单位负责人之前，应将内部审计结果作为重要依据。保险机构任命分公司及以上主要负责人之前，应听取审计责任人的意见。

第四十条 被审计单位应承担未及时纠正审计发现问题所产生的责任和风险。内部审计人员应履行法律法规赋予的职责和权力，通过后续审计跟踪评价被审计单位管理层所采取的纠正措施是否及时、合理、有效，并可将后续审计作为下次审计工作的一部分。

第六章 内部审计监督

第四十一条 中国保监会及其派出机构依法对保险机构内部审计工作实施指导、检查和评价：

（一）实行内部审计集中化管理的保险机构，由中国保监会统一指导、检查。

（二）实行内部审计垂直化管理的保险机构，由中国保监会协同派出机构实施对口指导、检查。

（三）中国保监会根据本规范，组织开展对保险机构内部审计工作的评价。

第四十二条　保险机构应按照以下要求向中国保监会报告：

（一）每年5月15日前向中国保监会提交上一年度的内部审计工作报告，报告中应包括公司年度审计工作计划和内部审计工作总结。

（二）及时向中国保监会报告审计中发现的重大风险问题。

（三）内部审计机构对省级分公司及其分支机构的审计报告，由省级分公司在报告完成后10个工作日内报送当地保监局。

（四）保险机构对内部审计中发现的重大问题未予有效整改处理的，审计责任人应直接向中国保监会报告相关情况。

（五）中国保监会要求的其他事项。

第七章　内部审计责任追究

第四十三条　保险机构董事和高级管理人员在组织实施内部审计工作中有如下情形的，中国保监会将依照相关规定追究责任：

（一）保险机构董事会未按照本规范第十三条有效履行职责的，中国保监会将追究保险机构董事会相关人员责任。

（二）保险机构审计委员会未按照本规范第十六条有效履行职责的，中国保监会将追究审计委员会成员的责任。

（三）保险机构审计责任人未按照本规范第十九条有效履行职责的，中国保监会将追究其责任。

（四）保险机构总经理未按照本规范第二十三条有效履行职责的，中国保监会将追究其责任。

（五）保险机构未及时按照本规范第三十八条的规定对审计发现问题问责的，中国保监会将追究管理层及相关董事的责任。

第四十四条　审计人员有下列情形之一的，保险机构应进行处理：

（一）对于保险机构发生须追究责任的案件，根据中国保监会有关规定，保险机构在追究直接责任人和间接责任人的责任之外，如存在内部审计人员因严重过失未能揭示相关风险的情况，应对相关人员予以追究责任，但有证据表明其已经履行了岗位职责的除外。

（二）对于滥用职权、徇私舞弊、隐瞒问题、玩忽职守、泄漏秘密的内部审计人员，保险机构应依照国家和保险机构有关规定进行处理；涉嫌犯罪的，依法移交司法机关。

第四十五条　被审计对象有下列情形之一的，保险机构应及时制止，严肃处理有关单位和人员，并追究相关人员管理责任和间接责任：

（一）拒绝或者不配合内部审计工作。

（二）拒绝、拖延提供与内部审计事项有关的资料，或者提供资料不真实、不完整的。

（三）打击报复或陷害审计人员。涉嫌犯罪的，依法移交司法机关。

第八章　附则

第四十六条　除另有说明，本规范所称"以上""以下"含本数。

第四十七条　保险机构应依照本规范制定实施细则。

第四十八条　本规范由中国保监会负责解释。

第四十九条　本规范自发布之日起施行，中国保监会 2007 年 4 月 9 日发布的《保险公司内部审计指引（试行）》（保监发〔2007〕26 号）同时废止。本规范颁布之前有关保险机构内部审计工作的规范性文件与本规范不符的，以本规范为准。

《中国保监会关于保险业履行社会责任的指导意见》

【发布主体】中国保险监督管理委员会

【文件编号】保监发〔2015〕123 号

【文件层次】部门规范性文件

【首次发布】2015 年 12 月 24 日

【首次生效】2015 年 12 月 24 日

【修订情况】现行有效

【治理意义】推动保险公司社会责任实践的开展

为进一步推动保险企业积极履行社会责任，促进现代保险服务业更好地适应经济社会发展需求，现提出以下意见。

一、树立社会责任理念，服务经济社会发展大局

（一）正确认识社会责任的意义和内涵。企业社会责任是增强经济社会发展整体性，体现国家软实力的重要方面。保险企业积极履行社会责任，对于提升和改善行业声誉和形象，推动现代保险业更好地适应经济社会发展具有重要意义。保险企业在发展战略、经营管理、市场行为中，要承担促进社会公共利益的相关

义务，最大限度地追求对全社会有利的长期目标。

（二）履行社会责任的方式和目标。注重在保险企业经营管理各方面贯彻社会责任理念，通过经济、法律、道德等方面的行为和措施，有效管理企业经营对社会各方面的影响，加强与政府部门、社会团体、公众的互动，加大对社会公共事业的支持力度，实现经济、环境和社会综合效益的统一。

（三）突出保险行业特点履行社会责任。注重促进社会资源优化配置，服务经济提质增效、转型发展。围绕人民群众健康、医疗、养老等方面的保险需求，参与构建多层次的社会保障体系。完善经济补偿机制，在灾害救助和可持续发展中发挥更大作用。发挥保险风险管理功能，提高社会治理水平。

二、提升经营管理绩效，实现经济社会效益共赢

（四）在经营管理中体现社会责任。改善企业管理，降低经营成本，提高投入产出水平，持续为股东、客户和社会创造价值，增强保险行业在金融市场中的竞争力。将社会责任指标融入产品研发中，提供具有社会效益的产品和服务。

（五）在提升透明度中体现社会责任。优化治理结构和机制，遵守法律法规和行业规范，在经营决策中充分考虑社会效益。坚持诚信经营，及时准确向社会公众披露信息，重视保护消费者知情权，自觉接受利益相关方的监督。

（六）在优化服务中体现社会责任。聚焦主业做好服务，支持技术进步和创新，推动运用新技术创新保险服务方式，提升客户服务水平。注重保护保险消费者个人信息安全，妥善处理消费者提出的投诉和建议，切实保护保险消费者权益。

三、推动创新融合发展，构建开放共享和谐社会

（七）积极融入国家重大战略。推动企业战略与国家战略相融合，支持和参与国家重大项目和工程建设，拓展保险服务实体经济和改善民生的领域，创新保险行业服务国家重大战略的机制和手段。

（八）参与公共服务共建共享。融入社区和新农村建设，积极参与政府购买社会服务项目。推广治安保险、社区综合保险、农村小额人身保险等产品。开发针对弱势群体的创新公益保险产品，积极支持教育助学、养老医疗、孤残帮扶、疾病研究等社会事业。鼓励员工开展各类志愿服务。

（九）让员工分享企业发展成果。重视员工发展，依法与员工签订并履行劳动合同，杜绝任何形式的歧视。建立员工薪酬正常增长机制，实施员工福利计划，实现员工价值和企业发展融合。加强工会组织建设和职业教育培训，推进企业民主管理，为员工创造平等发展机会。

四、坚持绿色发展思维，保护环境建设生态文明

（十）落实企业环境管理责任。建立环境管理长效机制，制定节能降耗政策，

认真落实节能减排责任，实现绿色运营。加强员工教育，提高全体员工节约资源、保护环境、绿色发展的意识。

（十一）在保险产业链中树立绿色导向。在企业管理和采购中积极采用环保技术和产品，在合作方选择中注重考察环境指标，促进上下游产业链实现绿色发展。

（十二）发展绿色保险促进环境保护。创新环境保护机制，推广绿色保险，优化环境污染相关的责任保险产品，推动生产企业加强环境风险管理。

（十三）利用科技保险支持环保科技创新。加大对环保科技创新的支持力度，为新能源、清洁生产、环境治理、循环经济等产业提供更好的保险服务，促进生态环境改善。

五、制定社会责任规划，健全社会责任工作体系

（十四）加强社会责任工作统筹规划。学习先进企业的社会责任管理与实践经验，编制社会责任工作规划。健全社会责任组织体系，明确领导机构和管理部门，切实保障工作规划实施，促使全体员工实现岗位职责和社会责任融合，在日常工作中履行社会责任。

（十五）提高社会责任报告编制质量。参照国内外主流的社会责任报告编写标准，每年 4 月 30 日之前编制和发布上一年度企业社会责任年度报告，披露企业在经济、社会、环境等方面的履责理念、措施和绩效。

（十六）完善社会责任报告编制和发布流程。编制工作做到及时、规范、持续、创新。不断完善和创新发布形式，在保监会指定的信息披露载体发布之外，注重利用新媒体提升发布和传播效果。通过编制和发布社会责任报告，提升企业社会责任管理水平。

六、加强行业内外协作，提高社会责任管理成效

（十七）积极承担保险行业协作义务。积极参与和支持保险行业社团建设，推广保险教育和宣传活动，深化保险文化、学科建设，通过塑造行业文化履行社会责任，提升保险行业声誉和形象。不断深化企业社会责任理念、特色和亮点，逐步打造保险行业相关活动品牌。

（十八）重视与专业机构交流与合作。加大与科研院所、第三方机构合作，支持对社会责任领域的研究和实践，积极探索建立保险业履行社会责任的统一规范和标准。

（十九）逐步推进社会责任绩效考核。积极推进将社会责任核心指标纳入到企业整体绩效考核。定期评估社会责任规划、社会责任沟通、社会责任考核、利益相关方关系的成效，不断提升企业社会责任管理水平。

《保险机构董事、监事和高级管理人员任职资格考试管理暂行办法》

【发布主体】中国保险监督管理委员会
【文件编号】保监发〔2016〕6 号
【文件层次】部门规范性文件
【首次发布】2016 年 1 月 18 日
【首次生效】2016 年 1 月 18 日
【修订情况】现行有效
【治理意义】首次提出保险机构董监高任职资格考试办法

第一章　总则

第一条　为加强保险机构董事、监事和高级管理人员任职资格考试（以下简称任职资格考试）组织管理工作，提高任职资格考试的科学化和规范化水平，根据《中华人民共和国保险法》、《保险公司董事、监事和高级管理人员任职资格管理规定》、《关于规范保险机构董事、监事和高级管理人员任职资格考试工作的实施方案》等法律法规和规章制度，制定本办法。

第二条　任职资格考试是评价保险机构拟任董事、监事和高级管理人员是否具备任职所必需的知识和能力水平的制度安排，考试成绩是核准保险机构董事、监事和高级管理人员任职资格的重要依据。

第三条　保险机构类别分为保险集团公司、财产保险公司、人身保险公司、资产管理公司、再保险公司、专属自保公司、相互保险组织等 7 类。

第四条　岗位类别分为董事、监事、总经理（副总经理、总经理助理）、董事会秘书、合规负责人、总精算师、财务负责人、审计责任人、保险资产管理公司首席风险管理执行官、外国保险机构驻华代表机构首席代表等 10 类。

第二章　考试内容和题库管理

第五条　考试内容包括公共知识、专业知识和岗位要求等 3 部分。

公共知识主要是指经济金融基础知识、保险原理、国家相关保险政策及通用法律法规和监管规则等。

专业知识主要是指各类保险机构相对应的保险专业知识和监管规则等。

岗位要求主要是指各类岗位要求的拟任职人员的知识结构和能力水平等。

第六条　考试试题由客观试题和主观试题构成。

客观试题题型包括单项选择题、多项选择题和判断题，考试时由计算机随机自动抽题、组卷并阅卷。

主观试题题型包括论述题和案例分析题，考试时由计算机随机抽题、组卷，人工阅卷。

第七条　中国保监会建立试题库并定期更新，同时根据法律法规的修订、调整情况随时更新。

第三章　考试方式和成绩标准

第八条　任职资格考试按照机构性质和岗位类别区分，定期集中组织考试。

第九条　任职资格考试采取闭卷机考方式进行。试卷总分值 100 分，60 分以上为合格。

第十条　任职资格考试成绩 1 年内有效，考试通过后 1 年内可以申请核准对应的任职资格，超过 1 年未提交申请或未予核准，或者任职中断超过 1 年的，需重新参加考试。

第十一条　对已核准任职资格的保险机构董事、监事和高级管理人员，转任同类保险机构同类岗位，无需重新考试；对已核准任职资格的保险机构高级管理人员，在同一保险机构内调任、兼任同级或者下级高级管理人员职务，无需重新考试，但中国保监会对拟任职务的资格条件有特别规定的除外。

第四章　组织实施

第十二条　中国保监会人事教育部负责任职资格考试统筹管理工作，培训中心负责具体实施，相关业务部门负责题库建设和更新。

第十三条　拟任保险机构董事、监事和高级管理人员应于提交任职资格核准申请前通过任职资格考试。

第十四条　保险机构应做好考试人员的组织工作，指定专人负责考试报名事宜。保险机构应严格按照相关岗位要求推荐考试人员。

报名工作通过任职资格考试系统进行。保险机构应按照系统要求提交报名信息。

对于不精通中文的外籍考试人员，单独安排考试场次，允许其带 1 名翻译参加考试，并适当延长考试时间。

第十五条　任职资格考试原则上每两月安排 1 次，遇特殊情况，可临时调整或另行安排。

第十六条　培训中心应根据报名情况，制定当期考试安排，至少提前 7 个工作日发布考试安排，并指定专人负责考试实施工作。

第十七条　客观试题考试后在系统后台当场生成成绩，主观试题由阅卷专家匿名阅卷。

第十八条　培训中心在考试后 7 个工作日内发布考试成绩。保险机构及考试人员可在任职资格考试系统查询结果。

第十九条　考试未通过人员可以申请补考，每人每年补考不得超过 2 次。

第五章　考试纪律

第二十条　考试人员凭有效证件进入考场，并严格遵守考试纪律。未携带有效证件的，不得参加考试。

第二十一条　考试人员有以下行为的，当场取消考试资格，1 年内不得参加任职资格考试，并对有关人员及其所属保险机构进行通报：

（一）由他人冒名顶替参加考试；

（二）携带资料抄袭，参加人员相互抄袭等舞弊行为；

（三）考试期间查看、使用手机等通讯工具；

（四）违反考场纪律、影响考场秩序，不服从监考人员管理；

（五）其他严重违反考试纪律的行为。

第二十二条　因故不能参加考试的，须由保险机构人力资源部门报送书面请假函。无故缺考的，一律视为自动放弃。1 年内无故缺考 2 次的，从第 2 次缺考之日起 1 年内不得报考。

第二十三条　培训中心每年向行业通报任职资格考试情况，并及时通报违纪处理等情况。

第六章　保险分支机构高级管理人员任职资格考试

第二十四条　各保监局负责保险分支机构高级管理人员任职资格考试工作，并应遵循"精简范围，集中管理，考审分离，统一方式"的原则组织考试。

第二十五条　任职资格考试成绩全国互认，1 年内有效。

第二十六条　对已核准任职资格的保险分支机构高级管理人员，转任同类同级保险分支机构同类岗位，无需重新考试；对已核准任职资格的保险分支机构高级管理人员，在同一保险机构内调任、兼任同级或者下级高级管理人员职务，无需重新考试，但中国保监会对拟任职务的资格条件有特别规定的除外。

第七章　附则

第二十七条　本办法由中国保监会人事教育部负责解释。

第二十八条　本办法自印发之日起施行。

《中国保监会关于正式实施中国风险导向的偿付能力体系有关事项的通知》

【发布主体】中国保险监督管理委员会

【文件编号】无

【文件层次】部门规范性文件

【首次发布】2016 年 1 月 25 日

【首次生效】2016 年 1 月 25 日

【修订情况】现行有效

【治理意义】中国风险导向的偿付能力体系正式实施

2015 年 2 月，保监会发布中国风险导向的偿付能力体系（以下简称偿二代），保险业进入偿二代过渡期。根据过渡期试运行情况，经国务院同意，保监会决定正式实施偿二代，自 2016 年 1 月 1 日起施行《保险公司偿付能力监管规则（第 1 号—第 17 号）》。现将有关事项通知如下：

一、偿二代 17 项监管规则的实施要求

（一）关于定量资本要求。

保险公司应当按照偿二代监管规则第 1 号—第 9 号的要求评估实际资本和最低资本，计算核心偿付能力充足率和综合偿付能力充足率，并开展压力测试。

1. 关于《保险公司偿付能力监管规则第 1 号：实际资本》第二十二条所得税准备的确认和计量标准，明确如下：

保险公司成立以来任意连续三年的应纳税所得额为正的，应当确认所得税准备；只有当充分的证据显示其应纳税所得额持续为正的趋势发生根本性、长期性的逆转，方可终止确认所得税准备。

所得税准备以财务报表寿险合同负债的剩余边际金额的 10% 作为其认可价值。

2.《保险公司偿付能力监管规则第 3 号：寿险合同负债评估》第十九条关

于寿险合同负债计量所采用的折现率曲线的具体参数见附件 1。

3.《保险公司偿付能力监管规则第 4 号：保险风险最低资本（非寿险业务）》第五章关于保险公司计量巨灾风险最低资本所采用的情景损失因子表和最低资本计算模板见附件 2。

4.《保险公司偿付能力监管规则第 7 号：市场风险最低资本》第十六条关于人身保险公司计量利率风险最低资本所采用的基础情景和不利情景见附件 3。

5.《保险公司偿付能力监管规则第 8 号：信用风险最低资本》第二十九条和第三十条关于境内再保险分入人交易对手违约风险的基础因子由保监会每季度发布。

6.《保险公司偿付能力监管规则第 9 号：压力测试》第三章关于保险公司的必测压力情景见附件 4。

（二）关于定性监管要求。

保险公司应当按照偿二代监管规则第 10 号—第 12 号的要求，建立健全自身的偿付能力风险管理体系，加强各类风险的识别、评估与管理。保监会通过偿二代风险综合评级（IRR）、偿付能力风险管理要求与评估（SARMRA）、监管分析与检查等工具，对保险公司风险进行定性监管。

1. 根据《保险公司偿付能力监管规则第 10 号：风险综合评级（分类监管）》，保监会自 2016 年 1 季度起对保险公司开展偿二代风险综合评级。关于偿二代风险综合评级的具体评价标准和组织实施，保监会将另行发文通知。

2. 保监会将于 2016 年 4—10 月组织各保监局对保险公司开展偿付能力风险管理能力的监管评估。保险公司应当自 2016 年 4 季度偿付能力报告编报起，计量控制风险最低资本，前 3 个季度不计量控制风险最低资本。

3.《保险公司偿付能力监管规则第 12 号：流动性风险》中现金流压力测试和流动性覆盖率计算所采用的不利情景见附件 5。

（三）关于市场约束机制。

1. 保险公司应当按照《保险公司偿付能力监管规则第 13 号：偿付能力信息公开披露》的要求，每季度通过官方网站披露偿付能力季度报告摘要，并在承保、投标、增资、股权变更、债券发行等日常活动中，向保险消费者、股东、债权人等相关方说明偿付能力、风险综合评级等信息。

2. 根据《保险公司偿付能力监管规则第 14 号：偿付能力信息交流》，保监会将定期发布偿付能力监管工作信息，逐步建立与保险消费者、保险公司股东、信用评级机构、行业分析师、新闻媒体等相关方之间的持续、双向、互动的偿付能力信息交流机制，强化偿二代市场约束机制。

3. 保监会鼓励保险公司主动聘请信用评级机构，并公开披露评级结果。保险公司聘请信用评级机构应当符合《保险公司偿付能力监管规则第 15 号：保险公司信用评级》有关要求，并向保监会书面报告。

（四）关于保险集团。

保险集团应当按照《保险公司偿付能力监管规则第 17 号：保险集团》的要求，评估整个集团的实际资本和最低资本，计算核心偿付能力充足率和综合偿付能力充足率，不断完善偿付能力风险管理的制度和流程，提升风险管理能力。

二、偿二代偿付能力报告编报

自 2016 年 1 季度起，保险公司应当编报偿二代偿付能力报告，不再按照现行偿付能力监管制度（以下简称偿一代）编报偿付能力报告。

（一）编报范围。保险公司和保险集团应当按照偿二代监管规则编制偿付能力报告，仅经营受托型业务的养老保险公司不编制偿付能力报告。

（二）报送时间。

保险公司应当按照《保险公司偿付能力监管规则第 9 号：压力测试》《保险公司偿付能力监管规则第 16 号：偿付能力报告》的要求，于每季度结束后 12 日内报送上一季度的偿付能力季度快报，每季度结束后 25 日内报送上一季度的偿付能力季度报告，每年 4 月 30 日前报送上一年度第 4 季度偿付能力报告的审计报告，每年 5 月 31 日前报送经独立第三方机构审核的压力测试报告。

保险集团应当按照《保险公司偿付能力监管规则第 17 号：保险集团》的要求，每年 5 月 31 日前报送经审计的上一年度偿付能力报告，每年 9 月 15 日前报送半年度偿付能力报告。

（三）报送方式。

1. 纸质报告一份。

2. 通过保监会偿二代监管信息系统报送上述报告的电子文本，具体报送要求另行通知。保险公司偿付能力季度报告、压力测试报告的 EXCEL 样表分别见附件 6、附件 7。

三、对保险公司的实施要求

（一）强化组织保障。保险公司董事会对偿二代的实施承担最终责任，管理层具体负责偿二代实施的组织工作。保险公司应当在偿二代过渡期试运行领导小组的基础上，成立由董事长或总经理牵头，财务、精算、风险管理、投资、业务和信息技术等相关部门组成的偿二代实施领导小组，负责推进偿二代实施工作。

（二）明确职责分工。保险公司应当建立健全偿付能力风险管理的组织架构，明确董事会、管理层和相关部门的职责与权限，建立相关的业绩考核评价机制，共同推动公司提升风险管理能力。

（三）健全内控流程。保险公司应当建立健全偿付能力管理、评估、报告和披露等内控流程，明确公司内部偿付能力管理要求，准确评估公司偿付能力状况，依法合规编报偿付能力报告，按时披露偿付能力相关信息，确保将偿二代的各项要求落到公司经营管理的各个环节。

（四）提高信息化水平。保险公司应当建立并不断完善偿付能力相关的信息系统，将偿二代的监管要求和内控流程固化到信息系统中，提高偿付能力管理、评估、报告和披露的自动化水平，提升偿付能力管理的效率和效果。

四、新旧政策衔接

（一）与过渡期的衔接。保险公司应当按照《关于中国风险导向偿付能力体系实施过渡期有关事项的通知》（保监财会〔2015〕15 号）的要求，报送 2015年 4 季度偿二代偿付能力报告和 2015 年偿二代压力测试报告；保险集团应当报送 2015 年偿二代年度偿付能力报告。保险公司、保险集团公司可根据自身实际，决定上述报告是否经审计或由独立第三方机构审核。

（二）与偿一代的衔接。保险公司应当按照偿一代的要求，报送 2015 年的年度偿付能力报告，不需编报偿一代下的动态偿付能力测试报告。

偿一代下的保险公司偿付能力报告编报规则及问题解答、《关于编报季度偿付能力报告有关事项的通知》（保监发〔2007〕15 号）、《关于编报年度偿付能力报告有关事项的通知》（保监发〔2008〕12 号）、《关于编报保险集团偿付能力报告有关事项的通知》（保监发〔2008〕55 号）、《关于实施保险公司分类监管有关事项的通知》（保监发〔2008〕120 号）、《关于动态偿付能力测试有关事项的通知》（保监发〔2011〕3 号）自 2016 年 1 月 1 日起废止。

各公司在偿二代实施过程中如有政策理解和报告编制等方面的问题，请及时向保监会财务会计部反映。

联系人：祝春光　张翔

电话：010-66286617 66286778

附件 1：寿险合同负债评估的折现率曲线（略）

附件 2：巨灾风险情景损失因子表和最低资本计算模板（略）

附件 3：人身保险公司利率风险基础情景和不利情景曲线生成器（略）

附件 4：压力测试必测压力情景（略）

附件 5：现金流压力测试和流动性覆盖率的不利情景（略）

附件 6：保险公司偿付能力季度报告 EXCEL 样表（略）

附件 7：保险公司压力测试报告 EXCEL 样表（略）

《中国保监会关于进一步加强保险公司
关联交易信息披露工作有关问题的通知》

【发布主体】中国保险监督管理委员会
【文件编号】保监发〔2016〕52 号
【文件层次】部门规范性文件
【首次发布】2016 年 5 月 6 日
【首次生效】2016 年 5 月 6 日
【修订情况】现行有效
【治理意义】进一步规范保险公司关联交易信息披露工作

根据《保险公司关联交易管理暂行办法》《保险公司信息披露管理办法》等规定，为进一步加强保险公司关联交易信息披露工作，保护保险消费者合法权益，现将有关事项通知如下：

一、保险公司以下关联交易应当逐笔报告和披露：

（一）资金运用类关联交易，包括资金的投资运用和委托管理；

（二）与关联自然人交易金额在 30 万元以上或与关联法人交易金额在 300 万元以上的资产类关联交易，包括固定资产、无形资产的买卖、租赁和赠与；

（三）与关联自然人交易金额在 30 万元以上或与关联法人交易金额在 300 万元以上的利益转移类关联交易，包括提供财务资助、债权债务转移或重组、签订许可协议、捐赠、抵押等导致公司财产或利益转移的交易活动。

二、需要逐笔报告和披露的，保险公司应当在签订交易协议后 10 个工作日内（无交易协议的，自事项发生之日起 10 个工作日内）报告中国保监会，同时在公司网站、中国保险行业协会网站披露。报告和披露内容包括：

（一）关联交易概述及交易标的的基本情况；

（二）交易对手情况：包括关联自然人基本情况、与保险公司存在的关联关系说明；关联法人名称、企业类型、经营范围、注册资本、与保险公司存在的关联关系说明、组织机构代码或统一社会信用代码（如有）；

（三）关联交易的主要内容和定价政策；

（四）本年度与该关联方已发生的关联交易累计金额；

（五）中国保监会认为需要披露的其他事项。

三、除本通知第一条规定以外的其他一般关联交易应当按交易类型分类合并披露，包括：

（一）未达到逐笔披露标准的资产类、利益转移类关联交易；

（二）保险业务和保险代理业务；

（三）再保险的分出或分入业务；

（四）为保险公司提供审计、精算、法律、资产评估、广告、职场装修等劳务或服务。

四、分类合并披露应当每季度进行一次，保险公司应当在每季度结束后 25 日内在公司网站、中国保险行业协会网站披露以下内容：

（一）本季度各类关联交易总量及明细表，明细表应列明交易时间、交易对手、与保险公司存在的关联关系说明、交易内容、交易金额；

（二）本年度各类关联交易累计金额；

（三）中国保监会认为需要披露的其他事项。

五、保险公司不得通过隐瞒关联关系或者采取其他手段，规避关联交易审议程序和信息披露义务。保险公司按照本通知要求披露的关联交易信息应当真实、准确、完整、及时，不得存在虚假记载、误导性陈述和重大遗漏。

六、保险公司董事会对本公司关联交易的合规性承担最终责任。董事会秘书是关联交易信息披露责任人，应当对本公司关联交易信息披露的真实性、准确性、完整性、及时性负责，但有充分证据表明其已经履行勤勉尽责义务的除外；未设董事会的保险公司应由公司指定的高级管理人员负责。

七、保险公司违反本通知要求的，中国保监会责令改正，并可根据相关情况，采取调整分类监管评价、调整公司治理评级等监管措施。对拒不改正或情节严重的，依照相关法律法规予以处罚。

八、对保险公司关联交易信息披露责任人及其他董事、监事、高级管理人员违反本通知要求的，中国保监会可以采取以下监管措施：

（一）责令改正；

（二）监管谈话；

（三）将其违规行为记入履职记录，进行行业通报；

（四）认定为不适当人选；

（五）依法可以采取的其他监管措施。

九、重大关联交易认定标准调整为："保险公司与一个关联方之间单笔交易额占保险公司上一年度末净资产的 1%以上或超过 3000 万元，或者一个会计年度内保险公司与一个关联方的累计交易额占保险公司上一年度末净资产的 5%以上的交易"。

重大关联交易除按照《保险公司关联交易管理暂行办法》《保险公司信息披露管理办法》规定报告和披露外，还应当按照本通知第二条规定增加报告和披露内容。

十、保险公司按本通知要求披露的关联交易信息，因涉及国家秘密或其他原因依法不得公开披露的，应当至少于信息披露规定期限届满前 5 个工作日内，向中国保监会书面说明情况，并依法不予披露。

十一、统一交易协议签订和续签情况应当逐笔报告和披露，统一交易协议执行情况可按季度合并披露。

十二、资金运用类关联交易信息披露按照《保险公司资金运用信息披露准则》有关规定执行，但应在本通知规定时限内向中国保监会报告。

十三、本通知适用于在中国境内依法设立的保险集团（控股）公司、保险公司和保险资产管理公司。保险集团（控股）公司与其保险子公司（包括保险资产管理公司），以及保险子公司之间发生的关联交易，不适用本通知第三条和第四条规定。

十四、本通知自发布之日起施行。有关规定与本通知不一致的，以本通知为准。

《中国保监会关于进一步加强保险公司合规管理工作有关问题的通知》

【发布主体】中国保险监督管理委员会
【文件编号】保监发〔2016〕38 号
【文件层次】部门规范性文件
【首次发布】2016 年 5 月 6 日
【首次生效】2016 年 5 月 6 日
【修订情况】现行有效
【治理意义】进一步规范保险公司合规负责人的任职管理

为进一步规范保险公司合规负责人的任职管理工作，现就有关事宜通知如下：

一、保险公司应当设立合规负责人。合规负责人全面负责保险公司的合规管理工作，是保险公司的高级管理人员。保险公司应当在任命合规负责人前向中国保监会申请核准该拟任人员的任职资格，未经核准不得以任何形式任命。

二、合规负责人应当具备诚实信用的品行、良好的合规经营意识和履行职务必需的经营管理能力，并通过中国保监会认可的保险法规及相关知识测试。

担任合规负责人，除应当具备前款规定的条件外，还应当具备下列条件：

（一）大学本科以上学历；

（二）熟悉保险法律、行政法规和基本的民事法律，熟悉保险监管规定和行业自律规范；

（三）熟悉合规工作，具有一定年限的合规从业经历，从事 5 年以上法律、合规、稽核、财会或者审计等相关工作，或者在金融机构的业务部门、内控部门或者风险管理部门等相关部门工作 5 年以上；

（四）具备一定的合规管理能力，在金融机构、大中型企业或者国家机关担任过 2 年以上管理职务；

（五）具备在中国境内正常履行职务必需的时间；

（六）中国保监会规定的其他条件。

拟任合规负责人具有 5 年以上金融监管部门工作经历的，不受前款第（三）、（四）项规定的限制。

三、存在《保险公司董事、监事和高级管理人员任职资格管理规定》规定的禁止担任高级管理人员情形的，不得担任合规负责人。

四、保险公司任命合规负责人，应当在任命前向中国保监会提交下列材料：

（一）拟任合规负责人任职资格核准申请书；

（二）董事、监事和高级管理人员任职资格申请表；

（三）拟任合规负责人已通过中国保监会认可的保险法规及相关知识测试的证明或者说明材料；

（四）拟任合规负责人身份证、学历证书等有关证书复印件，有护照的应当同时提供护照复印件；

（五）对拟任合规负责人品行、合规意识、法律专业知识、合规管理能力、合规工作业绩等方面的综合鉴定；

（六）拟任合规负责人劳动合同签章页复印件；

（七）拟任合规负责人最近两年未受反洗钱重大行政处罚的声明，有境外金融机构从业经验的，应当提交最近两年未受金融机构所在地反洗钱重大行政处罚的声明；

（八）拟任合规负责人接受反洗钱培训情况报告及本人签字的履行反洗钱义

务的承诺书；

（九）中国保监会规定的其他材料。

拟任合规负责人兼任其他高级管理职务的，还应当提交任职期间不兼管业务部门和财务部门的声明。

五、保险公司应当保障合规负责人享有履行职责所需的知情权和调查权。保险公司的董事、监事、高级管理人员和各部门、各分支机构应当支持和配合合规负责人的工作，不得以任何理由限制、阻挠合规负责人履行职责。

六、保险公司应当为合规负责人、合规管理部门、合规岗位履行职责提供必要的物力、财力和技术保障。

七、对境外保险公司分公司的合规管理，适用中国保监会对保险公司总公司的有关规定，中国保监会另有规定的除外。

境外保险公司应当加强对中国境内分公司合规事务的指导和监督，督促中国境内分公司切实履行中国保监会的合规管理规定。

境外保险公司分公司总经理负责按照规定履行董事会合规管理职责。

八、境外保险公司在中国境内设立多个分公司的，可以由其中一个分公司统一建立合规管理制度、设立合规负责人和合规管理部门，指定或者变更该分公司的，应当及时向中国保监会报告。

九、对合规负责人的管理，适用《保险公司董事、监事和高级管理人员任职资格管理规定》；该规定未作规定的，适用本通知以及中国保监会对合规负责人的其他规定。

十、本通知自 2016 年 6 月 1 日起施行。中国保监会 2008 年 4 月 18 日发布的《关于〈保险公司合规管理指引〉具体适用有关事宜的通知》（保监发〔2008〕29 号）同时废止。